混　改

资本视角的观察与思考

王　悦◎著

中信出版集团 · 北京

图书在版编目（CIP）数据

混改：资本视角的观察与思考 / 王悦著 . -- 北京：
中信出版社，2019.1（2020.3 重印）
ISBN 978-7-5086-9465-8

Ⅰ . ①混… Ⅱ . ①王… Ⅲ . ①国企改革—研究—中国
Ⅳ . ① F279.21

中国版本图书馆 CIP 数据核字（2018）第 207028 号

混改：资本视角的观察与思考

著　　者：王　悦
出版发行：中信出版集团股份有限公司
（北京市朝阳区惠新东街甲 4 号富盛大厦 2 座　邮编　100029）
承 印 者：北京通州皇家印刷厂

开　　本：787mm×1092mm　1/16　　印　　张：33.75　　字　　数：415 千字
版　　次：2019 年 1 月第 1 版　　印　　次：2020 年 3 月第 4 次印刷
广告经营许可证：京朝工商广字第 8087 号
书　　号：ISBN 978-7-5086-9465-8
定　　价：98.00 元

做人不能仅凭理想主义，但是一定要有理想。
致敬改革开放四十年来有理想的国企改革家和国有企业家！

序 言

混改的核心是效率问题

国有企业在中国的重要性不容置疑，国有企业在过去30年来的改革进步不容置疑，国有企业在国家安全和重要战略行业所做的贡献成绩不容置疑。但如果把角度转向微观企业层面，可以看出，中国的国有企业在净资产回报率（ROE）上比同行业的民营企业要低2~3个百分点，在负债比上要高10~15个百分点，在贷款利息上要低1~2个百分点，在营业额及市场占有的成长率上要明显低很多，那么不可避免的，我们要问个为什么。这个问题不仅要从社会角度、体制角度发问，从资本角度问这个问题在今天来看尤为重要。供给侧结构性改革，国企做强做优，从追求数量转向追求质量，无论怎么说国企的事，这个问题都绕不过去，因为这是企业的本质。

王悦写的这本《混改：资本视角的观察与思考》，可以说从题目就切入了国企的核心。国企改革说了许多年，年年有成绩，年年也有不足，究其核心是效率问题，效率的表现是资本回报率问题。天下事都有成本，都有投入产出，如果不算回报率，不计成本，啥事都不难，难就难在有限制条件。20年前，我听时任四川长虹的董事长倪润峰先生说过，长虹的经营理念在改革开放以后和改革开放以前是一样的。改革之前，地方国营长虹机器厂门口的墙上写着六个字：“优质，高产，低耗”。他说这六个字做到了，企业照样成功，关键是怎样做到。其实这六个字写的也是效率，是投入产出，今天也称为全要素劳动生产率。国企改革推进了这么多年，有人把国企改革复杂化、神秘化了，其实抓住了根本，从本质入手，一切都明了。如果说一个国家的经济运营效率主要表现在企业，那么国企效率的提升是必须进行的，国有企业净资产回报率的提升是关键指标，国有企业的改革也要把这个指标的改善作为评价因素。这是资本的视角。党的十九大提出从管资产向管资本转变，意义何等深刻。国有企业的改革就是要把国有资本改到像其他形式的资本一样的投资效率，否则就不能算成功。

国有企业如何管理好，过去多年来经过了不同形式的探索。在国有资本的所谓缺位、虚位、越位问题上不断有争论、反复。国有企业改革的方式和路径也不断深入，越来越适应市场竞争进步的要求。王悦的研究很详细地回顾了这一过程，我想这对国企改革的未来也有很好的指导作用。过往以治理结构改革为主的实践，现在转向探索混合所有制的改革。这与党的十九大报告和习总书记在国企党建工作会上的讲话精神一致，也是王悦正在做的工作。我们很多事情要落实就要有方法，不能让技术路径否定了改革的大目标。王悦的这本书可算是许多实践经验的总结，其中有许多很细、很实用、很接地气的做法，相信不仅会对混改有帮助，对企业的管理经营也有许多启发。比如企业资产交易如何定价，员工如何持股，机制如何转换等。王悦把这些实践写成了“十步法”，好像实用手册，一步步逻辑非常清晰，一定会对国企的混改产生积极的影响和有益的参考。

我与王悦还是十多年前他在哥伦比亚大学读书时见过，时间一晃，他已从年轻的学生变成了跨国企业的高管，他的儒雅文静、勤于思考、严谨求证、逻辑分析和综合国际国内企业评价的视野都在这本书里表现出来了。

中国中化集团董事长、党委书记

宁高宁

方向篇

路径篇

案例篇

前　言

国有资本做强做优做大
取决于市场经营能力和资本回报率

王悦平时爱学习、爱思考、爱研究问题，是我很喜欢的一位年轻人。从学校毕业后他就一直在投行工作，对企业的改革发展也有较深的研究，他选择研究混合所有制这个题目，我很赞成。当前混合所有制的大原则已明确，人们谈论的也比较多，但市场上真正深入研究的书并不多，也很需要能系统介绍混合所有制的书。《混改：资本视角的观察与思考》这本书出版前，王悦曾多次找到我，征求我的意见，由于日常工作忙碌，虽然没来得及详细阅读全部内容，但书的整体思路和主要观点我是赞成的，选择的案例也是恰当的。当今时代，一位年轻人能沉下心来写书，精神难能可贵，非常值得赞扬。

王悦长期在投行工作，他研究混合所有制大多是从资本和股权层面切入，这恰恰也是混合所有制之关键所在。混合所有制是一种新的产权制度，不再有国有和私有的纷争，而是通过股权合作的形式生成新模式，或者可以说是一种产权革命。

混合所有制并不是哪个人凭空想象或创造出来的，它符合国有企业和民营企业随着发展在市场中必然融合的规律。尤其在我国以公有制为主体，多种混合所有制共同发展的基本经济制度下，国有企业和民营企业进行了大量混合，这既解决了国有企业如何进入市场的问题，也使民营企业更加规范化。应该说我国混合所有制企业，为我国经济发展和社会主义市场经济理论都做出了重要贡献。

怎样发展我国的社会主义市场经济？怎样理解我国的基本经济制度？这既是认识上的问题，也是实践问题。我国以公有制为主体，要通过做强做优做大国有资本实现国有经济的发展，但公有经济的积累，既包含国有经济、民营经济的贡献，也包含其他各种经济体的贡献，这些都形成了我国公有经济的重要来源。我国国有资本分配在两个领域：一个领域是公益事业，不以营利为目的。虽然以企业的形式存在，但毕竟带有行政管理色彩，其实这在世界各国都有，管理方式也差不多。另外一个领域是在竞争领域，国有资本不应该以单纯的国有所有制为形态，因为那样可能会引发国家资本和纳税人资本间的冲突，就会形成悖论。

国有资本可选择以混合所有制方式进入市场，伴随混合所有制企业的成长一同发展，不过混合所有制企业要和其他企业一样作为市场主体参与竞争，不应打上国家标签。国有资本是股东，享有股东的权利，像新加坡的淡马锡控股公司在全球投资很多企业，不一定都控股，也不是国有企业，却为新加坡国有资本的壮大做出了重要贡献。党的十九大提出做强做优做大国有资本，我理解有两方面的内容：一是国有企业不可能都选择做强做优做大，没有必要也不太可能；二是国有资本做强做优做大很大程度上取决于国有资本在市场上的经营能力，取决于能否通过把国有资本投入混合所有制企业，进一步提升资本回报率。

目前对发展混合所有制的目的有两种看法：一种看法认为，通过混合所有制引入市场机制，进而提高企业的活力，提高国有资本的获利能力；另一种看法则认为，要通过发展混合所有制增加国有企业的控制力和带动力。在我看来，应把这两种看法有机结合起来，在某些特定的行业以国有股为主，吸引非公经济进入，比如像一些关系国计民生的行业；而对于充分竞争的行业，则不一定非要国有资本控股，应以引入市场化机制为主，做到“宜控则控、宜参则参”。

混合所有制企业是新产权制度下的产物，我们既不能把它当成纯国有企业来对待，也不能当成民营企业来对待。厉以宁教授说，“在一定时间内，国有企业、混合所有制企业、民营企业将会三足鼎立，支撑着中国经济，但各自所占 GDP 的比例将会有所增减，这是正常的”。厉老讲的道理是何等精辟。我们应该给混合所有制企业松绑放权，让它们真正融入市场，这才是国有资本壮大的理智选择。

我在国企工作 40 年了，从最初在“北新”当厂长进行百户试点到现在已有 25 年，在参与国企改革的过程中，自己也从黑发人改成白发人。我曾用混合所有制方式把中国建材集团和国药集团先后带入世界 500 强，为壮大国有经济做出了努力。总结国企改革这些年的经验和教训，发展混合所有制不应一哄而上，也不是一混就灵，但停滞不前一定是没有出路的。国企在改革过程中应通过混合所有制方式引入市场机制，充分发挥企业家精神，为国有资本做强做优做大做出应有的贡献。

党的十九大报告指出，要深化国有企业改革，发展混合所有制经济，培育具有全球竞争力的世界一流企业。这为我国发展混合所有制指明了方向，极大地鼓舞了大家改革创新、做强做优国有企业的信心。党的十八届三中全会以来，国企改革顶层设计和“1+N”文件体系基本完成，意味着国企改革的“四梁八柱”都已确立，进入试点和推广阶段，我们应以“时不我待、只争朝夕”的精神推进国企改革和混合所有制工作。

正如中央有关文件所讲，改革既要有顶层设计，又要尊重基层的首创精神，把顶层设计和企业家首创精神结合起来。过去改革实践证明，没有广大企业家的参与，没有广大干部员工的响应，改革是不容易取得成功的。因此深刻理解混合所有制的内涵，真正掌握混合所有制的原则和方法，这对我们正确推行混合所有制非常必要。我们要以改革的名义，将混合所有制进行到底。

中国建材集团董事长、党委书记

宋志平

本书摘要

2013 年，党的十八届三中全会明确提出积极发展混合所有制经济，为广大国企注入了一剂深化改革和加快发展的强心剂。2015 年 9 月以来，随着“1+N”文件[①]分批次发布，包括混合所有制改革在内的国企改革的政策框架已经基本成形。2016 年底中央经济工作会议上明确提出混合所有制改革是国企改革的突破口，强调了其重要性。2017 年党的十九大提出，深化国有企业改革，发展混合所有制经济，培育具有全球竞争力的世界一流企业，更是进一步明确了改革的命题、路径和目标。

从 2014 年初开始，我有幸参与了一系列央企混改方案的制订和执行。彼时，“1+N”的国企改革框架尚未出台，一些国有企业家勇于“摸着石头过河”，但由于方向不够明确，又缺少成熟的先例可供参考，实践中不免走了一些弯路。因此，不断有企业同人问我们：“为什么国企要混改？混改应该怎么改？”四年来，我们一直在思考这两个问题，并在理论学习和实践操作中寻找答案。

在对过去四十年国企改革文献的学习中，我注意到，主流的探讨大多站在国有企业或国资监管部门的视角，思考如何搞好国有企业。党的十八届三中全会明确提出增强国有经济活力、控制力、影响力的新时代

① “1+N”即国企改革的政策体系，包括 2015 年 9 月党中央、国务院颁布的《关于深化国有企业改革的指导意见》，即顶层设计的“1”，以及随后出台的一系列国企改革配套文件，即“N”，截至 2018 年 6 月，配套文件共计 27 个。

国企改革总目标，着眼于国有经济全局，改革的抓手就应过渡到国有经济的有效实现形式——国有资本。因此，我们从国有资本切入，对国企改革方向进行再思考，并认识到，围绕着使市场在资源配置中起决定性作用，着眼于国有资本做强做优做大的目标，新时代的国企改革应具有运营国有资本的性质，因而改革的主线应是资本的积极流动。基于此，以股东市场化和股权结构制衡化为方向，始于国有资本和具有完整市场化特征的外部资本的混合，并着力在国企层面“引资本、健体制、转机制”的混合所有制改革，就成为新时代国企改革的主题和突破口。与此同时，既然以国有资本作为改革的抓手，混合所有制改革的设计思路就应进一步参考资本视角的判断和评价标准，这样既有助于指导企业通过混改提升持久竞争力，又能确保混改沿着搞好国有经济的国企改革总目标前进。

在实践中，我试图寻找对全社会具有普遍参考价值的混改操作路径。从2015年开始，我独立调研了从中央到12个省市的国资监管部门、国资国企研究智库、正在或已经完成混改的央企和地方国企，以及积极参与混改的战略投资者，进行了超过150场的深入访谈。这些宝贵的经历让我对混改中的难点问题和实操经验有了更深入的了解。我深刻体会到：通过混改突破发展瓶颈的国企，其成功的共性均在于激发出企业家精神、引入市场化优势、巩固资源禀赋优势，从而提升持久竞争力。但达到这一效果的操作路径却没有“普世通法”，也只有坚持“一企一策”，才有可能探索出适合本企业的道路。与此同时，我认为，有必要对成功案例中的一些共性经验进行归纳总结，这样既有助于给未来进行混改的企业梳理出改革的思路，也可激励其站在先例经验的肩膀上继续创新和探索。

本书的写作正是基于以上考量，力图站在资本视角，对混合所有制改革做一深入探讨。秉承四十年改革开放坚持理论联系实际和实践是检验真理的唯一标准的重要经验，本书首先通过理论和实证分析探讨改革的方向，厘清为什么要混改的问题；继而以此方向为指导，提出一套框架性操作思路，回答混改应该怎么改的问题；最终通过完整、翔实的案例剖析对改革的设计方向和操作思路进行验证，从而做到混改在理论、实践、评价三个层面上连贯和统一。

本书记录了前辈勇于探索和创新的改革精神，以及我的实践和研究，希望能给在改革探索道路上的国有企业家以信心支持，给即将启程混改的国企以些许思路的启发，给资本积极参与国企改革以助力。

第一章

绪论：站在资本视角看国企改革

第一节　为什么国企改革至关重要

从资本视角观察中国经济过去二十余年的发展轨迹，我们可以从图 1.1 中看出什么？

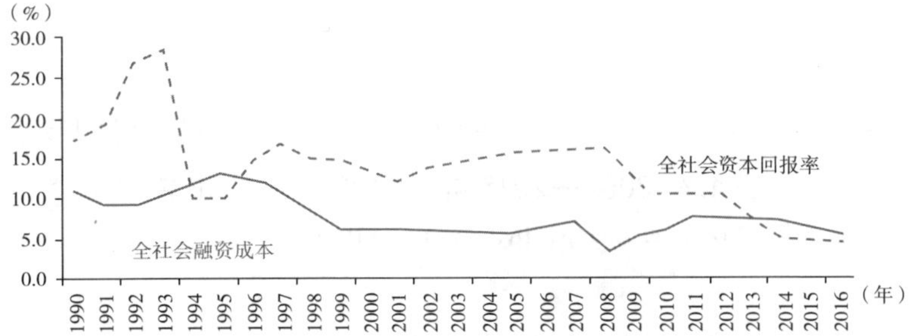

图 1.1　1990—2016 年，中国全社会资本回报率和全社会融资成本比较

数据来源：国家统计局、望正资本全球宏观对冲基金研究部。

是的，中国经济从 20 世纪 90 年代中期开始享受了十余年的可观回报，而从 2014 年以来，全社会的资本回报率下降到融资成本之下，由此不难解释近年来资本在逐利的驱动下脱实向虚的种种现象。

那么，造成上图所示“拐点”背后的原因是什么？又该如何扭转？为此，我们可以把两条曲线分开来看。

从全社会资本回报率的曲线可以看出，1997—2008 年，中国全社会的资本回报率（ROC）稳定地保持在 12% 以上的较高水平，而 2008 年以后，资本回报率从 16% 的峰值下降了超过 11 个百分点。我们以增量资本产出率[①]（ICOR）来分析资本投资效率的变化，可以印证上述现象：全球金融危机后，中国的资本投资效率显著且持续地下降（图 1.2）。

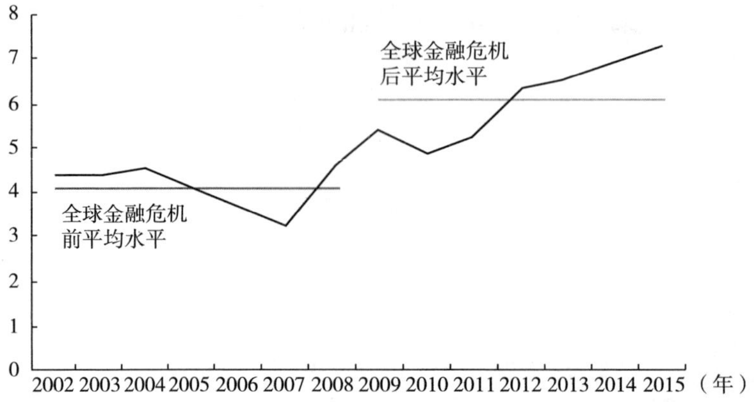

图 1.2　2002—2015 年，中国增量资本产出率

数据来源：Longmei Zhang、IMF Working Paper。

探究全社会资本回报率下降的原因，有学者将其归咎于近十年来人口红利的减退，投资需求的下滑，并叠加全球贸易的萎缩等原因。这些固然是中国经济所经历的深刻变化的重要外部因素，但若如此，则资

① 增量资本产出率是衡量投资效率的主要经济指标，反映增加经济产出所需要的投资增量，即投资与经济产出增量之比。ICOR 指数越高，资本的产出率越低。

本回报率的下降应呈现跨行业的趋势。为此，我们参考上市公司的数据，对主要行业的平均净资产回报率（ROE）进行了分析。结果显示，2009—2016年，以商业服务、研发、环保、教育、公众医疗、信息技术为代表的新经济行业的净资产回报率稳中有升，而传统行业的净资产回报率经历了显著下降，并已显著低于新经济行业（图1.3）。由此可见，传统行业是拖拽全社会资本回报率下降的主要力量。

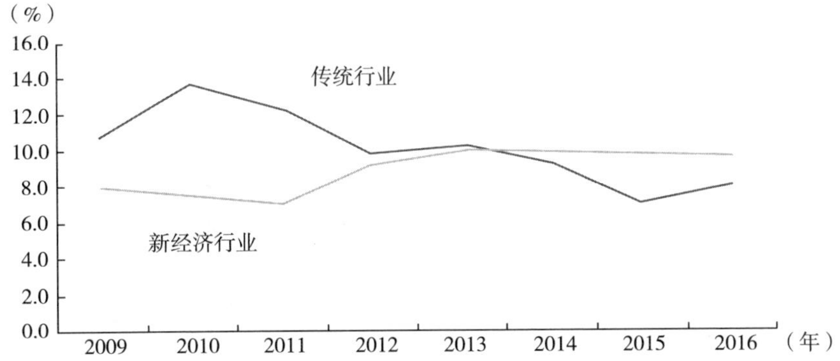

图1.3　2009—2016年，中国“新经济”和传统行业上市公司平均净资产回报率比较①

数据来源：根据CEIC（香港环亚经济数据有限公司）数据库计算。

进一步，传统行业平均净资产回报率显著下降并低于新经济行业的原因是什么？有学者认为，这主要源于行业的周期因素。重化工业周期的结束固然是一个重要原因，但若仅此而已，则该行业内资本回报率在绝对水平和变化趋势上应呈现跨企业的同步态势。为此，我

① 传统行业包括：农业、采矿业、制造业、能源供应、建筑业、批发和零售业、交通运输业、住宿和餐饮业、房地产、媒体；新经济行业包括：商业服务、研发、环保、教育、公众医疗、信息技术。计算根据净资产加权平均。

们以占全社会总资产35%左右[①]的工业行业为例，按所有制划分，对工业企业的税前净资产回报率（Pre-ROE）进行了分析。结果显示，2008—2016年，非国有企业的税前净资产回报率始终高于20%，扣税后的净资产回报率仍然与新经济行业中公众医疗行业在同一水平。而国有企业的税前净资产回报率则平均只有12.08%，不仅显著低于非国有企业近10个百分点（非国有企业税前净资产回报率平均为23.96%），更呈现出加速下滑的趋势。双方的差距从2008年的10.58个百分点，一度上升到2016年的12.84个百分点（图1.4）；其间，国有工业企业的总资产和净资产在行业内的占比一直维持在45%左右。工业行业所存在的上述现象不仅在传统行业中十分显著，更在国民经济的各个主要行业中普遍存在。一方面，以总资产回报率[②]为参考，除烟草、汽车、电力行业外，国有企业的总资产回报率在各主要行业中均显著低于民营企业（图1.5）；另一方面，国有企业在国民经济的各个行业中均有广泛分布，在传统行业内的布局更是十分庞大，以城镇固定资产投资完成额计，平均超过40%（图1.6）。[③]同一行业内，国企和民企之间显著且持续增大的回报率差异揭示了双方在生产运营效率上越来越明显的差距。

基于上述分析，我们形成一个初步观察：在传统行业中，国有企业的效率显著低于民营企业，且由于其所占比重较大，使得国企成为拖拽传统行业，乃至全社会资本回报率下降的一个重要原因。

---

① 根据《中国统计年鉴》，工业占国内生产总值比重基本在35%~40%的水平，2014年、2015年、2016年的数据分别为36.3%、34.3%、33.3%。

② 总资产回报率＝当年净利润/（年初总资产＋年末总资产）/2。

③ 鉴于数据的可获得性，我们难以使两张图表的口径保持完全一致，但通过图1.5与图1.6的对比，我们仍能看到，国资占比高的行业中，国企资产回报率并不高。

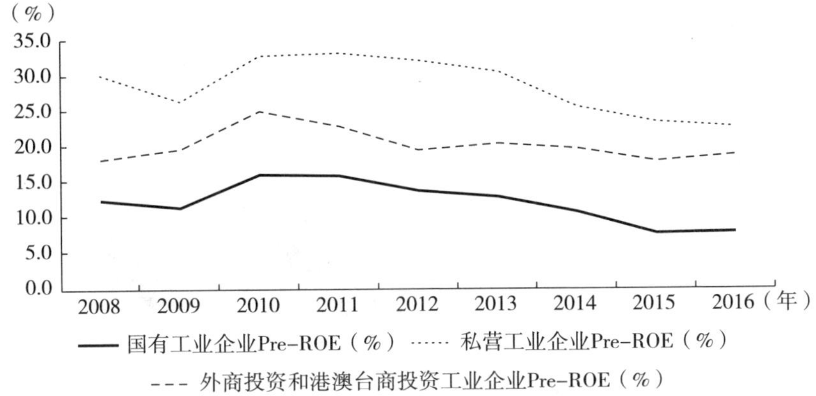

图1.4　2008—2016年，工业企业国有资本和非国有资本的税前净资产回报率[①]

数据来源：根据各年度《中国工业年鉴》计算。

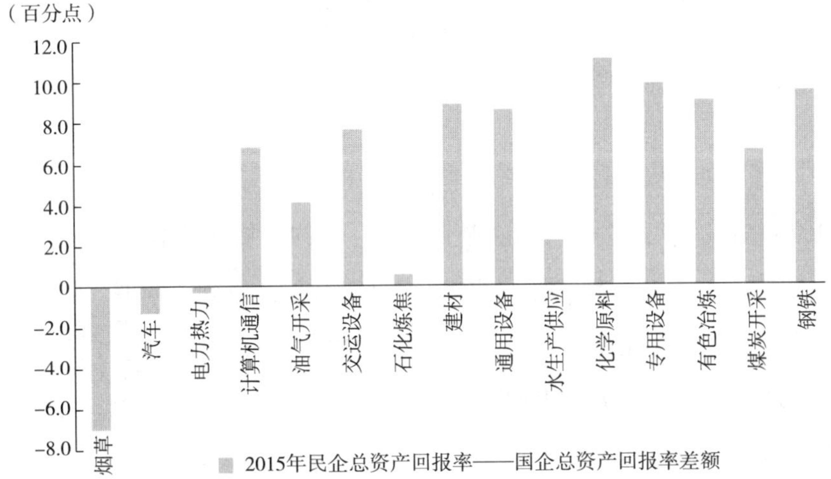

图1.5　2015年，资产超7 000亿元的行业中民企和国企总资产回报率差额

数据来源：根据《中国统计年鉴2016》计算。

① 税前净资产回报率 = 税前净利润 / 年均所有者权益。

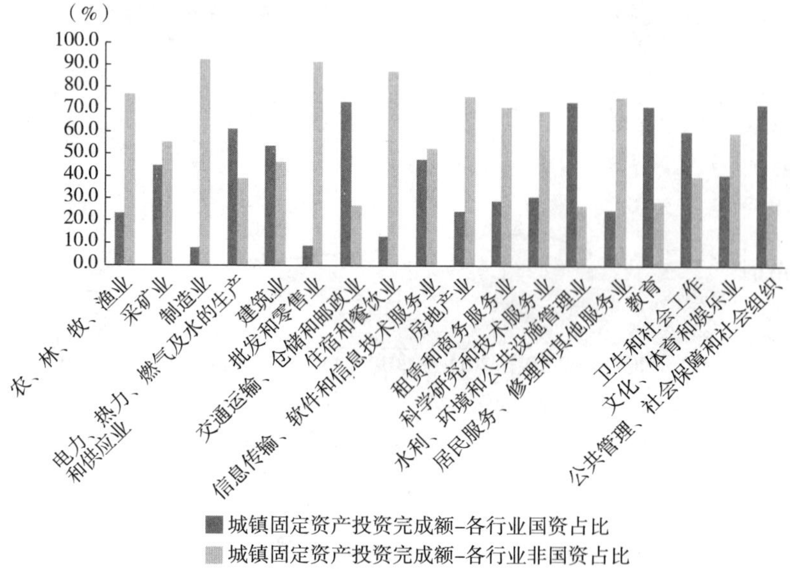

图 1.6　2015 年，国有企业和非国有企业城镇固定资产投资完成额在主要传统行业的分布

数据来源：根据《中国固定资产统计年鉴 2016》计算。

接下来，从全社会融资成本曲线可以看出，2011—2016 年，全社会融资成本稳步下降了 2.3 个百分点，与同期贷款基准利率 2.21 个百分点的降幅[①]基本一致（图 1.7）。同时我们注意到，同期，中国全社会的负债水平在持续上升，总负债占 GDP（国内生产总值）的比例从 195% 上升到 279%（图 1.8）。基于此，我们关心两个问题：负债主要来源于哪里？其成本如何？

① 2011—2016 年，中国人民银行共进行了 8 次降息。

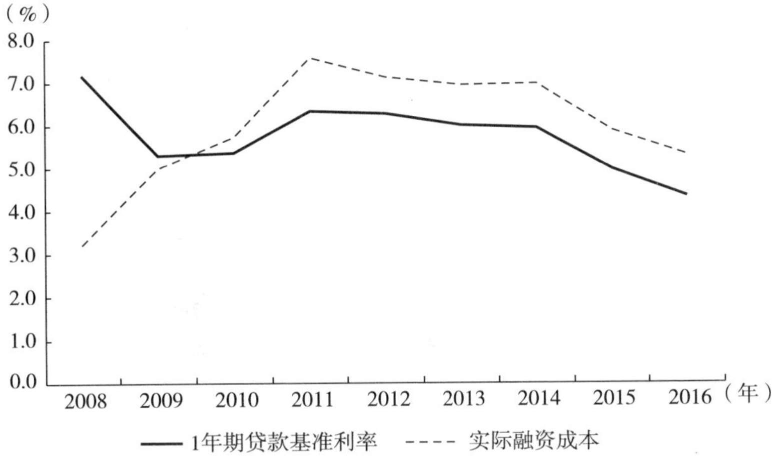

图 1.7　2008—2016 年，实际融资成本和央行贷款基准利率比较①

数据来源：中国人民银行，并根据万得数据库计算。

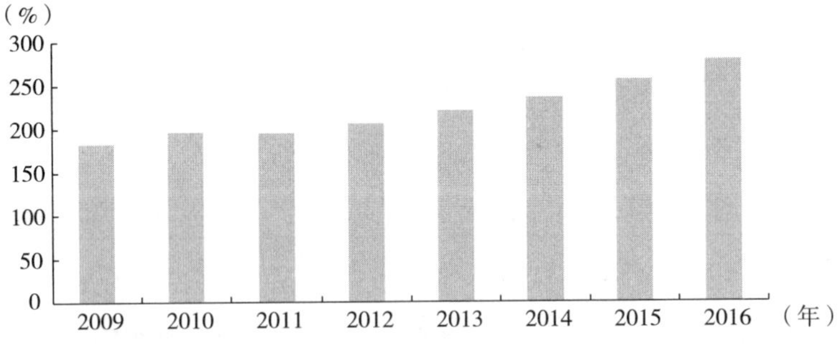

图 1.8　2008—2016 年，全社会负债总额占 GDP 的比重

数据来源：国家统计局，中国社会科学院。

首先从负债来源来看，全社会的负债主要来自于哪里？为此，我们按照借贷主体划分，对全社会的负债来源进行了分析。结果显示，就负债存量而言，过去十年来，企业借款一直占到全社会总负债的 70% 左

① 年度央行贷款基准利率按照天数加权平均计算获得。

右；同时，就负债的增量而言，过去3年，全社会总负债增量的68%来自于企业（图1.9）。由此可见，企业借款增加是全社会总负债增加的重要来源。

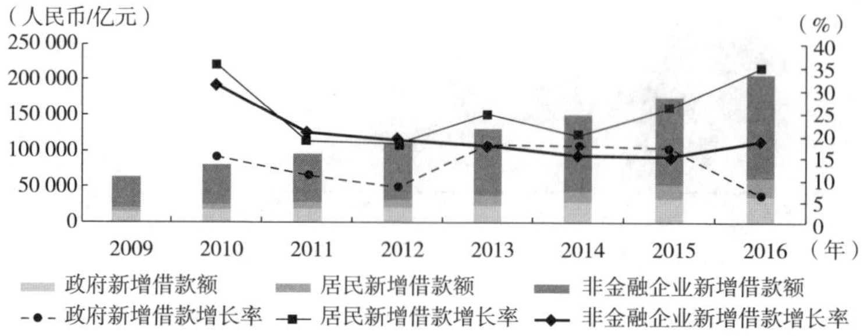

图1.9　2009—2016年，政府、企业和居民新增借款额

数据来源：财政部，中国人民银行和中国社会科学院。

进一步，企业借款的主体是哪些企业？为此，我们按照所有制分类，对企业借款主体进行了分析。结果显示，就借款存量而言，截至2015年底，国企和民企的借款余额分别约占全社会企业借款余额的66%和27%（图1.10）；同时，就借款增量而言，2015年，国企的新增借款占全社会企业新增借款之比超过80%，高于国企当年对GDP的贡献率（约为30%）。国企较大的借款存量规模固然有很大的历史原因，但其在借款增量中的占比远高于当期对GDP的增长贡献（图1.11）。这个事实告诉我们，国有企业是企业借款增加的主要来源，而国企占用的全社会信贷资源没有产生等比例的增加值贡献。

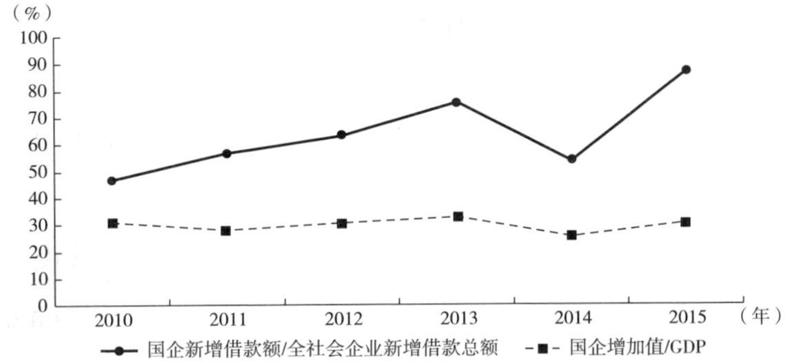

图 1.10　2010—2015 年，国有企业对 GDP 的贡献和借款增量占比

数据来源：国家统计局。

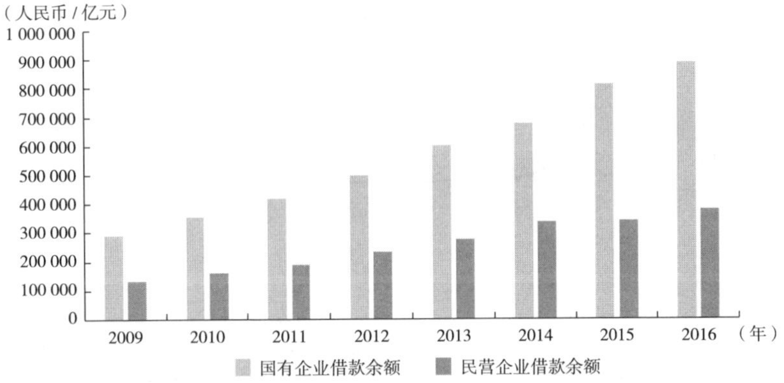

图 1.11　2009—2016 年，国有企业、民营企业借款余额

数据来源：财政部、中国人民银行和中国社会科学院。

继而，企业的负债成本如何？按所有制划分，兴业证券的估算显示：2011—2016 年，国企的平均贷款利率水平显著低于民企；而民企不仅平均的实际贷款利率显著高于国有企业，且在基准利率及国企实际贷款利率持续下降的趋势下，多次经历了贷款利率的上升（图 1.12）。

那么，为什么国企的贷款利率显著低于民企？是否因为国企的运营指标更优、信贷风险更低？我们以工业企业为样本，并参考国际货币基金组织（IMF）对企业资产负债表健康情况的评价框架[①]，对国企和民企的整体信贷风险进行分析。结果显示，2012年以来，工业企业中，国企的信贷指标均低于民企。第一，国企的杠杆率更高。国企的杠杆率一直高于120%，而同期民企的杠杆率已从100%下降到80%左右（图1.13）。第二，国企的回报率更低。2016年，国企的总资产回报率为3.0%，显著低于民企的8.9%[②]。第三，国企的利息保障倍数更低。2016年，国有企业的EBITDA（税息折旧及摊销前利润）利息保障倍数为5.5倍，民营企业则为11.5倍（图1.14）。

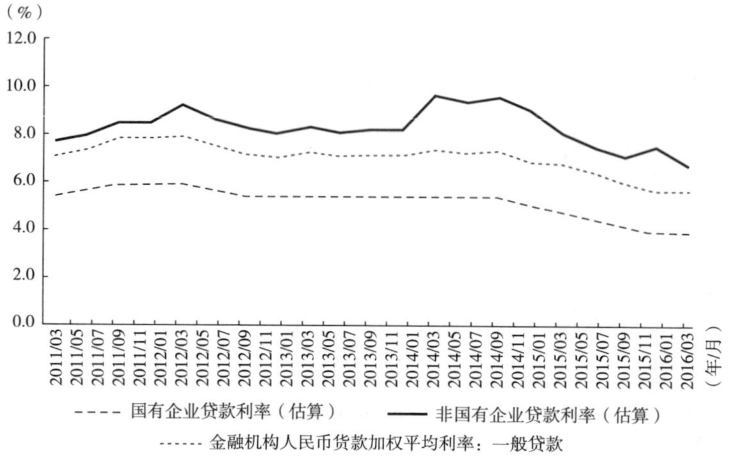

图1.12 2011—2016年，国有企业和非国有企业的融资成本比较[③]

数据来源：《兴业研究》。

① IMF对企业资产负债表健康情况（Corporate Balance Sheet Health）的评价标准主要包含五项指标，我们选取了杠杆率、总资产回报率、EBITDA利息保障倍数，除此之外，评价框架还包括借款/EBITDA比率，以及净资产回报率。

② 根据国家统计局、CEIC数据库数据计算。

③ 鲁政委、李苗献，民间融资成本到底有多高.兴业研究，2016年8月4日.

基于上述分析可以初步看出：国有企业用较低的贷款利率借了较多的债务，且债务又没有产生等比例的对经济增长的贡献，这不仅导致全社会负债总额上升，还造成全社会信贷资源没有实现优化配置。

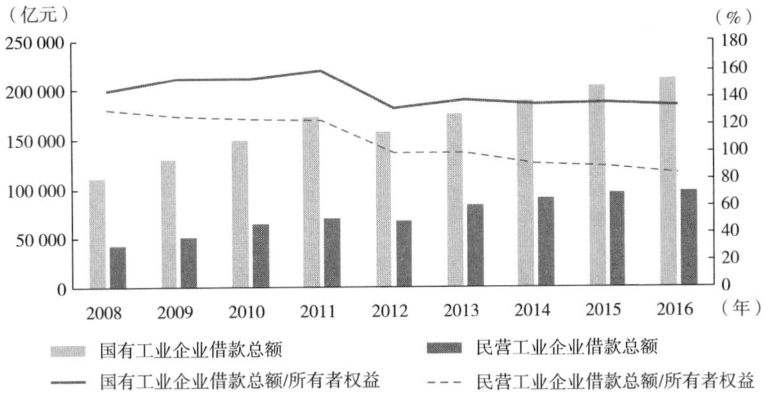

图 1.13　2008—2016 年，国有企业、民营企业的杠杆率①

数据来源：根据各年度《中国工业年鉴》计算。

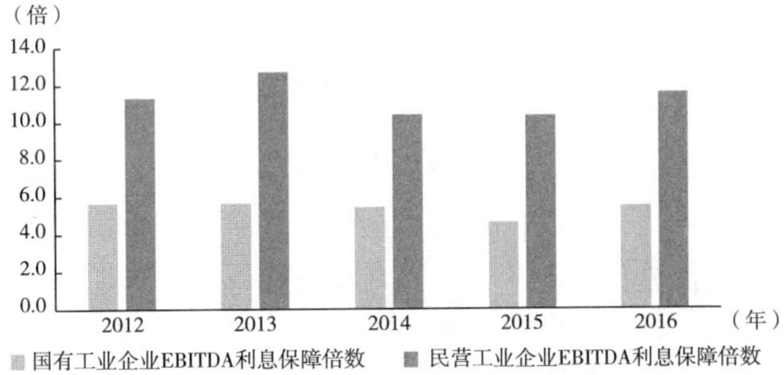

图 1.14　2008—2016 年，国有企业、民营企业的 EBITDA 利息保障倍数②

数据来源：根据各年度《中国工业年鉴》计算。

① 杠杆率 = 借款总额 / 所有者权益。

② EBITDA 利息保障倍数 =EBITDA/ 利息支出。

国有企业低回报、高杠杆的特征反映到资本市场上，我们会发现，国有控股上市公司和民营上市公司之间的估值差异持续扩大。2016 年，A 股非金融行业上市公司中，国有控股上市公司的市净率为 1.88 倍，而民营上市公司为 4.03 倍（图 1.15）[①]。

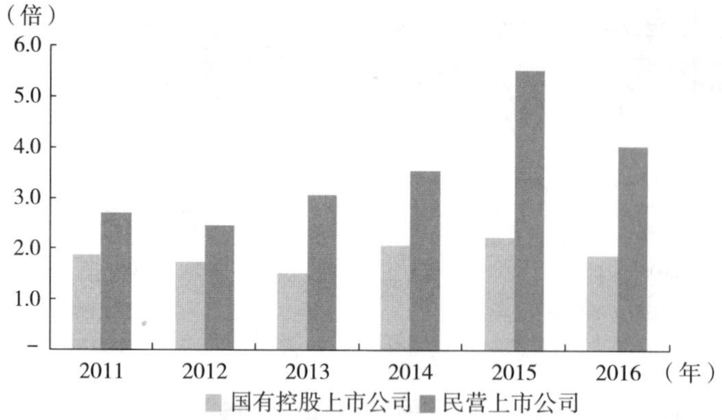

图 1.15　2011—2016 年，非金融行业国有控股和民营企上市公司市净率比较

数据来源：万得数据库。

上述国企生产运营效率较低、负债水平较高的现象虽然只是国企问题的一个表现，但由此我们仍可以形成以下推断。

改革推断一：针对国有企业的改革，有利于国企提升回报水平，降低财务风险，也有利于为民企的发展构筑公平有序的竞争环境，国企和民企的蓬勃发展还有助于传统产业优化升级、加快建设实体经济，因此是“增强我国经济的质量优势”[②]的核心内容。

① 同期，A 股含金融行业上市公司中，国有控股上市公司的市净率为 1.61 倍，民营上市公司为 4.00 倍。

② 中国共产党第十九次全国代表大会报告，《决胜全面建成小康社会 夺取新时代中国特色社会主义伟大胜利》，2017 年 10 月 18 日发布 .

现阶段，国有企业仍然是国有资本存在的主要载体和国有经济影响力的集中代表，因而，我们有必要上升到国有资本和国有经济的高度来观察国有企业。

在国家推动供给侧结构性改革的大背景下，我们观察到，在产能和信贷资金分布上，国有企业在过剩行业的分布十分广泛。一方面，在钢铁、煤炭、有色金属、石油化工为代表的产能严重过剩行业中[①]，存在大量的国有企业（图 1.16）。国有企业在这些行业的广泛分布，使得国有资本充当了产能过剩的重要推手，由此带来的过度竞争也使得 PPI（工业生产者出厂价格指数）在2012—2016年连续5年持续下降（图1.17）。PPI 的持续下降将会导致企业盈利能力减弱，企业生产规模缩小，引起经济紧缩。

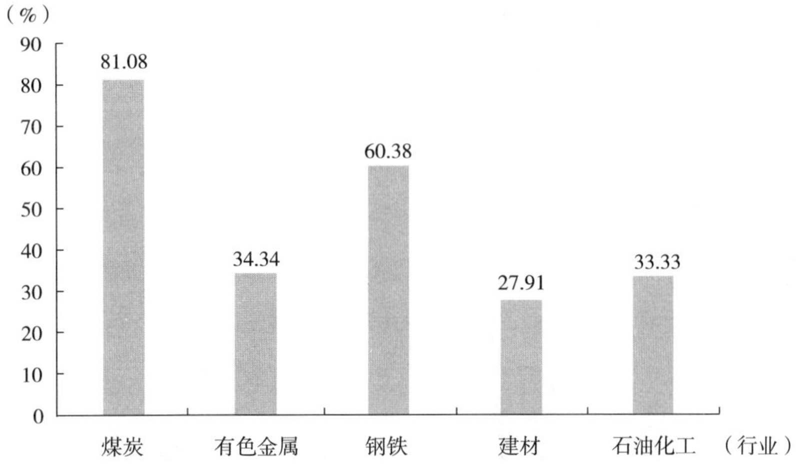

图 1.16　2015 年，国有资本在部分产能过剩行业中的分布

数据来源：万得数据库。

① 被国家发改委认定为产能严重过剩行业。

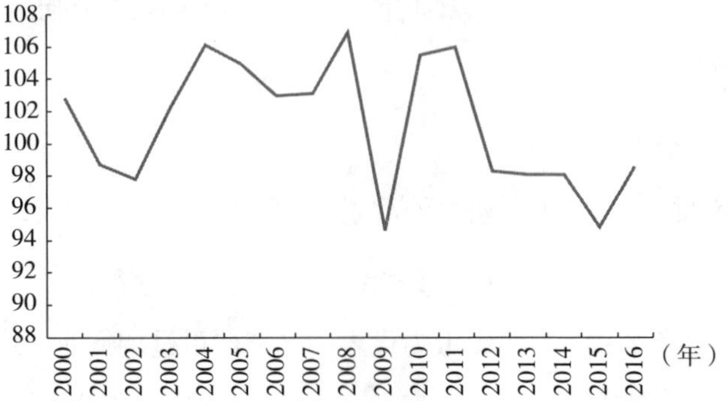

图 1.17　2000—2016 年，中国工业生产者出厂价格指数

数据来源：国家统计局。

另一方面，国企的借款有相当的比例存在于产能过剩行业，低效、高负债的企业占用了大量的信贷资源，并成为不良贷款的重要来源（图 1.18，图 1.19）。一旦这些企业的资金链断裂，国有资本将面临减值风险，而由此形成的不良资产将挤占银行的盈利空间，减少放贷量，形成恶性循环，导致系统性风险上升。

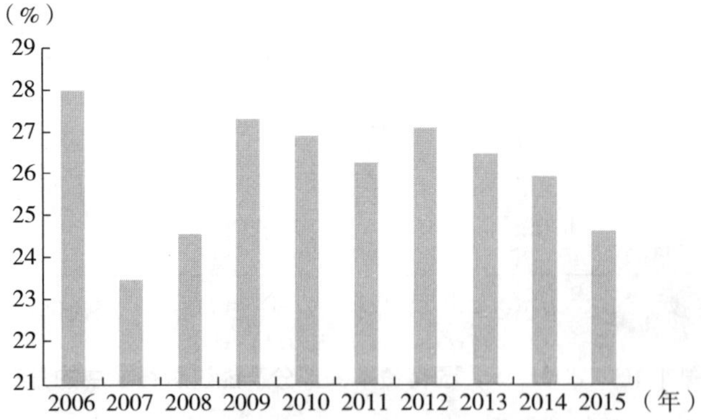

图 1.18　2006—2015 年，产能过剩行业国企借款所占 GDP 的比重

数据来源：国务院国资委、国家统计局。

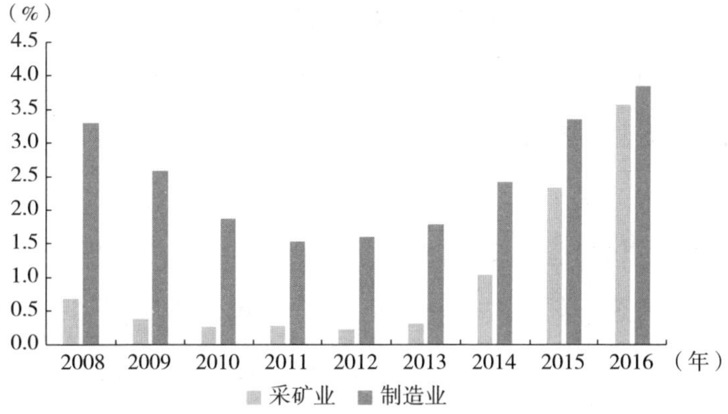

图 1.19　2008—2016 年，采矿业和制造业不良贷款比例

数据来源：中国银监会。

国企在产能过剩行业过度分布体现出的国有资本布局不合理的问题，只是国有资本问题的表现之一，我们根据这个表现仍然能够形成以下推断。

改革推断二：针对国有企业的改革，有助于国有资本的布局优化，既构成深化供给侧结构性改革的核心内容，又能为深化金融体制改革创造有利的环境，因此是深化经济体制改革的关键步骤。

如果将国有企业置于中国经济社会发展的全局，那么国企在其中的位置是什么？

首先，让我们了解一下国有企业的现状。截至 2016 年底，中国的国有企业拥有总资产超过 130 万亿，净资产接近 45 万亿；国企数量达到 31 万户，吸纳就业人口接近 8 000 万，占全部城镇就业人口的 19%。2016 年，国企贡献了 GDP 的 30%，工业企业利润总额的 17%；国企的固定资产投资占全社会的35%，纳税金额占国家财政收入的24%[①]。由此可见，国有企业在国民经济中有着广泛而深入的存在，并对中国经济和社会发展有着重要的影响。

党的十九大指出，更加突出的问题是“发展不平衡不充分，这已经成为满足人民日益增长的美好生活需要的重要制约因素”。那么，如果中国的国有企业发展更充分一些，能产生什么样的效果呢？让我们通过粗略的假设算一笔大账。第一，从资本回报率出发。我们以上市公司模拟全社会的企业，以2016年为例，如果上市公司中国企的平均净资产回报率达到民企平均水平，那么，相当于全社会的国企增加收入超过20万亿元，净利润超过1.5万亿元，国企额外创造的增加值将近10万亿元，而额外上缴的利税相当于为全社会减税3 000亿元，无疑将成为刺激经济增长、推动人均GDP提升的更重要力量。如果假设增加的净利润中有25%用于分红，则全国社保基金持有的10%的国有股权将多获得分红近400亿元。如果假设净利润用于扩大再生产，并将净利润的20%用于聘请新员工，将大量吸收新就业超过400万人，无疑将发挥更为显著的维护社会稳定的作用，并为社会保障的充实贡献更大的力量。如果假设净利润中有10%用于研发，则全社会研发支出将增加超过1 500亿元，无疑将推动中国的技术进步更上一层楼。第二，从融资成本出发。我们以工业企业模拟全社会的企业，以2016年为例，如果工业企业中国企的平均杠杆率下降到民企平均水平，则相当于全社会能够节省信贷资金超过20万亿元，全社会总负债/GDP比率能够下降近30个百分点[②]。同时，在信贷资金更加充沛的条件下，如果民营企业可以以一般

① 数据来源包括：财政部、国务院国资委、国家统计局。

② 假设国企杠杆率下降的同时，仍然能创造同样规模的GDP。

贷款利率获得借款，则民企能够节省利息支出并相应增加净利润近 3 000 亿元。若上述改变可以使国有控股上市公司的股权价值在资本市场获得重估，假设其平均市净率达到民企平均水平[①]，则国有控股上市公司的市值可增加超过 40 万亿元，相当于社保基金的规模又增值了 4 万亿元。

以上测算虽然十分粗略，但仍有助于让我们看到国企的巨大潜力，并形成以下推断。

改革推断三：针对国企的改革，有助于国民经济的健康运转、全社会福祉的提升，因此是推动经济发展质量变革、效率变革、动力变革的重中之重。

综上所述，多年来，国有企业和国有经济在满足人民群众日益增长的物质文化需求方面发挥了不可替代的作用。时代发展到今天，面对人民日益增长的美好生活需要，更需要国有企业和民营企业携手更充分发展，国有经济和民营经济并肩迈上新台阶，而实现上述目标的前提是使市场在资源配置中起决定性作用。

其中，国有企业，尤其是充分竞争领域的广大国有企业，其更充分发展——盈利的增长、回报率的提升——显然不应是通过强化行政性垄断、软化预算约束等非市场化手段"抱残守缺"实现的，而应是通过以市场化为方向深化改革，从而提高效率、提升竞争力实现的。也唯有如此，国有企业才能够为国有经济创造更显著的资本增值和投资收益，更好地为公共财政提供有效补充，从而有助于破解"社保保障、基本公共服务均等化和某些社会产品的短缺等主要矛盾"[②]，促进国有经济更好地

① 假设国企和民企行业分布权重可比。

② 陈清泰，《重新定义国企、从管企业转向管资本，真改革要做这两件事》，经济观察网，2018 年 5 月 13 日。

发挥增进民生福祉的核心功能。

同时，民营企业的更充分发展则应是通过从追求短期规模增长向着眼长期质量提升、运营规范转变实现的，这从根本上需要营造支持民营企业发展的良好经济生态环境；而以市场化为方向推动国企改革，真正实现政企分开、政资分开，从而构建统一市场和完善市场经济环境，就成为其中的重中之重。也唯有如此，各种资源实现市场化流动，既有利于激发企业家精神[①]和全社会的创新活力，而在此过程中国企释放出大量低效率的资源，又能有效刺激民营企业和小微企业的发展，促进民营经济更好地发挥吸收就业、促进民生的重要作用。

由此可见，以市场化为方向推动国企深化改革，是充分激发各类市场主体活力的关键，由此促进企业持续提升创新力和竞争力，并不断完善与国际接轨的现代企业“良治”制度，则既是培育“具有全球竞争力的世界一流企业”的前提，更是中国经济“实现更高质量、更有效率、更加公平、更可持续的发展”的保障。

---

① 企业家精神（Entrepreneurship）是20世纪20至30年代由奥地利学派的经济学家们所提出的概念，相关的系统性论述应主要归功于经济学家约瑟夫·熊彼特（Joseph Schumpeter）。熊彼特认为，“企业家精神”是将新技术、新想法付诸应用，从而创造出新产品、新产业的能力，是经济发展的内在动力。如今，“企业家精神”泛指开创、领导某企业，并通过创新和适当冒险来创造利润的能力。

第二节　为什么要从资本视角看国企改革

其实，放眼改革开放四十年，国企改革一直是中国经济体制改革的核心，针对这一主题的探讨不胜枚举。那么，今天站在前辈的肩膀上，我们的探讨又有什么独特之处呢？

本书的独特之处在于：立足于资本视角，这既不同于企业的视角，也不同于监管企业的政府视角。

什么是资本视角？

我们认为，资本视角从本质上讲是市场化的视角。具体而言，其市场驱动的本质属性体现在三个特征——追求收益性、流动性和平等性，我们总称为资本的完整市场化特征。

第一，追求收益性，这是资本的根本特征。其中包括两个方面的考虑：对资本收益的预期和对风险偏好的判断。在一定风险偏好下，资本首要是追求收益的，而这一关注不仅体现在所投资企业通过运营实现的每单位资本的盈利规模和增减幅度，更体现为通过资本的流动实现机会成本最低的资本配置（Capital Allocation），从而为资本所有者创造最大化的回报。资本的逐利特征既是企业追求在市场竞争中盈利的根本动力，也决定了资本与追求经济效益、社会效益、政治效益等多重目标的政府在视角上存在本质差异。

第二，追求流动性，这是实现优化资本配置的前提条件。其中既包括资本在企业内部以股权和债务的形式适度转换，也包括资本从一个企业自由流入另一个企业，由此实现资源的更有效配置。显然，资本的流动是鞭策企业提升生产运营效率、驱动资源向优势企业集中、实现行业转型升级的市场推手，也决定了追求基业长青的企业和追求就业稳定的政府在视角上存在重大差异。

第三，追求平等性，这是资本的基本要求。通过股份制建立的现代企业中，其股权具有标准化的特征，在此基础上，不同所有权权属的资本均按其所持股权的性质、内容和数额享受平等待遇，并且免受不平等待遇。换句话说，对于同一公司内同一类别的股权，每一股所代表的资源投入理应等价，而相应的每一股也应拥有等比例的财产权利[①]。“同股同权、同利同责”既是公平竞争的市场化原则在资本层面的体现，更是资本对收益性和流动性的诉求在企业中有效反应的前提条件，这与“下级服从上级”的政府视角存在重大差异。

为什么以资本视角来探讨国企改革？

首先，这是由新时代国企改革的目标和方向决定的。回顾四十年来国企改革总目标的演进，经历了从搞好国有企业到搞好国有经济的与时俱进的过程。以搞好国有企业为目标，四十年来主流的探讨大多是站在国有企业或国资监管部门的视角，改革的抓手是国有资产和国有企业，关注的是国有资产保值增值和国有企业做大做强。而今，搞好国有经济的抓手应过渡到国有经济的有效实现形式——国有资本，并以“有利于国有资本放大功能、保值增值、提高竞争力”[②]为衡量标准，因而，探讨

① 财产权利是指民事主体所享有的具有一定物质内容并直接体现为经济利益的权利，包括物权、债权、知识产权等。学者多使用“财产权”或“所有权”来表达财产权利的主旨。(《论财产权利及其社会本质》，姚德利）

② 中国共产党第十八届中央委员会第三次全体会议，《中共中央关于全面深化改革若干重大问题的决定》；2013 年 11 月 15 日。

改革的视角也有必要提升到资本层面。十九大明确提出“做强做优做大国有资本”的目标，更是与资本的三个特征一脉相承：“做强”，意味着国有资本不仅要盈利，更要提升所投入资本的单位回报，即增强资本的收益性；“做优”，意味着要通过国有资本在布局和结构上的调整，实现资本的优化配置，这就要以增强资本的流动性为前提；“做大”，意味着国有资本要发挥引领和带动作用，实现“国民共进”，这就要以增强资本的平等性为基础。由此可见，“做强做优做大国有资本”需要通过增强国有资本的收益性、流动性和平等性来实现，而针对实现方式的探讨，自然需立足于资本视角。

同时，这也是由新时代深化经济体制改革的要求决定的。我们需要认识到，国企改革之于全面深化改革的意义，不仅在于国有资本和国有经济，更在于通过国有资本、集体资本、非公有资本等交叉持股、相互融合的方式，实现各种所有制资本共同发展，从而提高国有经济乃至整个国民经济的质量和效益。因而，遵循党的十八届三中全会提出的“使市场在资源配置中起决定性作用”的指导思想，国企改革也应遵循市场化的要求。

因此，本书将明确立足于资本视角，既不同于国企和政府的视角，也不局限于国有资本一家之言。同时，资本的完整市场化特征是本书的基石，而收益性、流动性和平等性，也将作为本书对不同时期、不同所有制资本的统一评价标准。

第三节　本书关注的核心问题和探讨的思路

国企改革是一项多层次、多条线、多步骤的系统性改革，因而，对这一主题的探讨可以有多个维度。党中央提出“混合所有制改革是国企改革的突破口”，近年来已经成为全社会的普遍共识。“为什么国企要混改？混改应该怎么改？”这是五年来一直萦绕在我们心头的两个问题，本书正是希望从资本视角围绕这两个核心问题展开讨论。

要讨论为什么混改，就要理解什么是混改。为此，我们首先从顶层设计的角度了解什么是混合所有制经济①。混合所有制经济的概念最早于1997年党的十五大提出，即“公有制经济不仅包括国有经济和集体经济，还包括混合所有制经济中的国有成分和集体成分”。1999年党的十五届四中全会首次提出“发展混合所有制经济”。2003年党的十六届三中全会提出“大力发展混合所有制经济”，使之成为一项明确的战略方针；2013年党的十八届三中全会进一步提出“积极发展混合所有制经济”，将其提升到新的高度，并进一步明确混合所有制经济以国有资本、集体资本、非公有资本等交叉持股、相互融合为特点，是我国基本经济制度的重要实现形式，并可以认为是新环境下，市场经济环境中国有经济的实现形式。②

---

① “混合所有制经济”不同于“混合经济”，后者是指政府组织与市场经济一道为确保整个社会达到效率、公平和可持续性的目标而共同扮演积极且具创造性的角色。

② 晓甘主编．国民共进——宋志平谈混合所有制［M］．北京：企业管理出版社，2014：183.

继而，我们希望了解：混合所有制经济经历了怎样的实践历程？一般认为，混合所有制企业是指“除国有投资外，至少还包含私营企业、外资、自然人中的任一种投资的企业”[①]。我们暂且采用以上定义，仅以投资主体多元化为特征，则可以简单认为，国有资本持股，但非全资持有的企业，均是混合所有制企业。以此为标准，混合所有制企业的最初实践可以追溯到20世纪80年代中期，一些小型商业服务业国有企业就开始探索股份合作制、股份制等形式的所有权改革。此后，伴随着混合所有制经济在理论和政策层面的不断完善，20世纪90年代中期以后，在全国范围内开始大力发展以投资主体多元化为方向的股份制改造和IPO（首次公开募股）上市，由此形成了不少混合所有制企业。就形成的路径而言，既包括历史上的国有企业引入非国资股东，民营企业在发展过程中引入国资股东，也包括国有企业收购民营企业的股权，民营企业收购国有企业的股权。就层级而言，混合所有制企业既可能出现在国企集团层面，也可能是国有全资集团下面的子公司或孙公司。

基于以上分析我们认识到，混合所有制经济有着成熟的理论基础，而二十年来，以“投资主体多元化”为特征的混合所有制企业也已经遍地开花，而且它们多数是规模较大，在行业中占有较重要的地位。那么，党中央提出“推进国有企业混合所有制改革”[②]，又是基于什么样的宏观背景？而相较于历史上以投资主体多元化为方向的改革实践，新时代上升到国家战略高度的混合所有制改革，又涵盖了哪些内容？应遵循什么思路？

---

① 肖庆文．混合所有制企业数量、类型和行业分布［N］．中国经济时报，2016（005）．

② 中共中央、国务院《关于深化国有企业改革的指导意见》（中发〔2015〕22号），2015年8月24日发布。

明确方向，才能把握好奋斗的路径。在本书的方向篇，我们站在资本视角，基于对文献的梳理和对公开数据的分析，采用定性和定量相结合的方法，将对上述问题进行探讨。对现状的探讨不能脱离对历史的认识，因而我们先从历史的维度回答：国企改革从哪里来？通过全面了解前辈在国企改革顶层设计上的思路演进和微观实践中的路径探索思考：历史改革中我们做了什么？做对了什么？（第二章）改革是基于问题导向，党中央提出深化国企改革，自然是针对其中的尚存问题和新增挑战，那么这些问题表现是什么？相应的改革应具有什么样的性质？站在资本视角，我们有必要从国有资本的层面切入，对国资问题及其背后的国企问题进行一次再分解。在此基础上，我们将探讨：国资国企问题的症结在哪里，改革在哪个方向切入更可能取得突破？这一改革应该长什么样子？具有什么样的内涵和外延？（第三章）明确了改革的方向和内容，我们将再向前一步，探讨改革设计思路应遵循哪些原则。（第四章）

明确了方向，更需坚持实干兴邦。在本书的路径篇，我们希望遵循前文提出的改革方向，着重探讨混合所有制改革在国有企业层面的实施路径，也就是混改应该怎么改的问题。为此，我们首先需要明确定义：什么是国有资本？什么是国有企业？双方又是什么关系？

资本是国民经济的实现形式，资本和企业的关系在于，资本是投资者对被投资企业行使的一种财产权利，即对企业的权益和债务投入。具体到国企，一般而言，非金融机构中，国有投资者主要充当股东角色，即国资股东通过出资持有权益。因此，本书将国资股东所持有的企业的权益定义为国有资本。同时，国有资本做强做优做大的改革目标，既要通过国资股东持股 1% 的企业增值实现，也要通过搞好国资股东持股 100% 的企业实现。毋庸置疑，无论从对国有资本增值的贡献程度，还是从国资管理的重要性而言，国资股东独资、绝对控股和相对控股的企业对混改的意义更加重大，本书将其定义为“国有企业”，这是本书探讨的重点。

然而，上述国有企业是一个庞大的群体。经过四十年的持续改革，尤其是股份制改造过程中，很多国有企业都引入了非国资股东持有其股权，但仍然保持了国资股东的控股地位，另有一些大型国企集团——以央企和地方省市属国企为代表，仍然保持了国有全资的有限责任公司的状态，上述企业均是国有企业。据粗略统计，全国现有 15.6 万家国有企业，其中央企约占三分之一，地方国企约占三分之二 ①，这些国有企业深入参与到国民经济中的各行各业，在功能定位、行业分布、资产规模、盈利情况等方面均存在显著差异。

改革要因地制宜，因而对操作中任何特定思路的探讨，只有集中在具有共同特点的特定范围，才更有针对性和普遍适用性。因此，我们有必要对探讨的范围进行进一步聚焦。考虑到本书站在资本视角，围绕着使市场在资源配置中起决定性作用的方向，我们以分类、分层、分行业为原则，将讨论的范围集中在：处于充分竞争行业和领域、央企的二级及以下子公司和地方企业、非金融行业的国有企业。具体有以下几种情形。

第一，分类：集中于主业处于充分竞争行业和领域的商业类国有企业。早在 20 世纪 90 年代初，周叔莲、杨启先等学者就提出了“分类推

① 马骏，张文魁，张永伟，袁东明等 . 国企改革路线图探析［M］. 北京：中国发展出版社，2016 ：41.

进国有企业改革”的思路。在《国有经济的战略性改组》一书中，吴敬琏教授等学者以企业的基本目标为划分，将国有企业的类型划分为两类：竞争性企业、非竞争性企业。在《指导意见》[①]中提出，结合不同国有企业在经济社会发展中的作用、现状和发展需要，将国有企业划分为商业类和公益类。其中商业类又分为：主业处于充分竞争行业和领域的商业类国有企业，以及主业处于关系国家安全、国民经济命脉的重要行业和关键领域，主要承担重大专项任务的商业类国有企业。而《关于国有企业功能界定与分类的指导意见》进一步明确，“对主业处于充分竞争行业和领域的商业类国有企业，重点考核经营业绩指标、国有资产保值增值和市场竞争能力”。本书站在具有市场化特征的资本视角，探讨的混改自然以市场化为方向。因而，基于分类原则，我们将讨论的范围限定于上述“主业处于充分竞争行业和领域的商业类国有企业”，其他两类国企不作为本书讨论的重点。根据财政部的统计，截至2014年底，竞争性行业中国企户数占国有企业总数的71.91%，总资产占51.99%[②]，竞争性行业的国有资本占总数的56.29%[③]。

第二，分层：集中于央企子公司和地方国企。经过多年的改革和发展，国有企业逐步形成了以国企集团和众多子公司为主要特征的母子公司集团化管理模式，同时国有企业实行分级管理体制，形成了近百家中央企业和上千家地方各级国企集团。央企集团很多是伴随国企改制而组

① 中共中央、国务院《关于深化国有企业改革的指导意见》（中发〔2015〕22号），2015年8月24日发布。

② 数据来源：《2014年全国国有企业户数、资产负债行业分析表》《中国国有资产监督管理年鉴》。

③ 数据来源：财政部。

建起来的，而且从 2003 年以来，央企的户数由最初的 196 家[①]调整到 98 家[②]，减少的央企绝大部分并入了现有的央企[③]。因而现有的央企集团资产规模大、子公司行业分布广、业务类型差别大，其中不乏公益性业务和关系国家安全、国民经济命脉的重要行业和关键领域的业务。而且，作为国家脊梁，央企集团未来将继续在国民经济的关键行业发挥重大战略功能，因而在大部分央企集团层面将继续保持国有资本的控股地位，这些企业将不在我们讨论范围内。而由央企履行出资人责任持股的二级及以下子公司，大多是主营业务相对明确、业务相对集中的实体企业，且很多处于充分竞争的行业或领域。同时，地方国企大多是在由计划经济体制向市场经济体制转轨过程中，在特殊的经济社会发展环境及法律、政策环境中，由地方政府投资或中央划拨地方管理而不断形成和发展起来的，因而大多分布于竞争性行业和领域。因此，本书讨论的企业范围将集中在央企的二级及以下子公司和地方国企，央企集团公司不作为本书讨论的重点。

第三，分行业：集中于非金融行业的国有企业。资本市场一般按照行业大类将企业划分为金融类企业（Financial Corporate）和非金融类企业（Non-financial Corporate），这两大类企业在行业性质、市场环境、管控模式、运营和财务指标、监管体系和要求等方面均有较大不同；对于中国的国有企业而言，两大类企业的国资股东和股权结构也有十分显著的差异。因此，为增加探讨的针对性，参考以上分类习惯，本书讨论的企业范围集中在非金融行业的国有企业，而金融行业国有企业不作为

---

① 根据时任国务院国资委主任李荣融 2003 年讲话整理。

② 截至 2017 年 9 月 30 日，央企总数为 98 家。

③ Wendy Leutert. Challenges Ahead in China's Reform of State-Owned Enterprises［J］. Asia Policy，2016（1），83-89.

本书讨论的重点。

基于上述选定的国有企业范围，我们将集中讨论混改的操作思路。为此，在明确混改目标的基础上，我们首先需要明确：混改操作思路的判断标准是什么？改革以市场化为目标，判断的标准自然也应立足于市场。因此，我们基于具有市场化特征的资本视角，以是否有利于提升资本回报率为主要判断标准，采用案例分析的实证方法，根据对实操、调研和公开信息整理，以通过混改搞好相当一部分国有企业为目标，对混改的操作思路进行一系列探讨和归纳。这其中涉及一系列大家关心的核心问题，包括：如何做好混改的准备工作（第五章），如何引入战略投资者（第六章），如何引入核心员工持股（第七章），体制机制改革如何落地（第八章）。

在改革前厘清方向，改革中归纳路径的基础上，我们还需通过对完成改革的标杆案例进行剖析，验证上述方向和路径。大家会问，有哪些企业通过成功改革具备了混合所有制企业的特征？他们改革的历程又是怎样的？带着这个问题，在过去三年来针对混合所有制企业的调研中，根据改革历程的差异，我们重点关注了三类企业。第一类，历史上的国有企业，党的十八届三中全会以来以投资主体科学化为方向，完成了引资本、健体制、转机制混改所形成的混合所有制企业；第二类，在20世纪90年代以投资主体多元化为方向完成了公司制股份制改造的国有企业，经过多年的持续改革所形成的混合所有制企业；第三类，曾经的民营企业，通过引入包括国有资本在内的外部资本所形成的混合所有制企业。

在本书的案例篇，基于调研，我们在这三类企业中各选择了一个企业进行了详细分析，包括被称为央企专业化业务平台混改第一单的中粮肉食（第九章），通过 28 年持续混改促企业持续做大做优做强的深圳农产品公司（第十章），以及通过“企业家精神 + 资本 + 改革”铸造全球玻纤行业“隐形冠军”的中国巨石（第十一章）。我们想知道：站在企业层面，这些具有“混合”性质的改革案例具备哪些成功的共性要素？站在资本层面，改革成功的关键词是什么？

下图概述了本书的结构和我们将探讨的一系列问题（图 1.20）。

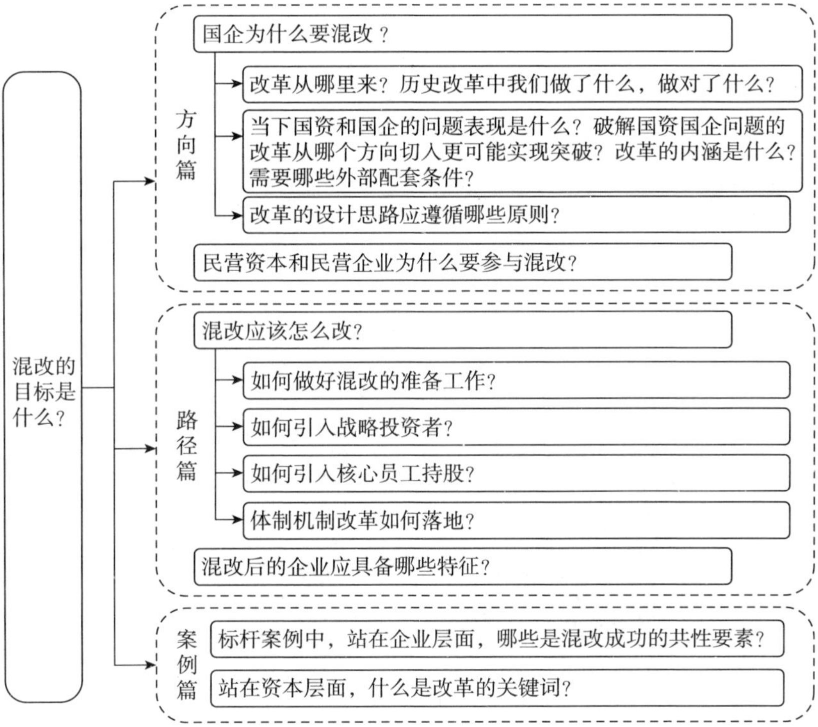

图 1.20　全书的结构和探讨的问题

但凡改革，当具有时代意义。本书力图站在资本视角，秉承“专业分析＋客观实证”的方法论，通过做到改革在理论、实践和评价三个层面的连贯和统一，探讨混改从哪里来，往哪里去。

方向篇

立足国有经济：基于资本视角对混合所有制改革方向的理解
——混改的一体、两翼、三原则

方向篇概述：为什么国企要混改？

中国建材集团董事长宋志平先生谈到国企改革，曾指出："应该静下心来搞改革，先谋而后动，认真地想这是怎么回事，怎么理性、清晰地把我们的目标和路线图想清楚，然后一步一步地把它做好。"[①]基于资本视角，本篇将集中探讨我们对新时代国企改革的方向和设计思路的理解和思考。

知史方能鉴今，新时代国企改革的探索离不开对四十年国企改革实践的深入学习。因此，我们首先带着"国企改革从哪里来"的问题，将2013年之前35年的国企改革历程分成三个阶段，着重在顶层设计和微观实践层面进行简要回顾。从资本视角看，国企改革的历程呈现出一种以问题为导向，根据改革条件的逐渐成熟由浅入深的逻辑主线。在此过程中，三个阶段的改革分别具有"放权国有资产""改制国有企业""监管国有企业"的性质。其间，国有资产在形态上实现了向国有资本的转化，并通过国有资本的流动，推动其市场化特征得以产生和不断增强——我们将此总结为历史上国企改革取得成功的核心经验。

站在2013年党的十八届三中全会提出进一步深化国有企业改革的时点，我们对新时代国企改革的方向进行了深入探讨。参照在改革历程回顾中总结的分析框架，我们重点探讨了几个要素：问题表现、改革性

① 晓甘．国民共进——宋志平谈混合所有制［M］．北京：企业管理出版社，2014.

质、改革主题和改革条件。

首先，从问题表现理解新时代国企改革的性质。从国有资本入手的现状分析显示：国有资本的市场化特征仍然不完整，表现为回报水平仍然偏低、流动性仍然偏弱并被赋予过多的权利和义务。沿着历史改革的逻辑主线，以上述国资问题为导向，以国有资本做强做优做大为目标，我们认为新时代国企改革应具有运营国有资本的性质，而运营资本又需要实现两个子目标——管资本和市场化。随后，为探究国资问题背后的原因，我们下沉到国有企业层面，沿着理论基础、制度设计和历史实践的脉络对国企问题进行梳理，并将其中治理体制不完善导致的监督缺位和决策越位，以及经营机制僵化导致的企业缺乏动力的表现，总结为国企的“显性问题”。

继而，从改革的切入口和完整内涵两个层面探讨改革主题。

第一，针对上述国资国企问题，改革从哪个方向切入更可能实现突破？我们对社会上讨论较多的国企改革方向进行了逐一探讨，并从历史实践出发，在层层剖析问题的基础上认识到：首先，改革要取得突破性进展，就要从资本层面切入。着眼于实现管资本和市场化两个子目标，一方面要通过改革推动国资股东所有者职能的进一步集中化和独立化，另一方面要从外部引入制衡作用和市场化作用，后者也是现阶段我们关注的重点；然而，历史改革中，由于形成了国资股东“一股独大”[①]的局面，外部股东的制衡和市场化作用难以有效发挥。因此，瞄准一股独大的症结，我们提出以投资主体科学化为改革切入方向，实现股权结构制衡化和股东市场化。具体思路为：通过外部股东的“到位”

① “一股独大”，即单一股东/若干一致行动人持有企业100%的权益，或单一股东/若干一致行动人持有控制性的权益而其他股东持股高度分散。

和“制衡”，促使国资股东“到位”，形成共挑担子的局面，从而在所有股东间形成管资本的理念基础；与此同时，有效发挥外部股东的市场化优势，从而长期推动各类资本的积极流动[①]，这是破解国资问题的正解。

第二，以投资主体科学化为切入方向，破解国资国企问题的改革应具有什么样的内涵？瞄准资本层面做强做优做大、企业层面提升持久竞争力的改革目标，我们从混合和改革两个层面理解混改的内涵：始于国有资本和具有完整市场化特征的外部资本的混合，以产权制度改革为基础，以治理体制改革为抓手，以经营机制改革为重点的综合性改革。我们将这一内涵归纳为混改的“一体”，并认为，由“一体”构成的混合所有制改革是破解国资国企问题的必由之路，是新时代具有运营国有资本性质改革的主题和突破口。

接下来，从混改所需要的关键改革条件探讨外部支撑性改革。一如只有机体没有机翼的飞机是无法起飞的，我们认为，两项关键改革条件的完善对混改取得成功至关重要：一是通过国有资产管理体制改革，完善国有资本的独立性和完整性；二是通过完善产权保护制度和市场经济秩序改革，维护各种所有制资本的竞争平等性。我们将其归纳为混改的“两翼”。

明确了改革的方向，我们在本篇的最后探讨了改革的设计思路，即混改中需要遵循的指导原则。我们认为，混改不能单纯寄希望于在每个企业层面提升长久竞争力，更需着眼于搞好国有经济的国企改革总目标，并在设计思路的筹划中以国有资本做强做优做大为指导思想，以确保混改的微观目标和国企改革总目标相统一。因此，从资本视角着眼，基于

① 我们将资本的积极流动定义为：“以运营为目的，持续性、进退双向的资本流动。”

机理和实证分析，我们提出了混改设计思路中应遵循的“三原则”和相应的方法论：集中原则——优先引入持股相对集中（10%）并拥有董事会席位的，“懂行业和业务＋能够提供战略价值”的产业投资者和积极财务投资者；绑定原则——优先引入包括具有“企业家精神”的管理层和核心技术人员、业务骨干等对企业有重要价值的“人力资本”[①]贡献者的核心员工持股；归核原则——优先通过同业整合和非核心主业剥离打造主业突出的专业化业务平台。

孟子曰：孔子登东山而小鲁，登泰山而小天下。两千年前，孔子“小天下”，自然要“登泰山”，而这一方向的定义就是玉皇顶的坐标——北纬36度，东经117度，海拔1524米。若以此来类比今天的国企改革，我们通过国有资本做强做优做大来实现搞好国有经济的总目标，就要以混合所有制改革为重要突破口，而我们理解混改方向的“坐标”，就是本篇定义的“一体、两翼、三原则”。

在路径篇，我们会不断回望这一坐标，以确保我们登上了“小天下”的“玉皇顶”。

---

① 人力资本（Human Capital）的概念产生于20世纪50至60年代，其最广为人知的倡导者是经济学家加里·贝克（Gary Becker）。贝克认为：“人力资本”指劳动者所拥有的素质和能力，包括知识、技能、经验和熟练程度等；同实物资本一样，它在一定程度上可以被投资和积累（通过教育、培训等方式），有着正的边际产出。

第二章

从资本视角对国企改革的历史回顾

国企改革始于改革开放，并始终是中国经济体制改革的中心环节。因此，要对新时代国企改革的立足点有一个较清晰的认识，我们有必要先从历史的维度回答：国企改革从哪里来？2013年党的十八届三中全会提出“进一步深化国有企业改革”，通过对改革历程的回顾我们思考两个问题：第一，改革做了什么？第二，改革做对了什么？

首先，我们站在企业的视角观察改革历程，并分别从改革的顶层设计和微观实践两个层面，对1978年党的十一届三中全会到2013年党的十八届三中全会期间的国企改革历程进行回顾。从而希望了解：改革在顶层设计上经历了怎样的演进过程，在设计思路上可以划分成哪几个阶段，每个阶段又有哪些探索和实践，改革后的国有企业产生了怎样的变化？

站在资本的视角，对不同阶段改革中所面临的问题和过程进行分析，并基于资本的三个特征来评价改革的效果，从而希望分析国企改革在每个阶段具有怎样的性质，三阶段的改革演进又呈现了怎样的逻辑主线。

继续立足资本视角，我们再深入一步探讨历史改革做对了什么，从而总结出改革的核心经验是什么。

在本章的回顾中我们深刻认识到，历史上波澜壮阔的国企改革历程是一个披荆斩棘的过程，其间涌现的改革思路几乎覆盖了我们今天讨论的几乎所有的改革方向，虽然“试错”的过程并不总是一帆风顺，但路上的荆棘与坎坷恰恰构成了历史宝贵遗产的重要部分，帮助我们逐步看清国资国企问题背后的逻辑，并通过实践加以检验。因此，本章的探讨对后文思考新时代国企改革的方向有重要的指导意义，而历史改革实践中有很多好的做法和经验，也值得新时代的国企改革者充分参考和学习。由于篇幅有限，我们对这些改革措施在附录一中进行了集中描述和总结。

第一节 从企业视角对国企改革历程的回顾

改革开放以来，国企改革经历了怎样的过程？

站在新时代国企改革的启航点，我们以国企改革在顶层设计上的主导思路来划分，将1978—2013年的改革历程归纳为三个阶段。第一阶段，1978—1992年，以党的十一届三中全会为标志，改革围绕着“自主权”，在经营权层面展开；第二阶段，1993—2002年，以党的十四届三中全会为标志，改革围绕着“股份制”和“现代企业制度”，在所有权层面展开；第三阶段，2003—2013年，以党的十六大召开后国资委的成立为标志，改革围绕着“以国有出资人为核心建立新的国资管理体制”，在控制权层面展开。

回顾历史，国企改革的思路在不断发现问题、解决问题的“试错”中前进，各种改革措施在当时均对国企产生了一定的积极影响。而总体来看，三个阶段的改革更是让国有企业产生了翻天覆地的变化，在此过程中，国有企业已经从计划经济体制下政府的附属物蜕变为“自主经营、自负盈亏”的市场竞争主体，而其整体的运营效率和业绩表现也与四十年前不可同日而语。

新中国成立以来，国有企业在我国经济社会发展中发挥了不可替代的作用，不仅作为核心力量重建了饱经战乱的国家，更为广大人民提供了基本的生活保障和社会服务。然而，随着国民经济的发展，作为计划经济的重要组成部分，国有企业缺乏活力等问题和矛盾日渐凸显。因此，当人们开始寻求突破传统经济体制的改革之路时，国有企业何去何从，是一个必须要首先面对的问题。

在此大背景下，改革开放掀开了国企改革的大幕，随后四十年的国企改革历程，展现了改革者探索“中国方案”的艰辛和卓越贡献。从党的十一届三中全会开始，改革始于一次次观念突破和思路创新，通过“先行先试”落地，并辅以政策配套，继而在全国推广，最终在广泛的实践检验中加以总结完善，并在顶层设计中得以确认。这让我们看到，历经十二届三中全会、十四届三中全会、十五大、十五届四中全会、十六大、十六届三中全会、十八届三中全会，改革思路在顶层设计上与时俱进。这其中有几个标志性会议格外重要，其间确立的改革主导思路具有分水岭的意义，成为下一个阶段改革的指导方向。按照改革主导思路划分，我们将 1978—2013 年的国企改革历程归纳为三个阶段：第一阶段，1978—1992 年；第二阶段，1993—2002 年；第三阶段，2003—2013 年。

第一阶段：1978—1992 年

1978 年改革开放之前，我国有 8.37 万家国有企业，贡献了中国工业总产值的 78%[①]。在当时的计划经济体制下，国家对国有企业实行计划统一下达、资金统贷统还、物资统一调配、产品统收统销、就业统包统揽的政策，盈亏都由国家负责。彼时，作为政府行政部门的附属物，国有企业没有经营自主权，更难以发挥其主观能动性和创造性，因而长期处于低效率的运行状态。随着计划经济的种种弊病逐渐显露出来，国企的经营状况持续恶化。1972 年，国有企业中亏损企业亏损总额与

① 26.47 万家集体企业贡献了余下的 22%。State-owned Enterprise in China：Reform，Performance，and Prospect Washinyton DC”（Gary Jefferson）。

盈利企业盈利总额之比为 8∶3，到 1976 年已经迅速上升到 19∶5[①]。

在此背景下，1978 年 12 月召开的党的十一届三中全会，开辟了改革开放的新时代，也拉开了国企改革的大幕。从 1978—1992 年的 15 年，改革在顶层设计上围绕着“自主权”展开，希望通过不断深化经营权层面改革推动国企改革。其间，改革者根据遇到的问题不断寻找解决方法，在不改变国有企业所有权的前提下，希望通过一系列持续下放经营自主权的改革措施激发国有企业的活力，这一阶段又可以划分为两个部分。前半部分始于党的十一届三中全会之前召开的中共中央工作会议，其间，邓小平提出“应该让地方和企业、生产队有更多的经营管理的自主权”[②]。因而，“自主权”成为国企改革起步阶段的基本思路及指导思想。同时，在微观实践层面，改革者重点探索了放权让利、经济责任制，以及“利改税”“拨改贷”等改革措施。后半部分始于 1984 年党的十二届三中全会，会议明确提出“增强企业的活力，特别是增强全民所有制的大、中型企业的活力，是以城市为重点的整个经济体制改革的中心环节”，并提出“所有权同经营权是可以适当分开的”[③]。照此精神，国企改革逐步形成了推进政企分开的中心思路和所有权与经营权分离的经营原则，以增强活力为方向迅速推进。其间，改革重点探索了承包经营责任制，同时，又进一步提出了转换企业经营机制，打破铁工资、铁交椅、铁饭碗。国企改革第一阶段的改革措施概述见表 2.1。

---

① 张文魁，袁东明．国有企业改革与中国经济增长［M］．北京：中国财政经济出版社，2015：45.

② 邓小平在中共中央工作会议闭幕会上的讲话，《解放思想，实事求是，团结一致向前看》，1978 年 12 月 13 日。

③ 中国共产党第十二届中央委员会第三次全体会议，《中共中央关于经济体制改革的决定》，1984 年 10 月 20 日。

表 2.1　国企改革第一阶段（1978—1992 年）的改革措施概述

改革措施	实操描述	改革效果
放权让利	企业在完成国家计划后，允许其自行安排生产，并可以提取少量利润用于企业发展基金和给职工发放少量奖金	成效：初步打破了计划体制的束缚，调动了企业的积极性 不足：放权让利难以解决如何平衡国家、企业和员工的权利、责任与利益的关系等问题，也逐步暴露出难以规范放权之后的约束机制问题
经济责任制	企业首先要保证财政上缴任务的完成，在此基础上实行基数利润留成加增长利润留成	成效：较好地调动了企业和职工的积极性，促进了企业增产增收和国家财政的好转 不足：包盈容易包亏难，未能从根本上解决企业自负盈亏问题，也缺乏统一的价格、税收规范；承包期短，容易形成“鞭打快牛”的现象，造成企业短期行为
利改税、拨改贷	“利改税”改革——将企业与国家之间按盈利比例分配的方式改为按统一的税率征收；“拨改贷”改革——将基础建设投资的财政拨款制度改为银行贷款	成效：改革有力地规范了国家和企业的分配关系和投资关系，推进了政企分开和经济体制改革 不足：由于税率不够合理，企业负担大幅上升；同时，由于缺乏很多必要的配套改革，“利改税”“拨改贷”在很大程度上将原本由政府承担的负担转嫁给了商业银行
承包经营责任制	由企业经营者与政府主管部门签订合约，确定在一个约定的承包期限内上缴利税的基数，或按一定基数确定每年增长的幅度，企业完成上缴基数后的剩余部分可由企业留存，用于扩大再生产和职工福利	成效：取得了积极成果，全面推行后仅两月，就一举扭转了全国工业企业利润连续 22 个月下滑的局面 不足：企业责任和权利不对等，政府对企业的考核基本限于当年的上缴利税。这一方面导致政府缺乏必要的手段监管企业经营层的经营风险，往往出现“包盈不包亏”；另一方面，使得经营层更关注短期行为，由此导致经营层滥用经营权行为，忽视保护所有者长期利益，忽略企业的资本积累和忽略企业的长期发展等现象难以避免
“转机制”和“破三铁”	改革企业内部的经营机制，从劳动用工制度开始，并逐步在分配制度和人事制度层面展开	成效：打破了终身雇用的观念，开始逐步向市场接轨 不足：由于改革触动了全体员工的利益，并对传统的观念造成了剧烈冲击，加上社会保障体制等宏观体制改革缺乏配套，改革中遇到了各方极大的阻力

资料来源：作者根据公开资料整理。

总体来看，在第一阶段，围绕着经营自主权，以放权让利、承包经营为代表的改革措施在一定时期对提高国有企业活力，增加其经济效益，起到了重要作用。国有企业中亏损企业亏损总额与盈利企业盈利总额之比到 1985 年已经下降到 4.2%（图 2.1）；同时，财政收入在国有企业盈利改善的贡献下持续上升（图 2.2）。

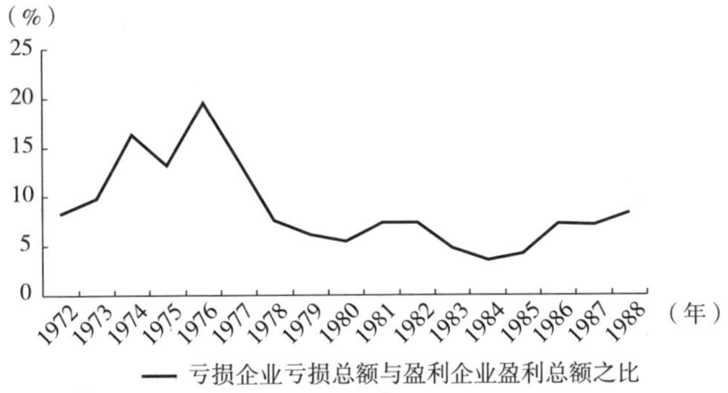

图 2.1　1972—1988 年，国有工业企业盈利和亏损比例[①]

数据来源：根据各年度《中国工业经济统计年鉴》计算。

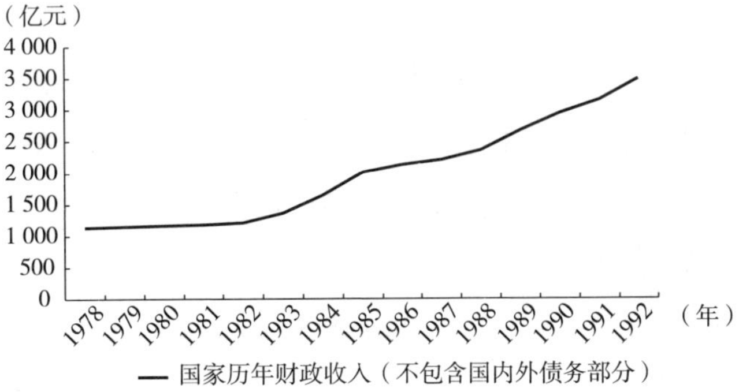

图 2.2　1978—1992 年，财政收入变化

数据来源：各年度《中国财政年鉴》。

① 盈利和亏损比例 = 亏损企业亏损总额 / 盈利企业盈利总额。

然而，第一阶段的改革措施没有解决政企不分的问题，因而难以触及企业进入市场的深层次问题。经历了这一阶段的改革，企业从观念上仍然将国有企业和国家混为一体，政企不分的问题就难以解决，由此导致国家和企业难以建立有效的治理关系。双方始终处于一种不完全的契约关系中，政府不断下放经营自主权的过程，也成为政府和国企“讨价还价”的过程。在改革后半部分以“所有权和经营权相分离”为基础的承包责任制改革中，“（发包者）在把部分剩余控制权和剩余索取权[①]交给承包者以后，企业产权的界定不是清晰了，而是更模糊了，也就不可能实现政企分开”。[②]与此同时，政企不分也导致以市场化为方向的“转机制”努力难以实现突破，有相当多的国企仍然抱有“等、靠、要”的思想，缺乏面对市场竞争的勇气和动力；而“破三铁”改革最终在巨大阻力中停止，也使得另一批有动力推进经营机制转换的企业由于政府不愿放手而难以为继。

第二阶段：1993—2002 年

经过第一阶段的改革，虽然国有企业的活力相较于计划体制下已经明显增强，但改革的效果未能持续，并面临新的挑战。一方面，进入 20 世纪 90 年代以后，随着多种所有制经济的发展和中国短缺经济的终结，国有企业受到外部市场和政策环境变化及企业内部机制调整的双重挤压，面临严重制约发展的瓶颈。仅 1994 年，国有工业企业亏损率就达到 36.79%[③]，同期对 12.4 万户国企清产核资的统计显示，资产负债率

---

① 剩余索取权是指其拥有者在收益分配顺序上既是最后的索取者，也是风险承担者。

② 马国川 . 股份制是过去三十年最成功的改革之一 ——厉以宁谈股份制［C］. 中国经济学家年度论坛，2009.

③ 邵宁 . 国有企业改革实录（1998–2008）［M］. 北京：经济科学出版社，2014：48.

实际高达 84.1%[①]。伴随着亚洲金融危机的爆发，国有企业的经营状况不断恶化，1997 年底，全国国有企业盈利面仅为 34.1%，净资产回报率仅为 1.70%，16 874 户国有及国有控股大中型工业企业亏损面达到 39.1%，由此也导致商业银行不良风险迅速增加。90 年代末，国有商业银行不良贷款率达到 20% 以上。另一方面，中国于 1992 年启动恢复关贸总协定缔约国地位的实质性谈判（GHTT），面对加入世界贸易组织后即将面临的全球竞争，国企亟须提升竞争力以做好准备。

同时，20 世纪 80 年代后期，改革遇到的难点也让大家逐渐认识到，在原有财产关系内，仅仅通过不断深化经营权层面的改革难以奏效。尤其国企在转机制改革中面临的困境表明，国企转换机制根本上要着眼于解决政企不分所造成的体制和制度问题，使企业拥有法人财产权，真正从政府的附属部门转变为自负盈亏，独立承担民事责任的经营主体。早在 20 世纪 80 年代中期，以厉以宁教授为代表的学者就明确提出“必须深入到企业所有权的改革，深入到企业财产组织形式的改革上来，改革的方向就是实行股份制”。股份制在此时期也已经开始初步探索[②]，但影响面并不广泛，一方面由于当时非国有的财产主体介入不足，往往在企业内部职工中展开，另一个重要原因在于“不少人认为股份制就是私有化”[③]。1992 年，邓小平发表南方谈话，明确提出了中国经济体制改革方向的市场化取向，随后召开的党的十四大进一步明确“我国经济体制改革的目标是建立社会主义市场经济体制”，为国企加快股份制改革步伐增添动力。

① 潘岳 . 宏观经济运行与国有经济体制改革的若干问题［J］. 党校科研信息，1995（18）：14–17.

② 党的十三大提出，“改革中出现的股份制形式，包括国家控股和部门、地区、企业间以及个人入股，是社会主义企业财产的一种组织方式，可以继续试行”。

③ 马国川 . 股份制是过去三十年最成功的改革之一 ——厉以宁谈股份制［C］. 中国经济学家年度论坛，2009 年 .

1993年，党的十四届三中全会召开，成为国企改革历程的一个分水岭。在随后的十年间，改革在顶层设计上围绕着股份制和现代企业制度展开，标志着国家开始从所有权层面来破解国企改革的难题。相应的，在微观实践层面，改革在措施上逐步呈现出“抓大”和“放小”两条主线。始于党的十四届三中全会，《关于建立社会主义市场经济体制若干问题的决定》中明确将国企改革的方向定位为建立适应市场经济和社会化大生产要求的，产权清晰、权责明确、政企分开和管理科学的现代企业制度，使企业成为自主经营、自负盈亏、自我发展、自我约束的法人实体和市场竞争主体。同时提出，“国有企业实行公司制，是建立现代企业制度的有益探索”，其中，“具备条件的国有大中型企业，单一投资主体的可依法改组为独资公司，多个投资主体的可依法改组为有限责任公司或股份有限公司”。基于此，在微观实践中，国企开始探索通过公司制股份制改造建立现代企业制度；与此同时，针对国有大中型企业，开始通过授权经营组建大型国企集团。随后，1995年9月党的十四届五中全会提出“抓大放小”的战略思路，要求国有经济“有进有退，进而有为、退而有序”；1997年党的十五大进一步提出要“从战略上调整国有经济布局，抓好大的，放活小的”，并明确“公有制经济不仅包括国有经济和集体经济，还包括混合所有制经济中的国有成分和集体成分”。① 在“抓大放小”的战略思路下，改革者开始以大中型企业为主，推动国有困难企业关闭破产，同时，实行国有中小企业改制。其中，困难企业关闭破产和国有中小企业改制的改革措施，又构成了国企三年改革脱困的主要内容。国企改革第二阶段的改革措施概述见表2.2。

① 江泽民同志在中国共产党第十五次全国代表大会上的报告，《高举邓小平理论伟大旗帜，把建设有中国特色社会主义事业全面推向二十一世纪》，1997年9月12日。

表 2.2 国企改革第二阶段（1993—2002 年）的改革措施概述

改革措施	实操描述	改革效果
国有大中型企业建立现代企业制度	通过公司制股份制改造，建立以“产权清晰、权责明确、政企分开、管理科学”为基本特征的现代企业制度	成效：对于明确国有资产投资主体，建立公司法人治理结构，转变企业内部机制，探索企业平等参与市场竞争的途径等均具有重要意义 不足：由于没有解决“所有者不到位”的问题，内部人控制的问题逐渐暴露；同时，由于实现产权多元改造的公司制企业极少，体制机制未能如预期那样发生根本的变化
企业集团国有资产授权经营制度	建立国企集团内各成员企业之间清晰的产权关系	成效：对于国企集团的建立，明晰企业集团内部各企业间的权、责、利关系，深化国有资产管理体制改革，发挥国企的规模经济优势起到了积极的促进作用 不足：由于治理体制不完善，难以清晰界定“权利”的性质，造成实践中对国有企业“过度授权”和与“授予权利”相配套的约束机制、监管机制供给不足的问题，成为诱发国企内部人控制的重要制度性根源
国有困难企业关闭破产	对于长期亏损、资不抵债、扭亏无望的企业，推进政策性破产	成效：困难企业政策性破产虽历经艰辛，但也使得国有企业经济效益显著提升；对维护企业和社会稳定，激发企业深化改革的内在动力有重要作用 不足：政策性破产具有“政府推动”的特点，并没有从根本上改变在软预算约束下国有企业关闭难的问题
国有中小企业改制	最初采用将企业出售给职工或管理层的方式进行改制，而后采取了多种方式，外部投资者也参与到改制过程中	成效：国有中小企业改制的改革探索具有重要意义，所有权监督的建立和机制的转换增强了企业的活力和竞争力，解放了被长期束缚的生产力，改善了经济效益 不足：在 20 世纪 90 年代中期的改革背景下，国有资产的所有者不到位，改制过程缺乏公正决策和有效监督，导致一系列不规范的行为

资料来源：作者根据公开资料整理。

总体来看，1993—2002 年的改革阶段，是国企改革历程中最为艰难的一个时期，而改革也取得了卓著的成效。改革之初面临的形势极其严峻，国企问题已经对国家经济社会平稳健康发展产生了严重影响。这一阶段的改革过程也异常艰难，伴随着近 5 000 户国有大中型企业被淘汰[①]，打破了新中国成立以来国有企业发展的惯性，极大地冲击了人们的思想理念，也使得下岗工人面临生活的困境，近1 000万名国有企业职工在短短几年的时间流向社会（图2.3）[②]，极大考验了改革配套政策的完善性和整个国家的社会容纳能力。同时，改革成效也是极其显著的。国有企业的亏损总额大幅降低（图2.4），亏损金额占GDP的比重也由1.3%下降到0.5%[③]；资产负债率则由1998年的64%持续下降到2006年的56%（图2.5）。其中，通过对国有中小企业实行股份制改造，对提升企业盈利能力起到了显著推动作用（图2.6）；而许多国有大中型企业在建立现代企业制度的过程中，通过卸掉包袱、整合重组、补充资金，使得资产和业务规模持续提升，为此后国有企业做大做强奠定了坚实的基础。

与此同时，第二阶段的改革也集中暴露出国有企业在治理层面存在的问题。在建立现代企业制度的过程中，企业集中于产权清晰，而没有对其他三项基本特征给予足够的重视。因此，在经过了股份制改造的国有企业中，很多企业的治理体制仍然不完善，人员配置高度重合，企业内部人控制的局面也未根本改变，无法达到现代企业制度所要求的分权制衡、有效监督的目的。而在国有中小企业改制过程中出现的一系列国有资产流失[④]问题，更将治理体制不完善背后的所有者不到位问题充分暴露出来，成为改革者亟须破解的课题。

---

① 邵宁.国有企业改革实录（1998–2008）[M].北京：经济科学出版社，2014.

② 同上，第199页。

③ 数据来源：国家统计局。

④ 国有资产流失即国有资产的出资者、管理者、经营者，因主观故意或过失，违反法律、行政法规和规章，造成国有资产的损失（《经济法概论》，侯丽艳）。

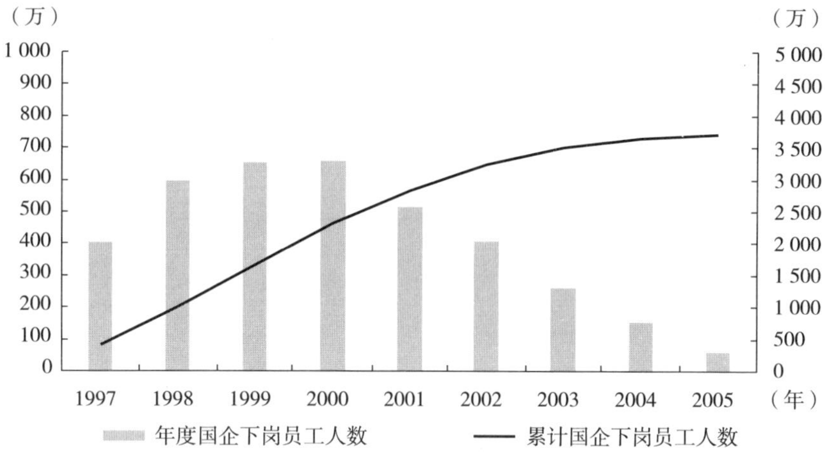

图 2.3　1997—2005 年，国有企业下岗员工人数

数据来源：国家统计局。

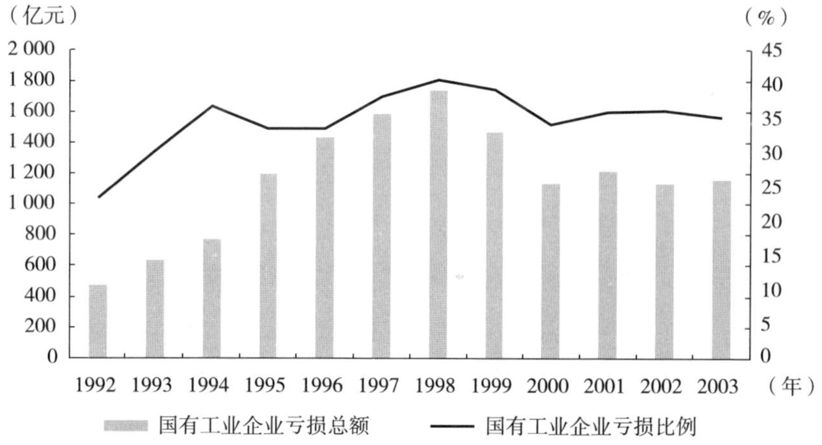

图 2.4　1992—2003 年，国有工业企业盈亏情况

数据来源：国家统计局。

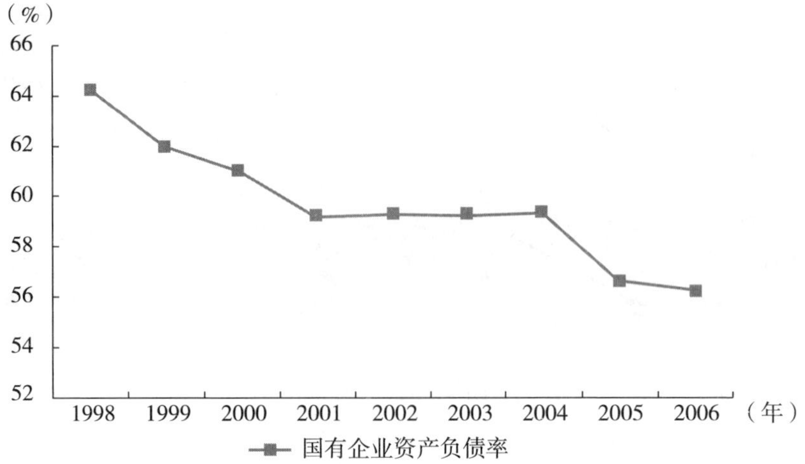

图 2.5　1998—2006 年，国有企业资产负债率变化

数据来源：国家统计局。

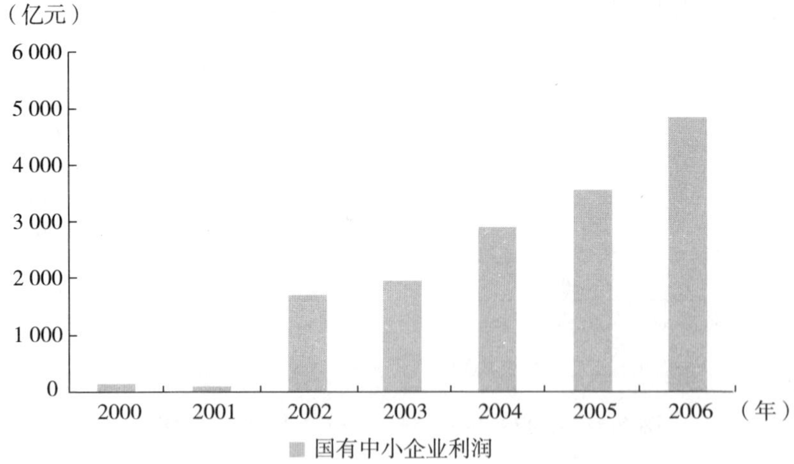

图 2.6　2000—2006 年，国有中小企业利润变化

数据来源：《中国国有资产监督管理年鉴 1999—2007》。

第三阶段：2003—2013 年

第二阶段改革中暴露出的种种问题，尤其是由于所有者不到位导致的国有资产的损失，让如何管理国有企业的国有资产成为改革中亟待解决的问题。在改革中大家不断认识到，现代企业制度下所有权和经营权的分离，“解决了产权不明晰的问题，但紧接着产生的问题是，所有权和经营权的日益分离会否削弱所有权对经营权的控制而影响了产权效率”①，于是，控制权逐渐成为大家关注的重点，改革的思路也转向了国有企业中控制权的行使——国有出资人是否到位的关注②。改革者认为，国有资产出资人的问题不解决，就难以解决国有资产流失的问题，更难以建立切实有效的现代企业制度。在此过程中，国有资产管理的政府部门先后进行了几轮调整：从一度由国务院超过十个行业主管部门分别行使出资人职能③，到 2001 年国家局被撤销，使得国有企业从此告别了行业主管部门管理的时代。然而，由于多头管理、无人负责的局面仍没有根本性改变，伴随着国企改革走过困难企业破产和国有中小企业改制的过程，国有资产管理在各方面都出现了缺位和错位的情况。因此，成立一个机构来统一行使国有资产所有者的职能，明确出资人职能行使的责任主体，从多部门共同履行出资人职责转变成单一出资人机构专司出资人职责，从而“有明确的人或机构对国有资产负有不可推卸的法律、政治或财产责任”，成为各界的共识。

2002 年党的十六大召开，在总结国有资产管理体制实践经验的基础

---

① 林勇 . 所有权与经营权：分离和控制［J］. 经济学家，1995（2）.
② 俞雷 . 现代公司经营权与控制权的内涵界定及区别［J］. 商业时代，2010（1）：46–48.
③ 邵宁 . 国有企业改革实录（1998–2008）［M］. 北京：经济科学出版社，2014：397.

上，做出了建立新的国有资产管理体制的重大决策，提出“国家要制定法律法规，建立中央政府和地方政府分别代表国家履行出资人职责，享有所有者权益，权利、义务和责任相统一，管资产和管人、管事相结合的国有资产管理体制”。根据这一决定，从2003年开始，从中央到地方的国有资产监督管理委员会相继成立，作为政府特设机构代表同级政府行使国有资产出资人职能。各级国资委的成立，结束了此前政府各部门“九龙治水”的局面，并通过委托代理关系逐步建立起对企业经营者的激励约束机制，隔开了其他政府部门对企业的直接干预，初步实现了出资人职能的一体化和集中化，标志着国有企业改革进入到国有出资人代表主导的新阶段，成为国有企业改革的又一个分水岭。在接下来的十年间，改革在顶层设计上围绕着“以出资人为核心建立新的国资管理体制”展开，希望通过控制权在国家和企业之间的分配来推动国企改革。其间，在微观实践层面，改革者集中于建立管资产和管人管事相结合的国有资产管理体制，并在此基础上，由国有出资人主导推动了一系列改革，包括产权制度改革——改制上市和股权分置改革，治理体制改革——董事会试点改革，以及经营机制改革——业绩考核和薪酬激励制度改革。国企改革第三阶段的改革措施概述见表2.3。

表2.3　国企改革第三阶段（2003—2013年）的改革措施概述

改革措施	实操描述	改革效果
国有资产管理体制改革	在法律框架和资产范围两个方向上开展工作：一是构建国资管理和改革的法律框架；二是清产核资	成效：随着一系列国资管理的制度规范逐步建立，一个具有中国特色的“管人、管事、管资产相结合”的国有资产管理体制建立起来；初步摸清了中央企业家底，核实了资产质量，消化了历史包袱，推动了稳健会计核算制度的建立

续表

改革措施	实操描述	改革效果
产权制度改革——改制上市和股权分置改革	继续积极推进国企改制上市的工作，尤其是以央企为重点，努力实现央企主营业务整体上市	成效：央企及其下属子企业的公司制股份制比例已由 2002 年的 30.4% 提升到 70%；石油石化、通信、交通运输、冶金等行业的央企基本实现了主业资产上市，整体上市企业达 43 家；截至 2012 年 6 月，央企下属公司中有近 100 家在境内外资本市场首次公开发行股票
治理体制改革——董事会试点改革	集中于建立外部董事制度，并希望通过逐步提高外部董事在董事会的比例，达到外部董事占多数，从而推动从“一把手”个人独断决策向科学民主决策的转变	成效：试点产生了机制性变化，彻底改变了决策一个人说了算的局面，董事会对经营层的考核出现了个性化的趋势；很多试点企业长期没有解决的难点问题开始得到推动
经营机制改革——业绩考核和薪酬激励制度改革	对考核对象、考核指标、计分办法和奖惩标准等做出了规定，并对央企负责人在薪酬水平、薪酬结构、薪酬确定方式和薪酬兑现等方面进行了规范	成效：制度的改革强调了以出资人利益为核心，对促进出资人到位、落实保值增值责任、提高企业经营管理水平起到了重要作用

资料来源：作者根据公开资料整理。

国资委成立以来，通过推动一系列的改革，在促进国有资产的保值增值等方面，做了大量卓有成效的工作，效果是非常显著的。这十年间，国有企业适应市场竞争的能力得到了显著增强，效益的提升和管理运营的优化也有了长足的进步，由此带来国企在资产和盈利规模方面的快速增长，实现了“做大”。从 2003 年到 2013 年，国有企业的总资产和净资产均增长 5.21 倍（图 2.7），营业收入和利润总额分别增长 4.70 倍、5.36 倍（图 2.8）。截至 2013 年底，有 68 家国有企业进入世界 500 强，伴随着国企的做大做强，其对财政收入的贡献也大幅提升，表现为应缴税费从 0.81 万亿元增长到 3.68 万亿元，增长了 4.54 倍（图 2.9）。

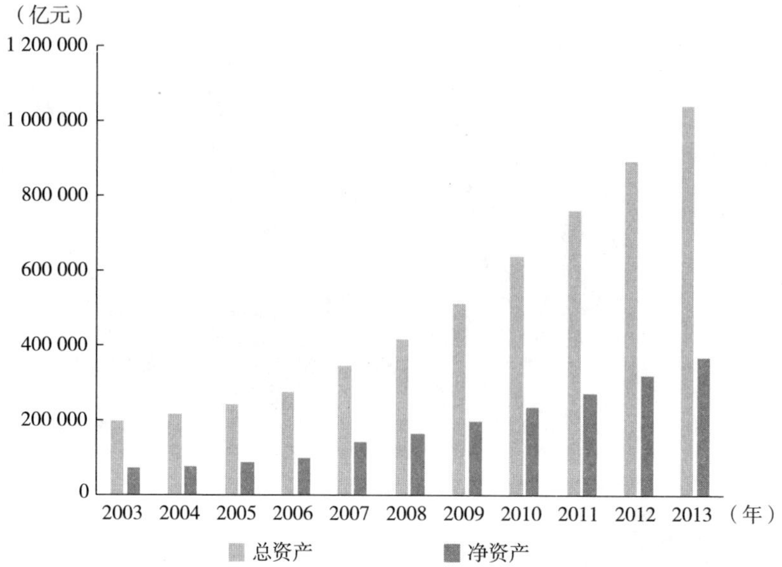

图 2.7　2003—2013 年，国有企业总资产和净资产规模

数据来源：各年度《中国财政年鉴》。

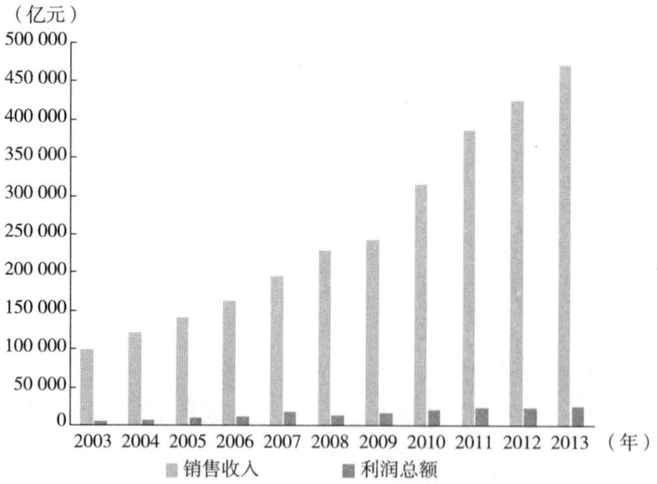

图 2.8　2003—2013 年，国有企业收入和利润总额规模

数据来源：各年度《中国财政年鉴》。

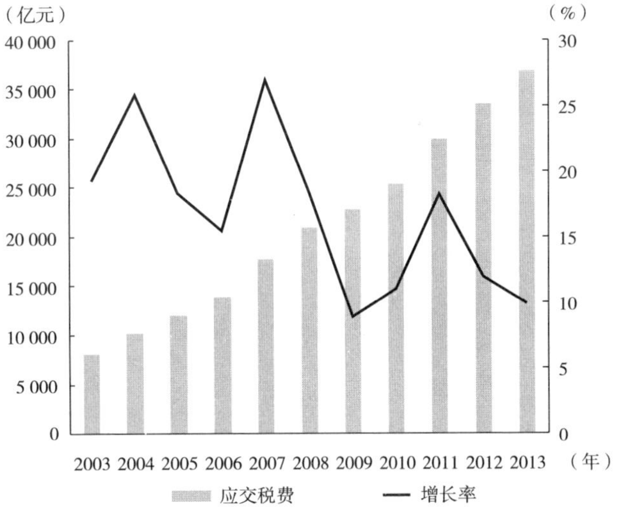

图 2.9　2003—2013 年，国有企业应缴税费

数据来源：2003—2010 年数据来自《混合所有制经济研究》，2011—2013 年数据来自财政部。

综上所述，我们有以下思考。

改革历程思考一：从企业自身发展的视角回顾国企改革的历程，改革取得了举世瞩目的成就：国有企业在企业形态、运行机制上都发生了深刻的变化，其市场竞争力和盈利能力明显增强。同时，伴随着国企在改革中逐步发展壮大，三个阶段的国企改革在不同时期对国民经济增长、财政收入增加起到了积极的推动作用。

第二节　从资本视角对国企改革历程的再认识

从资本视角审视国企改革历程，改革呈现了怎样的逻辑？

从资本视角来审视改革历程，可以看出国企改革不仅体现了改革者对问题理解的不断深化，更呈现出了一种以不同阶段国有资本问题的集中表现为导向，伴随着内外部条件成熟而由浅入深的改革逻辑主线。沿着这条逻辑主线，三个阶段的国企改革分别具有从“放权国有资产”到“改制国有企业”，再到“监管国有企业”的性质。在此过程中，国有资产从最初固化的状态不断向可分割、可流动的国有资本形态转换，国有资本的市场化特征得以产生和不断增强。以资本的三个特征来审视国企改革，改革的成绩是卓著的。

前文从企业的角度对国企改革历程进行了简要回顾。继而，站在资本视角，以资本的评价标准再次审视这一段历程，又有什么样的思考？我们尤其关注，每个阶段的改革具有怎样的内在逻辑，三个阶段之间又呈现怎样的逻辑主线。

1978 年改革伊始，国有经济面临的集中问题是企业效益持续下滑，经济缺乏活力。彼时，由于并不存在严格意义的国有企业，更不存在国有资本，国企改革的选项十分有限。计划经济体制下对国有企业的功能设计——其作为实现国家计划目标的一个执行单位——产权不独立、决策不独立、没有盈亏的责任，因而应被称为“国营工厂”。一方面，国有企业处于人财物、产供销“大一统”的计划经营模式[①]，企业内部缺乏生产经营的自主权，企业的利润和资源是否得到有效利用基本不重要；另一方面，计划经济体制下，外部的生产要素和商品交易市场发育不足，因而企业没有动力和能力，也不可能根据外部市场的变化来相应配置资源。与此同时，这些国有企业 95% 的投资都来自国家预算[②]，也就不存在股权或债权形式的国有资本。在此背景下，“把企业经营的自主权从政府行政部门逐步还给企业，成为国有企业改革起步阶段最现实的选择。”[③]

在改革的第一阶段，中国经济总体仍处于计划经济体制框架下，并在“计划经济为主，市场调节为辅，实行有计划的商品经济等思路下不断削弱计划经济的刚性。”[④]由于此时的国有企业与计划经济高度绑定，伴随着计划经济体制的松动，国企改革在顶层设计上开启了以“放权”为指导思想的政策调整阶段。从 1978 年党的十一届三中全会提出给予企业更多的经营管理自主权，到 1984 年党的十二届三中全会提出增强企业的活力，这一阶段的改革均着眼于搞活国有企业。在实践中，各种改革措施均以“国营工厂”中的国有资产为抓手，通过简政放权、减税让利等政策工具，着力于把附着在国有资产上的经营自主权不断授予国有企业的经营层，激励其在行使自主权的过程中创造出更多的增量产出和利润。由此我们认为，第一阶段的国企改革以国有资产为抓手，以下放自主权为主题，具有放权国有资产的

① 邵宁．国有企业改革实录（1998–2008）［M］．北京：经济科学出版社，2014：6.

② 尼古拉斯・拉迪．民有民享：中国私营经济的崛起［M］．北京：中国发展出版社，2015：15.

③ 邵宁．国有企业改革实录（1998–2008）［M］．北京：经济科学出版社，2014：9.

④ 陈清泰．国企改革呼唤新突破［N］．经济观察报，2018–06–01.

性质。

从资本视角审视第一阶段的改革，我们有三点认识。第一，这一阶段的改革没有改变国有资产不分割，难以流动的状态，也没有产生可以流动的国有资本。第二，以资本的三个特征来评价改革，由于不存在国有资本和资本市场，国有资本的流动性和平等性无从谈起；此外，虽然国有企业的盈利状况得到了很大改善，但是如果以国有企业的资产回报率来评价国有经济的收益性就会发现，国有经济的收益性在这一阶段持续下滑，即使经历了三次短暂的反弹，资产回报率在20世纪80年代末还是跌至2%（图2.10）。第三，即便如此，这一阶段的改革探索仍然是至关重要的，其中的改革措施更为后续改革做出了不可或缺的准备。

图2.10　1978—1992年，国有企业的总资产回报率[①]

数据来源：根据《中国财政年鉴1993》计算。

① 1992年以前的年鉴中没有对总资产的统计，只有固定资产和流动资金，这里采用两者相加近似估计总资产。

其中，利改税改革迈出了政企分开的重要一步，从此国有企业不再是政府的附属物，为资本的形成提供了条件；而通过拨改贷改革，从此在企业内产生了债务形式的资本。同时，从放权让利开始，企业从此具有了追求盈利和回报的初步诉求；承包经营责任制配合价格双轨制，企业从此开始形成进入市场的动机和能力，也就慢慢具备了通过资源在市场中流动而实现优化配置的前提条件；转机制改革，更是从观念上推动企业和员工进入市场，为第二阶段改革中建立现代企业制度，推动平等性特征的形成提供了初步准备。

时间进入 20 世纪 90 年代初，资本回报率的持续下降成为国有经济的“痛点”，迫使改革者深化改革。在一系列内外部条件的完善下，“股份制”确立为改革的方向，这既有划时代的意义，也具有历史的必然性。一方面，十余年中实施了一系列的改革措施，但国有经济的资源配置效率仍然持续降低，改革者另寻新思路去推进改革就成为必然；而面对企业亏损面的持续扩大，改革在民营企业兴起和外资即将进入的新形势下显得愈发紧迫，争论多年的股份制就成为“不得不”的选择。另一方面，1990—1991 年沪深两家证券交易所的建立为国有资本的流动创造了市场条件，1993 年，《公司法》的颁布为国企向现代企业的形态转换提供了法律框架，也为这场改革提供了良好的必备条件，使得股份制成为可行的改革方向。

在改革的第二阶段，以党的十四大提出“建立社会主义市场经济体制”为标志，中国经济开始从计划经济体制向社会主义市场经济体制转型。相应的在顶层设计上，国企改革进入了以改制为指导思想的制度创新阶段。1993 年党的十四届三中全会将改革的目标定位为“转换国有企业经营机制，建立现代企业制度”；随后，伴随着一系列改革在国有企业层面取得的成功，1999 年党的十五届四中全会进一步提出着眼于从整体上搞好国有经济的总目标，“从战略上调整国有经济布局和改组国有企业”。在实践中，随着国有企业逐渐转变为真正意义上的企业，改革的抓手开始从国有资产上升到国有企业，各种改革措施着力于通过企业制度创新和经营机制转换，推动国有企业建立现代企业制度，从而实现企业效益的提升。由此我们认为，第二阶段国企改革逐步以国有企业为抓手，以股份制改造和建立现代企业制度为主题，具有改制国有企业的性质。

从资本视角审视第二阶段的改革，我们有三点观察。第一，改革的一系列思路均有助于国有资产向国有资本的形态转换并开始产生资本的市场化特征。通过股份制改造，将国有资产作价入股，设立“国有股”，从而将国有企业改造成为股份公司，使得国有经济从固态的、不可分割的国有资产转换为动态的、可分割的国有资本。在股份制的基础上，“法人财产权”[①]概念的提出，明确规定了企业作为法人的财产权利，这为政企分开、政资分开、资本发挥财产权利奠定了基础。与此同时，现代企业制度目标的提出，尤其是其中产权清晰这一基础性要求，则为国有资本逐步具备市场化的特征提供了条件。在此基础上，2003 年党的十六届三中全会提出，建立“归属清晰、权责明确、保护严格、流转顺畅的现代产权制度”，把现代企业制度的概念又往前推进了一步，而“流转顺畅”目标的提出，更是明确了通过资本流动推动产权制度改革的方向。第二，以资本的三个特征来评价改革，在国有资产转换为国有资本，并以多种

---

① 党的十四届三中全会《关于建立社会主义市场经济体制若干问题的决定》提出：企业中的国有资产所有权属于国家，企业拥有包括国家在内的出资者投资形成的全部法人财产权。

形式实现流动和融合的过程中，改革的成果是卓著的。一方面，国有资本的收益性得到了大幅提升（图 2.11），在国有中小企业改制和大中型企业多种形式的改造和提升过程中，改革红利得以持续释放，使得国有企业彻底走出了连续亏损的泥沼，开始有了盈利和“自我造血”能力，国有资本的净资产回报率从 1998 年的 0.4% 提升到 2006 年的 12.4%。另一方面，在政府主导下，国有资本的流动性大幅改善。在“抓大放小”的战略思路下，以国有中小企业为主体，通过股份合作制、股份制、整体出售、管理层收购等方式推进了产权制度改革，实现了其中国有资本的流动。截至 2006 年，全国各类型国有中小企业的数量从 1995 年的 31.8 万户降至 2006 年的 11.6 万户（图 2.12）。第三，改革也暴露出显著问题，即国有资本制度设计的不完善导致资本的平等性特征没有得到彰显。通过公司制股份制改造，国有企业中产生了股权，就有了“以股计权”的基础。而现代企业制度

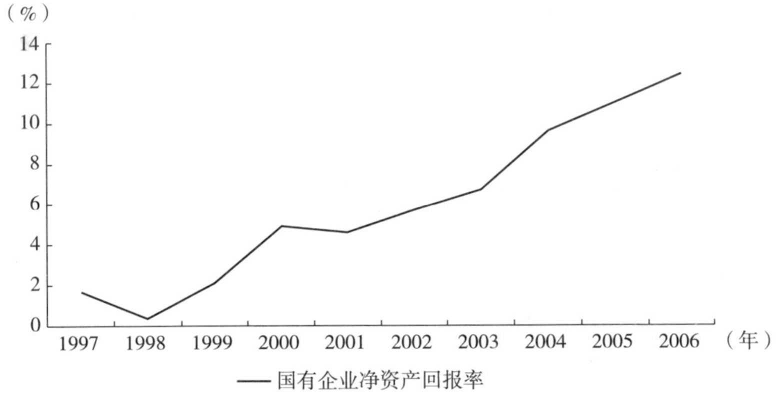

图 2.11　1997—2006 年，国有企业净资产回报率变化

数据来源：各年度《中国财政年鉴》。

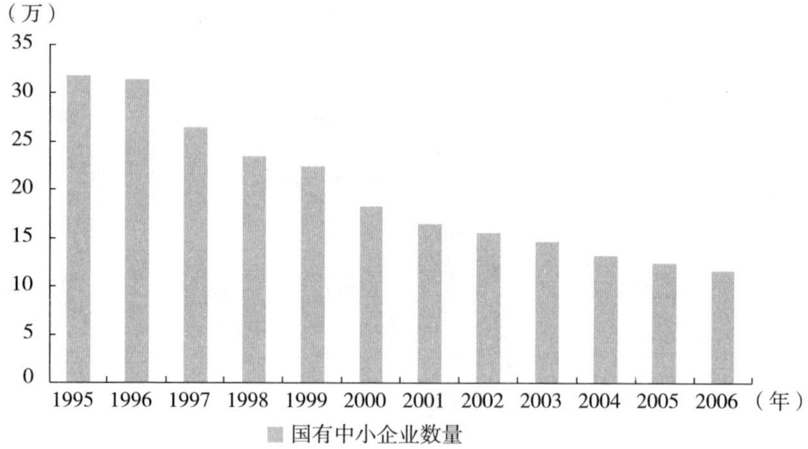

图 2.12　1995—2006 年，国有中小企业数量变化

数据来源：《国有企业改革实录（1998-2008）》（邵宁主编）。

所提出的十六字基本特征中，无论是权责明确对应的企业对出资者承担资产保值增值的责任要求，还是政企分开对应的出资者按投入企业的资本额享有所有者的权益要求，均为资本追求平等性创造了良好的基础性条件。然而，在当时的环境下，由于国有出资人的职能高度分散，在谁来代表国有资本的问题没有明确答案的情况下，国有资本的平等性诉求无法得到充分维护。国有资本的这种“缺位”容易导致其他资本“越位”并获得不平等的权利，而内部人控制更难以避免，成为国有资产流失的重要原因。

时间进入 21 世纪，国有出资人“缺位”下国有资产流失成为国有经济的突出矛盾，使得设立国有出资人成为全社会的呼声，而一系列的机构改革为此提供了条件。国有出资人的设立，同样具有里程碑式的意义，也具有历史的必然性。一方面，正如国务院国资委前副主任邵宁所说，“沿着股份制的思路，就必然会遇到产权的问题，包括国有产权的问题，股东的问题，包括国有股东的问题”①。而第二阶段改革中暴露出的，“国有资本平等性特征没有得到维护”的问题，使得国资股东所有者到位迫在眉睫。另一方面，国家和国家出资企业的出资关系逐步明确，一系列的机构改革和职能调整，为政资分开，初步实现资本所有者的一体化和集中化创造了必要条件。

在改革的第三阶段，伴随着社会主义市场经济体制初步建立，党的十六大提出“不断完善社会主义市场经济体制”的目标和“坚持社会主义市场经济的改革方向，使市场在国家宏观调控下对资源配置起基础性作用”的要求。相应的在顶层设计上,国企改革进入了以“监管”为指导思想的制度规范阶段。2002 年党的十六大明确提出了“发展壮大国有经济”的国企改革总目标，并指引着改革沿着“深化国有资产管理体制改革”②的方向前进。在实践中，以《企业国有资产监督管理暂行条例》的颁布为标志，改革着重于发挥国有出资人的主导作用，逐步构建起“管资产和管人、管事相结合”的国有资产管理体制。这一阶段的改革仍然以国有企业为抓手，集中通过建章立制和监管审批的方式，着力于推动国有企业在优质资产上市、董事会制度建设、内部三项制度等领域实施改革，从而实现国有资产的保值增值。由此我们认为，第三阶段国企改革以国有企业为抓手，以建立新的国资管理体制为主题，具有监管国有企业的性质。

从资本视角审视第三阶段的改革，我们有两点认识。第一，改革

① 邵宁．国有企业改革实录［M］．北京：经济科学出版社，2014：32.

② 江泽民同志在中国共产党第十六次全国代表大会上的报告，《全面建设小康社会，开创中国特色社会主义事业新局面》，2002 年 11 月 14 日。

进一步推动国有资产持续向国有资本的形态转变，尤其是改革在顶层设计的高度明确了“实现投资主体多元化，使股份制成为公有制的主要实现形式”的目标[①]，为国有资产向国有资本形式加速转换提供了保障。第二，以资本的三个特征来评价这一阶段的改革，改革的成绩是显著的。一是国有资本的收益性得到了进一步提升。经历了第二阶段的改革，国有资本更多地集中到了大中型企业中，在平均规模和实力上均与历史上的国企不可同日而语。而伴随着中国经济进入快速的重化工业阶段，国有企业在重化工业行业的广泛分布和领先地位，使其最先、最充分地享受了重化工红利带来的行业快速发展和经济高速增长，因而国有资本的回报率有了一定的提升（图 2.13）。二是国有资本通过以公开市场上市为主的方式流动，为其流动性的提升创造了良好的条件。在国有出资人的推动和企业自身的驱动下，国有企业先后通过剥离优质资产上市和整体上市等方式对接资本市场，为国有资本拓宽了流动渠道，也通过引入外部资本实现了国有资本的“相对流动”，而股权分置改革的实施，更是为国有资本实现便捷、快速的“存量流动”[②]提供了条件（图 2.14）。三是国有出资人的设立为提升国有资本的平等性特征起到了积极作用。通过出台国资管理的各项规章制度，推动国企建立现代企业制度，以及在上市过程中不断完善治理体制和内控制度，对保障国有资本的平等性权利起到了积极作用。

① 中国共产党第十六届中央委员会第三次全体会议，《中共中央关于完善社会主义市场经济体制若干问题的决定》，2003 年 10 月 14 日。

② 我们将国资股东出售企业的老股称为国有资本的“存量流动”，将国有企业 IPO 上市增发新股称为国有资本的“相对流动”，统称为国有资本的流动。两种路径均改变了国企原有的股权结构，在引入外部股东的过程中实现了国资股东持有企业的权益在比例上的变化，因而均构成了国有资本的流动。

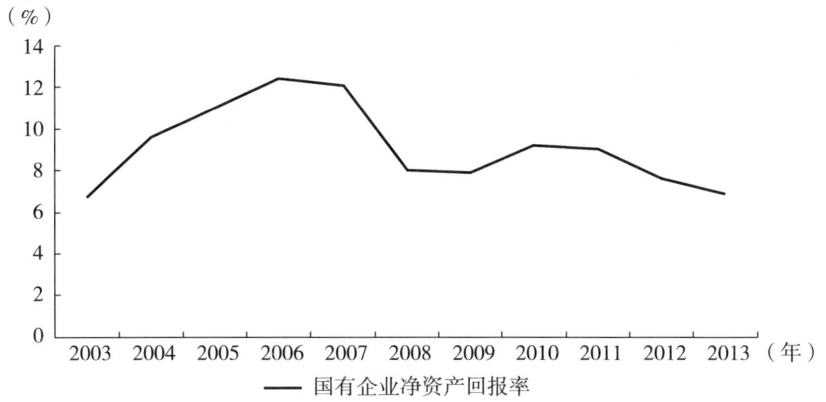

图 2.13　2003—2013 年，国有企业净资产回报率变化

数据来源：各年度《中国财政年鉴》。

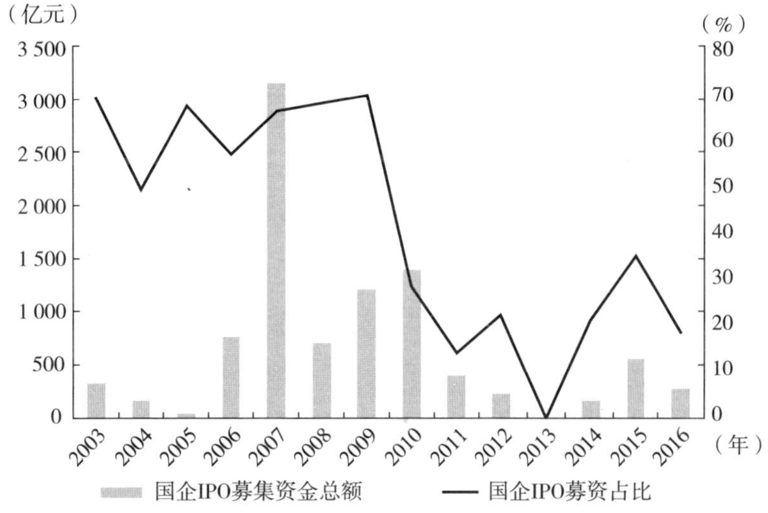

图 2.14　2003—2016 年，国有企业 IPO 上市数量和募集资金规模

数据来源：万得数据库。

综上所述，我们形成了以下思考。

改革历程思考二：从资本视角审视国企改革的历程，呈现出以国资问题的集中表现为导向，伴随着各种内外部条件的逐步成熟，由浅入深的逻辑主线。沿着这条主线，三个阶段改革分别具有“放权国有资产”“改制国有企业”“监管国有企业”的性质。经历了三个阶段的改革，国有资本从无到有，其市场化特征不断增强。

以上是立足于资本视角对历史改革逻辑主线的认识和思考。在下一章中，我们将沿着这条逻辑主线，去理解新时代国有经济所面临的问题及其表现，由此推演出改革性质，以及改革主题和需要配套的改革条件。

第三节　从资本视角对国企改革经验的总结

从资本视角总结国企改革经验，历史上我们做对了什么？

审视改革中国有资本市场化特征得以产生并不断强化的过程，可以观察到，从第二阶段开始，通过股份制改造，国有资产不断向资本形态转换，并通过多种方式实现了流动。在资本流动的过程中，通过几方面的作用——提升资源配置效率，改善对企业的激励和监督，创造流动性溢价——实现了国有资本收益性的提升。

由此可见，国有经济从资产形态向资本形态的转换并推动国有资本的流动，是改革中资本的市场化特征得以产生和不断增强的核心步骤，也是历史上国企改革成功的核心经验。

回顾历史改革中国有资本的市场化特征得以产生和不断增强的过程，可以认识到资本的流动在其中发挥的核心作用。

在第一阶段，国有经济固化在实物形态的国有资产上，难以流动。对于实物形态的国有资产，尤其是固定资产，一方面在当时生产要素和商品市场发育不足的情况下缺乏计量价值的基础，另一方面实物资产难以分割，不同资产之间规模又难以标准化，因而难以流动。在国有经济不流动的情况下，改革提升收益性的难度大。由于实物资产的流动性低，国有经济也就难以在流动中实现资源配置的优化；与此同时，由于国有经济在国有企业中“不能自由退出，国有企业也不存在被市场接管的风险，这就弱化了经营者改善企业内部治理结构的压力和动力”[①]，企业缺乏提升生产经营效率的持续动力，国有经济也就难以实现增值。

在第二阶段，股份制改造实现了国有资产向资本形态的转换并在随后的改革中实现了国有资本的存量流动。改革建立在公司制股份制的基础上，将资产按照统一标准进行确认、计量和评估，并以此形成了企业的权益，即资本形态。于国有资产而言，实物形态的国有资产由此转换为便于计量价值的“国有股”，这使得以产权清晰为基本要求，针对国有大中型企业建立现代企业制度的过程——无论是企业自身的股份制改造，还是企业集团与旗下的产权关系梳理——成为可能。同时，股份具有标准化和可分割的特点——企业内每一股同类别的股票代表投入公司的财产的价值相同，也为股份的转让和流动提供了便利。同时，在以股份制改造为主题的改革过程中，在抓大放小的战略思路下，有相当一部分经营遇到困难的国企通过股份合作制、管理层收购等多种方式出售了部分或全部股权，实现了国有资本的存量流动。

国有资本的存量流动，实现了资源的优化配置，改善了对经营层的激励和监督，提升了企业业绩和资本收益性。首先，国有资本从相当一部分不够优秀的国有中小型企业中退出，使得这些企业及其资源向更有动力将其运营好的人和企业手中集中，提升了资源使用效率；国家将从中小企业中变现的国有资本投入到大中型企业中去，并在一系列合并重组中使资源在大企业中得以聚集，同样实现了资源配置的优化。其次，通过国有资本的退出引入新股东，增加了对经营层的激励和监督；中小企业的退出和民营经济的兴起，进一步刺激了市场竞争的

① 杨波，张从华．国有公司股权结构与公司治理机制分析［J］．当代经济研究，2000（12）：26-29.

环境，而“不进行业前三就卖掉”[①]的要求同样对尚存国企的经营层产生激励，鞭策其不断提升规模和盈利能力。企业竞争力的提升，使得国有资本在国有大中型企业和尚存的国有中小企业中实现增值。

在第三阶段，国有出资人设立后，以上市为目标推动了优势企业中国有资产形态的转换，并通过 IPO 上市推动了国有资本的相对流动。党的十六届三中全会提出“完善国有资本有进有退、合理流动的机制”的要求，为资本的流动提供了政策保障。同时，改革在实践中进一步明确了成为上市公司的目标，上市公司的股份可以在公开市场进行转让，其价值发现更加便捷，股份的交易单元更小，为资本的流动提供了更加便捷的途径。因此，在国有出资人的支持下，相当一部分规模大、质量优的国企以 IPO 上市为目标，加快了股份制改造的步伐，加快了国企中国有资产向国有资本的转换；而股改后的 IPO 上市，通过发行新股、引入外部投资者，实现了国有资本的相对流动。

国有资本的相对流动，推动了资源向优势企业集中，改善了对企业的激励和监督，并创造了流动性溢价，提升了资本收益性。首先，上市在更广泛的范围内为企业募集了较低成本的资金，而人才、技术、声誉也随着资本向上市公司聚集，助推优势国企赶上了中国经济腾飞的快车。其次，上市引入了公众投资者，他们根据对企业价值的理解和对风险的偏好快速地“用脚投票”，增加了对企业改善业绩的鞭策和激励。第三，上市估值基于企业未来的盈利能力并产生了流动性溢价，使国有资本实现了增值。与此同时，资本市场以市场化的规则来要求上市企业及其所有者，促使国有企业和国有资本主动或被动地按照这一规则来完善自身

① “我在任时要求必须前三名，首先在国内前三名，然后在国际前三名，达不到就卖掉。”《李荣融谈央企重组：我在任时不进行业前三都卖掉》，人民网，2015 年 12 月 28 日。

的行为，既包括在上市过程中释放可观比例的股权以维持公开市场较强的流动性，为国有资本的持续流动创造条件，还通过对企业在公司治理和内控方面的严格要求，促进了资本平等性的提升。

综上所述，我们能够形成一个重要思考。

改革历程思考三：从资本视角总结改革经验，历史改革中将国有资产转化为国有资本的形态，继而推动国有资本的流动，是历史上资本市场化特征得以产生和不断增强的核心步骤和改革成功的核心经验。这一经验对于我们探讨新时代国企改革的思路至关重要。

上述分析中我们还需要注意到一个显著现象：历史改革中，国有资本的流动均是由政府或国资监管部门主导的，政府施政具有多重目标，不一定以市场化为核心导向，因而历史上资本流动呈现出持续性不强的特点。在第二阶段，通过以国有中小企业改制为代表方式实现国有资本的存量流动，完全是由政府推动的。政府的政策目标会因时而异，并不必与市场相一致。因此，随着经济环境的好转、重工业周期的兴起、国资监管的强化等外部因素发生变化，以及以“郎顾之争”[①]为转折点，在“防范国有资产流失”的声浪中，政府推动国有资本存量流动的动机大大降低。在第三阶段，伴随着所有者职能初步统一化和集中化，国资监管部门有了一定的资本运营能力，在其大力推动下，通过以国企 IPO 上市为代表性方式实现的国有资本的相对流动，以企业为驱动并具有市场化导向，因而市场化特征更加明显。然而，不可否认，作为政府全权代理人的国资监管部门也不一定以市场化为核心导向，加上国有出资人兼

---

① “郎顾之争”是指在 2004 年 8 月郎咸平发表题为《格林柯尔：“国退民进”的盛宴中狂欢》的演讲后，引爆了一场关于国企产权改革大讨论的事件。

有监管者职能，更加侧重于监管企业，对国有企业的监管强调的是一种静态报表式的资产管理。因而，国有出资人推动以市场为导向，运营资本式的持续流动动机不足，由此导致国有资本的流动“更多是通过增量投资活动实现的,而存量资本的退出和转移速度很慢”[①]。基于同样原因，在 IPO 上市后，国有控股上市公司中国有资本流动的持续性也不强，对此我们会在后文中进行分析（第三章第一节）。认识到“政府及其全权代理人的国资监管部门不一定以市场化为导向，因此在历史上推动国有资本流动的持续性不强”这一特点，对于我们探索新时代国企改革的方向同样至关重要。

① 张文魁 . 混合所有制与现代企业制度［M］. 北京：人民出版社，2017：117.

第三章

从资本层面切入对混改必要性的探讨

基于前文对国企改革历程的简要回顾，我们认识到，国有企业在四十年的持续改革中不断优胜劣汰，一大批具有一定竞争力和抗风险能力、管理水平较高、盈利能力较强的国有企业成长起来。

站在新时代国企改革的启航点，2013 年党的十八届三中全会提出“进一步深化国有企业改革”，必然是进一步解决尚存的问题和迎接新的挑战。因而，我们希望在本章中深入探究：国有资本和国有企业面临的问题和挑战是什么？沿着历史上国企改革的逻辑主线，新时代国企改革的方向和内容是什么？

第一，国有资本的现状如何？从资本的三个特征入手，我们希望对国有企业中国有资本的现状做一个客观的评价。

第二，国有企业是国有资本影响力的最集中体现，因而，要理解造成国资问题背后的原因，自然要下沉到国有企业层面。国企问题是一个世界性的课题，在理论基础上具有共性；基于中国的制度设计，有一定的特殊性；基于实践中的探索，还有一定的历史性。因此，我们希望从理论基础、制度设计、历史实践三个层面入手，结合世界与中国、历史与现状、理论与实践，对国企所存在的问题做一次再分解。

第三，虽说方法总比问题多，但既然造成国资国企问题的原因呈现多重嵌套性，从哪个方向切入能够破题就成为关键所在。回答这个问题最有效的方式，是着眼于问题，从历史实践出发并结合当前情形进行探讨。虽然国企改革作为世界难题，没人敢说自己找到了解决办法，但时至今日，站在前辈的肩膀上，我们应有更充足的信心和把握来判断：改革从哪个方向切入更有可能取得成功。

第四，沿着上述改革的切入方向，我们需更全面认识：破解国资国企问题的具有突破性的改革应该长什么样子。

最后，亦如历史上国企改革的演进需要有与之相适应的改革条件作为支撑，我们在此探讨的新时代具有突破性的国企改革，需要配套哪些关键改革条件?

第一节　从国有资本现状观察国资问题

国有资本的现状如何？

要了解国有资本的现状，就应从资本的三个特征出发。因此，基于资本的收益性、流动性和平等性，在与民营资本的比较中，本节重点对国有企业中的国有资本进行分析。

分析中形成了三点观察：第一，国有资本的回报水平持续下降且与民营资本的差距不断扩大；第二，国有资本的流动性仍然偏弱，大量国有资本继续沉淀在原有的实物形态上；第三，国企中国有资本享有超额的权利，并连带额外的义务。基于此，我们将国资问题总结为：国有资本的市场化特征仍然不完整。

立足资本视角，沿着前文所归纳的国企改革历程的逻辑主线，我们认为：面对国有资本的市场化特征仍然不完整的问题，以国有资本做强做优做大为目标，要求新时代国企改革必然是运营国有资本性质的改革。

新时代的国企改革着眼于国有经济全局，以国有资本为抓手，这就要求我们站在资本视角，从国有资本层面切入，理解新时代面临的问题是什么。在本书的开头，我们谈到了国资问题的一个表现——分布不合理（第一章第一节），在此基础上，我们继续参考资本视角的判断标准，对国有资本的现状进行一个较清晰和客观的评价。需要说明的是，经历了近四十年持续多元化的过程，如今的国有资本已广泛存在于不同类型的企业中。而基于第一章中对国有资本的定义，讨论的重点将集中于国资股东在其独资、绝对控股和相对控股的国有企业中的权益。

国有资本的现状如何？基于资本的三个特征——收益性、流动性和平等性，我们对国有资本的现状进行了如下分析，并形成了几个观察。

国有资本的收益性分析

资本对收益性的追求是其根本特征，前文中我们已经充分说明，体现为国有企业权益的国有资本，近年来为国资股东创造的价值持续下降，且与民营资本的差距呈扩大之势（第一章第一节）。为对资本回报有一个更加准确的认识，从本章开始，我们将采用资本市场的惯用指标——投入资本回报率（ROIC）——来衡量资本回报水平[①]。由于非上市公司信息较难获得，我们参考上市公司的财务信息，对国有控股上市公司的投入资本回报率进行了分析（图 3.1）。可以看出，2006 年以来，国有控股上市公司的投入资本回报率显著低于民营上市公司，且双方的差距自 2011 年以来持续扩大。

① 除数据无法获得之处，本书全文采用了 ROIC 作为资本回报的衡量指标。ROIC 与 ROE 比起来有一些明显的优点：1. ROE 衡量会计利润与净资产的比值关系，而净利润本身就属于一个容易操纵的因素，净资产回报率易受异常财务杠杆的影响。而 ROIC 衡量的是息前税后经营利润与投入资本的比值，衡量的是经营利润率，而且剔除了资本结构变动的影响。2. ROIC 便于直接与资本成本相比较，这是净资产回报率不具备的优点。

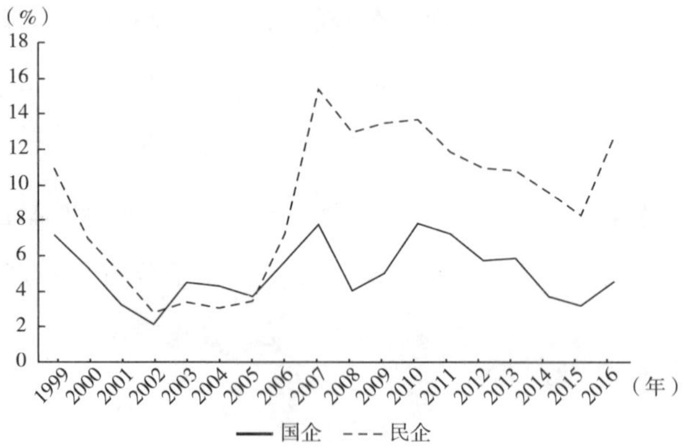

图 3.1　1999—2016 年，国有控股和民营上市公司投入资本回报率比较

数据来源：根据万得数据库计算。

需要指出的是，国有企业的收益中还包含了比非国有企业更高的补贴待遇。举例而言，1998—2009 年，国资股东独资、绝对控股、相对控股的企业，平均每个企业获得的补贴金额分别为 63.12 万元、56.75 万元、105.06 万元，补贴强度（补贴占工业销售额的比重）分别为 5.03%、0.92%、0.56%。而国资股东参股的企业、其他混合所有制企业、民营企业、港澳台和外商独资企业的补贴强度分别为 0.64%、0.31%、0.21% 和 0.13%[①]。无论从补贴的绝对金额，还是从补贴强度来看，国有企业都要高于民营企业。不难理解，如果在收益中扣除政府补贴，那么国有企业中国有资本的投入资本回报率会更低。

由此我们形成以下观察。

国资问题观察一：国有资本的回报水平持续下降且与民营资本的差距扩大。

① 刘小鲁，聂辉华．国企混合所有制改革：怎么混？混得怎么样？［M］．北京：中国社会科学出版社，2016：27.

国有资本的流动性分析

流动性是资本实现优化配置的前提条件。资本从一个企业流入另一个企业，是驱动资源更有效配置、实现资本增值的重要方式，也是对企业经营层实施激励和监督的有效手段。前文中提到，从国企改革的第二阶段开始，通过国有企业公司制股份制改造的方式，国有资产快速向国有资本的形态转换，为其流动创造了条件。继而，在抓大放小的战略思路下，国有资本通过多种方式实现了存量流动，而国有大中型企业则以 IPO 上市为主要形式，实现了国有资本的相对流动（第二章第二节）。

然而，2005 年以来，伴随着中国经济开始进入新一轮上升周期，由于多方面的原因，股份制改造的步伐放慢了，国有资本的流动性也显著放缓。一方面，还有相当数量的国有企业未完成改制；另一方面，很多企业还保持国有独资状态。数据显示，截至 2013 年底，中国近 16 万户国有企业中，非公司制企业还有 22 871 户，占 14.3%，除此之外，还有 47 533 户国有独资企业。换句话说，国有资本在占全部国有企业 44.2% 的国有企业中是“锁定”的（表 3.1）。客观地讲，由于这些国有企业均

表 3.1　全国国有企业数量统计

年份	国有独资企业 / 公司（户）	全部国有企业（户）	国有独资比例（%）
2005	72 640	127 067	57.2%
2008	70 906①	113 731	62.3%
2013	70 404②	159 184	44.2%

数据来源：各年度《中国国有资产监督管理年鉴》。

① 包含到国企集团的三级公司。

② 其中，非公司制企业 22 871 户，国有独资企业 47 533 户。

是非上市公司，较上市公司而言，其信息披露不充分，市场交易方式也不太丰富，以防范国有资产流失为目标的监管审批更加严格，因而国有资本在该等企业中流动的难度更大。

那么，国有资本在上市公司中的流动性会更强么？与非上市公司相比，上市公司具有公开的股权交易市场、便捷的交易机制，因而国有资本在国有控股上市公司中流动的可行性更高。同时，早在1999年党的十五届四中全会就明确提出，“选择一些信誉好、发展潜力大的国有控股上市公司，在不影响国家控股的前提下，适当减持部分国有股，所得资金由国家用于国有企业的改革和发展”[①]，这为国有资本在上市公司中的流动提供了政策支持。然而，在对2007年至2016年国有控股上市公司[②]和民营上市公司[③]控股股东持股数量年变化率进行分析后可以看出，在72.2%的国有控股上市公司中，国有资本在过去十年基本不流动（即国资股东持股数量变化在正负5%以内），只有4.1%的国有资本实现了流出（即国资股东减持幅度超过5%），而民资控股上市公司的上述比例分别为66.6%和11.5%（图3.2）。

由此我们形成以下观察。

国资问题观察二：国有资本的流动性仍然偏弱，大量国有资本继续沉淀在原有的实物形态上。

① 中国共产党第十五届中央委员会第四次全体会议：《中共中央关于国有企业改革和发展若干重大问题的决定》，1999年9月22日。

② 国有控股上市公司包括A股和港股上市的共计737家，扣除金融行业企业、ST企业，以及在2007—2016年度第一股东数据缺失的企业。

③ 民营上市公司包括A股和港股上市的共计941家，扣除金融行业企业、ST企业，以及在2007—2016年度第一股东数据缺失的企业。

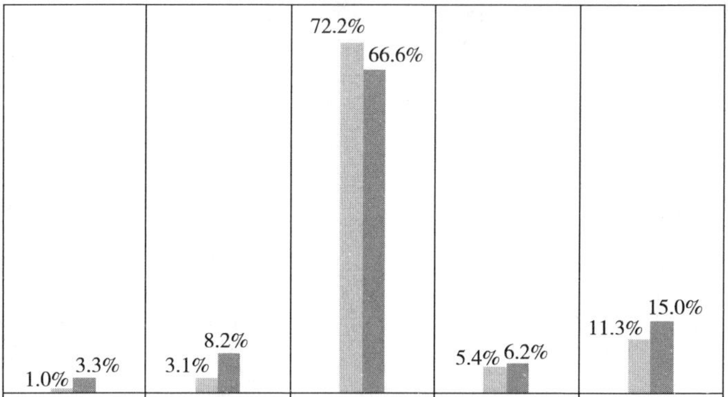

	大幅减少（-25%以上）	小幅减少（-25%到-5%）	不变（-5%到5%）	小幅增加（5%到25%）	大幅增加（25%以上）
国企	1.0%	3.1%	72.2%	5.4%	11.3%
民企	3.3%	8.2%	66.6%	6.2%	15.0%

图 3.2　2007—2016 年这十年中国有控股和民营上市公司控股股东持股数量变化

数据来源：根据万得数据库计算。

国有资本的平等性分析

资本基于财产权利，追求平等性，要求“同股同权、同利同责”。因此，在公司治理中，对于同一类别的股东而言[①]，往往根据各个股东的持股比例来分配与公司控制有关的权利。然而，在国有企业中，控制权的分配和股权结构经常会出现不一致的情况，这使得国有资本往往代表了比其他资本更多的权利和义务。

一方面，国有资本往往代表与其股权比例不匹配的股东权利。不论国有资本在企业中体现多少比例的股权，只要其被定义为“国有企业”，国资股东均可以通过国资管理体制对该企业享有“管人、管事、管资产”的权利，尤其是基于对“人”和“财”两项权利的掌控——企业班子

① 当存在类别股东时，例如优先股股东或金股股东，可能掌握比拥有相同持股比例的普通股股东更大的权力。

成员的任命权和考核薪酬的决策权，使得国资股东的权力既体现为接近100%的决策和监督权，又体现为越过董事会享有很高的经营权。即使是国资股东相对控股的上市公司，“因为‘集团公司重要子公司参照国有企业管理’，把‘三重一大’等管理方式通过集团公司一插到底，使上市公司重大决策实质上通过非正常渠道完成”[①]。正因如此，非国有资本不敢贸然进入国有企业，这也是导致国有资本缺乏流动性的一个重要原因。

另一方面，国有资本的国家属性也会被赋予与持股比例不匹配的超额义务。一个最具典型性的表现就是，国有资本在国有企业中的存在使得国资股东被迫为其控股的国企提供增信便利。对此问题，学术界存在不同观点。一些学术文献指出国有企业的属性具有“隐性担保”的作用[②]；而IMF的研究也显示，政府这种“隐性担保”能够帮助企业提升2~3个级别的信用评级，并相应降低0.5~1个百分点的融资成本[③]。与此同时，另一些学者则认为，国有企业与非国有企业间信贷资金配置差异主要源于禀赋差异[④]，从而倾向于否定国企属性背后的政府因素。

为此，基于资本市场实操经验，我们对国资增信及其效果进行了定性分析。我们知道，在国际评级机构的评级指标体系中，“来自政府或集

---

① 陈清泰．国企改革突破口是“管资本”．财经网，2015-05-13.

② 孙铮，刘凤委，李增泉．市场化程度、政府干预与企业债务期限结构——来自我国上市公司的经验证据［J］．经济研究，2005（05）：52-63.

③ Wojciech Maliszewski，Serkan Arslanalp，John Caparusso，Jose Garrido，Si Guo，Joong Shik Kang，W. Raphael Lam，T. Daniel Law，Wei Liao，Nadia Rendak，Philippe Wingender，Jiangyan Yu，Longmei Zhang. Resolving China’s Corporate Debt Problem. International Monetary Fund. 2016/203 .

④ 苟琴，黄益平，刘晓光．银行信贷配置真的存在所有制歧视吗？［J］．管理世界，2014（01）：16-26.

团的影响”是一个核心的评级因素[①]。因此，在评级过程中，国企通过安排评级机构对包括国资监管部门在内的政府部门进行访谈的方式，引导评级机构获得“该国企具有政府持续支持”的结论，是近年来国企在国际评级中普遍采用的操作方式。我们针对 81 家非金融行业和具有国际信用评级的中国 500 强企业，将其 500 强排名和评级进行了一个比较。评级基于多重因素的综合性评价，因而我们当然不能将其与企业的盈利规模直接挂钩，但是表 3.2 所展现出的趋势，仍然有助于我们对“国企是否获得了国资增信”问题有一个定性的认识。诚然，具有国家战略意义的国企体现国家意志，其获得国家信用背书不但无可厚非，而且在国际资本市场享受较低融资成本也对国家有利。然而对于竞争性领域的国有企业（包括上述具有国家战略意义的国企集团旗下的竞争性业务），理应与民营企业一样，具有独立的市场主体地位，大家都是“自主经营、自负盈亏”，既然民营股东只为民营企业提供“有限责任”的担保，为什么要求国资股东为这些国有企业提供基于国家信用的“无限责任”的背书？这种背书在一定程度上是国有企业对国资股东的“绑架”，不仅给予了国有企业以非市场化的竞争优势，使其享受更低的融资成本，我们更需理解，这种增信损害了市场竞争的公平性，降低了市场运行效率，在一些企业享受下浮利率的同时，往往意味着另一些资质良好，甚至更优的企业不得不背负基准甚至上浮的利率。

---

① S&P Global Rations Criteria：ongoing support or negative influence from a government（for government-related entities），or from a group，is factored into the SACP. While such ongoing support/negative influence does not affect the industry or country riskassessment，it can affect any other factor in business or financial risk.

表 3.2　中国 500 强排名与国际评级机构评级比较[①]

中国 500 强排名	1~100 名		101~200 名		201~300 名		301~400 名		401~500 名	
	国企（%）	民企（%）	国企（%）	民企（%）	国企（%）	民企（%）	国企（%）	民企（%）	国企（%）	民企（%）
A1（A+）	28.57	9.09			11.11					
A2（A）	14.29	9.09	12.50							
A3（A-）	19.05	18.18	25.00		11.11					
Baa1（BBB+）	9.52	9.09	37.50	12.50	11.11		25.00			
Baa2（BBB）	19.05	9.09	12.50				25.00			
Baa3（BBB-）	4.76	9.09	12.50	25.00	33.33	14.29	25.00			
Ba1（BB+）		9.09			22.22			33.33		10.00
Ba2（BB）		9.09		37.50		14.29				10.00
Ba3（BB-）		9.09		12.50	11.11	57.14				
B1（B+）	4.76	9.09						33.33		50.00
B2（B）				12.50			25.00			20.00
B3（B-）						14.29		33.33		10.00
投资级总计	95.24	63.64	100.00	37.50	66.67	14.29	75.00	0.00	0.00	0.00
高收益级总计	4.76	36.36	0.00	62.50	33.33	85.71	25.00	100.00	0.00	100.00

数据来源：标普、穆迪信用评级。

由此我们形成以下观察。

国资问题观察三：国有资本享有超额的权利，并被连带担负额外的义务。

综上所述，根据资本的三个特征来观察国有资本，其在收益性、流动性和平等性方面仍然存在明显不足，即国有资本的“市场化特征仍然

① 企业评级来源于标准普尔和穆迪截止于 2017 年 9 月对中国企业的公开信用评级表（扣除了 24 家金融企业）。中国 500 强排名来源于 2017 年 7 月 31 日发布的《2017 年中国 500 强排行榜》。百分比计算方法：某一排名区间内国企处于各个评级的企业数量 / 该排名区间内国企总数，民企同理。

不完整”，我们将此称为国资问题（图 3.3）。

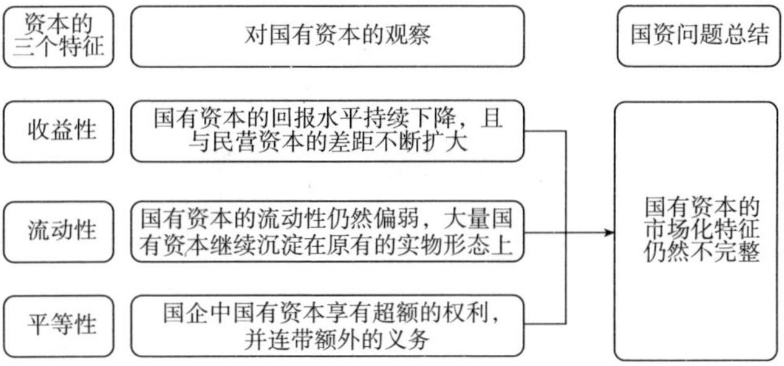

图 3.3　国资问题概述图

资料来源：作者绘制。

在第二章立足于资本视角对国企改革历程的分析中，我们形成了一个重要观察，即国企改革历程呈现出一种以国资问题的集中表现为导向，伴随着各种内外部条件的逐步成熟、由浅入深的逻辑主线；相应的，按照性质划分，国企改革经历了从放权国有资产到改制国有企业，再到监管国有企业的过程。

沿着上述历史逻辑主线，以市场化特征仍然不完整的国资问题为导向，新时代的国企改革就要通过“增强国有资本的收益性、流动性和平等性”来实现国有资本做强做优做大的目标[①]。我们认为，要实现这一目标，就要达到两个子目标：管资本和市场化。管资本，也就是资本市

① 在第一章第二节中提到，十九大提出的国有资本做强做优做大的目标与资本的三个特征一脉相承：“做强”，意味着国有资本不仅要盈利，更要提升所投入资本的单位回报，即增强资本的收益性；“做优”，意味着要通过国有资本在布局和结构上的调整，实现资本的优化配置，这就要以增强资本的流动性为前提；“做大”，意味着国有资本要发挥引领和带动作用，实现“国民共进”，这就要以增强资本的平等性为基础。因此，“国有资本做强做优做大”需要通过“增强国有资本的收益性、流动性和平等性”来实现。

场惯用的“资本运营”（Capital Operation）的概念，是相对于“监管企业”“管资产”而言的，即以资本为抓手，以行使股东的财产权利为手段，强调所有者在存量资本上“到位”；市场化，是指市场在资源配置中的决定性作用，即以市场为导向，以资本的积极流动为手段，强调所有者通过资本的流动实现优化配置。总之，以实现国有资本做强做优做大为目标，新时代的国企改革就应具有运营国有资本的性质。

第二节 透过国资问题对国企问题的再认识

针对上述国资问题，其背后的原因是什么？

现阶段国有资本仍集中体现为国资股东在国有企业中的权益，因而有必要下沉到国有企业层面，对国资问题的成因进行一个分析。国企问题作为一个世界性的课题，其分析需要有一定的广度和深度，应结合世界与中国、历史与现状、理论与实践来分析和认识。

基于以上考量，我们在由里及表的三个层面——理论基础、制度设计、历史实践——展开分析。第一层，从理论基础层面切入，国家所有制下,所有者实体虚位会导致委托代理问题的出现，增加原始所有者通过间接的激励和约束机制对国有企业发挥管理和监督作用的难度和代理成本,由此构成了国企问题在理论层面的表现。第二层,在制度设计层面,在国有出资人双重角色的制度设计下，由于所有者职能虚置，容易导致内部人控制，构成了国企问题在制度层面的表现。第三层，管人、管事、管资产的国资管理体制造成所有者表现越位，从而导致国资股东在决策上越位，国有企业在市场竞争中缺乏活力和竞争力，这构成了国企问题在历史实践层面的表现。

我们认为，国企问题在理论层面的表现只是国企的“隐性问题”，而在制度层面和实践层面的表现——治理体制不完善导致的监督缺位和决策越位，以及经营机制僵化导致的企业缺乏动力，是国企的“显性问题”，也是后文着力破解的重点。

不难理解，造成国资问题的原因应该是多方面的。既然国有资本体现为国资股东在企业中的权益，而现阶段国有企业又是其中的重中之重，所以国有企业存在的问题必定是构成国资问题的一个重要原因。因此，要理解国资问题背后的原因，需要下沉到国企层面展开对问题的探讨。本书的开头，谈到了国企生产运营效率较低、负债水平较高的问题（第一章第一节），这显然只是国企问题的一个表现，在此基础上，更需要对国企问题进行一个较全面的再分解。

国企问题是一个世界性的课题，因而问题的表现在世界范围内具有一定的共性，对此问题的探讨也形成了较充分的理论基础；同时，基于不同国家的国企在社会制度、目标定位上的不同，中国的国企在制度设计层面与世界上其他国家必然存在较大不同，具有一定的特殊性；此外，国企的现状形成于四十年改革和实践的过程中，具有一定的历史烙印。基于以上考虑，对国企问题的再分解应结合世界与中国、历史与现状、理论与实践，并在由里及表的三个层面——理论基础、制度设计、历史实践——展开分析。

第一层：国企问题的理论基础层面分析

基于企业性质理论和委托代理理论，由于委托代理关系的存在，会形成所有者对经营者的委托代理成本。基于科斯提出的企业性质理论，企业的显著特征是作为价格机制的替代物，通过形成企业并允许某个权威（企业家）来支配资源，从而降低市场运行的成本并有利可图。企业在发展中形成了两种类型：一类是古典型公司，即公司的所有者同时又是公司的经营者，股东直接经营公司；另一类是现代股份公司，即所有者和经营者分离，股东委托他人经营公司。根据钱德勒的理论，现代股份公司伴随着企业规模的快速膨胀而出现，由于市场的扩大，以及新兴技术运用于生产，管理日趋复杂化和专业化，使得所有者无法亲自承担起经营管理的工作，于是，专业的管理层开始逐渐代替所有者，企业的所有权和经营权开始分离[①]。在此基础上，由于所有权和经营权分别由不同的权利主体行使，产生了所有者和经营者之间的委托代理关系，于是经济学家开始关注企业的委托代理理论。该理论认为，代理人和委托人是两种类人，他们之间的显著差异体现为两个方面的不对称。一是利益的不对称，所有者作为委托人追求的是资本增值和股东回报最大化，而经营者作为代理人追求的是个人收入最大化，社会地位、声誉的提高，权力的扩大，以及舒适的条件等。二是信息的不对称，委托人了解的信息是有限的，而代理人在掌握企业的运营、财务等信息方面存在明显优势。基于委托代理理论，由于两方面的不对称，所有者需要通过控制权对其利益进行保障，由此不可避免地形成了委托代理成本。

不同于民营企业，由于国有企业的原始所有者实体虚位，使企业无论大小，其治理都是基于委托代理关系，并呈现多重性的特点。基于委托代理理论，一般而言，创业初期的小型企业会采取古典型公司形式，而随着企业规模达到一定程度，使得单一股东难以管理时，往往会向现代股份公司形式过渡。然而，国有企业具有一定的特殊性。从产权关系上讲，国有企业在法理上属于全民所有，但由于国有产权的原始所有者是全体人民，所以不能具体明晰到每一个人头上，且这种公共产权[②]具有不可分割性，因而需要由国家代表全体人民行使产权，构成了国家所

① 钱德勒．看得见的手：美国企业的管理革命［M］．北京：商务印书馆，1987.

② 公共产权即全体劳动者作为一个共同体共同行使产权。

有制[①]。在此基础上，国家作为实际委托人，将国有资产的所有权委托给某一政府部门或政府部门下设的控股公司，该所有权代理人再将国有资产的经营权逐级委托给国有企业。由此可见，在国家所有制下，原始所有者实体是"虚位"的，这使得国有企业无论大小，都需要通过委托代理关系进行治理，这也是客观存在的。国有企业的委托代理关系还具有多重性的特点：这一方面表现为国企集团普遍存在的多层级公司自上而下的经营权的委托代理关系；另一方面，更关键的是，"不同于私有产权在经营权上的委托代理关系，国有产权首先是所有权的委托，继而才派生出经营权的委托"[②]。国有企业的这种多重委托代理关系不仅存在于中国，在其他拥有国有企业的国家，例如法国、挪威、芬兰、新加坡等国，也都是一样的道理。

一般理论认为，国企委托代理关系下，会增加治理难度和成本，但我们应认识到，这在大型私营企业中也普遍存在。理论界普遍将国有企业委托代理关系下所产生的治理问题总结为三个方面。第一，增加委托代理成本。由于国企的治理基于多层级的委托代理关系，"随着层级的增加，不可避免地导致激励和约束的作用力不断下降，因而委托代理的成本不断上升"[③]。第二，产生"搭便车"问题。考虑到个体公民监督国企经营者的成本完全由个人承担而由此产生的收益则由全体公民共享，个体公民就缺乏监督经营者的动机，导致每个公民都选择等待别人监督而

---

① 国家所有制是全民所有制的具体实现形式，由国家代表全体人民行使全民财产权利。这种由分散所有到集中所有是通过宪法形式完成的委托代理过程。(《未来的国有企业》，潘岳）

② 蓝定香 . 大型国企国有产权的"委托问题"［J］. 社会科学研究，2011（06）：7–11.

③ Sea-Jin Chang，Sandy Yuan Jin. The Performance of State Owned Enterprises in China：An Empirical Analysis of Ownership Control through SASACs［J］. 2011.

自己可以搭便车，这些原始所有者无人监督。第三，软预算约束。国企和政府的界限难以分开，使得国企往往能够获得额外的财政支持，包括在亏损中仍然获得贷款支持，在面临破产时仍得到政府救助等，由此导致国企的运营不受预算约束[①]。以上分析固然成立，但需要认识到上述问题并不限于国有企业，在一些民营企业中也存在，尤其是在全世界很多股权高度分散，多管理层级的超大型企业中，既表现为“大企业病”，也表现为“大而不倒”。

理论界也有不少观点认识到国企所具有的重要价值，并通过国有企业在世界范围的广泛存在证实其合理性。国有企业并非中国所独有，仅OECD（经济合作与发展组织）中的27个成员就拥有2 057家国有企业，资产超过1.3万亿美元，员工超过430万人[②]，而国企雇用员工比例在芬兰、法国等国更是达到了10%左右（图3.4）。很多理论认为，除了垄断领域需要国企实现最优社会效应外，在充分竞争领域中国企的存在同样具有一定合理性。第一，应对市场失灵。民企往往不愿意投资于高风险、长期回报的领域，而国企能更好地理解国家战略，愿意在这些领域发挥引领投资的作用。第二，正向外部性。民企往往不愿意投资于一些能够为其他行业带去收益，但自己无法直接从中获得补偿的行业，而国企更愿意在能够增加全社会收益的领域进行投资。

基于上述理论层面的分析，结合对世界范围内国有企业和大型企业的现状分析，我们形成以下认识。

① Ha-Joon Chang, State-owned enterprise reform. 2007.
② 统计不完整，部分国家只包含一般政府各部门监管的国有企业，日本、美国、土耳其等国企规模较大的国家的数据缺失。

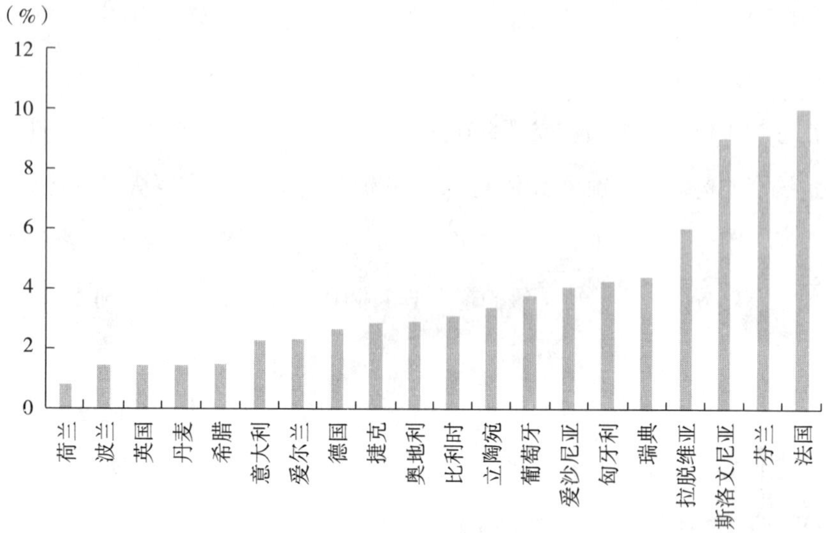

图 3.4　部分欧盟国家国企就业人数占比

数据来源：Bruegel based on European Commission（2016），OECD，World Bank and Eurostat。

国企问题认识一：国家所有制下，由于原始所有者实体虚位，会导致委托代理问题的出现，原始所有者通过间接的激励和约束机制对国有企业发挥管理和监督作用的难度加大和代理成本增加，这构成了国企问题在理论层面的表现。

第二层：国企问题的制度设计层面分析

基于理论层面的分析，我们认识到，在国家所有制下，由于存在所有权的委托代理关系，国家作为实际委托人就多了一层责任——寻找合适的所有权代理人，并监督其像原始所有者那样追求资本收益回报，由此引领我们进入第二层——制度设计层面的分析。

与世界上其他国家相比，中国在所有权代理人的制度设计上具有一定特殊性，国有出资人兼具所有者和监管者两个角色。国家作为所有权代理人，在国有企业中如何行使权力，世界上其他国家主要采取了两种模式：以法国为代表，采取了由政府部门直接持股并管理国有企业的模式；以新加坡为代表，采取了政府部门下设控股公司持股国有企业的模式。而无论持股的主体是政府部门还是控股公司，作为所有权代理人，其在国有企业中都发挥所有者职能的核心角色，即“政府出资人普遍根据公司治理机制通过股东会、董事会在国有企业中行使国有股东权利，或者作为国有股权持有者通过股权投资或出售管理投资组合”①。同时，除芬兰等少数国家在发挥所有者职能的国有出资人体制外设置了针对国企的监督职能外（例如：芬兰国家审计署）②，大部分国家都没有专司国资或国企监管的部门或职能设置，而特殊行业中的国企和非国企则面对同样的行业性监管。考虑到国有企业在我国国民经济中的规模、范围和贡献的重要程度，我国对所有权代理人的制度设计具有一定特殊性。在2003年成立时，国资委承接了分散在国家经贸委、中央企业工委、劳动和社会保障部、财政部等部委中与国有企业和国有资产相关的职责③，其中既包括对国有资产履行出资人的职能，又包括对国有企业实施监管的职能。因此，国资委从设立伊始就同时担任了所有者和监管者的双重角色，“既是公共管理部门需要维护市场的公平秩序，又是市场竞争中

---

① 张文魁等 . 混合所有制与现代企业制度［M］. 北京：人民出版社，2017.

② 国有资产监管的国际借鉴［J］. 现代国企研究，2013（03）：32–33.

③ 具体包括：原国家经济贸易委员会指导国有企业改革和管理的职责、原中共中央企业工作委员会的职责、财政部有关国有资产管理的部分职责、劳动和社会保障部的拟订中央直属企业经营者收入分配政策的职责、审核中央直属企业的工资总额和主要负责人的工资标准的职责。［《国务院国有资产监督管理委员会主要职责内设机构和人员编制规定的通知》（国办发〔2003〕28 号）］

的重要参与者——国有企业的出资人代表既是裁判员又是运动员[①]”，这种“一身兼二职”的制度设计在全世界是唯一的。

显然，所有者和监管者两个角色基于不同性质的委托代理关系，因而每个角色的目标定位不同，思维模式和发力方式也不同。其中，在所有者角色下，国资委和国家之间的委托代理关系是基于资本性委托，因而国有出资人——名义的所有者，以经济效益为核心目标。同时，所有者遵循管资本的思维模式，对企业享有财产权利，除特殊约定外，这种财产权利是基于一定的治理体制，根据所持股比例，通过全部或部分参与企业股东大会、董事会、监事会的决策和监督，对企业管理层施加影响，因而这种影响是有限的、相对的。在监管者角色下，国资委和国家之间的委托代理关系是基于行政性和社会性委托，因而其以政治效益、社会效益为核心目标；同时，监管者还遵循管企业的思维模式，并对企业行使行政权力[②]，而行政权力是基于上级对下级的绝对权威，通过发布行政命令、审批等途径对企业管理层施加直接、排他性的影响，所以这种影响是绝对的。

当两个角色出现重叠时，就可能出现所有者角色的力不足、言不顺，导致所有者职能在本质上是虚置的。在所有者和监管者双重角色出现重叠时，很可能会出现两个问题。第一，所有者职能的动机不足。在委托代理关系下，普遍存在通过一定的激励和约束机制让代理人与委托人的目标相绑定的问题，以做到代理人的权责利相对等。然而，对国资委而言，其承担了国有资产保值增值的责任，却没有相应的机制使其责任与

① 邵宁．国有企业改革实录（1998-2008）［M］．北京：经济科学出版社，2014：392.

② 行政权力是一种公共性权力、从属性权力，也是一种政治权力，它是指国家行政机关被授予行政管理权限的其他社会组织，为有效执行国家意志，依法对社会公共事务进行组织和管理的一种能力或力量。(《行政管理学》，夏书章）

国有资产保值增值具有内在的联系。无论国有资产保值增值的情况如何，国资委既没有奖励也没有处罚。[①] 我们认为，这个问题的难点在于，由于国资委具有双重角色，因而在国家和国资委的委托代理关系中，难以区分哪一部分是资本性委托，哪一部分是行政性或社会性委托，两者的目标又存在差异，那么如何对两个角色进行相应的激励和约束，就成为一个摆在国家面前的治理难题。对所有者职能的激励和约束不足，容易导致国有出资人的动力不足。第二，所有者职能的能力不足：在国资委和企业的经营权委托代理关系中，由于国资委两个角色的目标差异，以及对企业的发力通道可能存在排他性，而同一个企业在一个时间只能追求一定的目标，且只能有限“受力”，所有者对企业能够施加的影响不可避免地会受到监管者行政权力的影响力掣肘。与此同时，我们还需要认识到，时至今日，所有者职能尚没有完全统一到国资委，“无论是管资产还是管人、管事方面，都与相关政府和党的部门存在职能交叉，党或政府的相关部门仍然在履行部分国有资产管理的职能”[②]，职能的不完整又进一步影响了所有权代理人履行职能的动机和能力。由此可见，在所有权代理人双重角色的安排下，国有出资人既力不足又言不顺，其所有者职能本质上是虚置的。

由于所有者职能虚置，国资出资人疏于通过治理体制发挥决策和监督职能，容易导致内部人控制。按照现代企业制度的理论，对于通过委托代理关系进行治理的企业，委托人最重要的职责就是通过参与决策保留控制权和剩余索取权，并对代理人制定科学合理的管理和监督制度，履行必要的决策和监督职能。在所有者职能虚置的情况下，名义的所有

① 邵宁．国有企业改革实录（1998—2008）[M]．北京：经济科学出版社，2014：458.
② 同上．

者就容易以追求经济效益为核心目标，难以有效履行决策和监督职能，容易使作为内部人的管理层实际上掌握了企业的控制权，形成内部人控制。在此情况下，若内部人将自身利益置于所有者和企业的利益之上，利用本身职务之便采取不正当手段谋求个人利益，就会造成内部人对所有者利益的重大侵害，由此造成国有资产流失。

基于上述制度层面的分析，比较世界其他国家对国有出资人的制度安排，我们形成以下认识。

国企问题认识二：在所有权代理人双重角色的制度设计下，由于所有者职能虚置，导致国企的治理体制不完善，在以经济效益为核心目标的决策和监督缺位下容易产生内部人控制，由此构成了国企问题在制度设计层面的表现。

第三层：国企问题的历史实践层面分析

基于制度设计层面的分析，我们认识到，由于国有出资人双重角色下所有者职能虚置，为了防范内部人控制，国有出资人自然要寻求其他路径进行后天补足，由此我们进入第三个层面——历史实践层面——分析。

首先，我们要认识到，现有的管人、管事、管资产的国资管理体制产生于特定的历史背景，彼时，由于所有者不到位导致的国有资产流失成为国企改革的主要矛盾，而在国企一元化的股权结构下，监管者职能自然占据主导位置。回顾历史，2003 年国资委成立时，实际情况是，大多数国有企业仍然处于国有独资状态，国资委[①]是其唯一股东，且其中又有相当一部分国企尚未改制，全国4 223家国有大中型骨干企业中，仍然有超过40%的企业[②]，特别是中央企业集团一级的公司还是按照当时《全民所有制工业企业法》设立登记的，仍然是总经理负责制，没有设立董事会，一些国有及国有控股企业即使设立了董事会，也是董事会、经理层、党委会重合，决策层和经营层没有分开。在企业治理体制不健全的情况下，国资委仅通过遵循财产权利、以国有出资人身份行使权利就显得力不从心，除了强化外派监事会制度外，难以立即通过公司治理的渠道对企业发力。然而，时间不等人，20世纪90年代后期，由于国有企业陷入前所未有的困局，以“三年脱困”为目标，政府鼓励国有企业自行其是、各自突围，使得企业内部人一度拥有对企业的高度控制权，而与此同时，彼时的政府机构改革又撤销了对国有企业拥有较大控制权的行业主管部门[③]。管理层过高的自由度加上缺乏所有者的足够监督，使随后各地以国有中小企业改制为主线全面铺开国企改革的过程中，少数内部人利用改革中饱私囊、暗箱操作、“自买自卖”国有资产，以至于少数管理层收购成为管理层侵吞国有资产的工具，受到了各方面对改革的批评和质疑[④]。

---

① 国资委担任了大多数的非金融行业的国有企业的国有出资人，同时，还有一部分所有者职能分散在财政部门、人社部门、总工会、审计署、组织部、纪检委等政府部门中。

② 2003年底数据引用自国务院国资委研究室，《坚定不移地推进股份制改造》，2004年。

③ 1998年机构改革撤销了几乎所有的工业专业经济部门，共10个：电力工业部、煤炭工业部、冶金工业部、机械工业部、电子工业部、化学工业部、地质矿产部、林业部、中国轻工业总会、中国纺织总会。(《改革开放以来的政府机构改革》，宋世明)。

④ 以吴晓波先生为代表，将20世纪90年代国企改革中国有资产流失现象归咎于法制监管空缺（《激荡三十年—中国企业1978-2008》，吴晓波）。站在资本视角，我们认为，造成上述问题的根本原因在于国有资本制度设计的不完善导致国有资本的平等性特征没有得到彰显，表现为国有资本所有者“缺位”而其他资本所有者“越位”。

所有者职能短期难以到位的现状和抑制内部人腐败的迫切要求，使作为唯一或主要所有者的国资委自然要动用一切手段来完成任务，其承接于其他部委的监管者职能和加强监管的思路自然占据了主导地位。因此，作为国资委开展国资监管工作的法律依据，《企业国有资产监督管理暂行条例》以行政法规的形式明确国有资产管理体制的基本框架和国有资产监督管理的基本制度，明确提出“管资产和管人、管事相结合的国有资产管理体制”。沿着这个方向，国资委成立后颁布的第一个具有标志性的法规就是《关于规范国有企业改制工作的意见》，以监管者的思维模式，用行政法规的形式对企业内部改制重组工作进行直接管理①。

要理解管人、管事、管资产的国资管理体系，就需要理解其背后以监管者职能主导的，具有目标多重性和权力绝对化特点的监管逻辑。监管逻辑的立足点会呈现两个特点。第一，目标多重性。监管者更多遵循行政性目标和社会性目标，与所有者追求经济性目标有较大不同，因而具有双重角色的国有出资人赋予企业的目标就很可能具有多重性和非连贯性。究竟什么情况下追求经济效益最大化，什么情况下追求社会效益最大化，什么情况下考虑国家战略而追求政治效益最大化是很不清晰的，也很难清晰。第二，权力绝对化。由于目标具有多重性，“当追求国有资本保值增值，追求行政管理体制的运行，追求社会效益乃至政治效益这三种目标发生冲突时，政治效益的目标一般处于第一强

① 2003 年 11 月 30 日颁布的《关于规范国有企业改制工作的意见》（国办发〔2003〕96 号）规定：“国有企业改制方案需按照《企业国有资产监督管理暂行条例》（国务院令第 378 号）和国务院国有资产监督管理委员会的有关规定履行决定或批准程序，未经决定或批准不得实施。”对于一项股东的内部要求以法规的形式来发布，这显然是监管者的思维模式。与此形成对比的是，在《国务院办公厅关于转发国务院国资委以管资本为主推进职能转变方案的通知》（国办发〔2017〕38 号）中明确提出“严格按照出资关系界定监管范围。减少对企业内部改制重组的直接管理”。

势地位[①]”。由此导致监管者职能会逾越包括国有出资人在内的各个所有者，行使行政权力。

基于监管逻辑并遵循监管者管企业思维模式下建立的国资管理体制，强化了国有出资人的权威，造成在表象上所有者强势，乃至越位。现有的国资管理体系建立于监管者管企业的思维模式之上，并借助于监管逻辑，因而呈现了几个特点。第一，监管的范围广。管企业自然是一视同仁，不论国资股东持股100%还是30%，只要国有资本相对控股的国企，均要遵守同样的国资监管要求，“哪怕百分之十几相对控股公司，领导人薪酬、企业工资总额和一些干部管理规定等都要按照国企有关政策执行”[②]。这显然是行使了绝对化的行政权力，而不是根据财产权利按比例投票行使股东权力。第二，监管的层级深。一视同仁还体现在层级上，虽然国资监管部门已经将一些审批权限授权给了国企集团，而很多国企的子公司也已经完成了股份制改造，拥有自己的董事会，但集团承担着国有资本保值增值的责任，只要是集团并表的子公司，无论层级，集团均不得不要求其参照执行——将管人、管事、管资产的监管思路一竿子插到底，要求子公司凡事一层层报上来。层层监管和报批，不仅大大降低了企业的决策效率，还“编织了一张密不透风的天罗地网，但实际上由于层级众多，使权责很难界定清晰，看似人人负责，实际上人人都不负责”[③]。第三，监管的事项细。在管人、管事、管资产的监管体系下，国企内包括主营业务、发展规划、产权转移、

---

① 燕春，史安娜. 国有资产出资人制度批判与重构——从国资委到人民代表股东会［J］. 社会科学研究，2008（02）：62-68.

② 晓甘. 国民共进——宋志平谈混合所有制［M］. 北京：企业管理出版社，2014：238.

③ 张桂芳. 以“管资本”为主的国有资产监管改革路径与措施——对上海市国有企业中高级管理人员的调研思考［J］. 西部论坛，2017，27（4）：66-73.

人事任免等事项均纳入监管范围，并通过《企业国有资产法》的形式加以强化。2017 年 5 月，国务院出台的《国务院国资委以管资本为主推进职能转变方案》[①]，直接列出了 43 项精简监管事项，在反映了简化监管力度之大的同时，也反证了改革前监管之细。由此可见，管人、管事、管资产的监管体系，基于行政管理代理人的监管逻辑，行使绝对的行政权力，强化了国有出资人的权威，造成表象上的所有者强势，乃至越位。

由于所有者表现越位，侵蚀了国有企业中董事会的决策权和经营层的经营自主权，导致企业面对市场的活力和竞争力不足。首先，所有者越位影响了国有企业完善现代化的治理体制。二十余年来，国企改革致力于在微观层面建立现代企业制度。现代企业制度建立在公司制和股份制的基础上，是以董事会为核心的治理体制，强调分权制衡的机制；而管人、管事、管资产的国资管理体制是基于下级服从上级为核心的监管逻辑。前文中谈到，在基于资本平等性特征下建立的规范的治理体制中，重大事项的决策权在董事会，而国资管理体制使得名义所有者能够“越位”决策，导致董事会难以充分行使“人、事、财”三项核心决策权。其次，所有者越位使得企业难以建立市场化的经营机制。“听见号角的人”被各种规定束缚了手脚，企业在激烈的市场竞争中的活力自然表现不足。例如，监管者职能以规范为目标，因而试图制定各类规章制度以规范企业运营中的各个事项。然而，不同企业面临不同行业的不同情况，因而根据部分企业特点制定的“红头文件”用来要求所有企业，干涉了企业经营自主权。再比如，国企集团的主

① 2017 年 5 月 10 日，《国务院国资委以管资本为主推进职能转变方案》（国发办〔2017〕38 号），包括 43 项精简监管事项，其中取消 26 项，下放 9 项，授权 8 项。

营业务、发展战略、投资计划需要报送国资监管部门审核。暂且不谈其是否在行业和市场方面比企业拥有更强的专业性和判断力，该等事项均是需要获得董事会和股东大会审议通过的，而把已经履行完成公司治理流程的事项再报送作为名义所有者的国资监管部门审批，相当于其拥有比《公司法》规定的公司最高权力机构股东大会更高的权力。虽然监管者已经将很多事项由事前批准改为事后备案，但实际操作中，为了不被事后追责，企业往往在事前至少获得口头同意，由此增加了沟通成本，降低了决策效率。显然，经营机制没有市场化，企业在市场竞争中必然表现出活力和竞争力不足。

基于上述实践层面的分析，结合对历史背景和制度现状的理解，我们形成以下认识。

国企问题认识三：管人、管事、管资产的国资管理体制造成所有者表现越位，从而导致国有企业在市场竞争中缺乏活力和竞争力，这构成了国企问题在历史实践层面的表现。

图 3.5 概述了对国企问题由里及表三个层面的认识。

在此基础上，我们有两点思考。第一，基于理论基础层面的分析我们可以看到，在国家所有制下，国企固然存在委托代理问题，但任何制度均有其成本与收益，分析中并不能让我们得出“国家所有制存在显著弊端”的结论，认识到这一点，对于后文破题方向的探讨十分重要。同时，基于这一认识，可将国企的上述多重委托代理问题在世界范围的客观存在称为国企的“隐性问题”。第二，基于对制度设计层面和历史实践层面的分析可以看出，无论是内部人控制问题，还是企业缺乏活力和竞争力问题所造成的后果都是严重的，都成为现阶段制约国企发展的关键性问题。而且，由于构成以上问题的原因——“所有者职能虚置”和

“所有者表现越位”——往往同时存在，使得以上治理体制不健全所导致的决策越位和监督缺位问题与经营机制僵化导致的企业动力不足问题并存，我们将其称为国企的“显性问题”。

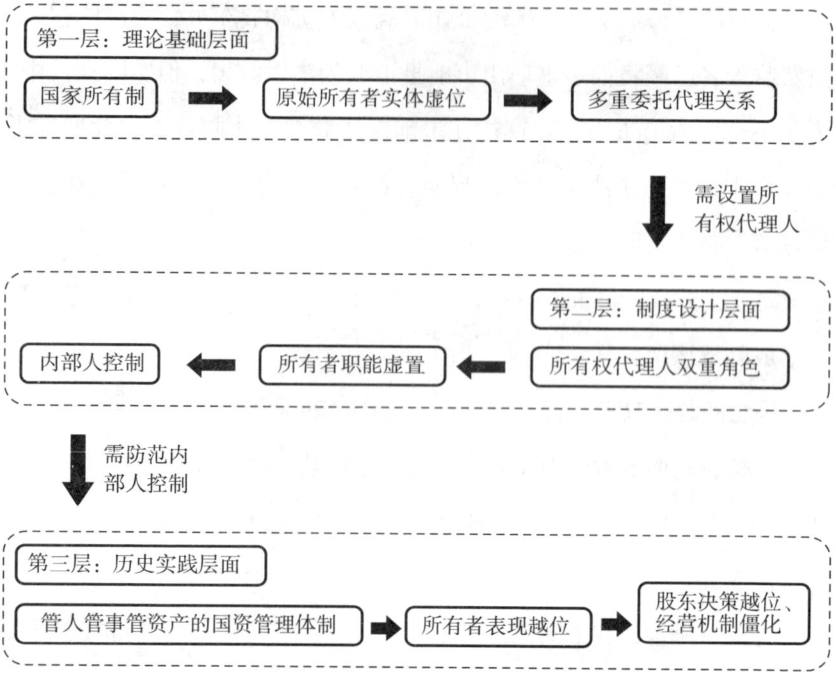

图 3.5 国企问题分析框架概述图

资料来源：作者绘制。

针对上述“显性问题”，我们认为国企改革在企业层面应以提升持久竞争力为目标。历史上，国企改革着力于解决国有企业的增长问题，因而以激发活力为目标。如今，面临日趋激烈的竞争环境，尤其是面对全球市场竞争，要培育具有全球竞争力的世界一流企业，改革更需解决企业的可持续发展问题，自然要以提升持久竞争力为目标。显然，增长和发展的诉求是不同的，前者强调在数量上做大，而后者更强调在质量上做强做优。因而，着眼于解决可持续发展问题，提升持久竞争力的目标也就为后文探讨国企改革思路提出了更高的要求。

第三节　从历史实践出发对改革切入方向的思考

针对国资国企问题，改革从哪个方向切入更有可能取得突破？

回答上述问题，从经典理论出发的正向“证实”固然十分重要，从历史实践出发的“试错”同样关键。尤其是考虑到现阶段社会上广泛讨论的国企改革方向，在历史改革实践中基本都能找到影子。因此，可以换一种思路，针对改革的各种方向，从历史实践出发，剖析每种思路在改革当期遇到的障碍，以分析其在现阶段的可行性，在发现问题并寻求解决办法的过程中，逐步推导出现阶段可行性更高的改革切入方向。

首先，从国企层面入手寻找改革方向。针对国企的体制机制问题，社会上讨论较多的思路大体分为以经营机制为切入口的去监管和以治理体制为切入口的“健制度”两个方向。历史实践分析告诉我们，经营机制改革必然要以治理体制健全为前提，而治理体制的完善又受制于所有者职能到位。因而，在所有者职能虚置的现状下，两个方向均难以实现突破。

继而，我们上升到国有资本层面寻找改革方向。健制度改革方向下的问题和前文对新时代国企改革子目标的理解，均指向了一个方向——以行使股权为手段实现管资本，我们对其中谁来行使股权的不同路径进行了一个详细分析，并得出了几个重要推断：第一，所有者职能不仅要进一步集中化，更要独立化，一个有且只有所有者职能的管资本的运营平台，是所有者到位并管资本的必要条件；第二，管资本的思维建立在多元化股东的基础上，不打破一元化和高度集中的股权结构，管资本的运营平台很可能回到管企业或管资产的思维上去，因而外部制衡作用的引入就成为管资本的充分条件；第三，具有运营国有资本性质改革的另一个子目标，是通过以市场化为导向和资本的积极流动实现的，而历史实践告诉我们，政府及其全权代理人的国资监管部门不一定以市场化为导向，因而在历史上推动国有资本流动的持续性不强。因此，短期内市场化子目标的实现同样依赖于从外部引入市场化机制发挥作用。由此，我们形成一个关键结论：国有资本所有者职能的进一步集中化和独立化，以及从外部引入制衡作用和市场化作用，共同组成了现阶段国企改革的答案。前者属于国家治理范畴，而站在资本视角，我们更加关心后者的实现方式。

因此，沿着引入外部制衡作用和市场化作用的方向，我们探讨了国有资本流动的改革思路。其中，针对民营化改革方向的分析显示，国有资本激进流出的方式不适用于改革当下。相应地，以国有资本积极流动为目标，对投资主体多元化方向的探讨让我们认识到，历史上针对国有中小企业股份制改造和针对国有大中型企业IPO上市的方式大多形成了国资股东一股独大的局面，导致外部股东的制衡和市场化作用难以有效发挥。因而我们认为，一股独大是制约改革深化的关键症结，是改革破题的重点。

最终，以破解一股独大为目标，在吸取历史实践经验的基础上，我们提出“投资主体科学化”的改革方向，以股东性质和股权结构为切入口，通过国有资本的积极流动，实现股东市场化和股权结构制衡化。由外部股东的到位和制衡，促使国资股东到位，形成共挑担子的局面，从而在所有股东间形成管资本的理念基础；同时，有效发挥外部股东的市场化优势，以推动所有资本的积极流动。以此作为改革的切入口，最有可能破解国资国企的问题。

前文从资本视角归纳了国资问题——市场化特征仍然不完整；继而就国资问题在国有企业中的表现，归纳为国企问题——国有企业治理体制不健全和经营机制僵化，由此构成了国资国企问题。可以看出，国资国企问题，既基于一定的理论基础，又有一定的制度安排，还带有一定的时代烙印，具有较大的复杂性，其表现和成因也呈现出多层次的嵌套性。改革不能胡子眉毛一把抓，因而关键问题就是：改革从哪个方向切入更可能实现突破？

长期以来，社会上对破解国资国企问题的方向和思路有很多从经典理论入手的正向论证，对我们开拓思路十分重要。然而，要回答“更可能”的问题，显然不能仅局限于理论分析。尤其需要认识到，国企改革历程中出现了多种的改革思路，几乎覆盖了我们今天所讨论的所有改革方向，而其中尤为宝贵的“试错”过程更令我们清晰地认识到每种方向的经验和障碍。既然改革是“试”出来的，自然要从历史实践出发去寻找现阶段更为可行的解题思路。

社会上广泛探讨的改革方向大体分成两类，一类从国企问题入手，另一类从国资问题入手，前者着眼于国企体制机制不完善的“显性问题”，讨论更为广泛。因此，从历史改革的实践经验出发，我们首先对从国企问题入手的改革方向在现阶段的可行性进行逐一分析。这其中，站在国有企业的角度，面对活力和竞争力的不足，呼声最高的改革方向恐怕就是去监管。

改革方向一：去监管，以企业的经营机制为切入口，通过向企业放权、让利，增强企业活力

针对国有企业在传统体制机制下所表现出的缺乏活力和竞争力的问

题，有人站在国企的角度，提出去监管的改革方向，建议赋予企业更多自主权和激发企业动力为着力点，推动企业以市场化为方向转换经营机制，从而增强企业活力。针对实施路径，主要有以下两种思路——放权和让利。

路径 1：增加对国企集团的授权。

有人提出，在取消一部分监管事项的同时，应通过增加对国企集团的授权，将延伸到子企业的管理事项归位于国企集团，由集团实施对子公司的监督和管理职能，从而扩大国企子公司的经营自主权，国资监管部门则侧重于对国企集团实施监督。分析上述思路在现阶段的可行性，我们有必要对 20 世纪 90 年代初开始探索的企业集团国有资产授权经营制度进行反思。企业集团国有资产授权经营的改革思路产生于我国组建和发展企业集团[①]的时代背景下，最早于 1992 年正式提出[②]，初衷是改变集团公司对成员公司缺乏出资与被出资的产权关系的问题[③]。2003 年国资委成立后，将这一制度规范为“国有资产监督管理机构可以对所出资企业中具备条件的国有独资企业、国有独资公司进行国有资产授权经

---

① 1987 年 12 月 16 日，国家体改委、国家经委联合颁布《关于组建和发展企业集团的几点意见》，提出“企业集团具有多层次的组织结构，一般由紧密联合的核心层、半紧密联合层，以及松散联合层组成”。

② “国有资产授权经营”最早于 1992 年正式提出，国有资产管理局、国家计委、国家体改委、国家经贸委联合下发《关于国家试点企业集团国有资产授权经营的实施办法（试行）》（1992 年 9 月 11 日），并在 1996 年和 2000 年进行了补充性制度安排，包括 1996 年国资局出台的《关于企业集团国有资产授权经营的指导意见》（1996 年 9 月 11 日）和 2000 年颁布的《国有大中型企业建立现代企业制度和加强管理的基本规范（试行）》（2000 年 9 月 28 日）。

③《关于国家试点企业集团国有资产授权经营的实施办法（试行）》将国有资产授权经营界定为：“由国有资产管理部门将企业集团中紧密层企业的国有资产统一授权给核心企业（即集团公司）经营和管理，建立核心企业与紧密层企业之间的产权纽带，增强集团凝聚力，使紧密层企业成为核心企业的全资子公司或控股子公司，发挥整体优势。”

营”[①]。操作中，国资监管部门在对国企集团旗下原有资产进行清产核资的基础上，以颁发授权证书的形式直接将该资产的产权授予该国企集团，由国企集团以所有权代理人（国有出资人代表）的身份对子公司的国有资产进行经营、管理和监督，国资监管部门主要对国企集团实施监管。（附录一改革措施 2.2）

实践中，企业集团国有资产授权经营制度有助于扩大子公司的经营自主权，推动企业转换经营机制，但在治理体制不健全的情况下，不可避免地导致过度授权和内部人控制问题。在历史实践中，这一制度按照母子公司的结构体系捋顺了国企集团与各成员企业间的产权关系，也使得集团成为减少国资监管部门对其成员企业直接干预的“隔热层”，有助于扩大子公司的经营自主权。然而，无论从理论还是实践上看，这一制度均存在缺陷。从理论上讲，在所有权和经营权分离的企业中，规范的治理体制应呈现出以董事会为核心的双层嵌套关系[②]，简而言之，股东大会将掌握的控制权和剩余索取权委托给董事会行使，而董事会在行使所有权的同时，将经营权授予经营层。因此，在治理体制不完善的情况下，由于董事会的缺失或职能不到位，上述授权经营自然就变成了国家（股东）直接向国企集团内部人（经营层）的授权，使这种权力的性质难以界定，往往在经营权之外还包括所有权。正因如此，在历史实践中，对权力的约束和保障从一开始就是含混的，随着国家授权经营的力度不断加大，企业将改革理解为向政府索要优惠政策，授权变成

① 《企业国有资产监督管理暂行条例》（中华人民共和国国务院令第 378 号），2003 年 5 月 27 日发布。

② 这种双层嵌套关系包括两个层面：第一层，股东大会与董事会之间的信任托管关系；第二层，董事会对经理人员的委托代理关系。

政府与企业之间订立的某种合约，而确定授权的内容、范围和方式的过程就变成了双方的“讨价还价”。在此背景下，授权经营一度演变成国资监管部门将国有资产全权授权给集团，一次性地把本应归属于所有者的控制权和剩余索取权授予企业的内部人，即“把股东对董事会的信托—受托关系与董事会对经理层的委托—受托关系合而为一，使授权者和被授权者合而为一，由此国有出资人便失去了调整企业可支配剩余的最终所有权，也失去了激励和约束企业内部人行为的重要手段”[①]。因此,所有者和经营者的制衡关系变成了“内部人”对自己的监督，使得“内部人控制”难以避免。早在1998年，以吴敬琏教授为代表的学者便指出：“目前国家批准进行授权经营试点的企业中，绝大多数都是行业的骨干企业，这些企业有很强的资本实力和竞争力，而且也有一批优秀的经营管理人才，这使得授权经营所产生的问题有可能被经济效益所掩盖和淡化……出现了由试点到推广的趋势，而随着试点选择标准的下降，授权经营的危害也会相应增加。”[②] 近年来暴露出的一些国企集团负责人的腐败案件恐怕就是印证。二十余年来，这一制度进行了多次完善和规范，但由于上述“根”上的问题并没有解决，内部人控制的问题也就难以突破。很多人将内部人控制问题归咎于国资监管部门对所授权的企业集团的监督不足，提出加强监管的思路，于是在监管者思维下不知不觉地重新“一竿子插到底”，改革落入到“不管就乱、一管就死”的旋涡中。历史实践对我们的启示在于，在治理体制尚不完善的情况下，大幅向企业集团授权，很可能产生新的问题，导致改革在原地

① 余菁．授权经营的制度内涵及其局限性［J］．当代财经，2004（11）：62-67.
② 吴敬琏，张军扩，刘世锦，陈小洪，王元，葛延风等．国有经济的战略性改组［M］．北京：中国发展出版社，1997：200.

打转。

路径2：在分配机制上向企业让利。

同样着眼于国有企业的活力不足问题，有另一种改革思路，更集中于增加企业在分配机制上的自主权，通过向企业让利，激发企业活力。有学者根据实践提出“共享制分红”的实施路径，以此作为国企改革的突破口，并希望用机制改革倒逼体制改革。这一改革路径不触动企业的产权制度和治理体制，而是直接进行经营机制改革。实践中，由上级企业对下级企业的利润指标进行提前约定，在不动存量利润的前提下，对于企业创造的增量利润，由国有资本和员工共享。仔细观察，“共享制分红”与三十年前“国家拿大头、员工拿小头”的承包经营责任制（附录一改革措施1.4）在本质上是一样的，虽然现在的制度设计更加完善和规范，但没有突破承包经营责任制存在的根本性问题。换句话说，通过谈判的方式提前对中短期的分配方式进行约定，国资股东在转让剩余控制权的过程中必然失去了部分决策权和监督权，在现阶段国企所有者不到位和治理体制尚不完善的状况下，表现为追求短期收益的内部人控制就难以避免。历史实践更充分证明，“承包责任制不可能使企业获得充分的自主经营权，也不可能实现政企分开和企业间的平等竞争”，[①] 以此为代表的经营机制改革更难以倒逼治理体制改革。因此我们认为，通过共享制分红等分配机制改革向企业让利，是国企经营机制改革的一项重要思路，其在一些亏损国企中的实践也取得了阶段性成功。然而，在所有者不到位和治理体制尚不完善的情况下，难以作为现阶段国企改革中具有普遍适用性的改革切入口。

① 马国川．股份制是过去三十年最成功的改革之一——厉以宁谈股份制［C］．中国经济学家年度论坛，2009.

改革实践结论一：“放权、让利”是四十年来国企改革的持续主题，也是最终提升国企活力和竞争力的必要步骤，但国资股东向企业放权的前提条件应是企业具有较完善的治理体制。在治理体制尚不完善的现状下，盲目去监管，也许会对转换经营机制，提升国企活力有一时帮助，却无助于长久地、系统性地解决国企问题，更可能加重内部人控制而造成新的问题。

改革方向二：健制度，以企业的治理体制为切入口，通过继续完善现代企业制度，加强决策和监督的到位

去监管方向下可能出现的内部人控制问题让我们意识到，要推进转换经营机制的改革，首先要完善企业的治理体制。由此，一些人站在国资监管部门的角度，提出健制度的改革方向，建议以治理体制为切入口，加快建立产权清晰、权责明确、政企分开、管理科学为特征的现代企业制度。对于实施措施，一些人认为现阶段的改革应通过制度的创新，加快公司制改造和建立健全“三会”的治理体制。

这一思路是否能作为现阶段改革的切入口呢？我们有必要对二十余年来（1993—2018年）建立现代企业制度的改革进程进行反思。1993年，具有国企改革分水岭意义的党的十四届三中全会正式提出建立现代企业制度的概念，并将其作为国有企业改革的目标，同时提出“国有企业实行公司制，是建立现代企业制度的有益探索”。继而，从1994年开始，国家探索建立现代企业制度的有效途径，通过试点的方式，重点探索：明确国有资产投资主体，改组为具有多元股东利益间制衡的有限责任公司，构建在公司股东会、董事会、经理层和监事会职能和制约关系上的公司治理结构等。全国各级共有2 714家企业进行了试点工作。随后，

党中央、国务院提出，争取用三年时间逐步对大多数国有大中型骨干企业进行改制，初步建立现代企业制度的基本框架。（附录一改革措施 2.1）

多年来，建立现代企业制度的改革取得了巨大成效，但改革的进程仍始终落后于预期。根据国务院国资委前主任张毅的统计，截至 2013 年底，全国国有企业公司制改制面达 78%，央企各级子公司中实行公司制的企业占全部子企业的 89%；同时，依据十五届四中全会所提出的公司法人治理结构是公司制的核心，很多企业建立了以“三会”为核心的治理结构的“形”。然而，历史实践告诉我们，在治理制度层面的“神”的完善过程比预想要的艰难而漫长。试点企业一开始就没有真正严格遵循制度的规则，而是通过各种变通的做法来回避矛盾……董事长和总经理“一肩挑”，企业的“新三会”（股东大会、董事会、监事会）形同虚设，在决策机制和运行方式上换汤不换药，更谈不上发挥董事会、监事会作用；董事长、总经理依然由行政任命，职业经理人队伍难以形成，企业内部人控制的局面未根本改变；无法达到现代企业制度要求的分权制衡、有效监督的目的。① 以完善程度较高的央企为代表，国务院国资委于 2005 年启动的以外部董事占多数为特征的董事会试点改革对推动治理体制完善起到了重要作用，然而截至 2013 年底，113 家中央企业中，只有 52 家企业纳入规范运作董事会建设试点②。1997 年，党的十五大提出“力争到二十世纪末大多数国有大中型骨干企业初步建立现代企业制度”③，1999 年党的十五届四中全会提出“到 2010 年建立比较完善的现

① 邵宁 . 国有企业改革实录（1978–2008）[M] . 北京：经济科学出版社，2014 ：378.
② 吴萌 . 关于淡马锡公司治理对央企董事会建设的借鉴与思考 [J]. 管理学家，2014（11）.
③ 江泽民在中国共产党第十五次全国代表大会上的报告：《高举邓小平理论伟大旗帜，把建设有中国特色社会主义事业全面推向二十一世纪》，1997 年 9 月 12 日。

代企业制度”[①]。然而到 2015 年，《关于深化国有企业改革的指导意见》仍将“现代企业制度还不健全”作为“国有企业仍然存在一些亟待解决的突出矛盾和问题”[②]之一。

改革进程始终落后于预期的现实迫使我们对其中的问题进行反思：一方面，在所有者职能虚置的局面下，国有出资人推动基于资本性委托的公司治理的动力和能力不足；另一方面，由于管人、管事、管资产的国资管理体制基于行政权力，逾越董事会直接影响了企业的决策和经营，这种越位自然破坏了公司治理中基于财产权利的平等权利。由此可见，在国资出资人肩负“所有者”和“监管者”双重角色的制度设计下，完善现代企业制度的进程始终面临难以突破的掣肘。历史实践证明，国企建立现代企业制度，并不是简单地把原来全民所有制企业注册为公司制企业、建立“三会”就大功告成的，治理制度的落地更需要所有者职能到位。

改革实践结论二：现代企业制度的完善固然是国企要实现的终极目标，但关键前提是国资股东的所有者职能到位。现阶段若以治理体制为改革切入口，从企业内部推动改革，我们必然要面对所有者职能虚置和监管者职能强势的双重掣肘，使得改革始终无法取得突破性进展。

基于上述两个改革方向的探讨，我们不难形成一个重要推断：着眼于破解国企问题，着力于国有企业的经营机制和治理体制的改革，是破解国企问题的必要步骤，却在所有者不到位的现状下始终面临难以突破

① 中国共产党第十五届中央会员会第四次全体会议：《中共中央关于国有企业改革和发展若干重大问题的决定》，1999 年 9 月 22 日。

② 中共中央、国务院《关于深化国有企业改革的指导意见》（中发〔2015〕22 号），2015 年 8 月 24 日发布。

的掣肘，这就迫使我们上升到国有资本层面，从国资问题入手寻找改革的切入方向。

改革方向三：行股权，以国有出资人的制度设计作为切入口，通过让国有出资人的所有者职能到位，推动其管资本

本章第一节提出，新时代具有运营国有资本性质的改革目标之一是以行使股权为手段实现管资本。而以健制度为改革方向的分析，同样验证了所有者职能到位是改革的关键。因此，针对国有出资人双重角色下所有者职能虚置的问题，一些人从国有出资人的制度设计切入，希望通过机构改革，推动国有出资人进一步站出来，从而实现管资本。这一思路下集中于谁来行使股权的问题，有若干种实施路径。

路径 1：进一步整合所有者职能。

有人提出，把仍然分散在各政府部门的出资人职能进一步整合，让国有出资人更加“言顺”。我们知道，国资委就是历史上由国务院超过十个行业主管部门的国资出资人职能整合而成的（附录一阶段三），国资委成立以来发挥的关键作用和双重角色存在的问题，前文已经做了分析，显然，数十个彼此割裂，甚至重叠的政府部门整合到以国资委为主的部门，初步实现了国有出资人职能的一体化和集中化，有助于集中行使所有者职能。然而，历史实践告诉我们，国有出资人的制度安排虽然在一定程度上取代了行业主管部门或其他行政主管部门对国有企业的行政式管理，但是在“一身兼两职”的安排下，没有真正实现“将社会经济的行政管理职能与国有资产所有权管理职能相分离[①]”的目标，尤其在

① 潘岳．未来的国有企业［M］．北京：经济科学出版社，1998：209.

监管者职能越位的情况下，国有出资人基于公司治理发挥作用的动力和能力不足所导致的所有者职能虚置就难以真正改变。基于这一深层次原因，不改变国有出资人双重角色的制度设计，仅仅进一步整合所有者职能，能否强化所有者职能，促使其通过财产权利发力，具有一定的不确定性。

路径 2：国资监管部门下设“管资本”的运营公司。

沿着将国有出资人的所有者和监管者职能分开的思路，有人提出新设国有资本投资、运营公司，并由国资监管部门将重要的出资人权利——例如投资计划、部分产权管理和重大事项决策等——授权给国有资本投资、运营公司来行使。那么，由这个法人实体来行使国有出资人职能，是否能取得更好的效果呢？其实，重构代理模式的改革思路及其路径——“在国有资产行政管理部门下设国有资产投资公司，负责国有资产的经营，投资公司不参与具体生产经营活动，只负责国有资产的投资”[①]——历史上早有提及，二十年来也不乏实践尝试。早在 1996 年，一些政府行政管理部门就提出了要改组为行业性控股公司的方案，将原行业内大型企业和企业集团改组成为这些行业控股公司的子公司，三家控股公司试点“权力下放，控股公司主要负责重大决策、干部管理，以及在一定范围内对行业结构进行调整；同时，对下属具备条件的特大型企业实行国有资产再授权”[②]。一些改革开放较早的地区也曾尝试组建国有资产经营公司，例如深圳市在全国率先成立了投资管理公司，随后又组建了三家资产经营公司，投资和管理了下属 100 多家国有控股的企业，从而形成了“国资委（国资办）—资产经营公司—国有企业”三个层次的国有资产管理体制。然而，从历史上看，这一思路在国企中的实践并

① 潘岳．未来的国有企业［M］．北京：经济科学出版社，1998：198.
② 邵宁．国有企业改革实录（1998–2008）［M］．北京：经济科学出版社，2014：372.

没有取得预期效果，而其中一个重要原因是这种中间层公司在状态上往往呈现出不稳定性。一些本不参与具体生产经营活动的中间层公司逐步演变为企业，并将下属企业的经营自主权上收，“（中间层公司）反而成为对生产经营性企业最直接和最频繁的干预者和指挥者”[①]，使得企业的商业机会受到侵犯。另一些中间层公司则演变成为行政性公司。“由于相当多的中间层公司是由原来的政府主管部门或行政性公司改造而来的，所以他们的行为习惯带来了很强的政府色彩。即使是新设立的中间层公司，他们起初的定位不是业务运营，而是企业的‘老板’，是来管企业的。”[②]而深圳市组建新公司的探索同样未能达到预期效果。2004年，深圳市对国有资产管理体制进行了调整，撤销了三家资产管理公司，由国资委对市属国有企业直接行使出资人权力。时任主管副市长张思平在总结深圳市三层国资管理体制失败的原因时认为：一方面，“把国有资本的出资人分解为国资委和投资经营公司两级，在理论上有重要缺陷。”另一方面，“从深圳三个层次国有资产管理体制实践来看，两级出资人在权利、责任、管理等划分方面也存在很多实际问题，严重影响了国有企业改革、调整、重组和发展。”[③]在今天的情形下考虑这一路径，还需认识到另一个深层次的问题，即使新设的国有资产投资、运营公司能够更完整、有力地发挥所有者职能，但只要该实体之上还存在一级具有监管者职能的国有出资人，就难以避免其通过绝对化的行政权力发挥越位的作用，也很有可能使得新设的国有资产投资、运营公司不得不承接政府对其下层企业的市场监管和行政管理等漏斗职能。

---

① 张文魁．混合所有制与现代企业制度［M］．北京：人民出版社，2017：147.

② 国家发展改革委体管所课题组．国企改革历程回顾与当前改革重点［J］．国资监管，2015（3）：27-29.

③ 张思平．对国有企业改革若干问题的看法［J］．财经，2016-06-28.

基于上述两种路径的分析，可形成一个重要推断：所有者职能的进一步集中化是到位的一项必要条件，而另一项必要条件是所有者职能的独立化，即一个剥离了监管者职能，有且只有所有者职能的管资本的运营平台，这也是所有者到位的关键。回顾历史，有人将以监管者职能为主导建立的国资管理体制比成围墙，所有者比作守卫，认为在守卫没有到位之前，更直接和有效的看家护院的方式是先建好围墙。按照这个逻辑，随着守卫逐步到位，可以开始拆除一些不必要的围墙。十五年来，各级国资委勤勉尽职，作为国有出资人，积极发挥所有者职能，以推进建立符合《公司法》规定并与国际接轨的规范的董事会试点为标志，在推进国有企业建立现代企业制度方面取得了积极的进展（附录一改革措施 3.3）。随着国有企业改制的推进和治理体制的持续完善，我们期待国资委的所有者职能能够更好地发挥，并通过股东监督的通道发力，而相应的基于监管者思维和行政权力的发力通道会逐渐收缩，使国资委的履职方式有所调整。但现实情况是，监管者职能愈发强势，管人、管事、管资产的国资管理体制在个别时期有所松动，但多年来不断加强的趋势是不容辩驳的，企业感到围墙越来越“密不透风”。由此可见，只要这个管资本的运营平台直接或间接具有双重角色，具有绝对的行政权力的监管者职能一定能够比行使“有限的、相对的”财产权利的所有者职能更加强势，这是造成所有者表现越位的必然因素。

路径 3 和路径 4：剥离监管者职能和新设所有者平台。

沿着所有者职能独立化的思路，有人提出了另外两种路径：路径 3，从国资监管部门中剥离监管者职能，实现国资委专司管资本；路径 4，新设由国务院直属的国资运营公司，由其行使所有者职能，让新设机构来管资本。仔细观察，路径 3 和路径 4 在本质上是一样的，即由一个独立的运营平台来管资本，而差异在于用现有实体转换还是新设立平台。这两种路径均具有一定的可行性，却也都有一定的不确定性。

回顾历史，“管人、管事、管资产”的国资监管体系不是一天建成的，其产生于特定的时代背景，并在多年实践中不断强化。既然如此，在路径 3 下，基于行政性委托的监管者职能尚且相对易于通过行政手段、以一纸“红头文件”而剥离，但多年积累所形成的管企业的监管者思维则难以通过行政手段加以改变。建围墙显然比派守卫来得更加简单便捷，多年来一直遵循的监管者思维已然形成了惯性，即使意识到管多了，也没有强烈的动机进行自我约束。显然，去监管者职能易，而去监管者思维难。如果简单将国资监管部门“翻牌”为平台公司，而人的思维不变，则更像是 20 世纪 90 年代末部分行政主管部门“翻牌”成为央企集团公司那般，还是监管者管企业的思维，但所有者的表现依旧是越位的。由此可见，路径 3 的不确定性在于：如何制约管企业的监管者思维？

于是有人提出，若采用路径 4，由富有管资本经验的市场化人才组成的新运营平台来管理国有资本，将有助于降低监管者的思维惯性。然而，历史上形成管人、管事、管资产的国资管理体制的另一个重要因素——一元化的股权结构——仍广泛存在，因此，根植于单一股东基础上的管资产思维，使得路径 4 是否能够实现管资本，同样具有不确定性。从世界范围的企业制度的演进来看，在古典型企业制度下，同时拥有所有权和经营权的单一所有者，自然享有对企业人、事、财的各项控制权。现代股份制企业的产生，建立在两项根本特征之上：一是所有权和经营权分离的公司制；二是众多出资者共同出资的股份制。前者实现了“不优秀但拥有财产的所有者自愿将财产委托给公司的经营者经营”，后者实现了随着社会经济发展，将相对不优秀的人手中的资源快捷地转移到更优秀者手中[①]。因此，从提升生产效率和全社会的生产力的角度看，现代企业制度是企业发展的必然趋势。在上述过程中，众多出资者根据投入财产的价值形成标准化的股票并“以股计权”，同时依照同股同权、同利同责的原则享受财产权利，成为管资本的理念基础。在此基础上，由于不同所有权主体的利益诉求往往不同，“公司制企业的组织结构的最大特征就是要防止任何一个单一的所有权主体行使所有权，各方股东根据投入资本的多少，通过股东大会行使所有权”[②]。同时，为了提高决策效率和专业化程度，所有权的行使就演变为各方股东根据股权比例向董事会委派董事，并通过董事会发挥决策和监督功能，因而股东大会和董事会就成为管资本的保障形式。由此可见，管资本的思维是现代股份制企业中的必然产物。与之相对应的，从历史上国有独资企业改制为国有独资公司的实践可以看出，在一元化的股权结构下，单一股东难以建立管资本的思维。二十年前的改制固然完成了建立现代企业制度的重要一步——将国家对企业的无限责任变为有限责任；然而，国有独资公司的治理，实际效果十分有限，单一产权企业的董事会完全流于形式，没有发挥应有的作用，[③]以至于2000—2002年有26家已经建立董事会的国有独资中央企业撤销了董事会。在我们看来，董事会被撤销的原因不仅是政府没有对其充分授权，更是根源于一元化的股权结构下只有一个股东。在没有其他出资者的情况下，单一股东以股计权、发挥财产权利的理念基础就不容易建立起来。既然只有一个股东，召开股东大会的形

① 谢志华.公司的本质——简论国企混合所有制改革［J］.北京工商大学学报，2015（3）：1-9.

② 同上。

③ 邵宁.国有企业改革实录（1978-2008）［M］.北京：经济科学出版社，2014：507-508.

式可以省略，而在所有董事均代表唯一股东利益的情况下，通过董事会提高决策效率的必要性也大大降低，股东大会和董事会管资本的保障形式反而显得多余了。因此，我们看到，在一元化股权结构的企业中，无论是国企还是民企，单一股东自然就会不由自主地在尽职中把手伸到每一个决策和运营单元，把人、事、资产都管起来，“这种干预是先天不可避免的，甚至是理所应当的”[①]。由此可见，尚有高达 44.2% 的国有企业为国有独资企业，若不改变其一元化的股权结构，新的运营平台仍然可能逐步演变成管资产。因此，路径 4 的不确定性在于：如何制约管资产的单一股东思维？

改革实践结论三：以管资本为目标实现所有者职能到位，这就要求国有出资人既要做到具有管资本的职能，又要保障具有管资本的思维，前者是必要条件，后者是充分条件。依靠制度设计层面进行机构改革，推动所有者职能进一步集中化和独立化，有助于实现管资本的主体有且只有所有者职能这一必要条件。然而，在现阶段国企仍大量存在一元化和高度集中的股权结构下，由于外部制衡作用的缺失，管资本的运营平台很有可能回到管企业或管资产的思维上去，则改革仍然难以实现突破。

前文提出，具有运营国有资本性质的改革有两项子目标：管资本和市场化。上述针对行股权的方向探讨可以看出，要实现管资本，通过制度设计层面的改革实现国有资本所有者职能的进一步集中化和独立化是必要条件，而充分条件在于引入外部制衡作用。进一步我们还需认识到，市场化子目标也不是随着所有者职能的进一步集中化和独立化而自然实现的，至少在短期内同样需要从外部引入。对此认识的论证前文已经理

① 张东卓．股权多元化是国有独资公司深化产权制度改革的有效途径［J］．产权导刊，2007（8）：39–41.

下了伏笔。本章第一节谈到，资本层面的市场化意味着以市场为导向、以资本的积极流动为手段。同时，前文对改革的历史回顾中形成过一个重要观察：政府及其全权代理人的国资监管部门不一定以市场化为导向，因此在历史上推动国有资本流动的持续性不强（第二章第三节）。由此不难推断，通过路径 3 或路径 4 改建或组建的管资本运营平台，其国有独资的股权结构决定了其仍然是政府全权代理人，那么具有多重目标的政府是否能够建立起以市场化为导向的、针对运营平台的激励和约束机制，该运营平台是否能够围绕着职业经理人团队建立起市场化的体制机制，运营中是否能以市场化为导向推动资本的积极流动均是具有不确定性的。环顾世界上其他国家对国资所有权代理人的制度设计，这些作为政府全权代理人的控股公司也大都侧重于发挥所有者管资本的职能，而非市场化的优势。基于此，可形成一个关键结论：国有资本所有者职能的进一步集中化和独立化，是新时代具有运营国有资本性质改革的一半答案，与之相契合的另一半答案在于从外部引入制衡作用和市场化作用，两部分答案相结合才能实现管资本和市场化。前一半答案涉及制度设计层面的机构改革，属于国家治理的范畴，并非本书所讨论的重点。立足于资本视角，我们更加关心后一半答案的实现路径，即如何从外部引入制衡作用和市场化作用。

改革方向四：民营化，以国家所有制为切入口，通过大规模退出式出售，实施国有资本“激进流出”

上述行股权改革方向的探讨令我们认识到：要实现管资本和市场化，针对相当一部分国有企业，首先需要打破尚存的一元化股权结构，从外部引入制衡机制和市场化机制，而引入的过程，自然意味着国有资本的流动，这又与前文中总结的历史改革中的成功经验不谋而合，即国有企业的资产资本化，并在此基础上促进资本流动。谈到推动国有资本流动的目标，就必然要探讨在社会上拥有一定市场的民营化改革方向。针对国企的隐性问题——国家所有制下的多重委托代理问题，一些人建议，通过大规模且快速出售国有企业股权的方式，即民营化，实现国有资本的流动，从而引入原始所有者来替代国家所有制的产权关系，实现原始所有者到位和市场化。前文基于理论探讨和现实分析，并不能得出“国家所有制存在显著弊端”的结论（第三章第二节），因而通过这种可以称之为国有资本“激进流出”的方式——以退出为目的，快速的、资本的单方向流出——从而改变国家所有制的必要性也就难以成立。与此同时，对历史上民营化改革实践的分析，也有助于理解这一改革方向对当下改革的可行性和普遍适用性（附录一改革措施 2.3）。在 20 世纪 90 年代中期的国有中小企业改革过程中，曾经有大量国有中小企业被整体出售或出售控股权。统计显示，1998 年中国有 23.08 万家国有或国有控股企业，到 2003 年底这一数字已经下降了 40%，降至 15 万家，① 其中减少的大部分为国有中小企业，尤其是地、市、县级国有小企业的 60% 左右转为了民营企业。②

由于彼时国有中小企业面临的生存困境和今日国有大中型企业面临的发展瓶颈迥异，民营化的方向对今日之国有大中型企业的改革并不具有普遍适用性。1997 年，国有中小企业面临活不下去的困境，中小企业合计不足 35% 的总资产贡献了超过 60% 的亏损总额，亏损户数达到 38.5%，平均资产负债率接近 80%，大量国有中小企业不仅扭亏

① 摘自胡一帆、宋敏、张俊喜，《中国国有企业民营化绩效研究》，2006 年第 7 期。

② 宋养琰 . 国企改革 30 年历程回顾［J］. 中国经贸导刊，2008（19）：24–25.

无望，其持续借贷还大大加重了银行系统的风险，维护其运营更成为当地政府的沉重负担。在此背景下，国家明确提出抓大放小的战略方向，地方政府也有较强的动机通过“甩包袱”来止损，因而大规模民营化更像是一种不得已的选择。今天国有大中型企业所处的境况则不可同日而语，经过二十年的发展，能够生存下来的大中型国企，大部分有一定的盈利能力和抗风险能力，作为从中央到地方的经济支柱，肩负了国家提出的做强做优做大的要求，更需通过突破发展瓶颈、追赶行业先进水平实现可持续发展，因而大规模民营化不具备实践基础。

同时，从国际经验上看，针对大型国企的大规模民营化，往往不但没有解决企业发展和资本增值问题，还可能给国民经济带来灾难性影响。回顾历史，20 世纪 80 年代的东欧国家在转轨过程中，其国企都选择了主动的、有计划的私有化（民营化）之路，但在激进的私有化改革之后，大部分国企均出现了严重的产出下降，而其国民经济也无不经历了数年的转轨衰退，GDP 只有改革前的 30%~50%。[①]民主德国的 1.38 万家国有企业在不到五年的时间内完成了私有化[②]，其中，负责执行的信托机构（Treuhand）被要求在几个月内出售大量资产，因而快速的低价出售成为唯一手段，原本预算通过出售能获得 9 000 亿美元的盈利，最终反而因此而负债 1 700 亿美元[③]。有人将民主德国私有化出现资本贬值的原因归结于卖得过快导致卖便宜了，而更多的研究则显示，私有化并

① 张文魁．解放国企：民营化的逻辑与改革路径［M］．北京：中信出版社，2014.

② William L. Megginson，Jeffry M. Netter. From State To Market：A Survey of Empirical Studies on Privatization. Journal of Economic Literature，Vol. XXXIX（June 1 2001）：321–389.

③ Erik Kirschbaum. German Privatisation Agency Poor Model for Greece［N］. Reuters，2014.

不必然提升企业业绩和资本收益水平。联合国经济和社会事务部的研究显示，所谓私有化后企业生产力的提升往往是通过在私有化之前的重组实现的。而对俄罗斯大型国企私有化进程研究显示：其改革的效益不高，为之付出的代价却很大，造成了大量国有资产流失，且已经完成私有化的大企业，大部分经济效益并未明显提高，其中一个重要原因是俄罗斯大企业产权多元化后，内部没有建立起所有者、经营者、职工三方各司其职并互相制约的公司治理体制；外部缺少正常运作的市场条件和法制环境。① 而马利西夫斯基（Malisiewski）针对捷克私有化过程的分析也指出：没有辅以强化预算约束的条件下，私有化并不能提升企业的运营表现②。

改革实践结论四：历史上国有资本激进流出的民营化改革方向针对特殊时代背景下的国有中小企业，现阶段若以大规模民营化作为推进国有大中型企业改革的切入口，亦如感冒用放疗，不但不能破解国资国企问题，还可能产生新的问题。

改革方向五：投资主体多元化，以股东结构为切入口，通过引入多元化的股东，发挥外部制衡作用和市场化作用

既然在民营化的改革方向下推动国有资本的激进流出并不适用于现阶段针对国有大中型企业的改革，以运营为目的，持续性、进退双向的资本流动——我们称之为国有资本的积极流动，从而引入新股东、发挥

① 冯舜华．俄罗斯“私有化”新论［J］．俄罗斯东欧中亚研究，1996（4）：3-11.

② Wojciech Maliszewski，Serkan Arslanalp，John Caparusso，Jose Garrido，Si Guo，Joong Shik Kang，W. Raphael Lam，T. Daniel Law，Wei Liao，Nadia Rendak，Philippe Wingender，Jiangyan Yu，Longmei Zhang. Resolving China’s Corporate Debt Problem. International Monetary Fund. 2016/203.

外部制衡作用和市场化作用，就成为潜在的改革方向。由此，一些人提出，应继续以投资主体多元化为方向，通过引入多元化的股东，形成对国资股东的制衡，并发挥市场化作用。而在实践的路径上，应加快推进国有企业的股份制改造。根据前文的回顾，在党的十四届五中全会提出的抓大放小战略思路的指导下，从国企改革第二阶段开始，针对国有中小企业，通过多种形式的股份制改造，实现了国有资本的流动和企业的股东多元化。同时，针对国有大中型企业，始于国企改革第二阶段，并在国有出资人成立后努力推动企业采用 IPO 上市的方式实现了国有企业与资本市场的对接，同样为国有资本的便捷流动和股东的多元化提供了条件（第二章第三节）。要分析这一思路在现阶段的可行性，首先要分析在上述以投资主体多元化为方向的改革实践中，多元化股东是否发挥了充分的制衡作用和市场化作用。

首先，国有中小企业改制的路径虽然引入了多元化的股东，但是股东持股份额分散、市场化特征不足。我们对第二阶段改制后具有多元化特征的国有企业的股权结构进行了分析。由于缺乏全国性的官方统计数据，我们的分析参考了国务院发展研究中心张文魁研究员团队所做的全国性问卷调查[①]。样本显示：第一，在占样本 68.6% 的企业中，其第一大股东仍然为国有性质，且第一大股东平均持股超过 60%，达到了绝对控股状态；第二，在该等企业中，有 33.2% 的企业第二大股东也是国有性质，有 31.7% 的企业的第二大股东为职工，只有 9.2% 的企业第二大股东是民营企业。虽然该等样本存在一定的不完整性，但是管中窥豹，可见一斑，我们还是可以从中归纳出两个显著结论：改制后的国有企业大

① 该调查向 74 家央企所属 1 524 家企业和北京、重庆等 16 个直辖市和省会城市所属 5 103 家企业发放了调查问卷并收回有效问卷 2 696 家。

量存在国资股东绝对控股的情况；参与国企改制的主要非国资股东是内部人——管理层和全体员工——而不是外部的民营企业或者外资企业。由此又引出两个问题：一是由于在改制过程中，企业普遍采取了全员持股或平均持股的方式，因而以内部人持股为主的国有企业中，多元化股东的持股高度分散。二是这种内部人持股的改制方式，没有主动引入具有市场化的资本，“由于没有外部资金进入，没有带来新的观念，经营机制难以转换，企业缺乏发展后劲”①。由此我们可以看出，这些国企虽然引入了多元化股东——以内部人股东为主，但其中的大部分企业呈现出具有“绝对控制地位的国资股东 + 持股份额分散、市场化特征不足的非国资股东”的特点，即国资股东一股独大，在企业层面表现为股权结构高度集中。

同时，国有大中型企业 IPO 上市后，多元化股东同样持股高度分散，市场化作用有限。由于 IPO 上市时所引入的多元化股东主要是中小型的公众投资者，而上市后国资股东又较少减持股份，因而该等上市公司中的多元化股东——以中小股东为主——往往持股高度分散。我们针对 A 股国有控股上市公司截至 2016 年底的实证分析显示：A 股国有控股上市公司中，国有第一大股东及其一致行动人持股比例平均为 42.8%，第一大股东持股比例平均是第二大股东的 17.1 倍（第四章第一节）。这些中小股东以个人投资者为主，较机构投资者而言其市场化的作用有限。由此可见，尽管在大部分国有控股上市公司中，国资股东已经放弃了绝对控股的持股比例（51%），但国资股东和中小股东持股比例差距之大，使这些带着国有控股帽子的上市公司同样形成了国资股东一股独大的局

① 邵宁．国有企业改革实录（1998–2008）［M］．北京：经济科学出版社，2014：157.

面，呈现出“具有较大比例相对控股地位的国资股东+持股份额分散、市场化作用有限的中小股东”的特点，在企业层面表现为股权结构高度集中。

由此可见，历史上以投资主体多元化为方向引入外部股东的改革中，国企确实引入了一些原始所有者，从而在相当数量的国企中打破了一元化的股权结构，但由于他们持股过于分散、市场化程度有限，往往在国企中普遍保持了国资股东一股独大的局面。

在国资股东一股独大的局面下，多元化股东就难以发挥制衡作用和市场化作用。以非上市公司为代表，由于多元化股东持股太少且股东的市场化程度有限，这些股东不一定有积极到位的动机，即使他们希望到位，在股东大会、董事会这些公司的治理实体中往往也难以发挥显著作用，因而难以制衡国资股东通过治理体制发挥决策和监督作用，其市场化作用也容易被忽略。既然多元化股东的作用小到可以忽略不计，国资股东就难有动机转换管企业或管资产的思维，国资股东始终发挥近乎100%的股东权力也就成为必然。与非上市公司相比，上市后公司受到证券监管部门和交易所的约束及资本市场的监督，然而，在上述中小股东持股分散造成力不足的局面下，加上带着国有控股帽子的上市公司所面对的国资管理体制并无本质不同，外部股东能够发挥的制衡作用和市场化作用十分有限，对此后文会进行讨论（第四章第一节）。

改革实践结论五：国有资本的积极流动是引入外部制衡作用和市场化作用的必要条件，但并非充分条件。历史上投资主体多元化的改革方向更加重视多元化的股东结构，导致国企普遍保持了国资股东一股独大的局面，使引入的外部股东仍然难以有效发挥制衡作用和市场化作用。

改革方向六：投资主体科学化，以股东性质和股权结构为切入口，通过国有资本的积极流动，引入积极的外部资本，从而打破国资股东一股独大的症结，推动所有股东管资本和市场化

认识到一股独大是现阶段制约国资国企问题的关键症结，我们认为，现阶段推进国有资本积极流动的过程中，应在投资主体多元化方向的基础上，进一步明确两个目标：一是股东市场化，二是股权结构制衡化。市场化强调引入的外部股东（外部资本）本身应具备完整市场化特征，这样才有可能发挥市场化作用；制衡化着眼于股东所持股的份额，只有强调不同股东持股比例相对制衡，外部股东才可能发挥制衡作用。换句话说，要打破一股独大的局面并引入外部制衡和市场化作用，核心并不仅是有多元化的股东，更在于引入的股东是有足够动力（即市场化）和能力（即制衡化）的积极外部股东，能够积极到位，从而发出足够大的、市场化的声音。通过外部股东的到位和制衡，促使国资股东到位，形成共挑担子的局面，从而在所有股东间形成管资本的理念基础；与此同时，有效发挥外部股东的市场化优势，从而在长期推动所有资本的积极流动，才能实现运营资本的两个子目标——管资本和市场化，这也是破解国资问题的正解。综上所述，在投资主体多元化的方向上强化股东市场化和股权结构制衡化，我们提出投资主体科学化的改革方向，并认为新时代的国企改革应在此方向切入。

诚然，我们尚不具备历史上大规模的改革实践经验以充分实证上述改革方向的正确性，但基于本节的详细论证，仍然可以得出结论：以投资主体科学化为方向切入国企改革，最有可能取得突破性进展。近年来，尤其是2013年以来，改革的一些试点探索在此方向上展开，并已经取得了积极的成效，路径篇和案例篇对此会进行详细讨论。

改革实践结论六：改革要打开一股独大这扇门，就要瞄准股东性质和股权结构的钥匙孔，而市场化以及能够形成制衡的积极外部股东，就是开锁的“金钥匙”。因此，以投资主体科学化为方向，引入积极的外部资本，自然就成为开门的必由之路。

总结上述讨论，图 3.6 概述了对改革可选方向的分析和结论。

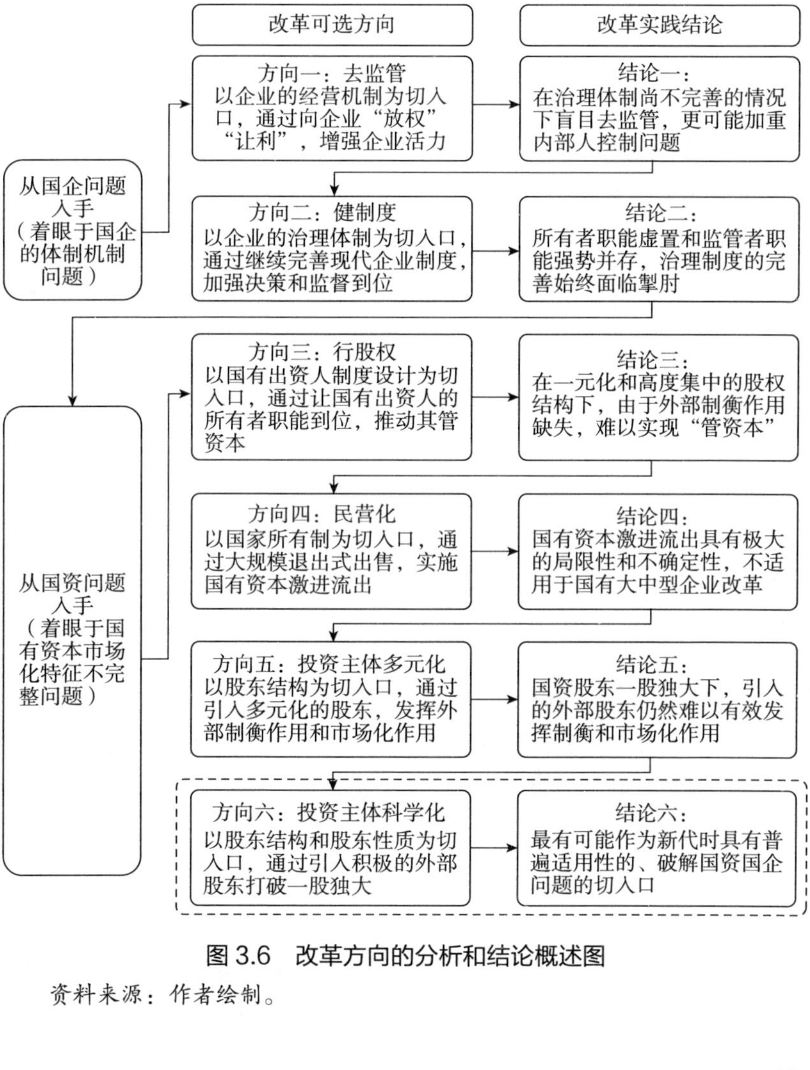

图 3.6　改革方向的分析和结论概述图

资料来源：作者绘制。

第四节　混合所有制改革是破解国资国企问题的必由之路

着眼于破解国资国企问题，混合所有制改革应具备哪些内涵？

“投资主体科学化”为我们明确了改革的切入方向，然而，国有资本的积极流动与外部资本的融合——即资本混合，并非是混合所有制改革的全部内容。改革着力于破解国资国企问题，因而混合所有制改革应是一项持续推进和深化的综合性改革。

着眼于在国有资本层面做强做优做大和国有企业层面“提升持久竞争力”的目标，我们从混合和改革两个层面理解混改的内涵，并认为，对混合性质的理解，应是国有资本和具有完整市场化特征的外部资本的混合；而对改革路径的理解，则是以产权制度改革为基础，以治理体制改革为抓手，以经营机制改革为重点所组成的综合性改革，我们将以上理解归纳为混改的“一体”。

我们认为，以国有资本的积极流动为前提，以投资主体科学化为切入方向，始于资本层面的混合并着力于国企层面引资本、健体制、转机制的混改，是破解国资国企问题关键的必由之路。混合所有制改革也就成了新时代具有运营国有资本性质改革的主题和突破口。

上一节从改革的历史实践出发，提出新时代具有运营国有资本性质的改革，要实现管资本和市场化两个子目标，则既要做到所有者职能的进一步集中化和独立化，更要引入外部制衡作用和市场化作用。因此，通过国有资本的积极流动，不仅要打破尚存的相当一部分国企中一元化的股权结构，更要打破国企中广泛存在的国资股东一股独大的局面。以此为目标，改革就应以投资主体科学化为切入方向，着眼于股东市场化和股权结构制衡化，通过引入积极的外部资本，打开一股独大这扇门。可见，改革的切入方向着力于实现国有资本的流动及与外部资本的融合，因而具有“资本混合”的特征。那么，“资本混合”的过程是否就是本书希望探讨的混合所有制改革？诚然，国企改革是一项系统性工程，不可能将改革“毕其功于一役”。然而，着眼于破解国资国企问题，就要求改革不仅要在一个方向上切入，更需持续推进和深化。因此，混合所有制改革就应是一项综合性的改革。基于以上认识可以进一步讨论：着眼于破解国资国企问题，混合所有制改革应该长什么样子？

基于前文提出的在资本层面做强做优做大、在企业层面提升持久竞争力的改革目标，混合所有制改革应是一项具有丰富内涵的改革。我们心目中的混改，其内涵应包含“混”和“改”两部分，“混”强调了在国有资本层面改革的性质，而“改”强调了在国有企业层面改革的路径，结合在一起组成了改革在国有资本层面和国有企业层面的核心内容。

理解“混合”：国有资本和具有完整市场化特征的外部资本的混合

“混合”定义了混改的深度。改革以问题为导向。前文提出，面对国资问题，新时代具有运营国有资本性质的改革应以管资本和市场化为子目标，而从外部引入制衡作用和市场化作用就成为关键。相应的，改革应以投资主体科学化为切入方向，着力于引入积极的外部资本，通过其到位和制衡，促使所有股东管资本，并通过其自身的市场化，在长期推动所有资本的积极流动。因此，积极的外部资本，其性质应体现为具有完整市场化特征——追求收益性、流动性、平等性。

党的十八届三中全会提出“国有资本、集体资本、非公有资本交叉持股、相互融合”的混合所有制经济总特征。在这一顶层设计下，着眼于破解国资国企问题的混改，其“混合”的性质就应是国有资本和“具有完整市场化特征的外部资本”的混合。我们认为，这是混合所有制与股份制的本质区别。

理解“改革”：以产权制度改革为基础，以治理体制改革为抓手，以经营机制改革为重点所组成的，着眼于国有企业层面的综合性改革

改革定义了混改的高度。改革不是“唱新歌、走老路”，既然以改革去定义混改，就意味着要对现状有所突破，这一突破既体现于制度层面突破的深度，又意味着普适面的广度。在实现以上资本层面“混”的同时，我们将“改”在国有企业层面的内容和路径进行如下归纳。

- 以产权制度改革为基础：改革国有企业股权结构高度集中的现状，通过引入积极的外部股东，发挥其制衡作用，促使所有股东“到位”，以构建管资本的理念基础，厘清所有者和企业的关系。
- 以治理体制改革为抓手：改革国有企业决策越位和监督缺位的现状，通过所有股东的到位，促使企业健全治理结构和治理制度，发挥董事会的核心作用，以完善管资本的保障形式，厘清股东大会、董事会、监事会和经营层的关系。
- 以经营机制改革为重点：改革国有企业经营机制僵化和动力不足的

现状，通过嫁接外部股东的市场化优势，完善市场化的激励和约束机制，调动人的积极性和创造力，厘清股东、经营层和员工的关系。

我们认为，以上始于资本层面的混合，在企业层面引资本、健体制、转机制的三个改革步骤层层递进，构成了混改的完整内涵，既不能逾越、又缺一不可，即混改的“一体”。本章第三节论证了投资主体科学化的切入方向之于破解国资问题的关键意义，是“开门”的基础；而开了门，要走向康庄大道，更需要在产权制度改革的基础上，在国企层面推进治理体制的现代化和经营机制的市场化，只有在战略、决策、运营、管理等各方面与市场接轨，才有可能实现国有企业提升持久竞争力的目标，这是破解国企问题的正解。由此可见，混合所有制改革是破解国资国企问题的必由之路（图 3.7）。

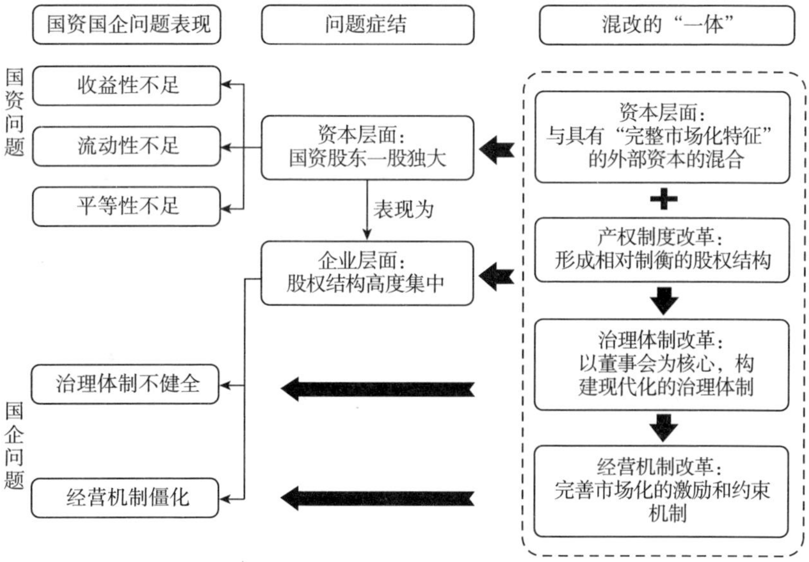

图 3.7　混合所有制改革是破解国资国企问题的必由之路

资料来源：作者绘制。

总结上述分析，我们可以得出以下结论：以国有资本的积极流动为前提，以投资主体科学化为切入方向，始于国有资本和具有完整市场化特征的外部资本的混合，并着力于国有企业层面，以产权制度改革为基础，以治理体制改革为抓手，以经营机制改革为重点所构成的综合性改革，即混合所有制改革，是破解国资国企问题的必由之路。混合所有制改革是新时代具有运营国有资本性质的改革主题和突破口。

第五节　支撑混合所有制改革的两项关键改革条件

混合所有制改革需要哪些关键改革条件作为外部配套？

国企改革的历程告诉我们，改革的演进需要配套与之相适应的改革条件，而不能“单兵突进”。我们认为，混合所有制改革要取得成功，就需要配套两项支撑性改革，从而完善两项关键改革条件，我们称为混改的“两翼”：一是通过国资管理体制改革，推动政资分开，提升国有资本的独立性，并缓解国资布局的同质性问题；二是通过产权保护制度和市场经济秩序改革，维护不同所有制资本面对市场的竞争平等性。我们认为，这两项改革虽然是混改的外延，却是决定混改成功与否的关键。

根据对历史改革逻辑主线的分析，国企改革的演进往往伴随着内外部改革条件的逐步成熟。例如，股份制在国企改革第二阶段得以走向舞台中央，很大程度上得益于资本在法律上的确立（《公司法》的颁布）和资本市场的设立（沪深两市建立）。从本章第四节对混合所有制改革内涵的描述可以看出，混改应是一项始于国有资本的积极流动并着力于在国企层面发力的综合性改革，我们称之为混改的“一体”。亦如只有“一体”的飞机是飞不起来的，混改的过程中，通过外部支撑性改革推动改革条件的完善，同样至关重要。那么，支撑混改“大飞机”起飞的“翅膀”在哪里？

我们认为：有两项改革条件格外关键，不但决定了混改的“大飞机”能不能飞起来，还可能决定混改起飞后能释放“红利”还是“黑利”，而创造该等改革条件的外部支撑性改革，就成为新时代国企改革中不可或缺的部分。

关键改革条件一：通过国有资产管理体制改革，完善国有资本的独立性和完整性

通过推动以管资本为方向的国资管理体制改革，一方面解决国有出资人双重角色及所有者职能被分割的双重问题，实现所有者职能的进一步集中化和独立化，从而提升国有资本的独立性；另一方面缓解国有资本布局的同质性问题，实现适度整合和改善配置效率，从而提升国有资本的完整性。上述两方面相结合，最终厘清国有资本和政府的关系。

我们强调国资管理体制改革对于混改具有关键支撑作用，其中，通过制度设计层面的机构改革推动所有者职能的进一步集中化和独立化、提升国有资本的独立性，是实现国资股东“管资本”的必要条件，对此本章第三节已进行了详细论述。与此同时，缓解国资布局的同质性问题同样对混改成功至关重要。对于国有资本的行业布局过于分散，过于集中于产能过剩行业，在新兴产业引领不足[①]等问题，社会上有较多讨论，本书的第一章中也有提及。举例而言，截至2014年底，国有资本在产能严重过剩行业[②]的比重为90%；与此形成对比的是，2014年，国有上市公司在新兴领域的资产占这些领域总资产的比例仅有32%。早在1998年，

① 张文魁，等.混合所有制与现代企业制度［M］.北京：人民出版社，2017：129.

② 国家发改委认定的产能严重过剩行业，包括：钢铁、水泥、平板玻璃、煤化工、多晶硅及风电。

时任国家国有资产管理局副局长潘岳就指出，“在国有资产由中央统一所有而地方分级管理的原则下，地方政府有兴办国有企业的强烈冲动”，而且“由于一定时期内经济增长点和国家资金是有限的，因而容易造成分散投资和重复建设”。因此，他提出两点建议：一是“将中央统一所有的管理格局，改革成为中央与地方分级所有”；二是“一般竞争性产业，特别是带有支柱性的产业，如汽车、电子、冶金、机械、石化等，必须由国家出面兴办，地方政府不能兴办。”[①] 潘岳主任的第一点建议已经通过“在坚持国家所有的前提下，中央政府和地方政府分别代表国家履行出资人职责”[②] 的形式基本实现，而第二点建议所体现的“通过集中兴办，减少国企分散投资和重复建设”的思路，在今天看来仍然具有重要借鉴意义。以钢铁行业为例，据初步统计，国有控股钢铁企业中，国有资本存在于从中央到省属、市属，甚至县属的超过 100 家[③]。这 100 家钢铁企业之间固然有很大差异，但彼此间存在激烈竞争是不争的事实。如果可以简单地将持有国有资本的全民抽象看作一个股东，是否可以想象同一个股东控制下的 100 多家企业之间存在严重的同业竞争？

近年来，国资监管部门已经在大力推动同级国有企业——央企——的兼并重组，但是对于产品和服务具有全国性市场的行业而言，国有资本在不同层级的国企间的竞争也是需要关注的问题，尤其是考虑到政企不分的问题尚未彻底解决，地方政府难免会有动机对本地所属国企进行保护，提高外地国企进入的壁垒。需要特别注意的是，在接下来

---

① 潘岳 . 未来的国有企业［M］. 北京：经济科学出版社，1998：223.

② 江泽民同志在中国共产党第十六次全国代表大会上的报告，《全面建设小康社会，开创中国特色社会主义事业新局面》，2002-11-14。

③ 截至 2017 年 7 月，全国有炼铁、炼钢能力的钢厂有 565 家（http：//finance.sina.com.cn/money/future/indu/2017-07-17/doc-ifyiaewh9484954.shtml）；国有控股钢铁企业共有 107 家。

的混改中，如果国有出资人未能积极管资本，而是简单地将这若干个企业都进行混改，在增加他们和民企等其他企业竞争的同时，势必也会增加这些国企之间的无序竞争和整合的难度，而这些带着改革标签的企业反而在激烈竞争中有更强的动机并更可能获得当地政府的保护，从而更加加重政企不分的问题。若如此，混改在一些企业层面取得了成功，是否会对整体国民经济面临的行业整合和产业转型升级构成“黑利”？反之，若能够在改革中根据行业特点，通过国有资本的流动进行适度的同业整合和协调布局，完善国有资本的完整性，同时通过混改提升整合后企业和业务的竞争力，也许是更优选择。这一思路下，各级国有出资人将成为整合后这个淡化属地标签的企业股东，股东间彼此形成有效制衡，更有助于实现各级政府与其国有出资人政资分开、与本地企业政企分开，促进国有出资人管资本；同时适度整合更有助于提升企业的禀赋优势，亦有助于提升其混改的成功率；站在国家的高度，则更有助于在产能过剩行业推动供给侧改革，在新兴行业集中优势资源推动产业转型升级。

关键改革条件二：通过完善产权保护制度和市场经济秩序改革，维护各种所有制资本的竞争平等性

以加强各种所有制经济产权保护为基础，通过给予国有企业充分的市场化政策并逐步扣除企业所享有的高于国民待遇的优惠条件，拿掉“国有企业的标签”和“国有控股的帽子”[①]，实现竞争中立性，使国有资本通过混合所有制企业参与公平的市场竞争，真正提高企业的竞争力，以满足面对全球竞争的需要，厘清资本和市场的关系。

---

① 晓甘主编．国民共进——宋志平谈混合所有制［M］．北京：企业管理出版社，2014：207.

"有恒产者有恒心"[①]，严格保护各种所有制经济的产权主体，早已在社会上形成广泛共识，更是现阶段通过改革提升企业持久竞争力，增强国民经济活力的重要保障。在此基础上，"着力营造平等竞争的环境，实现在市场规则面前人人平等"[②]的政策建议过去二十年来也被一次次提出，2017 年 9 月公布的《关于营造企业家健康成长环境，弘扬优秀企业家精神更好发挥企业家作用的意见》[③]再次明确要求"落实公平竞争审查制度，确立竞争政策基础性地位"，以强化对企业家公平竞争权益的保障。在现阶段混改的大背景下，通过完善权利平等、机会平等、规则平等的市场环境，实现各种所有制资本面对市场竞争的平等性，对混改的成功具有关键意义。长期以来，政府在给予国企非市场化的、软预算约束，例如补贴、增信等的同时，也构成了对民营企业的歧视。以十五年前"铁本事件"为代表的不同所有制企业在宏观调控下的迥异遭遇，也常常令民营资本夜不能寐。因此，现阶段个别民资和民企参与混改，是希望国资入股民企，戴上国企的帽子，从而享受国有企业的一系列政策支持，例如土地租用、项目审批、税收减免、融资便利等。我们认为，改革以市场化为方向，以促进公平竞争为基石，要坚决防止以上投机思想。试想，如果混改演变成民企躲到政企不分的大伞下，享受"非市场化"的保护，是否就是把经念歪了，是否将造成更大的社会不公的"黑利"？反之，若能够逐步消除国有资本对竞争性国企的隐性担保，从而提升国

① 中共中央、国务院，《关于完善产权保护制度依法保护产权的意见》，2016 年 11 月 4 日发布。

② 吴敬琏，张军扩，刘世锦，陈小洪，王元，葛延风等 . 国有经济的战略性改组［M］. 北京：中国发展出版社，1997：18.

③《关于营造企业家健康成长环境，弘扬优秀企业家精神更好发挥企业家作用的意见》（中发〔2017〕25 号），2017 年 9 月 25 日发布。

有资本的平等性；同时，通过强化国资股东通过治理体制对国企实施刚性预算约束等措施，推动市场经济秩序的完善，最终消除非市场化的限制性因素，有助于竞争性行业中各种类型的企业都接受风雨的洗礼，更有助于培育具有全球竞争力的世界一流企业。

由此可见，通过外部支撑性改革着力完善的两项关键改革条件——通过国资管理体制改革完善国有资本的独立性和完整性、通过完善产权保护制度和市场经济秩序改革维护各种所有制资本平等性——称之为支撑混改“大飞机”起飞的“两翼”，这虽不是本书所讨论的核心内容，却对决定混改能否成功具有关键意义。

综上所述，沿着历史改革的逻辑主线，本章阐述了对新时代国企改革思路的理解。从国有资本现状入手，针对国有资本市场化特征仍然不完整的问题，以国有资本做强做优做大为目标，新时代的国企改革应该具有运营国有资本的性质，并具有两个子目标——管资本和市场化。相应的，改革就应以混合所有制改革为主题，以国有资本为抓手，通过国有资本与具有完整市场化特征的外部资本的混合，发挥外部制衡作用和市场化作用，从而在资本层面促进所有股东管资本，并长期推动资本的积极流动，以强化国有资本的完整市场化特征，破解国资问题；在企业层面推动国有企业从产权制度到治理体制和经营机制的改革，促进所有资本到位并嫁接外部资本市场化的优势，从而提升企业的持久竞争力，破解国企问题。推进上述混改的过程中，需要通过支撑性改革来完善两项关键改革条件——通过国资管理体制改革完善国有资本的独立性和完整性，并通过完善产权保护制度和市场经济秩序改革维护各种所有制资本的平等性。图 3.8 概述了这一逻辑框架。

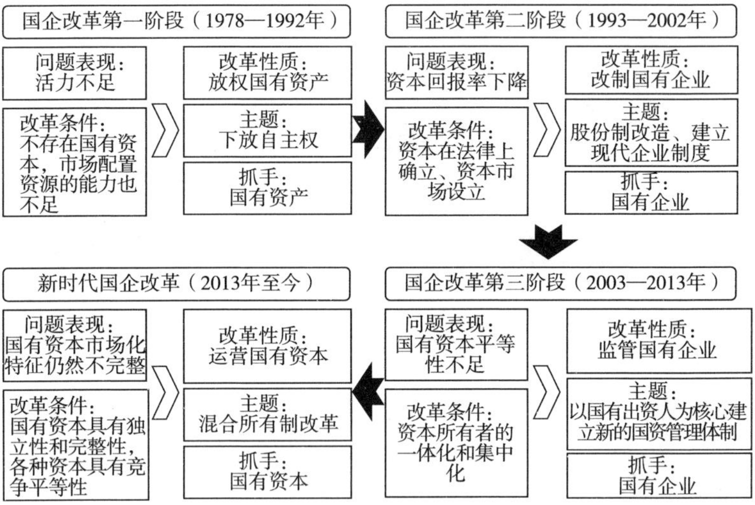

图 3.8　新时代国企改革逻辑的理解

资料来源：作者绘制。

第四章

着眼国有经济总目标对混改设计思路的探讨

基于第三章的详细讨论，我们对以混合所有制改革为主题的新时代国企改革的方向具备了一定理解。沿着这一改革方向，我们接下来需要探讨改革的设计思路，也就是混改中需要遵循的指导原则，用以指导改革落地中的实践操作。

混改始于资本层面的“混合”，并在企业层面展开，因而在设计思路的筹划中，我们首先需要明确改革的着眼点。前文以国资问题和国企问题的集中表现为导向，明确了混合所有制改革在国有资本层面的改革目标——做强做优做大，以及在国有企业层面的改革目标——提升持久竞争力。那么，这两个目标之间是什么关系？具体而言，是不是国有资本做强做优做大就意味着改革要提升每一个企业的持久竞争力？回答上述问题对于混改设计思路的筹划至关重要。

第一章中指出，新时代的国企改革着眼于“搞好国有经济”——即“增强国有经济活力、控制力、影响力”，国有资本作为国有经济的有效实现形式，应成为改革的抓手。因此，可以认为，国有资本做强做优做大就是搞好国有经济国企改革总目标的具体表现方式。同时，考虑到国有资本在现阶段仍集中表现为持有国有控股企业的权益，因此，提升持久竞争力自然就是做强做优做大的国资改革目标在相当一部分国有企业中的目标体现。由此可以认为，资本层面国有资本做强做优做大作为搞好国有经济总目标的具体表达方式，和企业层面提升持久竞争力这两个目标之间是整体和个体的关系。显然，实现个体目标的思路往往不止一种，而遵循个体服从整体的原则，须选择其中有利于整体目标达成的思路，只有这样方能实现两者的统一。因此，在混合所有制改革设计思路的筹划中，不能仅局限于实现每个微观企业均提升持久竞争力，而应明确着眼于搞好国有经济的国企改革总目标，并相应以国有资本做强做优做大作为指导思想，以确保混改的微观目标和国企改革总目标的统一。

明确了上述着眼点，本章将集中探讨：站在资本视角，着眼于国有资本做强做优做大，混改的设计思路中应包含哪些核心指导原则？为此，我们将从理论和实践两个角度，采用机理分析和实证分析的方法进行探讨。其中，着眼于做强做优做大中的优先目标“做强”，瞄准资本的收益性特征，我们将资本价值的提升作为实证分析的重点，并继续采用投入资本回报率作为核心的衡量指标。

第一节　集中原则：引入股权相对集中的战略投资者优先

为什么说混改应遵循“集中原则”？

以投资主体科学化为切入方向的混合所有制改革，着眼于引入能够形成“到位”和“制衡”的积极的外部股东。针对这一方向的改革思路，我们提出集中原则，包括持股集中和精力集中两个要素。“持股集中”体现为持有一定份额的股权并拥有董事会席位，这意味着在传统的股权集中度高的国企中，引入的外部股东持股比例应努力达到10%并拥有董事会席位；“精力集中”体现为引入“懂行业和业务＋能够提供战略价值”的战略投资者，包括产业投资者和积极财务投资者。基于此，我们提出集中原则的实现方式——引入持股相对集中的战略投资者。同时，针对股东持股集中度与企业投入资本回报率的实证分析显示，集中原则有利于提升资本价值。

基于对过往改革实践的分析可以看出，历史上以内部人为对象，大范围、平均持股为主的股份合作制操作路径存在一系列的不足。IPO上市虽然在历史上对于推动国企改革起到了至关重要的作用，但面临新时代改革的局面，IPO上市的操作路径具有一定的局限性，较难满足混改的集中原则和引入持股相对集中的战略投资者的要求，针对A股国有控股上市公司股权结构和董事会结构的实证分析支持了上述观点。

第三章谈到，具有运营国有资本性质的改革要实现管资本和市场化两个子目标，改革的一项关键内容就是从外部引入制衡作用和市场化作用。面对现阶段国资股东一股独大的症结，以投资主体科学化为方向，引入能够形成到位和制衡的积极的外部资本，就成为引入制衡和市场化作用、破解国资问题的正解。投资主体科学化作为改革的切入方向，具有非常高的重要性，因而在混改设计思路的筹划中首先需要探讨，如何在改革中体现到位和制衡的思想?

首先，如何理解到位和制衡?在前文分析的基础上，我们不妨以一列满载的火车车厢来做类比：火车开车前，每位乘客持票上车、凭票入座，因为坐票全部售罄，车厢里还有不少持站票的乘客。对于持坐票的乘客而言，凭着这一张车票，他在一路上要坚持的“权利”是“有自己的座位”，并且监督其他乘客“不能侵占自己的座位”。由此不难理解什么是到位和制衡：“到位”，即在火车上有自己的座位，在企业中有参与决策的权力；“制衡”，即在火车上监督别人不能侵占自己的座位，在企业中约束和监督其他股东。换句话说，混改要打破一股独大下没有所有者发声或所有者发声被忽略的局面，到位和制衡就应表现为引入的外部股东要“愿意发出足够大的声音”——其积极发声且响亮到不能被其他股东忽略，从而促使包括国资股东在内的各方股东均以所有者的身份发声，资本的平等性特征才能得到彰显，所有者的决策和监督权利才能落到实处，外部股东的市场化优势才有可能在管资本中得以发挥。

继而，如何实现到位和制衡?由此我们提出集中原则，即引入的外部股东应做到持股集中和精力集中。

“持股集中”不难理解，是通过持有一定比例的股权实现的。在前面的例子中，到位和制衡是通过“就座”的乘客实现的，“就座”所隐含的意思是，乘客不仅持有车票，而且持有坐票，只有坐票才能确保乘客在本车厢就座，并名正言顺地发声。显而易见，持有站票的乘客随时可能去其他车厢，且并不具备在本车厢“就座”的权利，他们很难有意愿去监督持有坐票的乘客对号入座，其“发声”也不一定会有人听。

那么，什么是企业中的坐票？《公司法》中有如下几条规定。第一百〇二条：“单独或者合计持有公司3%以上股份的股东，可以在股东大会召开十日前提出临时提案并书面提交董事会”，虽然3%的股权赋予了股东发声的权力，但实际上却很少能够使用，使得3%的股权更像是一张站票。因而，以下两条就显得更为重要。第一百条：“有下列情形之一的，应当在两个月内召开临时股东大会——单独或者合计持有公司百分之十以上股份的股东请求时。”第一百一十条：“代表十分之一以上表决权的股东、三分之一以上董事或者监事会，可以提议召开董事会临时会议。”由此赋予了股东不仅能发声，而且其他股东必须要听的坐票权力。在此基础上，针对上市公司而言，根据中国证监会相关规定，持股在5%以上的股东需要履行更多的责任和义务，包括股东持股达到5%或减少到5%以下的披露要求和作为上市公司关联方的交易限制和披露义务。同时，基于资本市场的操作惯例，对于股权集中度较高的公司（即具有单一大股东且牢牢掌握控制权），新引入的股东持股比例至少要达到5%，往往要达到10%，才有可能获得董事会席位，从而真正在董事会发挥制衡作用。综上，在传统的股权结构高度集中的国企中，所引入的积极的外部资本体现为持股比例应努力达到10%，即持股集中，这样投资者才有可能拥有参与公司治理的权力和意愿，从而形成不同股东间互相监督、互相约束的制衡局面，能够使包括国资股东在内的所有股东到位；他们也更有能力和动力收集企业的经营信息并对管理层实施监督，从而承担起相应的股东责任。

同时，要成为积极的外部股东，也必然要求其是精力集中的战略投资者，而非投入资金而不投入精力的被动财务投资者。一般而言，战略投资者会利用其所具有的战略价值优势，“在参与被投资企业生产经营管理的过程中，对被投资企业实施一定的影响，以促进被投资企业提高竞争力，并致力于长期投资、谋求长期利益回报及可持续发展”①。具体到参与混改的战略投资者，首先要对被投资国企懂行业和业务，并在完善公司治理体制、提升市场化运营和管理、重塑战略规划、形成业务发展协同等具有战略价值的方面拥有优势。以市场为导向、拥有专业化管理和运营团队的产业投资者和积极财务投资者，相较于被动财务投资者——尤其是普通的个人财务投资者，往往有更强的意愿和能力在具有战略价值的方面为企业提供支持，这也正是以提升持久竞争力为改革目标的国企所需要获得的。一些人认为，只有产业投资者能够在混改中发挥积极作用，我们对此持不同意见。后文将会分析，积极财务投资者对提升资本价值所能发挥的作用同样至关重要（第六章步骤五）。因此，按照资本市场的惯例，本书中将产业投资者和积极财务投资者统称为战略投资者，并将战略投资者的标准归纳为：懂行业和业务 + 能够提供战略价值，这也是全书中的统一称谓和标准。

基于以上分析，我们提出混改集中原则的实现方式：引入持股相对集中的战略投资者。

早在 1998 年，吴敬琏教授等学者就提出：“通过‘掺沙子’来改变国有公司的股权结构，不失为一种逐步解决（产权虚置）问题的较好办法。”同时，“从中国的情况和各国公司治理结构的特点来看，相对集中

① 罗明．企业集团引入战略投资者的财务思考［J］，经营者，2016（11）．

的股权结构，特别是作为主要股东的机构持股者、银行等代表参加董事会，更有利于加强对公司的控制和监督”①，强调了投资者持有一定比例的股份并有代表进入董事会的重要性。许小年教授也认为，适当集中股权是解决搭便车问题的方法之一。张文魁研究员则指出：“在国有企业中引入非国有股份，是希望在一个沙丁鱼池中放入一两条鲶鱼，不断游动以强化鱼群的生存能力，而不是放入几条泥鳅。持有大宗股份（5%以上）的非国资股东才会成为鲶鱼，而持股比例很小的非国资股东不过就是泥鳅。”②

从过往实践来看，历史上各种以投资主体多元化为方向的操作路径是否有利于引入持股相对集中的战略投资者，实现集中原则呢？

前文谈到，在20世纪90年代中期开始的国企股份制改造过程中，参与改制的主体多是企业的管理层及员工，即采用股份合作制的形式，而通过股份制形式引入外部资本的案例占比很小。彼时多采用全员持股、平均持股的方式，导致持股非常分散（第三章第三节）。因此，历史上这种以内部人为对象，大范围、平均持股为主的投资主体多元化在实践中存在一系列的不足。一方面，由于少有外部资本进入（大部分是用职工补偿金折为股份由职工持有），难以给企业带来新的观念，企业就较难以市场化为导向真正转换经营机制，也就不容易形成持久竞争力；另一方面，由于股改引入的外部股东主要是内部人，导致国有企业从内部人控制转为大规模的内部人持股，“反而增加了改制后企业公司治理的

① 吴敬琏，张军扩，刘世锦，陈小洪，王元，葛延风等．国有经济的战略性改组［M］．北京：中国发展出版社，1997：200-204.

② 张文魁．混合所有制的公司治理与公司业绩［M］．北京：清华大学出版社，2015：180.

复杂性[①]”。

历史上投资主体多元化的另一种操作路径就是IPO上市。伴随着20世纪80年代初的投融资体制改革及“拨改贷”之后，间接融资渠道越来越难以满足国有企业改革的资金需求，初具规模的资本市场为国有企业融资并实现投资主体多元化创造了市场条件。始于20世纪90年代初期国企改革第二阶段的国企改制上市的尝试，在国企改革第三阶段——尤其是2005年4月股权分置改革后——大大加快，由此开始了长达十余年大规模国企上市的进程，千余家国有企业完成了境内外上市[②]。

在过去二十余年中，IPO上市对于推动国企改革起到了至关重要的作用。上市的关键意义体现在以下几个方面：第一，以上市为目标，国有企业按照《公司法》的要求进行股份制改造，为治理结构的健全提供了不可缺少的开端；第二，上市前后国企需要按照《上市规则》对其治理结构进行完善，为建立现代企业制度打下了基础；第三，上市后遵照《上市规则》对企业财务、运营等信息的公开披露，增加了企业的透明度和公众监督的可能性；第四，通过发行股票和可转换债券实现了增资降杠杆，有效为企业补充了业务发展所需的资金，并降低了企业的财务风险；第五，也是对很多国企而言最重要的一点，上市后国企成为公众公司，在国资监管体制的基础上，接受证券市场更为市场化的监管。

然而，面临新时代改革的局面，IPO上市的操作路径具有一定的局限性，较难满足混改的集中原则和引入持股相对集中的战略投资者的要

① 张文魁. 混合所有制的公司治理与公司业绩［M］. 北京：清华大学出版社，2015：146.

② 根据万得数据库，截至2017年6月30日，国有控股的A股和港股上市公司共计1 229家。

求。由于上市所引入的投资者主要是持股高度分散的公众投资者，难以真正改变国有企业中国资股东一股独大的局面，因而上市后较难实现积极的外部资本的到位和制衡，也就较难推动企业体制机制的改革。

首先，通过 IPO 上市和上市后的增发更多引入持股较为分散的中小投资者，而较难引入持股相对集中的战略投资者。以 A 股为例，一方面，由于目前上市获配股份溢价的确定性极高，社会公众股东参与广泛，在证监会关于新股发行与承销的一系列机制约束下，较少有战略投资者在企业上市过程中一次性入股 5% 以上；另一方面，受限于资金实力和减持股份的一系列规定，战略投资者通过参与上市后增发（主要指现金类增发，不包括重组交易中通过出售资产获得的股份）持有 5% 以上的股份也有一定难度。此外，一般而言，战略投资者考虑其所持股权比例，以及在与企业形成协同的过程中所需投入的资源和参与经营的程度，往往预期其入股价格应与证券市场上中小投资者的交易价格有所区别。然而，上市后增发股份的方式受到监管要求和上市后股东大会的约束，战略投资者能够认购的股权比例和折价比例受到较大限制，且面临消息泄露而导致股价高企的风险和对战略投资者信息进行详尽披露的成本义务，因此对潜在战略投资者的吸引力有限。这有助于我们理解国企开启上市大幕二十余年来，为什么大部分国有上市公司仍然带着国有控股的帽子，形成"具有较大比例相对控股地位的国资股东 + 持股份额分散、市场化作用有限的中小股东"的股权结构（第三章第三节）。

其次，由于上市在短期内不能改变国资股东一股独大的局面，其对建立有效制衡的治理体制帮助有限，对提升企业的市场化活力的帮助也有限。一方面，前文谈到，由于国资股东一股独大，过于分散的中小股东，一来缺乏对治理体制进行制衡和发声的动机，二来即使具有相应动机，其高度分散的持股方式很多时候难以在作为公司最高权力机构的股东大会上与大股东形成制衡，其发声很容易被忽略，中小股东除了“用脚投票”以外，并不能对治理体制下董事会的决策和经营机制下经营层的尽责产生实质性影响。另一方面，虽然在董事会中引入了独立董事，但名义上代表中小股东利益的独立董事却面临着“对外不独立，对内不懂事”的双重困境，加之权责利尚不对等，独立董事难以有强烈的动机和内部执行董事形成制衡，缺乏制衡的治理结构使得国企固有的体制机制在 IPO 后变化十分有限。

因此，正如张文魁研究员指出的，国有企业重组上市，引入了非国有的个人股东，但显然，这些非国有的个人股东，以及那些持股的基金，顶多就是泥鳅，主要扮演消极股东的角色，即使能对企业进行监督，也属于投机型监督，在国有资本仍然保持控股的情况下，这并不能解决企业激励机制方面的问题，也不能从根本上解决企业约束机制方面的问题。

集中原则的实证分析：引入持股相对集中的战略投资者优先性的资本市场实证

理论界对企业拥有超过一个大股东与其业绩的相关性有一些研究。本内舍（Bennesdson）和沃尔费（Wolfenzon）的研究表明，在投资者保护不完善的情形下，尤其在非上市的企业中，通过由少数几个大股东分享控制权，使得任何一个大股东都无法单独控制企业决策，有助于起到限制大股东掠夺行为的作用；戈梅斯（Gomes）和诺瓦伊斯（Novaes）的研究则显示，一个企业存在多个大股东共同控制，可以相互制约，对企业价值的提升有正面作用。拉埃扎（Laeven）和莱维内（Levine）对 13 个欧洲国家的 865 家企业实证研究发现，约 1/3 的企业拥有两个或两个以上持股超过 10% 的股东，同时，当现金流权[①]集中在少数、持股规模相当的大股东手中时，企业价值要高于股权高度集中于个别股东的情况和股权高度分散的情况。居蒂耶雷（Gutiérrez）和特里沃（Tribo）针对西班牙公司的研究显示，在控制权集团持股固定的情况下，增加股东数目对企业绩效有明显正的影响。我们参考经典理论思路和实务分析思路，对持股集中度问题和国有控股上市公司的股权结构进行了以下两项实证分析。

实证分析一：股东持股集中度与企业投入资本回报率的关系

国内最早关注股东持股数量和公司业绩表现相关度的研究包括许小年教授所做的《以法人机构为主体建立公司治理机制和资本市场》，该研究对沪、深上市公司股本结构和 1993—1995 年的企业业绩进行分析后得出结论：上市公司业绩和国资股东持股数量负相关、和机构投资者持股数量正相关、和散户持股不相关。

沿着以上方向，我们根据 826 家 A 股和港股上市公司 2008—2016 年的股权结构和资本回报的相关数据，进行了股权集中度和资本价值提升之间关系的实证研究（计量模型详见附录二）[②]。结果显示：第一，持股比例大于 5% 的投资者数量越多，占投资者比例越大，投入资本回报率越高；第二，持股比例大于 10% 的投资者数量越多、占投资者比例越大，投入资本回报率就越高，且显著程度高于 5% 的投资者。以上实证

① 现金流权（cash flow rights）指的是控股股东按实际投入公司的资金占总投资额的比例所享有的分享剩余的权利。

② 在这项实证研究中，我们采用投入资本回报率作为衡量资本回报的指标，作为被解释变量；同时采用持股 5% 以上的投资者数量、比例，持股 10% 以上的投资者数量等作为解释变量。另外我们选取了资产负债率、公司规模、成长能力、研发广告费比率等指标作为控制变量。而且在研究中我们将国有股比例设为外生变量，不考虑国有股比例对于该实证研究的影响。

结果与我们的机理分析相吻合。

由此可知，混改中，国有企业引入外部资本持股比例越大，对公司业绩的关注程度越高，就更有利于资本价值的提升。另外，引入持股相对集中（达到 10%）的战略投资者对于资本回报率的提高更有帮助，即战略投资者占全部投资者的比例越大，越能够发挥投资者对于资本价值提升的促进作用。

实证分析二：A 股国有控股上市公司股权结构和董事会结构

为对 A 股国有控股上市公司的股权结构和相应的董事会结构有一个直观了解，我们以 2017 年 6 月 30 日为基准日，对被定义为国企的 965 家 A 股非金融上市公司进行了实证分析①。结果显示：第一，A 股国有控股上市公司中，国有第一大股东及其一致行动人持股比例平均为 42.8%，第一大股东持股比例平均比第二大股东高 17.1 倍；第二，在 78.5% 的国有控股上市公司中，第一大股东以外的其他股东没有董事会席位；第三，对于非第一大股东拥有董事会席位的国有控股上市公司中，拥有董事会席位的股东平均持股比例为 10.8%；最后，拥有董事会席位的非第一大股东中，仅有不到五分之一为非国资股东（多为知名企业、保险公司、上市公司等）。

① 根据万得数据库计算，实证范围为控股股东及实际控制人为中央国有企业或地方国有企业的 A 股上市公司，并且公司上市时间早于 2017 年 6 月 30 日。根据《上市公司收购管理办法》第八十三条规定及《中国证监会上市部关于上市公司监管法律法规常见问题与解答修订汇编》第十九条解答，并结合实践考虑，将同属于国务院国资委或者同属于同一省、自治区、直辖市地方人民政府的股东视为具有一致行动关系，在计算第一大股东持股比例时将控股股东及其一致行动人所持股份合并计算；国务院国资委和地方国有企业或不同省、自治区、直辖市地方国有企业之间视为不具有一致行动关系。

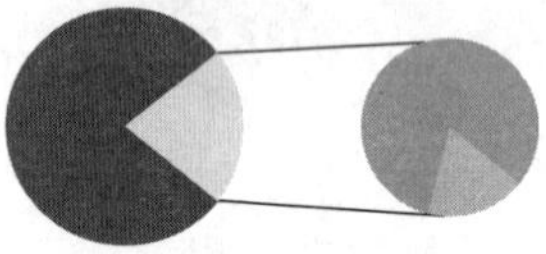

图 4.1　A 股国有控股上市公司非第一大股东董事会席位拥有情况

数据来源：根据万得数据库计算。

由此我们可以形成以下几个初步观察：第一，虽然国有控股上市公司中国资股东的平均持股比例已经下降到 51% 以下，但除国资股东以外的前十大股东持股比例过小，和国资股东持股比例的差距过大，因而股权结构上一股独大的局面没有根本性改变，在股权结构的层面看，其他股东难以到位和制衡；第二，在大部分的国有控股上市公司中，除第一大股东以外的其他股东罕有董事会席位，因而难以通过委派[①]代表其利益董事的方式在董事会上到位和制衡（独立董事代表中小股东利益）；第三，由于国有控股上市公司的股权结构较为集中，普遍而言，外部股东持股要达到 10% 以上才可能获得董事会席位。

基于以上机理分析和实证分析，我们提出：混改的设计思路中应遵循集中原则，着力于引入持股相对集中的战略投资者。

同时，分析显示，历史上以投资者主体多元化为方向引入以内部人为对象的大范围、平均持股为主的股份合作制，以及 IPO 上市的实践路径，较难满足新时代混改的集中原则和引入股权相对集中的战略投资者的要求。因此，对于集中原则如何在操作中得以体现，本书在路径篇将集中进行讨论。

① 从法律角度而言，是“提名”，对此我们会在第八章步骤八——健全治理体制——中进行专门分析。

第二节 绑定原则：同步引入核心员工持股优先

为什么说混改应遵循“绑定原则”？

通过所有者到位、构建针对内部人的外部约束和监督机制，是有效减少一股独大下内部人控制问题的根本所在；与此同时，通过建立对内部人的一种一般条件下的，侧重于中短期利益统一的约束机制，使其与股东和企业的利益相挂钩，同样有助于从内部减少内部人控制。在此基础上，我们更需认识到，在深化改革的新时代背景下着眼于破解国企体制机制问题的混改，在企业内部需要更大的动力，并突破更大的阻力。因而，在混改的背景下，需要一种针对利益相关者的更加强化，更加侧重于长期利益统一的约束机制，将其绑上“改革战车”，使其成为驱动企业持续改革和长期发展的力量，这对混改的成功至关重要。由此我们提出绑定原则及其实现方式——引入包括具有企业家精神的管理层，以及核心技术人员、业务骨干等对企业有重要价值的人力资本贡献者的核心员工持股。同时，我们针对管理层持股与企业投入资本回报率的实证分析也证实，绑定原则有利于提升资本价值。

在对过往实践的回顾中可以认识到，总结历史上员工持股实践中的种种问题，在现阶段的制度设计和操作环境中完全可以避免。因此，站在今天的时点，遵循绑定原则并在混改中引入核心员工持股，不仅必要，而且可行。

第一节在混改设计思路的筹划中重点探讨了狭义的资本要素，继而，我们将关注点扩展到广义的资本要素，其中包含的人力资本对混改同样至关重要：一方面，国企所面临的内部人控制和内部人缺乏动力的问题是改革要破解的关键问题；另一方面，混合所有制改革中体制机制的落地，也最终要通过企业中的人来实现。因此，接下来要重点讨论：在混改设计思路的筹划中，如何考虑“人”的因素。

前文谈到，由于所有者职能虚置，在国资股东一股独大下，容易造成监督缺位，从而形成内部人控制，若内部人缺乏“主人翁”意识，将自身利益置于企业和股东的利益之上，则容易产生腐败等损害企业和股东利益的结果（第三章第二节）。针对这一痛点，第一节提出，遵循集中原则，引入持股相对集中的战略投资者，更有助于实现积极的外部资本的到位和制衡，并通过推动混改一体中治理体制的改革，由尽责的股东提名尽责的董事组成董事会，继而通过董事会选聘和考核尽责的管理层，从而真正落实对管理层的约束和监督，这是从外部着手减少内部人控制的有效方式。由此不难想到，从内部着手的约束手段也许同样有助于减少内部人控制下的弊端。换句话说，如果能想办法将内部人的利益与股东和企业的利益挂钩，有助于减少内部人与所有者之间的信息不对称，降低内部人因追求自身利益而损害大家共同利益的动机。然而，若仅着眼于减少内部人控制的动机，这种挂钩就只是一种一般条件下的、侧重于中短期利益统一的约束机制。

在此基础上更需认识到，在深化改革的新时代背景下，对处于混改阶段的国企而言，改革要求内部人更加进取，这就需要一种更加强化、更侧重于长期利益统一的约束机制。具体而言，不同于二十年前国有中小企业改制时企业面临的生存问题——在“不改革只能等死，改革还有可能活下来”的环境下“绝处逢生”，大家更容易义无反顾地推动改革；新时代国有大中型企业所面临的更是发展问题——在企业面对全球竞争的环境下提升持久竞争力，既然大家过得还不赖，改革所触及的既有利益的成本就可能更高，大家推动改革的顾虑可能也越大。尤其需要考虑到，混改中引入外部资本，增加了新的“老板”，伴随着随后体制机制改革的实施，很可能会使企业中以管理层为代表内部人——我们称之为利益相关者——的职位和权力受到挑战。当面对这样的潜在风险时，利益相关者若选择拥抱改革，就意味着他们要脱离原有比较舒服的惯性轨道，也就意味着对既有利益的切割，这既可能是砸自己的饭碗，也可能是动别人的蛋糕，因而利益相关者既要有更大的内在动力，也要突破更大的外部阻力。因此，混改中需要通过更加强化和长期的利益统一机制，将利益相关者绑上“改革战车”，使他们的进取心成为驱动企业持续改革和长期发展的力量，这对改革的成功至关重要。这种长期的“绑定”，一方面有助于提升利益相关者的改革动力，树立他们推动改革与发展的参与感和使命感；另一方面，他们作为企业长期利益的代表，与部分注重中短期回报的外部资本相平衡，从而实现企业内部的利益相关者与股东和企业一荣俱荣，一损俱损。

基于以上分析，我们提出“绑定原则”，即在混改中，将利益相关者与企业绑定。

那么，如何实现绑定？显然，在现代股份公司中，股权是最有效的绑定方式。通过持股，利益相关者实际上扮演了所有者和经营者的双重角色。这使所有者和决策者的队伍里加入了更多的知情人，有助于所有者作为一个整体更好地行使自己的权力，促进所有者到位。同时，股权绑定促进了利益相关者与包括国资股东在内的股东利益的统一，以及与企业的持续改革和长期发展的统一。

继而，应该绑定哪些人？前文提到利益相关者的概念，什么是利益相关者？若简单理解，企业内的每一个员工都是利益相关者。但如此一概而论，则没有看到不同员工对于企业的改革和发展所发挥的不同作用。只有那些对企业持续改革和长期发展有显著影响的核心员工，才应该作为持股绑定的对象。为此，我们首先从理论层面出发，参考委托代理理论和不完备契约理论，探讨核心员工的范围。

前文谈到了委托代理理论下所表现出的两个方面的不对称（第三章第二节），而其背后的基本逻辑在于：委托人的利益不能直接通过自身的努力来确保，只能聘用代理人，通过代理人的努力来实现；代理人在决定自己的努力程度时，是出于自身利益最大化的考虑，所以委托人需要做的是设计一种“激励相容”机制，使得在此机制下，代理人自身利益最大化的努力程度恰好能够实现委托人的利益最大化。具体到完成引资的混合所有制企业，委托人显然就是国有资本，以及参与混改的外部资本，“激励相容”机制就是通过持股来实现绑定，那么代理人应该是谁呢？根据上述委托代理理论的逻辑，真正意义上的代理人应该是那些努力程度对委托人的利益有重大影响的员工，包括管理层和核心的技术、业务骨干；而其他普通员工虽然也是企业发展的重要基石，但是其中每个人的努力程度对于企业而言没有重大影响，所以严格来讲不能算作代理人，也就不应纳入核心员工的范畴。

而以格罗斯曼和哈特（Gross man & Hart）教授为代表的不完备契约理论认为：当契约在执行过程中存在诸多格罗斯曼和事先难以明确的情况，也就是说契约存在着不完备性时，如果不相应地赋予参与者更多的控制力和再谈判的权力，他们就会担忧自己的权益缺乏有效的保障，从而妨碍契约的执行，造成双输的结果。普通员工的工作内容、奖惩条件相对明确、固定，因此所面临的契约不完备性很低，也就不必通过持股来引导他们参与公司治理和决策。但管理层以及核心的技术、业务骨干不同，他们的工作不是程式化地照章办事，而是要去开拓、去创造、去面对风险。再加上本书讨论的针对竞争性行业和领域的国企，要迈出舒服区——引入外部资本并激发内部活力，这一过程将进一步增加管理层和这些骨干员工面临的契约不完备性。这意味着他们理应获得更多的控制力，具体而言就是通过持股来参与公司治理、重大决策的权力，这样才能充分地激发他们的创造力和进取心，发挥他们对企业持续改革和长期发展的重要作用。

以上对核心员工范围的判断，与很多理论研究的结论一致。有学者指出，在重要岗位从事重要工作的员工作为利益相关者对于企业发展具有重要性。他们认为，这些员工的人力资本与股东投入的货币资本一样也承担了企业的剩余风险，所以也应分享剩余收益，这样才能促进员工与企业结成命运共同体，促使员工在有利于企业长远发展的方面做出更多的投入和努力。张汉飞教授则指出，国企管理层事实上拥有企业资源的投票权、支配权和决策权，要让他们积极运用本身的企业家精神为企业创造利润，就应通过包括股权在内的形式让他们获得剩余索取权，通过实现控制权与剩余索取权的对称，推动企业经营管理良性发展的可持续。

基于以上理论分析，我们提出绑定原则的实现方式：混改中同步引入包括具有企业家精神的管理层和核心技术人员、业务骨干等对企业有重要价值的人力资本贡献者的核心员工持股。

尤其从资本视角看，核心员工持股是实现企业提升持久竞争力、资本提升收益性及平等性的重要步骤。上一节主张提出优先引入战略投资者，一方面形成制衡和到位，使得资本的平等性特征得以彰显；另一方面，战略投资者在完善公司治理体制、提升市场化运营和管理、重塑战略规划、形成业务发展协同等具有战略价值的方面能提供的支持，同样是提升资本价值的关键要素（详见第六章）。沿着这个逻辑来审视核心员工的作用就会发现：核心员工持股相对集中同样有助于提升资本的平等性，而核心员工的企业家精神和人力资本更发挥着具有战略价值的作用。管理层是整个企业的掌舵人，他们的企业家精神——表现为战略眼光、胆识和创造力——是影响企业未来发展的决定性因素之一，对提升资本价值的收益性具有战略意义。同时，以威廉拉森（William lazonic）为代表的学者指出，对企业持续发展具有战略价值的因素在于人才的创新能力，而在能够支撑创新的公司治理体系的条件中，不仅有资金投入和组织整合，还包括赋予人才以控制力，三个条件能够支持企业将资源投入到收益不确定且不能中途放弃的项目，能够支持企业将人力资本和物质资源整合到产品研发和利用技术的组织，能够支持企业将战略控制权赋予那些有动力和能力将资源配置于创新的人才。吴延兵研究员的研究则指出，创新所具有的高度不确定性和效果长期性导致了国有企业更容易出现创新效率低下的问题，因而，推进监督和激励机制的改革固然有助于减少国企生产效率的损失，但若不解决国企的长期创新激励问题，仍然会出现国有企业经营者有积极性提高生产效率而无积极性提高创新效率，导致国企生产效率低的问题无法得到根本性改变。显然，今天国企所面临的改革和发展的机遇，是一项收益不确定且不能中途放弃的项目，需要破解持续提高创新效率的问题，也更需通过股权的绑定，激发有动力和能力将资源配置于创新的人，包括管理层及核心技术人员、业务骨干在内的核心员工，在创新中推动企业的改革和发展，提升其持久竞争力，实现资本价值提升。

包括管理层、核心技术人员和业务骨干在内的核心员工，对于企业的发展和资本的增值发挥着上述至关重要的作用，这从另一个角度体现了优先引入核心员工持股的必要性。从核心员工的角度来讲，持股既是对他们推动改革和发展的利益绑定，也是对他们的企业家精神和人力资本的充分认可，有助于培养他们的归属感、凝聚力，引导他们长久地投身于做好国企的事业中来；从外部资本的角度来讲，核心员工一同参与持股、分享收益、分担风险，是对企业未来核心团队稳定性的有力承诺，是对外部资本的一剂强心针，外部资本的参与积极性会因此大幅提高，这势必助力混合所有制改革的顺利开展。

从历史实践来看，混改中引入核心员工持股的实现方式是否可行呢？其实，员工持股对国企并不陌生，历史上有一些尝试，社会上的评价也是褒贬不一。因此，我们有必要对过往国企改革过程中引入员工持股的实践做回顾和分析，尤其是分析历史上存在的不足，今天是否仍构成实质性障碍。

我国的员工持股实践始于20世纪80年代中期。前文提到，为了激发企业活力和筹措资金，开始推行国有企业股份制试点，大部分试点企业引入了内部职工持股。此后国有企业股份制试点走向深入，内部职工股的推行也在1992年邓小平发表南方谈话和十四大后达到了一个高潮。这其中存在的问题主要有两个：一是不少企业推行“全员持股”“平均持股”，而且每个员工持股数又极小，员工们的股权极为分散，这样，即使员工持了股，也不会有企业主人的自觉，用手投票的权力没有有效保障，还易造成决策效率低下、追逐短期效益问题，很多地方的改制企业都面临着二次改制，进一步调整股权结构；二是部分经营困难的企业把员工持股当成了一个强制集资的工具，在推行员工持股时搞针对广泛员工的“硬摊派”，甚至以下岗作为威胁，这样就违反了参股自愿的原则，损害了参股员工的合法权益。1993 年 4 月，原国家体改委发文制止了发行内部职工股中的不规范做法；1994 年 6 月，原国家体改委又禁止批准设立定向募集公司，此后，具有中国特色的定向募集公司内部职工股的发行便不再出现。不过，随着中国股票市场的诞生与发展，许多国有企业经过 IPO 成为上市公司，所谓公司职工股的探索也随之展开——即在公司上市之时，允许内部员工购买。然而很快，公司职工股同公众股之间的监管套利矛盾开始显现：内部职工不经摇号即可获得本企业公开发行的股票，并在上市后迅速变现，这对二级市场造成了一定的冲击，也弱化了职工们参与企业经营管理的激励。1998 年 11 月，证监会颁布了《关于停止发行公司职工股的通知》，公司职工股的实践也终止了。

除了内部职工股、公司职工股，我国的地方国企和集体企业还曾探索过由内部人买断部分或全部企业净资产来实现员工持股的模式，比较有代表性的是管理层收购模式。在党的十四届五中全会提出“抓大放小”的战略思路后，国有中小企业改制在全国范围内逐步加速，很多国企通过实施管理层收购等模式改制，将企业转为民营。随着地方国企国有股权转让的审批权由国家财政部下放到地方政府[①]，地方国企的 MBO（管理层收购）有了更大的自主权。2002 年 12 月，证监会《上市公司收购管理办法》开始实施，其中突出的一点是扩大了收购主体，不再对国有与非国有、内资与外资、自然人与法人区别对待，这客观上对 MBO 起到了推动作用。党的十六大之后的一段时间，地方国

① 基于党的十六大提出“中央政府和地方政府分别代表国家履行出资人职责，享有所有者权益”。

企出现了 MBO 热潮，尤其是一系列上市地方国企的 MBO 操作引发了广泛的关注和讨论。这些 MBO 实践在推动国企产权制度改革、缓解国企委托代理问题方面发挥了一定作用，但由于国资股东的决策和监督缺位，MBO 在一定程度上成了一些地方国企控制者挪用企业资金自买自卖，变相侵吞国有资产的手段。2004 年 12 月，中央高层提出“大型企业不准搞管理层收购，中小企业的管理层收购也要区别情况，要规范”，此后有关 MBO 的政策明显收紧，伴随着一系列规定的出台[①]，基本上封堵了管理层借 MBO 巧取豪夺国有资产的各种渠道，但同时也大大降低了企业推行 MBO 的动机，导致 MBO 实践从 2005 年起迅速降温，并在之后陷入停滞。

总结历史上员工持股实践中的种种问题，主要是由于制度设计的不足和决策及监督的不足，导致员工持股实践只局限于国企与员工之间既有利益的分配、转让或者切割，并没有真正实现国企与员工长远利益的有效绑定，而这些问题在今天相对完善的制度设计和相对充分的决策及监督环境中已经可以最大程度上避免，以《关于国有控股混合所有制企业开展员工持股试点的意见》[②] 为代表的员工持股的专项规定已经出台，

---

① 2005 年 4 月，国资委针对 MBO 行为专门出台了《企业国有产权向管理层转让暂行规定》，要求大型国有控股企业和上市公司的国有股权不得向管理层转让，同时对资产在 4 亿元以下的中小企业的 MBO 做了明确规范，从强化经济责任审计、禁止压低价格、明确资金来源等多个方面入手打击 MBO 过程当中的以权谋私行为；2005 年 12 月，国务院转发了国资委制定的《关于进一步规范国有企业改制工作的实施意见》，实质上解禁了大型国企管理层持股，但是强调要“严格控制”，要求管理层持股总量不可达到控股或相对控股的数量，并且只能通过增资扩股的途径；2006 年 9 月，证监会发布了修订后的《上市公司收购管理办法》，重申担任董事、监事及高管的人员不得进行收购，同时将管理层人员通过投资关系、协议安排、亲属及亲属直接或间接控制的公司等任何方式实施的收购行为全部划归为一致行动行为。

② 《关于国有控股混合所有制企业开展员工持股试点的意见》（国资发改革〔2016〕133 号），2016 年 8 月 8 日发布。

包括《资产评估法》《企业国有资产交易监督管理办法》等国有产权交易的配套制度也已经得到进一步完善，规则和红线得到确定。因此，对比今天提出的员工持股在混改中，针对核心员工的制度设计，以及后文会详细讨论的操作思路（详见第七章），可以得出结论：在新时代下，绑定原则及其实现方式——混改中引入核心员工持股，不仅必要，而且可行。

绑定原则实证分析：引入核心员工持股优先性的资本市场实证

学术界对员工持股与公司资本价值的关联性有一些实证研究，其中有两个角度值得重点关注。一是管理层持股对资本价值提升的有效性。一个经典的实证是莫尔赫（Morch）和施莱曼（Shleifer）对 1980 年《财富》500 家公司的截面数据分析，结果显示：公司价值与管理层持股的比例具有显著的非单调关系。二是比较核心员工持股与全体员工参与其中的广泛员工持股在效应上的差异。罗智渊通过对中国企业员工持股绩效的实证研究发现，员工持股对企业长期绩效的影响是正向的，且管理层持股对企业绩效的影响要大于一般员工持股。随着员工持股人数的增加，企业绩效反而变差，说明通过实施大规模员工持股来建立对员工的激励机制并没有明显作用。

我国共进行过两次大规模的员工持股实践，一次是上文提到的内部职工股，另一次是 2014 年 6 月证监会在发布《关于上市公司实施员工持股计划试点的指导意见》之后，截至 2017 年 3 月，共有 600 余家上市公司发布公告，计划实施员工持股，并有一些分析显示，该上市公司在当期的股价表现优于市场。由于真正实施了员工持股的样本规模和实施期限有限，我们对核心员工持股的实证分析集中于研究第一个问题——以管理层为核心的核心员工持股[①]的有效性。

我们选取了2008年以前于A股上市的858家中央以及地方国企（不含金融业的公司和ST公司，港股上市国企采用员工持股的案例很少）作为研究对象，根据该等公司2008—2016年的相关数据，进行了管理层持股和资本价值提升之间关系的实证研究。

首先，为了能够直观地考察引入管理层持股对资本回报水平的影响，我们将所研究的公司分为管理层持股达到一定规模的上市国企（以下简称为“持股组”）和基本上不存在管理层持股的上市国企（以下简称为“非持股组”）[②]，两组平均年度ROIC（图4.2）的比较显示：虽然从时间维度看，“持股组”与“非持股组”的资本收益水平是沿着相同趋势变动的，但就横向比较而言，“持股组”绩效明显高于“非持股组”。

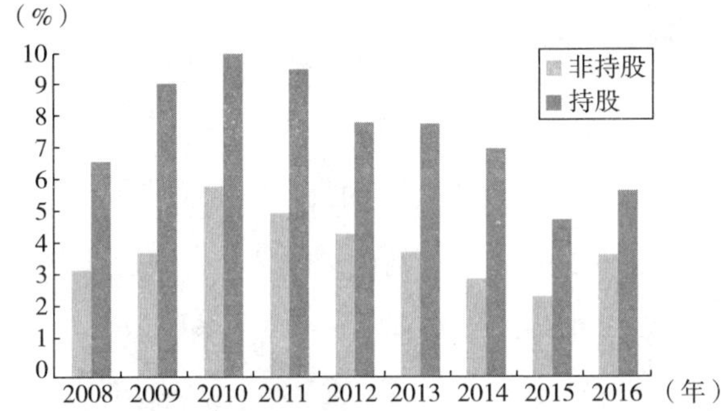

图4.2 “持股组”与“非持股组”的年度平均ROIC

数据来源：根据万得数据库计算。

① 由于我们将核心员工定义为管理层、核心技术人员和业务骨干，而全部核心员工持股数量的数据比较难以获得，故以下的实证分析将管理层作为核心员工的代表，着重分析管理层持股与资本回报水平的关系。

② 考虑到上市公司的总股本皆为上亿级，若持股数只有几万股则与普通散户无异，于是提出如下标准：如果某上市国企当年年报披露的管理层持股比例达到0.1%以上，则将该公司归入“持股组”，否则将其归入“非持股组”。

在此基础上，我们针对管理层持股对上市国企资本价值提升的相关性进行了实证分析（计量模型详见附录二），结果显示：剔除其他重要因素影响之后，平均而言，上市国企的管理层持股比例每增加 1%，企业的年度 ROIC 就平均增加 0.284%。以上实证结果与我们的理论分析相吻合。

由此可知，混改中，国有企业引入以管理层为核心的核心员工持股，有利于资本价值的提升。

基于以上机理分析和实证分析，我们提出以下混改的设计思路：混改中应遵循绑定原则，着力于引入核心员工持股，实现其长期利益与企业的持续改革和长期发展相一致。

前述集中讨论了混改中引入核心员工持股是绑定原则的有效实现方式，即核心员工持股“应该做，能做成”。然而，核心员工所持的股权，在发挥绑定这一核心功能的同时，作为资本，本身也具有追求收益性、流动性和平等性的市场化特征。而且，由于持股限定于少数核心员工，其入股资格具有稀缺性，因此持股同时又具有激励功能。由此可见，核心员工持股在实际操作中具有一定的复杂性和敏感性，需要考虑多重因素。因此，对于绑定原则具体到混改操作中如何体现，本书的路径篇将着重讨论。

第三节 归核原则：打造专业化业务平台优先

为什么说混改应遵循“归核原则”？

我国的国企集团多是在政府推动下合并重组而成，因而往往呈现出主业多元化的特点。合并重组的过程对提升国企集团的整体实力、发挥规模效应、分散业务风险有着积极意义。然而，在持续合并中发展起来的国企集团，由于业务层面的整合往往滞后，加之国企具有较强烈的拓展新业务的动机，使得国企集团下属子公司层面也呈现出主业多元化的特点，由此造成同一国企集团内“一个子公司做若干个主业”和“多个子公司做一个主业”的现象同时存在，这不仅对国企的竞争力造成了负面影响，而以主业多元化的主体对接资本市场更在“多元化折价”的客观规律下遭遇股权价值的低估。因此，我们提出归核原则，在混改中，通过同业整合和非核心主业剥离，打造主业突出的专业化业务平台，并以此作为混改的主体。

归核原则和打造专业化业务平台的实现方式，不仅有助于提升企业的资源禀赋优势，通过混改提升持久竞争力，也是提升资本的收益性和流动性的重要手段，还能够为供给侧结构性改革提供强大助力。而针对“上市公司主业多元化程度与投入资本回报率的关系”和针对“主业多元化上市集团估值折价”的两项实证分析也显示：归核原则有利于提升资本价值。

归核是相对于多元、分散而言的。要阐述我们在混改设计思路中提出归核原则的背景和考量，就要从国企集团的历史和现状讲起。

我国国有企业集团组建的过程，多是在政府推动下合并重组而成的。从 20 世纪 80 年代开始，为应对来自外资企业的竞争，国务院及相关部委借鉴日韩发展经验，着手发展以“横向经济联合体”为主要形式的企业集团①。1997 年党的十五大报告强调建立“四跨”企业集团②，随后一批企业集团迅速成长。在这一大背景下，央企和地方国企的整合路径又有所不同。央企中，有一批是在政企分开过程中靠“打捆”组建的央企集团③，例如国家建材局非金属矿管理局整体转制成立的中国非金属矿工业（集团）总公司。而地方国企则基本都是在行政运作下以行业为单位，合并重组形成的一批企业集团。例如上海机电行业的企业都归并到上海电器集团公司和上海仪电集团公司，商业企业合并为上海百联企业集团，酒店类企业则合并成立锦江集团公司。到 2002 年，全国企业集团数量达到 2 222 家。近年来，国企集团数量已大大减少，以央企为例，十五年来集团数量减半，减少的大部分是通过合并实现的企业（表 4.1）。

① 国务院于 1986 年 3 月 23 日颁布《关于进一步推动横向经济联合若干问题的规定》提出：横向经济联合，是经济体制改革的重要内容，是发展社会生产力的要求；同年，原国家体改委和国家经委印发《关于组建和发展企业集团的几点意见》，提出企业集团的概念。

② 四跨：即形成具有较强竞争力的跨地区、跨行业、跨所有制和跨国经营的大企业集团。

③ 央企的成因、来源比较复杂，有的是由国家重点投资建设形成的，有的是行业性重组形成的，有的是军队武警部队和党政机关所办经济实体脱钩移交形成的，有的是部委所属事业型科研院所改制形成的。

表 4.1　央企集团重组案例统计

国务院国资委成立初期（2003 年）	196
– 重组并入大企业	88
– 同类型公司整合后组成新企业	15
– 关闭	3
+ 新设立	8
截至 2017 年底	98

数据来源：根据国资委网站信息统计。

政府推动的合并重组思路下，国企集团往往呈现出主营业务多元化的特点。一方面，政府推动合并重组的目的，既有出于国有经济改革与提升国有经济竞争力的考虑，也有实现地方社会稳定、维护区域市场权利方面的考量，因而很多时候对企业业务布局优化的考虑不足；另一方面，由于政府推动下的过程重在“并入”而不是“划出”，即使按照上下游产业链或业务类似性“合并同类项”的原则推动合并重组，国企集团在多次的横向整合中，也往往会形成多项关联度不高的主业。虽然 20 世纪 90 年代中期以“打破垄断”为目标对少数行业——电信、电力、石油、航空等行业——央企进行了同业分拆，但对于大部分包括央企在内的国企集团，其跨行业、多主业的业务格局没有改变。

与此同时，多年来国企借助于政策优势积极拓展新业务，进一步增加了主业多元化的程度。历史上，国企在集团和子公司层面均有较强烈的动机拓展多元化的业务，“企业更偏向于在优势政府资源方面拓展业务，在与主业不相关的领域开发新产品，获得新资源。”[①] 由于认识到业务的过度多元化将大大增加集团的经营风险，国资委成立后，将审核企

① 辛清泉，郑国坚，杨德明．企业集团、政府控制欲投资效率［J］．金融研究，2007（10）：123–142.

业主业、限制非主业投资作为审批央企发展战略的主要内容，将央企主业限定为三个[①]，并推动非主业资产向优势企业流动和集中。然而，非主业资产重组的实施成效并不显著，国企集团多于三个主业的状况也并没有显著改变。这在央企房地产主业的重组中尤为明显。据统计，2004年以前，一度有高达70%的央企——127家中的94家——经营房地产业务，占到该行业的60%，“地王”中央企也占到60%以上[②]。2004年，针对非房地产主业的央企盲目发展房地产业务的状况，国资委提出，“拟将房地产作为非主业剥离的央企，可在自愿基础上与中国建筑工程总公司、中国房地产开发集团公司等央企中以房地产作为主业的企业重组，在这种‘号召’下，也仅有中国华能集团公司将其地产业务划给了中国房地产开发集团公司”[③]。

多年来，通过一系列政府主导、市场参与的改革，形成了一批具有相当规模和影响力的国有企业集团，切实解决了企业规模小、布局散、抗风险能力弱的问题。随着国企集团内部一体化运营的推进，主业多元化集团的经营模式也形成了一定优势，尤其在分散经营风险、产生协同效应、增强内部融资能力和扩大市场权利方面，集团公司的模式有一定优势。

然而，在持续合并中发展起来的国企集团，由于业务层面的整合滞后，加之强烈的拓展新业务的动机，使集团下属子公司层面也呈现出主业多元化的特点，由此造成同一国企集团内“一个子公司做若干

---

① 关于中央企业“三个三”提法，最早见于李荣融在2004年中国企业峰会的讲话，里面提到“我们将推动中央企业进一步突出主营业务，减少管理层次，逐步做到中央企业主营业务原则上不超过3个，管理层次原则上也不超过3个”。

② 何伟，对国企改革历程的深层次思考［J］，理论探讨，2011（02）：165-167.

③ 邵宁主编，国有企业改革实录（1978-2008）［M］. 北京：经济科学出版社，2014：491。

个主业”和“多个子公司做一个主业”的现象同时存在。其实，这一现象是前文讨论的国有资本在同一行业内分布广、散的问题在国企集团内部的翻版，如果说前者造成了国有资本控股的不同国企间的“过度”竞争，后者则造成了国企集团内部完全不必要的同业竞争和与此相伴的资源浪费。

第一，同一个集团中若干个子公司都从事同一个业务，且业务性质趋同，在市场区域、产品档次上并无显著差异，彼此间形成同业竞争，往往造成严重内耗。尤其是在面对海外市场竞争时，若干子公司同时竞标、恶性降价，往往既没赚到钱又使中国公司的声誉受到负面影响。

第二，同一个子公司同时运营多个业务，一方面，无法集中优势资源做好一件事，造成应该突出的主业竞争优势不足，同时，在其他业务领域，尤其是在辅业领域的重复投资，降低了国有资本的整体资源配置效率；另一方面，“装口袋、打包”的过程增加了管理层级，被合并的企业打捆进入新集团，成为某级子公司。中国企业联合会刘兴国研究员的研究显示，以央企为例，共有 34 家央企管理层级超过 5 级，最多的达到 9 级；法人层级个别企业达到了两位数。级次过多、链条太长等原因导致企业管理效率下降，甚至资产归属模糊、管理失控。

除了多元化主业缺乏整合对国企竞争力造成负面影响外，我们更需站在国有资本的层面理解主业多元化对资本价值产生的负面影响。换句话说，不是业务越多、资产规模越大，公司就越“值钱”。以主业多元化的国有控股上市公司为例，回顾该等企业上市的历史。主业多元化的状态，使国企在产权制度改革中自然选择了多主业“打捆”的模式，尤其是在以上市为重要形式的投资主体多元化的产权制度改革过程中，多板块优势业务“打捆”上市和集团下面经营性业务整体上市成为自然选择[①]。因此，现阶段很多国企集团下都挂有一个或若干个多主业的上市公司，而资本市场“多元化折价”的客观规律，使这些上市公司的股权价值被低估。

造成多元化折价的原因，主要是由于资本市场认为多元化主业的上市公司专业性不足、集中度不够。股权投资者虽然认识到企业“东边不亮西边亮”的低风险，但更关注企业“东边亮了但西边不亮”的低收益，尤其是具有行业研究能力的机构投资者，若看好某一行业，为什么不买只精于这一行业的公司，而去买在这个行业做得好但业绩可能受到另外三个主业拖累的多元化上市公司？基于下文所做的实证分析可以看出，多元化折价，无关乎国企、民企、中资、外资，在全世界资本市场均是客观存在的，即使存在极少的例外，也不应是今天讨论的具有普遍适用性的改革原则所应瞄准的小概率事件。

① 20世纪90年代，剥离优势业务上市，即所谓的“靓女先嫁”模式，是国有企业IPO上市的普遍模式。为了通过发行审批、赢得投资者青睐，国有企业集团不是根据业务的专业性，而是根据资产的优劣，将高效资产装入拟上市企业，将辅业资产、历史负债、冗余部门留在集团公司。优势业务上市带来了一系列问题，也受到一些批评，主要问题包括：第一，在所有者职能虚置的情况下，优质资产分拆上市容易形成大股东过度控制、掏空上市公司等不利于企业长远发展及资本市场秩序的短视行为；第二，优质资产上市，易于形成“小船逃生、大船搁浅”现象，拟上市子公司将不良债务、富余人员等历史包袱剥离给国企集团，失去优质资产的国企集团则不堪重负、难以为继。因此，21世纪初，随着证券市场发行体制改革的不断深化，尤其是股权分置改革和发行保荐人制度取得突破后，国家有关部门从2003年开始推动国有企业整体上市，2003年下半年起至2005年末，陆续有TCL集团、武钢集团、百联股份、中国软件、宝钢股份等5家企业先后实现了整体上市。伴随着《国务院批转证监会关于提高上市公司质量意见的通知》(国发〔2005〕34号)、《国务院办公厅转发国资委关于推进国有资本调整和国有企业重组指导意见的通知》(国办发〔2006〕97号)等文件相关政策的出台，2005年以后，大部分的国企上市均采用了整体上市的模式，使得上市公司同时运营多个主业。

基于以上分析，我们提出混改的归核原则和实现方式：混改中打造专业化业务平台。

归核原则对混改具有重要意义。第一，在国有企业层面，它回答了困扰我们的是不是混改要搞好每个国企和每个业务的问题。混改要求企业首先明确其核心能力和核心主业，并通过归核，将业务向核心能力靠拢，将优势资源和主要精力向核心主业集中，从而打造具有资源禀赋优势的专业化业务平台。这既是通过混改搞好“相当一部分”企业和业务的基础，也是国有资本随后通过流动退出另一些不具资源禀赋优势的企业和业务的必要步骤。相应的，打造专业化业务平台的方式有两种：一是构成同业竞争的业务应向一个平台集中，形成合力，减少内耗；二是多元化业务平台应梳理主业，将与核心主业关联度不高的业务剥离或出售，集中资源和精力做好核心的事情。第二，在国有资本层面，通过归核打造专业化业务平台突出主业，更是提升资本收益性和流动性的重要手段。前文提到，近年来，逐步从央企集团向地方国企集团延伸的兼并重组十分必要，有助于以“合并同类项”为目标开展跨企业集团的资源和优势整合，减少国有资本内部的同业竞争；在此基础上，要吸取历史上“重合并、轻整合”的不足，更需关注新的大集团下业务的梳理、重组和归核。尤其是在混改的过程中，通过归核打造专业化业务平台，更有助于提升其资源禀赋优势、提升盈利水平和资本回报水平并降低杠杆率，从而通过“自强”，找到更合适的“联姻”对象——引入业务契合度高的战略投资者，从而更好地发挥他们在资源、人才、技术等方面的专长，形成双方的协同，也更有可能通过市场化运营提升业绩。第三，在经济体制改革层面，遵循归核原则，混改能够为供给侧结构性改革提供强大助力。供给侧结构性改革要改变制造业在中低端大量过剩，在中高端又缺货的现状，从而让我们的技术和产品从中低端迈向中高端。混改中，通过归核打造主业突出的专业化业务平台，并在改革和发展中朝着高端的目标深耕技术和市场，持续提升竞争力，才有可能成为细分领域的“隐形冠军”[①]，而“隐形冠军实际上能够达到供给侧结构性改革最终需要的技术和产品中高端的目的。”[②]

归核原则实证分析：打造专业性业务平台优先性的资本市场实证

关于业务多元化程度和公司绩效及资本回报的关系，国内外大量的实证研究都表明了多元化会损害公司绩效，即出现多元化折价现象。朗（Lang）和斯塔尔兹（Stulz）选用托宾Q值来衡量公司绩效，实证结果表明业务集中和公司绩效正相关，多元化公司的折价平均为8%。伯杰（Berger）和奥菲克（Ofek）的实证检验表明多元化公司由于跨部门补贴的行为导致了公司绩效的减少，跨部门补贴行为使公司的资源流向了盈利能力较差的部门，以至于出现多元化折价，并表明美国的多元化公司存在15%的价值损失。参考经典理论思路和实务分析思路，我们对多元化问题进行了以下两项实证分析。

实证分析一：上市公司主业多元化程度与投入资本回报率的关系

我们以在沪、深交易所上市的2 743家上市公司为样本，以2008—2016年作为研究区间，实证检验了多元化经营程度与企业绩效的关系。结果显示：第一，在保持其他因素不变的情况下，公司开展的跨行

① 赫尔曼·西蒙在《隐形冠军：谁是全球最优秀的公司》一书中提出成为隐形冠军需要达到三个标准：一是产品的国际市场份额必须排在前三的位置；二是销售收入一般在50亿欧元以内；三是社会知名度低。

② 宋志平. 我们需要更多的隐形冠军［N］，中国建材报，2017-05-25（001）.

业经营数目越多，投入资本回报率和产业投资回报率（托宾Q值）[①]越低；第二，在保持其他因素不变的情况下，公司主营收入构成越集中，专业化程度越高，投入资本回报率和产业投资回报率（托宾Q值）越高。

由此可见，多元化经营战略或许能让企业“做大”，但不一定能让企业“做强做优”。一方面，多元化经营会降低集团整体的经营绩效；另一方面，从资本的角度来看，多元化经营也不利于集团整体的市场绩效。实证结果证实了之前的机理分析。

实证分析二：主业多元化上市集团估值折价的实证分析

前文提到，资本市场更偏好专业化的公司，因而主业多元化的上市公司往往存在“多元化折价”，即资本市场给予上市公司的整体估值，低于旗下各业务板块估值之和。对此，我们对全球主要多元化主业的上市公司进行了实证分析。基于资本市场研究分析师的研究报告，我们将各个公司的分类加总的企业价值和净资产价值（Net Asset Value）进行比较，获得溢价或折价率。图4.3和图4.4分别是对香港上市多元化公司和全球上市多元化公司的市值溢价/折价的分析。

---

① 在模型设定中，被解释变量为企业绩效指标，包括反映企业资本回报水平的指标——投入资本回报率，反映企业市场绩效的指标——托宾Q值（计算公式为股票市场对企业资产价值与生产这些资产的成本的比值。托宾Q比较真实地反映了公司的内在价值与市场价值之间的关系，高Q值意味着高产业投资回报率，此时企业发行的股票的市场价值大于资本的重置成本）。解释变量为衡量企业业务多元化程度的指标，包括企业跨行业业务数量、反映主营收入构成集中程度的赫芬达尔指数（赫芬达尔指数是反映行业集中度的指数，将其运用于衡量一个企业的产业集中度，可以反映企业的多元化程度。通常来讲，赫芬达尔指数越大，行业集中度越高）。

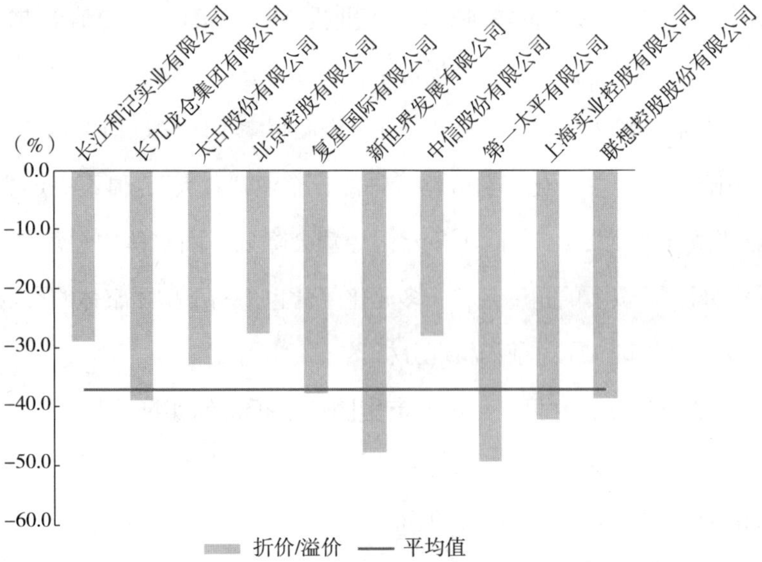

图 4.3　香港上市多元化公司估值溢价 / 折价分析

数据来源：Capital IQ，研究报告，截至 2017 年 7 月 31 日。

实证结果显示：在全世界，除了两家公司通用电气和霍尼韦尔分别存在 3.9% 和 4.0% 的微弱溢价，所有主业多元化上市公司的企业价值均低于其净资产价值，即多元化折价。

其中，香港上市的多元化公司的平均折价为 33.6%，国际上市的多元化公司的平均折价为 7.0%。基于资本市场分析师的观点，通用电气和霍尼韦尔两家公司的溢价也并非多元化产生的，而是两家公司在高科技领域的卓越投资，以及公司领袖的"强人效应"所产生的溢价覆盖了业务运营中的多元化折价。

基于以上机理分析和实证分析，我们提出混改的设计思路：混改中应遵循归核原则，着力打造专业化业务平台。

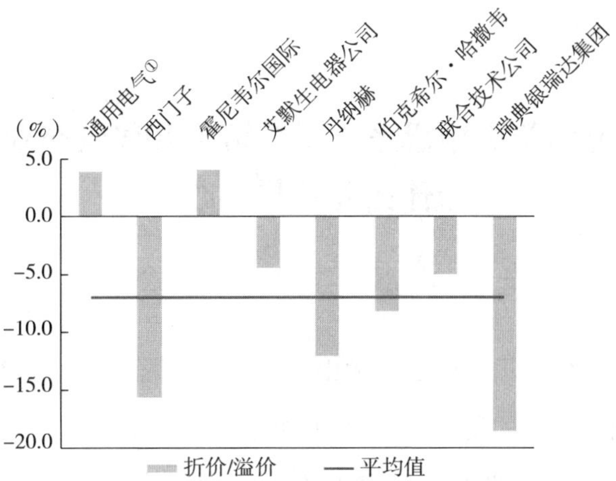

图 4.4　全球上市多元化公司估值溢价 / 折价分析

数据来源：Capital IQ，研究报告，截至 2017 年 7 月 31 日。

对于归核原则具体到混改操作中如何体现，本书的路径篇将着重讨论。

基于本章中的讨论可以看出，混改“三原则”的提出，是着眼于通过国有资本做强做优做大实现搞好国有经济的总目标。与此同时，在混改中，三原则的实现方式——引入股权相对集中的战略投资者、同步引入核心员工持股、打造专业化业务平台，也恰恰是搞好国有企业的必要手段，从而做到企业层面提升持久竞争力微观目标和国有经济层面搞好国有经济总目标的有机统一。因此，本章提出的混改“三原则”就成为本书的重要基石，为接下来的路径篇中讨论混改怎么改的操作思路提供了方向性指引。

① 杰夫·伊美尔特（Jeffrey R. Immelt）时代的通用电气，希望用减法，使通用电气回归更简单、更具价值的基础工业公司，开创工业互联网的新时代。通用电气在 2015 年 4 月正式宣布分两年剥离价值 3 630 亿美元的金融业务中的大部分业务，利润占比目标为从 2014 年的 42% 降至 2016 年的 25%，再到 2018 年的 10%，保留小部分金融业务以支持工业业务。根据定期报告，通用电气正朝着这一目标前进。

方向篇引申思考：民营资本和民营企业为什么要参与混改？

本篇花了较大篇幅讨论并得出结论：始于国有资本和具有完整市场化特征的外部资本的混合，在企业层面引资本、健体制、转机制的混合所有制改革，是破解国资国企问题的必由之路，是现阶段国企改革的主题和突破口。具有完整市场化特征的外部资本不限定于民营资本，但民营资本必然是其中的重要组成部分。混改以市场化为方向，意味着混合的过程也必然是国有资本和包括民营资本在内的外部资本之间市场化的双赢。那么参与混改，对民营资本有什么好处呢？民企通过混改又能获得什么实惠呢？

思考上述问题，首先需要对民营资本的现状有一个了解。基于资本的三个特征，近年来民营资本在收益性方面存在的下行压力同样成为其面临的显著问题。2004—2010 年民营资本保持了七年高回报率态势，然而自 2010 年以后，民营资本的投入资本回报率也出现下滑，虽然整体水平仍高于国企，却一度由 14% 跌至 2015 年的 8% 左右的水平。民营资本如何提升回报水平？我们认为至少有两种途径：第一，通过资本的流动，将民营资本有效配置到回报率更高的行业或有提升潜力的企业中；第二，通过进一步提高生产运营效率，提升民营企业的盈利能力。以上两个途径是混改实施的有效方式。

首先，如何通过资本流动进入较高收益的行业？混改提供了两个机会。一是通过参与混改，民营资本有机会投资于回报率较高的行业和领域的国企。长期以来，非公有制经济发展一直存在有形和无形的障碍，即使在充分竞争领域，产业准入等方面也存在着一定的限制[①]。多年来，政府着力创造公平的市场准入环境，但由于历史发展等多方面的原因，在一些行业中，民企和国企在资源禀赋、市场势力等方面存在着巨大差距，使国有资本在一些较高回报率的行业中保持主导地位。通过对照行业平均回报率（方向篇引申思考表 1）以及国有资本的行业分布[②]（方向篇引申思考图 1）可以看出，在净资产回报率超过 9% 的十个非金融行业中，有五个行业的国有企业的户数占比超过 60%。在历史上国有资本流动性不足、国有企业股权结构高度集中的局面下，民营资本作为"积极投资者"投资该企业的可能性很低。尤其在一些历史上对民资开放程度较低的领域，例如电力、石油、天然气、铁路、民航、电信、军工等[③]，行业平均净资产回报率分别为：10.04%、9.54%、9.34%、6.87%、10.73%、0.8%、2.75%[④]，该行业内竞争性领域的国企向民营资本开放了大门，允许民营企业作为积极的投资者参与持股，对提升民资的收益水平有益，我们可以称之为开放效应。

---

① 黄明哲，方良平．我国民间投资存在的问题及对策思考［J］．当代财经，2002（12）：27–29.

② 对于国有资本的行业分布数据，我们只能获得截至 2012 年的相关统计。考虑到国有资本在 2012—2016 年的流动有限，我们认为 2012 年的统计基本可以反映国有资本最新的行业分布。

③ 国务院《关于国有企业发展混合所有制经济的意见》（国发［2015］54 号），2015 年 9 月 23 日发布。

④ 此组数据为 2016 年公布数据，石油行业的来自证监会行业分类、军工行业的来自申银万国行业分类数据，其他行业的来自万得数据库。

方向篇引申表 1：2016 年主要行业平均净资产回报率水平

行业	净资产回报率均值（%）	行业	净资产回报率均值（%）
农林牧渔业	16.60	采矿业	2.17
制造业	8.77	电力燃气水	9.77
建筑业	11.05	交运仓储邮政业	8.22
批发零售业	7.73	住宿餐饮业	3.61
信息和软件业	8.36	房地产业	13.16
科研技术服务	8.98	租赁和商务服务	12.91
居民及其他服务	—	水利等公共设施	11.87
卫生和社会工作	12.23	教育	15.18
公共设施管理	12.48	文化、体育和娱乐	11.16

数据来源：万得数据库，基于中国证监会的行业分类。

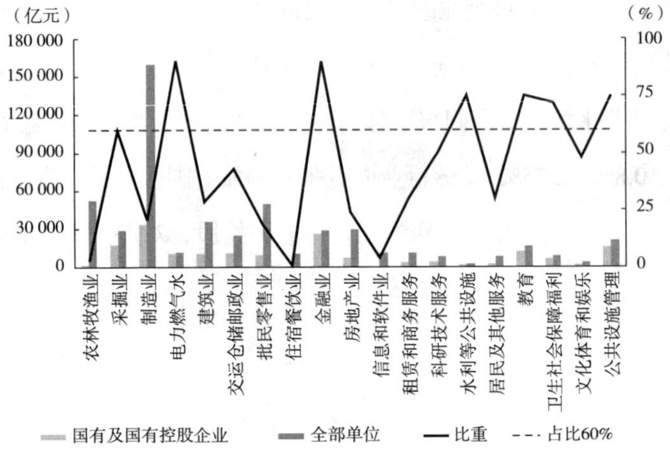

方向篇引申图 1　2012 年国有企业在各行业中的增加值分布

数据来源：《国有企业改革与中国经济增长》（张文魁）。

二是通过参与混改，将民营资本的市场化优势与国有企业的资源禀赋优势相结合，产生溢出效应，民资可获益于所投资国企回报率的提升。在大部分行业中，民企的回报率水平均显著高于国企。以 2016 年为例，在40个工业大类中，仅有家具制造业、石油加工炼焦和核燃料加工业、汽车制造业等三个行业中国有企业的资产回报率高于民营企业，其余的37个行业均低于民营企业（方向篇引申图2）。因此，民资进入国企，促进所有股东“到位”、推动国企治理体制和经营机制的市场化改革，从而促进国企生产运营效率的提升，不但有助于通过发挥溢出效应，促进国企的回报率向行业中的领先水平看齐，还有助于双方形成协同、进一步发挥规模效应，能够令包括民资股东在内的所有股东获益。

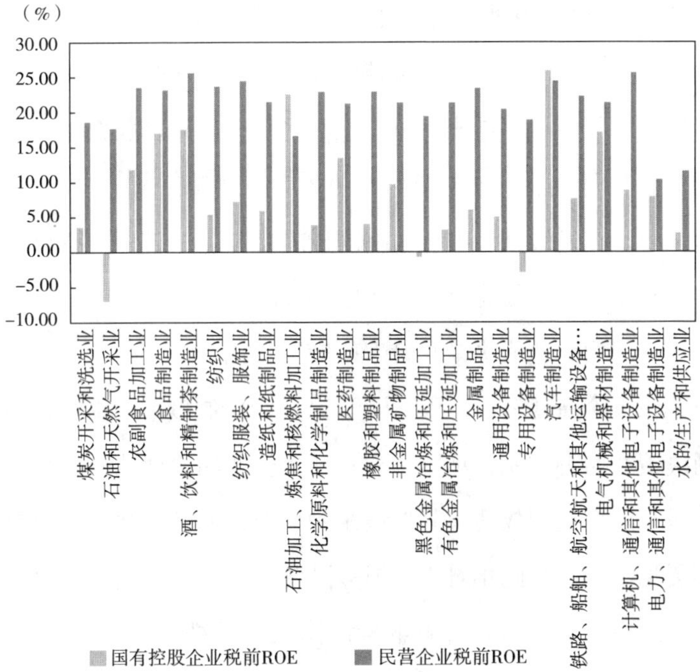

方向篇引申图2：2016年，资产过万亿的行业中国企和民企税前净资产回报率比较

数据来源：根据《中国工业统计年鉴2017》计算。

继而，对于民营资本控股的民营企业，可以称之为“存量资本”，能否通过混改获益？民营资本面临的回报率下滑压力反映出民营企业在全球经济进入中低速增长、市场竞争日趋激烈、生产成本逐步上升的压力之下，正面临着显著的发展瓶颈和转型升级的迫切性。基于总结和调研，我们将瓶颈问题总结为三个方面：一是治理体制不足，面临“家族式经营模式、人才储备转型升级”①的迫切需求；二是创新能力不足，面临技术提升的迫切性；三是融资筹资能力不足，面临资金的瓶颈。参与混改，引入包括国有资本在内的外部资本，恰是为民企在以上三个方面的改善提供了一条可行的路径。

一是通过混改，有助于改善民资股东一股独大的局面和“家族制”的治理体制，有利于改善民企可持续发展的治理瓶颈。通过前文对企业制度演进的分析可以看出，所有权和经营权分离、股权结构从一元化走向多元化是企业发展的必然趋势（第三章第三节）。具体到中国的民营企业，在发展壮大中正面临同样的瓶颈：一方面，在很多民营企业中，也呈现出民资股东一股独大的特点，使得所有权、经营权、控制权不分。由此造成决策和管理高度集权化，缺乏民主和科学的论证，利益和风险高度集中；另一方面，“三会”制度形同虚设，不能真正起到决策和监督作用，难以建立起现代企业的治理体制，甚至出现控制性股东滥用控制权伤害其他股东的情况，通过关联交易掏空企业的案例屡见不鲜。与此相对应，很多民营企业的股权结构呈现了封闭的特点，缺少存量资本流出和外部资本流入，这既不利于形成对经营

① 方光正，民营中小企业成长的资源困境与出路［J］. 工业技术经济，2005，24（4）：30–31. 王争辉，王婧，陶金瑞. 民营企业发展中存在问题的分析及对策［J］. 企业经济，2009（3）：30–32.

层的有效监督，又难以通过股权吸引和留住优秀人才，成为制约民营企业可持续发展的关键瓶颈。另一方面，我国民营企业普遍存在以家族制为特征的治理体制①。家族制企业在显示其早期的生命力与竞争力的同时，也存在一些先天不足和内在局限性，制约着企业的进一步发展。对于家族制企业，由于产权界定模糊，家族成员的权力和利益冲突贯穿企业发展的始终。民营企业创立初期，家族内部成员齐心协力、共同奋斗，很少谈及产权问题；当企业发展到一定程度，尤其是具有一定实力之后，家族内部成员往往会出现争权夺利的情况，易产生产权纠纷。产权不明带来的矛盾，让企业向心力不足，企业的发展在争权夺利中被耽误，对企业实力的壮大十分不利。

与此同时，根据我们的观察，很多民营企业——尤其是中小型民营企业——此刻正站在一个发展的十字路口。一方面，在中国快速的产业升级中，很多第一代创业者知识储备不足，在退居二线的同时，亟须考虑如何引进专业技术和管理人才以带领企业迈上新台阶；另一方面，随着大量第一代创业者逐渐步入退休年龄，很多民营企业正面临“二代不接班”的问题，这些现实问题既成为制约民营企业进一步做强做优做大的关键瓶颈，又恰恰成为改革的良好契机。正如厉以宁教授曾深刻指出：“家族制是制约中小民营企业发展壮大的关键因素，民营企业要想发展，家族化经营只能是一个过渡。”民营企业发展到一定规模时，就必须突破家族式管理模式，“以家族资本有效融合社会资本，建立起委托代理机制

① 家族制的产生有客观的经济原因，又有深刻的社会文化背景。在创业之初，民营企业在资本、技术、管理、信息等方面具备的资源极其有限，而家族内部资源正好可以弥补这一不足，有利于企业在创业阶段实现内部资源成本最小化，又可以降低信任感缺失和不确定经营环境下的风险，对于缺乏社会资源的民营企业的创业和稳定经营有着重要的作用。

和现代企业制度。”①

环顾世界上基业长青的私营企业，也都经历了从家族集中持股到股权结构多元化、制衡化的过程。如美国的洛克菲勒公司、杜邦公司及其控股下的通用汽车公司等，虽然起源于家族企业，但到了近代，家族成员只作为股东拥有部分的所有权和经营权，基本脱离于经营管理和控制运营公司之外②。从1840年至1920年，美国家族企业经历了广泛的“经理革命”，业主逐渐把经营权交给了社会经理人，所有权和经营权分离开来，企业成为由专业管理层经营的、多个单位组成的大型股份公司。日本企业最早也是家族企业，但到了20世纪30年代，日本的财阀企业即日本工业的巨型家族企业已不再依赖家族成员管理企业，“二战”之后，日本财阀企业崩溃，企业进入制度化阶段，成为专业化管理的基层组织③。

由此可见，通过引入包括国有资本在内的外部资本，有助于改变民资股东一股独大的局面和家族制的治理体制，建立现代企业制度，引进先进管理技术，从而形成更加科学的治理模式规范；通过实现股权结构多元化和制衡化，对“内部人”形成有效制衡和监督，可有效解决民企股权结构亲缘化之下存在的种种弊端，为民企实现可持续发展的制度保障。

二是通过混改，有利于引入资源禀赋优势——尤其是在技术和人才方面的战略价值，有助于民企突破技术瓶颈。经过30年的发展，民营企业已然跨过劳动密集型的阶段。面对日益激烈的国际竞争，民企需要实现转型升级，通过技术来打造持久竞争力，依靠创新来驱动增长。一方面，国企在科研技术、人才等方面较民企仍然有一定优势。近

① 厉以宁．民营企业应摆脱家族经营制的束缚［J］，宏观经济研究，2000（6）：18-20.

② 盛波．家族企业治理结构的缺陷和完善［D］．中山大学，2008.

③ 何圣东．国外家族企业制度变迁的比较及启示［J］．经济纵横，2002（8）：54-57.

年来，国企在一些重大基础研究领域成了创新先锋，在核电、航天、高铁等领域尤为明显。张文魁研究员的研究显示，从研发投入来看，1999—2012年，无论研发费用占主营业务收入百分比，还是研发人员占总雇员人数百分比，国有企业都具有较高的投资密度，尤其是在大型国有企业中，这一特点表现得更为明显。与此同时我们更需看到，尽管具有较高的研发密度，国有企业的研发效率却相对较低，研发潜力还远远没有发挥出来。一系列数据显示，"目前，我国约70%的技术创新、65%的国内发明专利和80%以上的新产品来自中小企业，其中95%以上是非公有制企业"①；从2003年以来，国有企业每年注册的专利数量持续少于民营企业，专利数目增长缓慢（方向篇引申图3），而除2016年外，国有企业"有效发明专利/1亿元研发支出"和"有效专利/100名研发人员"等比例都低于民营企业（方向篇引申图4）；同时，国有企业在将资源转化为专利和创新成果方面的效率还较低，以OECD统计的2010年数据为例，相比非国有部门全要素生产率4.56%的年增速，国有部门只有1.52%②。由此可见，国有企业虽然拥有大量物质和人才等创新资源，但其创新潜力还远未得到充分发挥。这一方面说明通过混改激发人的动力，对国企至关重要，另一方面也说明，倘若这部分具有战略价值的禀赋资源能够与民企相对接，将对民营企业大有裨益。总之，通过混合所有制改革，国有资本入股民营企业，双方在人才技术、品牌价值、管理内控等方面形成战略协同，有利于实现资源的优化配置，提升民营企业的持久竞争力。

---

① 《国企民企不是谁进谁退 是共同做大蛋糕》，人民日报，2018-02-07.

② 张文魁，袁东明等.国有企业改革与中国经济增长［M］.北京：中国财政经济出版社，2013.

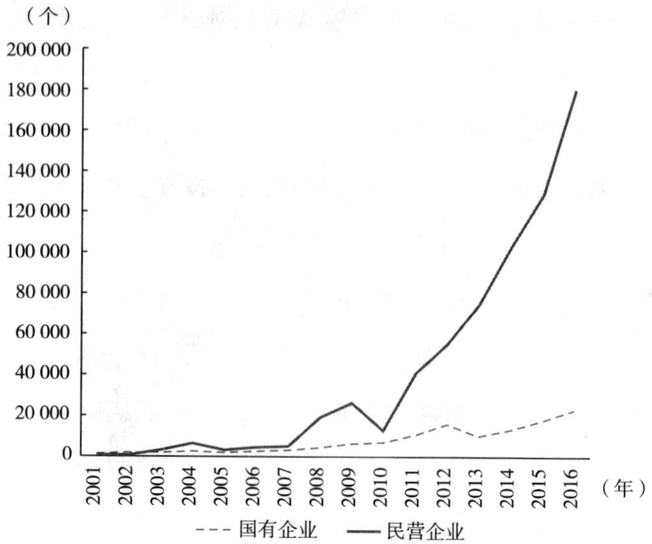

方向篇引申图 3　2001—2016 年，国有企业和民营企业有效发明专利数量

数据来源：各年度《中国科技统计年鉴》。

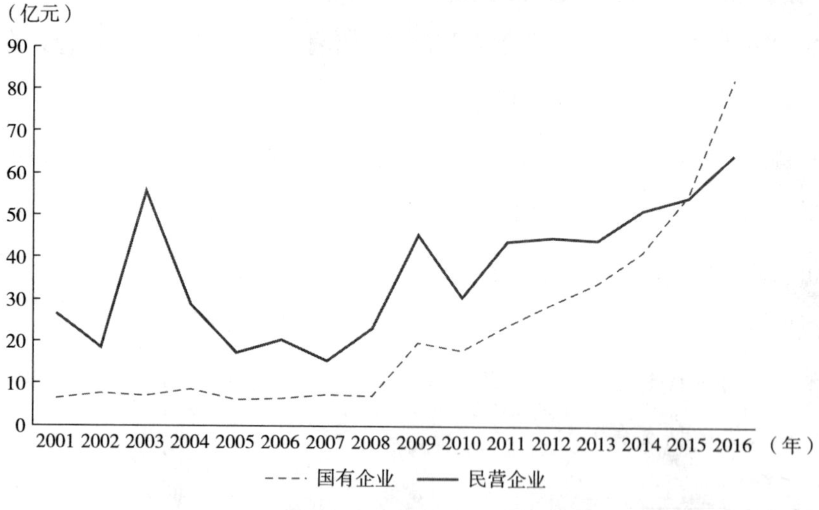

方向篇引申图 4　2001—2016 年，国有企业和民营企业有效发明专利 /1 亿元研发支出

数据来源：根据各年度《中国科技统计年鉴》计算。

三是通过混改，国有资本进入民企，缓解民企加快发展的资金瓶颈。资金是企业成长的血液，民营企业要加快发展，必然要以一定的资金作为支撑。尽管各级政府、央行及商业银行采取了多种措施，但由于诸多因素影响，融资难、融资贵，仍然是当前民营企业发展所面临的最大瓶颈之一。据统计，2015 年民营企业 500 强中，有 241 家企业认为融资较难；而国务院有关部门发布的《2015 年企业负担调查评价报告》显示，66% 的企业反映“融资成本高”[①]。由此可见，在混合所有制改革的过程中，国有资本调整战略布局，从部分不具备优势的国有企业中退出和转移，这部分转移出来的国有资本若投向民营企业具有优势，但亟待资金支持的新兴产业，势必将有效缓解制约民企发展的融资难题，并改善国有资本的布局。

综上所述，无论国有企业还是民营企业，股权结构从高度集中走向多元化、制衡化，是企业发展的客观规律，因而以投资主体科学化为切入方向的改革思路，对广大中国企业的可持续发展具有普遍适用性。一方面，突破国资股东一股独大下外部股东难以发挥制衡作用和市场化作用的症结，提升国企的持久竞争力，需要进行混改；另一方面，改善民资股东一股独大和家族制的治理体制，实现民企的可持续发展，同样需要进行混改。十八届三中全会提出交叉持股、相互融合，不仅是对国资和民企合作在政策层面的突破和创新，更对中国企业突破当前发展中的种种瓶颈具有非常强的现实意义。

同时我们有理由相信，国资和国企、民资和民企，能够在混改中实

① 袁亚非．强化政策落实支持民营企业健康发展［C］．人民网，2016-03-10.

现对国民经济的“双轮驱动”。混合所有制改革使国有资本与民营资本实现“资本联姻”、优势互补，由此，国企的竞争力得以提升，国资的收益性、流动性和平等性得到强化；民企得以更有效配置资源，吸引优秀的管理者和员工、先进的技术和科学的管理，有效缓解民营资本的资源约束，同时在国有企业规模效益的支持下获得显著收益，实现民营资本的高效运用，带动民企的发展。正如中国建材集团董事长宋志平指出：“中国特色社会主义市场经济，是多种所有制共同发展的混合经济模式。中华民族实现伟大复兴，需要不同所有制企业共同发挥作用，形成联合体、共同体或者说强大的中国经济组团，继而在全球取得竞争优势。”[①]

① 晓甘主编 . 国民共进——宋志平谈混合所有制［M］. 北京：企业管理出版社，2014：306.

路径篇

立足国有企业：从产权制度改革到体制机制改革的框架性操作思路

——混改十步法、混合所有制企业六特征

路径篇概述：混改应该怎么改？

方向篇中，我们立足于国有经济的高度，基于资本视角，着眼于通过国有资本做强做优做大实现搞好国有经济的国企改革总目标，探讨了为什么混改的问题，并提出了混改方向的坐标——混改的一体、两翼、三原则。

千里之行，始于足下。明确了混改的方向，更需以理论指导实践，下沉到国有企业的微观层面，集中探讨混改应该怎么改的问题。具体而言，我们希望了解在混改过程中涉及哪些关键问题需要考虑，有哪些难点需要突破，又有什么样的操作思路。

基于笔者在混改项目中的实操经验和三年来的持续调研和跟踪，并结合企业在混改中面临的重点问题、外部资本的重点关注，总结了一套立足于国企集团整体，针对竞争性领域国企混改的框架性思路，覆盖引资本、健体制、转机制的改革全程，即“混改十步法”[①]。以此为框架，本篇将结合对实际案例的分析，对这十个核心步骤进行详细分析，从而归纳出一系列操作思路。分析中，我们将继续采用方向篇的口径，以资本价值的提升为重点，并将是否有利于提升资本回报率作为对一系列操作思路的具体判断标准。

混改十步法主要分成不断深入的三个阶段。

---

① 王悦．混改十步法［J］．上海国资，2016（9）：26–30.

混改筹划和准备阶段：包括确定混改的模式、重点选择优先混改的业务并进行相应的业务重组，随后考虑混改路径，为引入资本（包括外部资本和核心员工）做好准备。

引资本阶段：作为混改实施的首要阶段，包括引入战略投资者过程中的选择投资者、考虑出让股权的比例、合理确定价格，以及引入外部资本的同时引入核心员工持股的过程。

健体制和转机制阶段：在引资本后，着力于体制机制改革，包括以现代化为方向，以董事会为核心，健全治理体制的改革；以市场化为目标，以动力机制为核心，转换经营机制的改革。

混改十步法的定位是一套框架性操作思路，希望基于对一些典型操作方式的思考和分析，归纳出一些具有参考价值的操作思路和方向，从而给大家些许借鉴和启发。企业在实际执行中，更需坚持“因地制宜、因业制宜、因时制宜、一企一策”，在先例的基础上，探索出一条适合自己的混改道路。

第五章

混改筹划和业务准备阶段

混合所有制改革是一项从国资层面到国企层面的综合性改革，而在国企层面，不仅涉及拟混改企业的变革、员工观念的调整，更涉及全集团的长治久安。因此，在混改实施前，企业应在明确改革目标的基础上，做好充分的论证和筹划工作。尤其需要提醒，混改的过程不是百米赛跑，而是万米长跑，因而企业在启动阶段应花一定时间把一些重点问题想清楚、做好准备，这样往往能够在操作过程中降低风险、减少反复，有助于提高操作效率、提升改革效果。

在本章中，我们集中探讨了在混改的筹划和准备阶段企业普遍会经历的三个核心步骤，并针对操作中的重点问题归纳出一些思路和建议。步骤一，站在国企集团高度，讨论如何筹划混改的切入口和方向；步骤二，集中于核心主业，讨论如何设计混改的业务范围、模式和重组方式；步骤三，以引入持股相对集中的战略投资者为目标，讨论如何筹划引资路径。

步骤一：筹划模式

混改应该在集团层面改还是在子公司层面改？

调研中，这是很多国企关心的第一个问题。混改不是针对国企内一部分业务、资产和人员的静态改革，更不是遵从政府行政指令的被动改革，混改应是一项原动力来自于国有资本和国企本身，涉及国企全集团的、持续进行的系统工程。因此，混改在思路上应考虑的不仅是以哪一个层级作为切入口，还应该考虑改革在集团内持续推进的方向。我们将这两个要素归纳起来，称为混改模式。

对于如何在筹划初期选择混改模式，我们提出以下原则。

原则一：应首先站在国企集团的高度，对国企全局有一个规划，通过评估对集团最优化、可行性较高的模式，确定国企集团混改的切入口和推进方向。

实践中，根据改革在国企集团内的切入层级和推进方向，混改可以划分为两种模式：自上而下模式和自下而上模式[①]。

模式一：始于集团层面的自上而下模式

此模式着眼于在国企集团层面引入外部资本，通过外部股东“到位”促使国资股东“到位”，从而健全董事会为核心的决策制度。外部股东

① 王悦．混改的模式和路径．上海国资，2016（9）：34-36.

通过行使董事职责，推动集团以市场化为导向的体制机制变革，并实现战略重塑，加快集团转型发展。同时，集团通过“管资本”、自上而下推动管控模式改革，并因地、因时地推动旗下专业化业务平台的混改，进一步完善其董事会决策制度，从而在业务平台层面实现市场化运营和可持续发展。自 2014 年以来，这一模式在央企中的探索以中信集团和中国联通为代表，而在地方上以上海市、浙江省为代表。

自上而下模式的优势在于，从集团层面切入改革，在现阶段有助于减轻国资监管部门对国企集团“管人、管事、管资产”的束缚，从而在企业经营的全局和管理的最高层面突破传统国企的体制束缚和机制限制，有效避免因为“只改子公司、不改集团”而遗留的集团对子公司“旧体制管新体制”的弊端，持续推动业务运营层面的市场化改革，以加快发展。这是国有企业的普遍诉求，也是外部资本希望通过完善治理体制对企业实施合理、有效影响的保障。因此，从理论上讲，自上而下模式的改革将更彻底，应是混改的优选模式。

然而，对于较为普遍的多主业、跨行业经营的国企集团，自上而下模式会增加混改的操作难度，并可能降低混改的效果。下面从拟混改企业和外部资本两个角度来解释这个问题。

从拟混改企业的角度考虑：第一，在混改中打造专业化业务平台的操作难度大。方向篇提出了混改设计思路的归核原则，并以打造专业化业务平台为实现方式（第四章第三节）。然而，若在主业多元化的国企集团层面执行此原则，可能意味着大量的业务被剥离，操作可行性不高。第二，较难引入契合度高的战略投资者。设计思路中的另一条指导原则是集中原则，并以引入股权相对集中的战略投资者为实现方式，而战略投资者的标准是“懂行业和业务 + 能够提供战略价值”（第四章

第一节)。主业多元化的特点决定了集团层面较难引入与其多元化业务均有较高契合度的战略投资者，因而影响集团全局性战略决策的专业性和科学性。尤其考虑到以央企为代表的特大型国企集团更侧重发挥管控职能，而非参与业务的日常运营，这就要求在集团层面引入战略投资者的要求首先是对集团的发展战略提供支持，而非在子公司运营层面提供支持。因此，如果引入的战略投资者只在某些业务领域拥有专长，那么就不能保证其在集团的整体战略决策中对多元化业务的发展战略提供专业化和科学化的决策建议。第三，由于集团所从事的多个行业和领域的业务质量差异较大，整体引资前的重组操作难度大。一方面，秉承分类改革的思路，集团内多元化的业务很可能涉及不止一个类别，需要“一企两制”甚至“一企三制”，如果在集团层面混改，可能需要首先进行大量的拆分和重组；另一方面，由于历史原因造成集团内资产质量差异性可能会很大，在决定哪些资产进入重组范围的问题上，集团可能面临较大难度。现实中的另一个难点问题是：集团内一些涉及限制类行业的业务或者发展前景不佳的非核心资产在混改中如何处理？如果要剥离出集团，由哪一主体来承接？这些恐怕都不是集团层面能独立决策的问题，增加了混改的操作难度。第四，容易导致拟混改企业的估值水平被低估。资本市场“多元化折价”的客观规律，加上外部资本担心国企集团多业务板块间协同效应不足，导致集团层面引资的估值低于各业务板块公允价值之和[①]，由此可能会引发国有资产是否实现保值增值的潜在质疑，这一点也十分关键。

---

① 多元化折价的机理和实证分析在第四章第三节中有详细论述。公允价值是资本市场的核心概念之一，即通过信息充分披露反映在公开市场上被广泛认可的价值（详见第六章步骤六）。

从外部资本的角度考虑，主业多元化会影响其参与混改的热情。一方面，持股相对集中的战略投资者——无论是产业投资者还是积极财务投资者——一般都会专注于少数行业，并在该行业拥有其战略价值的优势。面对一个主业多元化的集团，即使外部资本对帮助其搞好某项业务满怀信心，也很可能由于对集团同时运营的其他业务"如何搞好"、"有哪些风险"等关键问题不够了解或不够看好，导致其对集团整体难以评估，而降低参与集团混改的积极性。正如一位央企集团负责人打过的非常形象的比方：混改就像结婚，对于年轻的男青年，大多数本能会选择年轻貌美的姑娘，而不是她年长的老妈。另一方面，"多元化折价"的客观存在，会引起外部资本对未来企业的价值提升潜力和上市退出难度的顾虑，同样影响其积极性。现实中，参与集团层面混改还可能面临一定的操作难度。一是相较于子公司，国企集团层面受到的约束较多，较难接受资本市场的一些惯常操作。例如，外部资本要求现有管理层或控股股东对引资后一段时间企业的盈利水平或中长期退出机制做出一定的"背对背"承诺。这是股权并购交易中较多采用的操作方式，但是国企集团及其国资股东一般较难接受。二是国企集团往往资产规模庞大，尤其是重资产的国企集团，其大量的土地、房产很可能在资产评估中大幅增值，由此大幅提高对外部资本的财力门槛，这不利于引入能够形成到位和制衡的外部资本。

模式二：始于专业化业务平台层面的自下而上模式

此模式着眼于首先在多元化国企集团旗下的专业化业务平台层面引入外部资本，外部股东通过多种形式参与董事会决策和日常经营管理，推动企业建立市场化的体制机制，从而提高生产运营效率，激发创新活力，提升持久竞争力。同时，子公司的改革若能产生"倒逼机制"

和“示范效应”，有助于促使集团推进经营机制和管控模式的改革，并促进集团内其他业务的专业化、市场化改革和发展，从而对集团发展形成支撑。近年来，中国建材、中国医药、中国石化、中粮等央企集团均在此模式下进行了探索。同时，此模式在地方的探索以广东省最具代表性。

自下而上模式着力于业务运营层面的子公司，其优点体现在：第一，拟混改企业往往专业性更强，引入战略投资者更易于形成双方的协同，也更有可能通过专业化、市场化运营提升竞争力。第二，在子公司层面进行先行先试也有助于减少改革探索对集团整体生产经营产生的风险和其他潜在负面影响。

但这一模式的操作难点在于：第一，专业化业务平台层面的混改要想取得成功，国企集团层面管控模式的相应改革至关重要。在现阶段，若专业化业务平台的混改与集团的利益没有能够有效绑定，集团很难有动力去改革其固有的对子公司“管人、管事、管资产”的经营管控模式。如此，则混改企业的层级越低，越有可能被上级国资股东的“手”伸到自己的口袋里，外部资本也就只能无能为力。第二，很多大型国企集团采用了一体化运营的模式，资金和管理高度集中，同时，各板块之间相互依赖性较高。拟混改业务要实现财务、资金等各方面的独立运营，很可能产生“分灶吃饭”的问题，对利益进行切割和协调，可能面临一定的内部阻力。

基于上述分析可见：两种模式各有利弊。改革不仅要两利相权取其重，还要两害相权取其轻。因此，针对不同类型的国企集团，我们从集团的主业集中度、规模等角度入手，着重讨论其中的一些共性思路。

问题 1.1：自上而下模式更适合什么样的国企集团？

自上而下模式在地方国企集团中的探索，以浙江物产集团和上海绿地集团最具代表性。

案例一

物产集团混改

——自上而下模式

物产集团[①]是浙江省属特大型国有控股企业集团，是中国的大宗商品服务集成商之一，2014 年资产总额超过 600 亿元，营业收入超过 2 100 亿元，位列世界 500 强排名第 345。物产集团以供应链集成服务为核心主业，占集团营业总收入的 78%，另外两项主业金融和高端实业与核心主业的关联度也较高。2015 年，物产集团启动混合所有制改革，在剥离与主业经营不相关的物产中拓和其他不良资产的同时，将大宗商品供应链集成服务等流通业务整体注入旗下上市公司物产中大，通过子公司发行新股吸收合并母公司，成为浙江首个在集团层面混改的国有企业。同时，上市公司向物产集团计划持股员工、天堂硅谷融源等九名投资者定向增发新股，共引入 13.67% 的股权。此次改革显著增强了各业务板块之间的协同效应，推进了战略、财务、人力、投资、风控的一体化融合。在集团层面完成混改后，物产集团实施了管控模式的改革，并持续自上而下稳妥推进子公司的二次混改，积极探索产业基金、战略投资者等多元资本参与子公司改革改制的实施路径。2017 年，物产环能、物产欧泰、浙油中心实现存量混改优化完善；物产公用、物产云商完成员工持股试

① 浙江物产集团公司，简称“物产集团”。案例根据上市公司公告、公司官网、权威媒体等渠道获得的公开信息整理而成。

点工作。在混改的助力下，物产中大2017年完成营业总收入2 766.20亿元，同比增长33.52%，实现利润总额38.26亿元，同比增长15.75%；当期实现归属于上市公司股东的净利润22.35亿元，同比增长3.74%；实现归属上市公司股东的扣除非经常性损益净利润11.80亿元，同比增长29.54%。

◎ **思路1.1**：单一主业或多元化主业关联度高的大中型国企集团，可以考虑从集团层面入手自上而下的混改模式，在企业最高层面对传统的体制机制进行改革，并推动管控模式的变革，从而将市场化的体制机制逐层向子公司层面传递。

问题1.2：主业多元化程度高的特大型国企集团如何选择混改模式？

前述案例和思路对于主业集中度较高的地方国企集团参考价值较高。而主业多元化程度高的央企和特大型地方国企集团又如何选择混改模式呢？

案例二

中粮集团混改

——自下而上模式

中粮集团[1]是立足中国的国际大粮商，以粮、油、糖、棉为核心主业，覆盖稻谷、小麦、玉米、油脂油料、糖、棉花等农作物产品，以及生物能源，同时涉及食品、金融、地产等行业。截至2017年底，中粮集团资产总额5 444亿元，年营业收入4 709亿元，年经营总量近1.6亿吨。伴随着

① 中粮集团有限公司，简称“中粮集团”。案例根据资本市场研究报告、上市公司公告、公司官网、权威媒体等渠道获得的公开信息整理而成。

2014年成为首批国企改革试点企业，中粮集团启动了国企改革的初步尝试，利用兼并重组推进国内国际资源整合，推动混合所有制改革提升企业管理和运营效率。2016年，中粮集团将下属业务按照产品线调整为18家专业化子公司，集中对粮、油、糖等相关业务领域的下属公司进行整合，并陆续剥离了五谷道场、金帝等亏损资产，从而聚焦主业、突出核心产品。在此基础上，集团推动了旗下12家专业化子公司的混改（表5.1）。目前，中粮旗下已经有14家子公司实现了股权多元化，并计划在2018年底实现所有18家专业化公司的混改。

表5.1　2014—2017年，中粮集团专业化子公司混改案例

时间	专业化子公司	业务板块	引入外部资本①
2014年6月	中粮肉食	生猪养殖	KKR、霸菱亚洲、厚朴基金和博裕资本
2013—2015年	中粮我买网	食品电商	赛富、IDG（资本投资公司）、泰康、宝华投资、百度、Downlight Enterprise（项目公司）、Riverhead Capital（投资基金公司）
2015年12月	中粮工科	工程承包	上海复星、美亚光电
2016年1月	中粮包装	包装	奥瑞金
2016年7月	中粮置地	地产	中国人寿、GIC（新加坡政府投资公司）
2017年7月	中国茶叶	茶叶	厚朴、国寿资管、中粮农业产业基金、中信农业产业基金、三井物产
2017年8月	中粮资本	金融	中国航发、北京首农、国调基金、上海国际、宁波梅山、广东温氏、弘毅弘量
2017年12月	中粮食品	进口酒	本富酒业

数据来源：根据公开信息整理。

在专业化子公司层面推进混合所有制改革的基础上，中粮集团作为国有资本投资公司试点，以管资本为方向，不断加大集团层面的改革探

① 中粮置地和中粮食品的案例中，引入外部资本持股在其子公司层面。

索。集团公司着力理顺资产和资本的关系，将资本经营和资产管理经营分离，建立了定位清晰、企业职责明确的“集团公司资本层—专业化子公司资产层—生产经营单位执行层”三级架构，集团公司向管资本转型，精简了机构和人员，并将关键经营权下放给专业化子公司，形成了“小总部，大产业”。具体而言，集团公司是资本运营中心，负责国有资本的调配和监管；专业化子公司是资产运营实体核心，负责制订竞争战略、调度资产、把控关键环节、管理各项职能，以及资产运营的盈利回报、接受集团的预算和考核；生产单位是执行层，负责业务的具体生产运营。集团公司通过派驻专职董事、监事行使股东权利，不直接干预企业经营决策和业务运营。

2014 年，中粮集团启动专业化子公司层面混改后，其营业收入和净利润快速上升，2015 年，中粮集团凭借资产总额 4 589.77 亿元和总营收 4 054.4 亿元，一举成为全球第三大粮商；2016 年，以国有资本投资公司改革为支点的综合改革方案进一步增强了中粮集团核心品牌的竞争实力，降低了管理难度，提高了管理效率和运营质量，盈利能力进一步增强，中粮集团的净利润达到 30.18 亿元，首次超过四大国际粮商之一的路易达孚。

◎ **思路 1.2**：主业多元化程度高，各主业之间关联度有限的特大型国企集团应考虑选择自下而上的混改模式，首先在专业化业务平台层面进行混改，随后推动集团管控模式的改革，并对集团内其他专业化业务平台形成良好示范。

在方向篇中，我们提出专业化业务平台的概念，这与子公司的概念是有明显区别的。从资本的角度着眼，更看重专业化运营，因此混改设计思路中应秉承“归核原则”（第四章第三节）。其中包括以下两个层面：

第一，该主体一心一意，围绕着核心能力做好一项核心主业；第二，集团内其他主体不做与该主体构成显著同业竞争的业务。举例而言，建筑类大型央企下面基本都有若干家子公司从事业务范围高度重叠的施工业务，挑选其中任何一家子公司都难以解决与其他子公司的同业竞争问题，导致经营的不确定性大，因而在多数情况下难以吸引外部资本参与混改。因此，我们在后续讨论中，凡是涉及自下而上模式的探讨，都是基于专业化业务平台展开的。当然，当集团内拟混改的子公司并不满足专业化业务平台的要求时，这就需要在集团内相关子公司间进行业务重组以打造专业化业务平台，这一点我们会在步骤二中进行分析。

本节开头强调，混改模式涉及切入口和推进方向两个要素。以“下面”作为切入口并不是将改革局限在专业化业务平台层面；相反，改革是国企集团整体的事情，因此在集团层面要树立全局意识，在调动以子公司为主体的积极性进行混改的同时，要推动集团管控模式的改革，才能形成“自下而上”的持续改革氛围。

管控模式改革涉及国资管理体制改革，后者又是混改两项支撑性改革之一，具有很大的复杂性，不是本书所讨论的重点。但调研中我们看到，现阶段能够在集团层面推动管控模式改革的案例并不多，这就使得“下面”混改了，但仍然被“上面”一竿子插到底，“旧体制管新体制”下，“下面”体制机制改革就难以落到实处，混改也就难以成功。调研中我们发现，国企集团“不放权”一般有两个原因：一是国企集团不愿意放权，尤其在子公司混改与集团利益不挂钩的情况下，国企集团缺乏“管资本”的动力；二是国企集团缺乏放权的政策依据，有一些企业在国企集团层面推动了管控模式的改革，很大程度上还是受益于国企集团负责人的全力支持和敢于担当的精神，但因为缺乏政策支持，其改革的力度和可持续性有限。因此，对于采用自下而上模式混改的国企集团，我们建议国资监管部门应积极推动其在集团层面以管资本为方向推动管控模式的改革。这样更有助于将集团利益与拟混改企业的利益相绑定，从集团整体推动改革。例如，中粮集团自下而上改革的阶段性成功，受益于中粮集团作为国有资本投资公司的试点探索。国务院国资委对中粮集团董事会进行了18项授权，涉及资产配置、薪酬分配、市场化用人等多方面。授权后，国资委不再干预企业的战略和投资计划，中粮集团可自主决定五年发展规划和年度投资计划，此举为中粮集团对下属混合所有制企业管资本提供了有力的制度保障，也为全集团持续的体制机制改革奠定了基础。对国企集团管资本的一些操作思路，我们会在步骤八中详细分析。

◎ **建议1.1**：对选择自下而上模式混改的国企集团，国资监管部门应考虑及时推动其在集团层面以管资本为方向改革其管控模式，以在全局推动混改落地。

问题1.3：从筹划模式开始，企业如何制订混改路线图？

从筹划模式开始制订一份详细可行的混改路线图是混改成功的必备条件。针对路线图的制订，我们提出以下建议：第一，核心的利益相关者应参与制订。一方面,应发挥拟混改直接主体的主观能动性。例如，若从国企集团下属专业化业务平台层面混改，则方案的制订应以业务板块或已经成立的子公司为核心，国企集团或国资监管机构均应赋予其充分的自主权。另一方面，在业务板块制订路线图的过程中，不需要一开始就有全体职工参与讨论，但是制订的过程应有核心的利益相关者参与。例如，某些科技型企业在混改中，参与方案制订的人员主要是核心管理层和人力资源部门。显然，在这类企业中，设计研发人员对企业的作用同样至关重要，应适时适度地参与混改方案的制订，以保障其利益。第二，国资股东需要参与意见并进行配套。无论采取哪种模式，国企集团和国资监管部门的角色都十分重要，因此，混改路线图的制订应充分反映包括国资股东在内的现有股东的意见并获得其无保留的支持。尤其是，方案中应包含国企集团和拟混改子公司关系的改革内容。第三， 路线图的关键内容，既不能闭门造车，更不能做甩手掌柜。一些传统行业的国企改革热情很高，通过内部热火朝天的讨论，急切确定混改后企业业务模式转型升级的方向，殊不知缺乏充分论证就制订的战略可能让企业深陷一个并不了解的“红海”。与此同时，也有一些企业，在混改中集中精力引入外部资本，视外部资本为灵丹妙药，希望把企业未来的战略方向、业务发展规划等核心问题都交给外部资本或中介机构来帮助设计和解决。诚然，中介机构具有专业能力，而外部资本具备行业认知和市场化机制的优势，但把公司发展方向完全交给“外脑”，既不一定适用于企业的实际情况，资本市场也不喜欢对自身发展方向不清楚的企业和管理层。相反，成功的案例中，均是企业将“内脑”和“外脑”相结合，通过对战略发展方向的反复梳理，在内部完成统一思想的同时又能够获得外部资本的充分认可。

◎ **思路 1.3：** 在混改筹划和业务准备阶段，应由拟混改企业的核心员工牵头、在国资股东全面参与下，制订详细、可行、覆盖改革全流程的混改路线图。

步骤二：筹划业务

哪些业务现阶段应优先混改？哪些业务暂不适合混改？

这是我们面对国企集团时最常被问及的一个问题。前文提到，早在1997年党的十五大就提出了混合所有制经济的概念，并在1999年党的十五届四中全会的决定中提出："国有大中型企业尤其是优势企业，宜于实行股价制的，要通过规范上市、中外合资和企业互相参股等形式，改为股份制企业，发展混合所有制经济。"十八届三中全会以来，国企改革的顶层设计文件《关于深化国有企业改革的指导意见》明确提出了坚持分类推进的基本原则[①]，在此基础上，《关于国有企业发展混合所有制经济的意见》进一步明确提出"推进主业处于充分竞争行业和领域的商业类国有企业混合所有制改革"[②]。与此同时，以投资主体多元化为方向的产权制度改革20年来已经积累了丰富的理论和实践基础。我们更需认识到，现阶段改革中聚焦的充分竞争行业和领域的国企，正面临日趋激烈化、全球化的市场竞争，这些国企普遍具有突破现有不适应市场竞争体制机制的迫切需求。

基于以上原因，现阶段推进以深化产权制度改革为基础的混改，在

① 中共中央、国务院，《关于深化国有企业改革的指导意见》（中发〔2015〕22号），2015年8月24日发布。

② 国务院，《关于国有企业发展混合所有制经济的意见》（国发〔2015〕54号），2015年9月23日发布。

分类的基础上，国企集团选择业务的思维方式——尤其在自下而上模式下——不应是什么业务能混改，而应是什么业务不能混改。需要解释的是，后者绝不是要一哄而上，混改必须要坚持“成熟一家，推进一家”，而基于调研我们发现，两种思维模式下选择的试点往往是不同的。以前者为出发点，选出的试点往往是影响既得利益最少的，如业务规模较小、非核心主业。诚然，这样的业务可能因为企业内没有多少人关心，触及利益最少，因而更能够放手去改。然而，前文强调：改革一方面要实现包括国资股东在内的所有股东共挑担子，另一方面要着眼于最终在集团层面推进改革（步骤一）。因此，如果上述非核心主业因为国资股东不关心而搞好了，既不能称之为混改的成功，其改革对于集团整体改革的倒逼机制和示范效应也难以显著。相反，在后者开放的思维模式下，更有益于围绕着国企的核心能力选择核心主业进行混改，更有助于实现核心主业提升持久竞争力的目标，也更有助于推动集团的整体改革。

因此，对于混改业务的选择，我们提出以下原则。

原则二：对充分竞争行业和领域的主业混改应持积极的态度，试点中尤其应重点选择核心主业进行混改。

基于上述原则，本步骤将集中探讨业务筹划的三个部分——业务范围、业务模式和业务重组。相应的，有一系列核心问题应在混改筹划阶段想清楚，包括：如何考虑混改的业务范围？针对拟混改业务，如何筹划未来的业务模式？如何相应地展开以资产为核心的业务重组？

第一部分：筹划业务范围

延续步骤一对混改模式的分类，我们分别探讨以专业化业务平台为切入口和以国企集团为切入口下混改业务选择的思路。

对于主业多元化程度高、各主业之间关联度有限的特大型国企，若以专业化业务平台为切入口、以自下而上模式推进混改，则应根据国企集团内不同业务所处行业发展趋势和自身经营情况的不同，在现阶段考虑选择一项或少数几项核心主业优先进行混改探索。

首先，具有核心主业的专业化业务平台必须能够独立运营，而不能依附于集团，“独立性”是业务选择的基本前提。在此基础上，基于实践，我们提出三个问题：第一，现阶段选择优先混改业务应考虑哪些因素？第二，盈利和亏损业务，哪个应优先考虑混改？第三，混改试点是否应首推新兴领域的增量业务？

问题 2.1：自下而上模式下，选择优先混改业务应考虑哪些因素？

主业多元化的特大型国企集团，石油化工行业的“三桶油”非常具有代表性，均采用了上中下游一体化的业务模式。因此，下面我们以石油化工行业为例，讨论哪些子业务更适合优先进行混改。

案例一

石油化工行业混改

——优先混改的子业务选择

一、勘探和开采业务

勘探业务由于面临较大的不确定性，因而呈现几个特点：第一，较难找到共同投资方；第二，融资困难，银行提供配套贷款的意愿低；第三，从事勘探和开采业务的人才基本都在“三桶油”，因而，在该行业内，市场罕有投资上游领域的人才、资金和技术。以页岩气开发为例，国土资源部于2011年7月和2012年12月分两次对20余个区块的页岩气探矿权面向全社会招标，希望通过市场化的手段推动页岩气勘探开发。拥有丰富油气开采经验的中石化承受了不可预期的风险和高额勘探成本压力①才取得成功，而唯一中标的两家民营企业中标后都没有能力开钻②。

对于这类市场化程度不高的业务，现阶段推进混改的条件不一定成熟。混改要优先引入战略投资者，如果市场上缺少懂行业、市场化的外部资本，那么能够给企业带来的帮助就十分有限，引资就变成了财务性投资；同时，由于市场上缺乏行业人才，混改在体制机制改革中也就难以实现人员有进有出的流动。

二、油田服务业务

油田服务业务与上游勘探开发密切相关，伴随着三大石油集团的重组改制引入了竞争机制，同时，中海油服、中石化油服等国有油服公司具备较强的人才储备和技术优势。但是，由于2016年国际原油价格低位震荡，全年均价创12年新低，油田服务市场持续低迷，量价不断下降，中海油服、中石化油服均出现百亿元亏损。

对于这类“市场化程度较高、国资拥有一定优势”的业务，混改具有一定的可行性。现阶段国有油服公司通过上市实现了投资主体多元化，但业绩表现不尽如人意，技术水平和运营效率较斯伦贝谢等国际领先油服公司也尚有较大差距。若能通过混改进一步盘活体制机制，提升企业的竞争力，有助于其走出去参与全球竞争。

---

① 中石化账面上投入了至少25亿元才在涪陵发现了页岩气，《争议“非典型”页岩气，中石化涪陵项目“一箭三雕”》，21世纪经济报道。

② 徐沛宇．页岩气新兵的中期考［J］．能源，2014（5）．

三、炼油业务

炼油行业是一个充分竞争程度较高的行业，地方民营炼厂曾经受到油源的困扰，伴随着2015年下半年国家逐渐放开原油进口权，地方民营炼厂已经获得进口原油配额的近1/3。同时，近年来，地方民营炼厂加大了资本投入并大量从国企挖走技术和管理人才，其炼厂规模、技术水平和产品质量快速接近行业龙头的央企，已经成为“新势力”；而其人工等方面的运营成本又显著低于央企，因此在成本上具有一定优势。

对于这类国资优势不明显的业务，混改会有一定难度。国资在人才、技术等方面的优势并不明显，炼厂之间能够产生的协同效应也十分有限，因而，追求回报的外部资本参与国有炼厂混改的动机不足。而看重国资整体规模优势的，更多的是国际上的原油供应商。若出于锁定长期原油供应的目的参与引资，其推动企业体制机制改革的动力就存在不确定性。

四、化工业务

化工行业一直不存在对非国有资本的限制，长期以来形成了市场化的竞争环境。同时，该行业内的国企具有明显的人才、技术等优势。另外，国有化工企业尚具有较高的“护城墙”，即由于国企历史上在环保、安全方面的投资较充沛，在国家逐步提升监管要求的背景下暂时具有一定优势。

这类业务尚具备混改潜力。同时也需要注意到，近年来，民营资本已经加大了在化工行业的资本投入，挖人才的脚步也在加快，待其形成规模，则化工行业难免步炼油行业的后尘。

五、销售业务

首先，国家从 1992 年开始放开了加油站的运营，成品油定价也日趋市场化，该行业具备较强的市场化环境。其次，截至 2015 年底，全国近十万家加油站中，有 70% 以上由中石化和中石油运营[①]，这两大石油公司具有渠道优势；同时，对于销售板块中增长潜力较高的非油便利店业务，民资和外资运营的便利店比两桶油具有明显的经营效率优势，因此双方合作能够产生溢出效应，形成 1+1>2 的效果。第三，国资和外部资本在销售领域的合作能够减少重复建设，提高利用率，实现社会价值的提升。

该类业务具有较强的混改潜力，包括市场化的环境，国企和外部资本各有优势又相互匹配，双方的合作能够提升社会价值。

六、天然气管道业务

首先，天然气管道行业的自然垄断性质十分明显，中国天然气长输管道 5.87 万公里，几乎 100% 由“三桶油”拥有，并占有超过 90% 以上的供应份额[②]；其次，为惠及民生，天然气零售价格由政府指导定价，价格时常出现严重倒挂，比如 2017 年冬季，北京市居民生活用管道天然气 2.28 元 / 立方米[③]，而天然气气源之一的 LNG 采购价为每吨 9 600 元人民币（合 6.85 元 / 立方米）[④]。

对于这类自然垄断行业的业务，暂不具备混改的条件。在价格倒挂的情况下，战略投资者难有动机参与混改。2017 年 6 月，国家发改委颁

---

① 冯保国 . 关于推进石油石化行业供给侧改革的思考［ J ］. 国际石油经济，2016（ 10 ）.

② 中石油、中石化、中海油分别为 5.08 万公里（ 气量 75.5% 和管道里程 86.5%）、0.72 万公里和 0.07 万公里。引自李润生、吕建中 2015 年 12 月 14 日发表于《中国能源报》上的文章：《我国天然气管道体制改革的现实选择》。

③ 北京燃气 2017 燃气价格定位标准，2017 年 5 月 26 日，http ：//www.bj-ranqi.com/content /?65.html。

④ LNG 贸易及配送平台，大庆中瑞挂牌价。

布了《关于加强配气价格监管的指导意见》，将配气价格的上限规定为7%的税后全投资回报率，这有助于引入以保险基金为代表的被动型财务投资者，以撬动广大社会资本共同参与管道建设，但这不属于我们定义的混改范畴。

基于以上对石油化工行业上、中、下游不同领域子业务的简要分析，我们有以下几点观察：第一，行业具备市场化的环境对混改很重要，这不仅决定了企业是否能够引入积极的外部资本，更决定了引资后在市场化决策和市场化选人用人方面能否真正推动改革。试想，如果市场上缺乏行业人才，那么企业如何能建立人员能进能出的职业经理人制度？第二，相对于外部资本而言，拟混改企业需要拥有相对丰富的生产要素，包括资金、资源、资质、牌照、人才、技术、品牌、渠道等，我们称之为“资源禀赋优势”。显然，如果拟混改企业不具备任何资源禀赋优势，那么外部资本参与其引资就不符合资本增值的逻辑。同时，前文我们强调混改中的“混合”是国有资本与具有完整市场化特征的外部资本的“混合”（第三章第四节），若将资本的完整市场化特征具化到投资者身上，这就要求外部投资者自身拥有市场化的体制机制，我们称之为市场化优势。在此基础上，拟混改企业的资源禀赋优势和外部资本的市场化优势一定要有结合点，因为相互需要，才能够通过混改在企业层面提升持久竞争力，在资本层面提升资本价值。在调研中我们经常看到，一些国企在筹划混改时更多是在思考自身需要什么外部资本，而没有站在外部资本的角度，充分思考和判断自身能够为外部资本带去什么价值。有时候只是一味想改，却并不清楚资源禀赋优势是什么；有时对自身优势的认识，如历史悠久、当地纳税大户等，这些对外部资本而言却并无显著吸引力。

◎ **思路 2.1**：自下而上模式下选择优先混改的业务，在业务具有独立性的前提下，应参考两个因素：第一，业务所处行业具备市场化的环境，包括人才、技术和资金等；第二，国企的资源禀赋优势和外部资本的市场化优势的结合是基于双方的共同利益和需要。

问题 2.2：盈利和亏损业务，哪个应更优先考虑混改？

现实中，国企集团面临的一个重要选择是：优先选择优质企业混改以锦上添花，还是选择困难企业雪中送炭？不少人认为应该首先改困难企业，因为它们可能面临存亡问题。

案例二

江西建工混改

——亏损企业雪中送炭

江西建工[①]有着60年的发展历史，是江西省属大型国有建筑施工企业。改革前的江西建工由于体制不顺、机制不活、历史包袱过重等原因，集团持续亏损，至2007年底，集团在册职工11 000人，但真正在岗的不到3 000人，企业累计拖欠社保费用达3.5亿元之多。经过反复调研分析，江西建工确定了“分立式”改制的思路和模式：将原集团资产一分为二，组织优势企业、优质资产、优秀人才重点突围，推进混合所有制改革。江西建工的混改具体分三步走：第一步，改革在2008年进行，主要是从理顺母子公司关系、优化资源要素配置着手，加强总部职能转变，提高总部对子公司的控制力、资源整合力及市场应对能力；第二步，集团子公司改革

① 江西省建工集团有限责任公司，简称“江西建工”。案例根据公司官网、权威媒体等渠道获得的公开信息整理而成。

在2008—2009年进行，集团所有10个国有全资子公司，经过股权结构改革，改制为集团公司绝对控股、职工入股比例为10%~45%不等的股权多元化企业；第三步，集团层面改革在2010—2011年进行，由江西省国资委、台湾汉唐集成股份有限公司、江西益合投资股份有限公司三方分别出资60.2%、19.8%、20%组建江西省建工集团有限责任公司。集团层面引入战投后，江西建工构建了全新的法人治理结构和市场化经营机制，激发了企业活力。改革提升了江西建工的财务绩效和盈利能力，仅2009年，集团新签合同额和实现营业收入就分别比上年增长21%和21.3%，整体扭亏为盈，结束了自1996年以来长达13年亏损的局面。从2010年引进战略投资者到2015年，其资产总额、营业收入、利税年均分别增长40.5%、30.6%、54.1%，企业规模、效益连年翻番，迈入国内500强。

有人认为，盈利情况良好的企业和业务不着急混改。前文提出，现阶段国企改革不仅要解决国企的生存和增长问题，更是要通过提升持久竞争力，解决可持续发展的问题（第三章第二节），从这个角度看，优质企业也迫切需要混改。

案例三

云南白药混改

——优质企业锦上添花

云南白药[①]是医药行业内的业绩成长典范，对比云南省其他国有企业旗下上市公司，云南白药的净资产回报率等指标遥遥领先。虽然拥有优异的业绩，但云南白药面临传统体制机制的严重束缚，转型升级面临

① 云南白药集团股份有限公司，简称“云南白药”。案例根据上市公司公告、公司官网、权威媒体等渠道获得的公开信息整理而成。

不确定因素。以决策机制和激励机制为例，一方面，重大决策需要层层审批，尤其是并购融资等项目，过长的决策流程和审批的不确定性影响了公司外延战略的实施；另一方面，公司管理层缺乏有效激励，2015 年公司高管薪酬仅占公司当年净利润的 0.2%，远低于医药行业同规模企业的水平，面临人才流失的风险。2016 年 12 月 29 日，云南白药的控股股东——白药控股正式启动混改，引入新华都集团作为战略投资人，以现金形式增资 254 亿元，获得白药控股 50% 股权；2017 年 6 月 6 日，白药控股再次引入鱼跃医疗，增资约 56 亿元取得其 10% 的股权，增资后江苏鱼跃成为第三大股东。考虑到云南白药上市公司总资产占白药控股的 75%，同时，白药控股为云南白药控股股东，持股 41.52%，在集团层面的混改被视为在云南白药层面的混改。引资后，白药控股的公司董事、监事和高级管理人员均以市场化为原则聘任，所有"董监高"成员都不具有行政级别，包括云南省国资委所提名的董事，也是通过市场化方式选聘的经济管理领域专业人才，实现了由传统的管资产向管资本的转变，真正为云南白药建立了市场化的治理结构。引资后，公司外延整合的速度迅速加快，而资本市场也对引资报以支持态度，云南白药的市值从第一次引资时的 721 亿元上涨 37%，达到 988 亿元。

以上案例可以看出，面临体制机制束缚的优质企业同样应该优先鼓励进行混改。正如中石化集团前董事长傅成玉先生所言："再不改就成恐龙了。"[①] 其实这对于国有资本广泛涉足的传统行业均具有普遍的参考意义，一些国企由于历史原因积累了一定优势，然而，由于其体制机制难以适应市场竞争的要求，随着民企不断进入、市场竞争加剧，其优势

① 傅成玉 . 再不改成恐龙了［M］. 经济观察报，2015-4-11.

正在减退，尤其是随着外部人才市场越来越成熟，国企正面临专业人才流失的风险。这样的国企如果不能及时抓住混改的机会建立市场化的体制机制，待市场化程度进一步提升、民企进一步做大，届时企业将会面临不可逆转的下滑。这就好比一筐苹果，烂了的苹果要抓紧吃，但同时也要抓紧吃好的苹果。如果只是盯着烂苹果吃，等好苹果也慢慢变烂了，最后只能吃一筐烂苹果。

总而言之，选择优先混改的业务和企业，无关乎盈利与否，而在于是否具有提升资本回报率的潜力。

◎ **思路 2.2**：选择优先混改的业务，应考虑其混改“有利于提升资本回报率”，而非企业现阶段的盈利状况。对效益下降、经营陷入困难的国企实施混改可以作为现阶段的重点，而很多盈利状况良好的国企面临体制机制的瓶颈，急需通过深化改革提升持久竞争力，同样应该鼓励其进行混改。

问题 2.3：选择混改业务，是否应先增量后存量？

一些人认为，现阶段混改的试点，应该首推新兴领域的增量业务，因为增量业务可能遇到的改革阻力小，因此由易到难——先增量后存量。本节开头提到，试点中应重点选择核心主业进行混改，其对于改革的意义更加显著，而核心主业的主体，自然是存量业务。与此同时，在实践中我们看到，对于国企准备布局的新增主业，有不少处于新兴行业，该行业的市场化环境更成熟，国企依靠历史积累的资源禀赋优势更有限，因而国企与非国企的生产运营效率差距更大，通过改革以适应激烈的市场竞争的迫切性也更高。其中以服务业为代表，有学者指出：“国有服务业企业的资产回报率远低于国有工业企业，经济效益也远不及其他所有制的服务业企业；以 2008 年为例，服务业国有企业资产回报率为 3.4%，仅为非国有企业的 1/2。”[①] 我们认为，一方面混改的业务选择应集中在存量业务，另一方面，对于新兴行业，如以先进制造业、现代服务业为代表的新增业务，除非有特别原因，例如限制类行业等，不然应默认以混合所有制的性质成立，使其在设立伊始就具备制衡化的股权结构和市场化的基因。

案例四

云链金融

——以混合所有制设立新公司进入新兴领域

云链金融[②] 是由中国中车、中国铁建、国机集团、北京首钢四家国企，以及金蝶软件和智德盛两家民企于 2015 年 5 月共同发起设立的混合所有制企业。作为提供金融信息服务的互联网金融创新企业，云链金融相对于这个新兴行业内的其他企业具有一定的平台优势，依托其背后强大的国企产业背景，云链金融与工商银行等众多金融机构、机构投资者紧密携手，为其产业链上下游企业提供全方位的互联网金融信息服务。2016 年 10 月 12 日，云链金融进一步增资扩股，引入了 7 家战略投资者[③]，包括八家央企集团、两家金融机构和七家地方企业，增资 1.78 亿元，持股比例为 38%。引入战略投资者进一步提升了云链金融作为互联网金

① 尼古拉斯·拉迪 . 民有民享——中国私营经济的崛起［M］. 北京：中国发展出版社，2015：148.

② 中企云链（北京）金融信息服务有限公司，简称“云链金融”。案例根据公司官网、权威媒体等渠道获得的公开信息整理而成。

③ 它们是航天科技、中船重工、鞍钢集团、中国铝业、中远海运、招商局、中国能建、中国铁物、中国工商银行、中国邮政储蓄银行、北汽集团、上海久事、厦门国贸、云天化集团、紫金矿业、北京华联、云顶资产。

融平台的产业资源整合实力，同时国资民资共同持股整合了国有资本的战略方向优势、渠道优势和民营资本的市场化机制和资源，共同搭建了科技创新金融新业态。

◎ **思路 2.3**：新兴产业、先进制造业、现代服务业的国企，尤其是新设的专业化业务平台，应默认设立为混合所有制企业，以在成立伊始就建立市场化的体制机制，有利于适应竞争程度更高的市场化环境。

问题 2.4：自上而下模式下，怎样考虑哪些业务不纳入混改范围？

若以集团层面为切入口，以自上而下模式推进混改，则要考虑哪些业务不纳入混改范围。

案例五

中信集团混改业务选择

——考虑不纳入混改范围的业务

中信集团[①]作为中国最大的综合性企业集团，业务领域涉及金融、资源能源、制造、工程承包、房地产及基础设施等，具有覆盖多个行业的综合性业务布局，受惠于其较好的抗周期性，盈利能力保持稳定。2011 年底，中信集团完成了国有独资的改制，将集团 90% 以上的核心资产重组到中信股份旗下，排除了一些难以整合的资产，以及处于孵化期的项目。在重组范围外的企业主要包括全资子公司中信国安和中信资管等，其中，中信国安从事信息产业中的卫星行业，以及有线电视网络

① 中国中信集团有限公司，简称“中信集团”。案例根据上市公司公告、公司官网、权威媒体、资本市场研究报告等渠道获得的公开信息整理而成。

投资经营等禁止外商投资行业。2012 年，中信集团对中信国安单独进行混改，引进外部投资者。2014 年，中信股份 100% 的股权由中信泰富收购，借壳上市，并引入 27 家投资者，推进国际化战略，以上市倒逼体制机制改革，破解规模利润增长瓶颈。

◎ **思路 2.4**：若考虑在国企集团层面混改，则需要确定不纳入混改范围的业务。参考因素可以包括：第一，行业和监管限制；第二，业务未来发展前景；第三，集团整体战略及各业务板块的定位和发展战略。

第二部分：筹划业务模式

明确了混改业务的范围，自然延伸出要对未来的业务模式进行再思考。

问题 2.5：混改中如何对业务模式进行再思考？

对于身处传统行业的很多国企而言，混改引入外部资本的一个重要目的是协助企业完成对战略的重塑，这就涉及业务模式的调整。因此，业务筹划阶段的一个重要内容是确定混改后的企业战略规划和业务模式。

案例六

广药白云山混改

——混改助推业务模式调整

2015 年，全国医药行业巨头广药集团[①] 旗下的上市公司广药白云山

① 广州医药集团有限公司，简称“广药集团”。案例根据上市公司年报、公司官网、权威媒体等渠道获得的公开信息整理而成。

通过定向增发的方式引入战略投资者——阿里巴巴旗下的云峰投资，后者以现金的形式投资 5 亿元，持股 1.31%。白云山与云峰投资的合作一方面能够促进其与阿里巴巴布局的药品电商在渠道、物流方面获得快速通道，另一方面也是广药白云山占领医药电商高地，从传统国企向现代电商转型的关键一步。2014 年，医药电商销售突破 70 亿元人民币，在线药店数量约 300 家，但是电商占整体医药零售比例还不到 3%，市场潜力巨大，而在新医改和移动互联的大背景下，与云峰投资的合作为白云山提供了向互联网转型新的思路和业务模式。

这也正是前文建议拟混改企业应着眼于未来、制订混改详细路线图的重要原因（思路 1.3）。混改给了国企一个良机，着眼于资本价值的提升，以企业内在原动力为核心，并充分借助“外脑”，对企业的发展战略和业务模式进行全方位的再思考。需要说明的是，这个再思考的过程是一个持续的过程，也可以在引资过程中根据外部资本的反馈进行适当调整，但这一过程一定是始于引资前拟混改企业对自身全面、详细的分析，而不能期待着引资后由外部资本来主导。同时，这个再思考的过程是混改中若干关键步骤展开的基础，对未来的业务模式有了较清晰的认识，自然就清晰了哪类资产应该进入混改的重组范围，未来应该引入什么样的外部资本、出让多少规模的股权等。

◎ **思路 2.5**：拟混改企业应在引资前着手对企业未来的发展战略和业务模式进行详细筹划，这也是业务重组的重要前提。

第三部分：筹划业务重组

混改中业务范围的选择和业务模式的规划需要通过业务重组落地，而严谨、扎实的业务重组也往往是企业成功混改和可持续发展的重要基石。相反，调研中我们发现，一些案例在未对业务和资产进行梳理的情况下，径直将企业整体拿去挂牌，如此操作既不利于引入合适的投资者，更不利于拟混改企业卸下包袱、整装出发。

重组中，围绕着业务，需要对资产、负债和人员进行相应的重组，而其中的核心是资产重组。在过去20余年国企改制上市的过程中，针对重组过程已经形成了非常详细的操作流程和成熟的操作经验，在此不做展开。我们更关心的是，以提升资本回报率为目标，混改中的资产重组会遇到哪些重点和难点问题？又有什么样的解决思路？

资产界面清晰是引入外部资本的基本前提，因此，在确定拟混改的业务范围后，相应地需要梳理该等业务的相关资产都有哪些，这就会涉及资产进和出的重组。

问题2.6：怎样选择注入拟混改企业的资产？

自下而上模式下，引资前首先需要根据拟混改的业务范围，打造一个专业化的业务平台。现实操作中我们发现，对于国企集团，由于历史发展原因，拟混改业务的相关资产很可能分散在集团内不同的法律主体下面。由此，企业需要从税务、法律等角度对操作成本进行比较，从而选择一个现存的法律主体，抑或是成立一个新的法律主体，作为这个专业化业务平台的主体，即拟混改企业。接下来需要面临的问题是：拟混改企业之外的相关资产，是否应全部注入进来？

案例七

中石化销售公司引资前的资产重组

——选择进入混改范围的资产

中石化销售公司[①]设立于1985年，主要负责中国石化所属生产企业成品油资源的统一收购、调拨、配送、结算和优化等工作。中石化在2014年2月19日的董事会上通过了《启动中国石化销售业务重组，引入社会和民营资本实现混合所有制经营》的议案，随后用一个半月的时间完成了从母公司中国石化向中石化销售公司资产注入的所有程序，将油品销售业务板块资产整体移交给中石化销售公司拥有、管理和控制。具体的，中国石化将31家省级分公司及其管理的长期股权投资、中国石化燃料油销售有限公司、中石化（香港）有限公司、中石化（香港）航空燃油有限公司的业务、资产、人员全部注入中石化销售公司。中石化销售公司专注于成品油销售，以及（支撑成品油销售的）便利店、汽车服务等非油品业务。此外，中石化销售公司与中国石化、中石化集团共签署八份关联交易框架协议或备忘录，在使用土地、房屋，资产和股权托管等方面进行了约定。较为完整、清晰的资产界面，为中石化销售公司随后成功引入外部资本奠定了坚实的基础。

◎ **思路2.6**：选择注入拟混改企业的资产，可以参考以下因素：第一，资产的产权清晰；第二，资产对拟混改业务形成支撑作用，有利于巩固企业的资源禀赋优势；第三，资产注入混改范围不会造

① 中国石化销售有限公司，简称“中石化销售公司”。案例根据上市公司公告、公司官网、权威媒体等渠道获得的公开信息整理而成。

成拟混改企业与集团之间存在实质性的同业竞争或形成业务依赖；第四，如果拟混改企业未来有上市计划，那么不注入拟混改企业的资产不会与其存在实质性的同业竞争或存在过度[①]的持续性关联交易。

问题 2.7：如何处置不进入拟混改企业的资产？

不进入拟混改企业的资产一般有两类。一类是与拟混改业务不相关的资产。具体而言，在自下而上模式下，如果选择一个子公司作为拟混改企业，该企业若同时经营其他业务，则可能存在这种资产；同时，在自上而下模式下，集团内也可能有这种与拟混改业务不相关的资产。对于这类资产，应跟随业务剥离出拟混改企业。因此，国企集团需要考虑的问题是，这些资产或企业剥离给谁？

而另一类，则是与拟混改业务相关的资产。操作中，无论是自上而下模式还是自下而上模式，可能有一些资产由于各种原因最终无法进入或保留在拟混改企业内，则需要考虑该资产或其所属企业如何处理。基于实践，有以下几点经验可供参考：

第一，生产经营用的土地、房产等瑕疵资产的处置。对于一些与拟混改业务相关度较高的土地房产权证不全的问题，应考虑完善证照的时间，如果预期实在难以在短期内完成，则应谨慎考虑是否进入拟混改企业。产权不完善会导致资产存在被政府收回或出现争议的风险，进而导致企业出现经营风险。若该资产进入拟混改企业实施混改却又迟迟不能完善其法律权属，则可能因前述被政府收回等情形而在引资后引起外部股东

① 根据中国境内 A 股上市的审核实践，过度一般是指关联交易的发生金额超过拟混改企业营业收入 30% 以上。

与企业的纠纷；未来企业若有上市计划，监管机构也会十分关注该瑕疵对公司业务稳定性的影响。因此，可以考虑将该资产保留在拟混改企业外，同时由拟混改企业通过租赁或托管的方式实际运营；如确属生产经营所必需的土地和房产，且拟混改企业有上市计划，则仍应通过各种途径争取办理和完善该资产的相关权证，确保拟混改企业符合上市对资产完整性的要求。

第二，对于与拟混改业务相关度较高，但盈利能力较差的企业和资产，可以考虑短期内放在拟混改企业之外，遵循“以时间换空间”的原则，未来若问题解决了，可以注入混改企业；若长期难有起色，则应及时通过出售等方式进行处置。

第三，对于与拟混改企业相关度不高、长期盈利能力差、经营不稳定的僵尸企业和资产，不应将其纳入拟混改企业，应以出清为目标尽早处置。

需要说明的是，一些人认为，历史改革中拿出优质资产进行上市或股权多元化改革，分离出的低效、无效资产及人员债务负担长期得不到解决。从资本的视角看，低效、无效资产自然应有市场化的处置方式，但是硬把这些资产和前景尚好的资产夹杂在一起，降低了资本配置的整体效率，并不利于实现国企层面提升持久竞争力，也不利于资本价值的提升，不符合有利于提升资本回报率的判断标准。而且，操作中面临的一个现实问题是，一些资产或企业持续亏损且前景暗淡，导致市场对其估值远低于经审计或评估的净资产值，若将其保留在拟混改企业内，将徒增引资的难度：如果以审计或评估值作为其定价基准，则外部资本难有兴趣；如果折价引资，又会被视为国有资产流失。

案例八

平煤股份出售资产

——剥离无效资产

平煤神马[①]2008年由拥有国内品种最全的炼焦煤、动力煤生产基地的平煤集团和拥有亚洲最大的尼龙化工产品生产基地的神马集团重组而成。平煤神马的改革始于2004年，之后通过重组上市、引进战略投资者、员工持股等方式，积极发展混合所有制经济。通过一系列市场化运作，旗下已拥有三家上市公司，分别为平煤股份、神马股份，以及易成新能。其中平煤股份是集团下属专注于煤炭资产的上市平台。2016年，平煤股份将三矿公司、七矿公司、天力公司100%股权和朝川矿下属二井、三井整体资产及负债一并出售给控股股东平煤神马进行关停，剥离亏损矿井合计产能356万吨/年，占全部产能的10.62%；该部分资产2015年合计亏损5.49亿元；仅在2016年一季度单季便亏损3.73亿元。剥离不良资产，增强了上市公司的整体盈利能力。而在集团层面，平煤神马永久性关闭了矿井14对、压减煤炭产能503吨，分流职工近2.5万人，超过员工总数的1/10。虽然2016年集团煤炭产能减少了1/9，但通过优化产业结构和抢抓煤炭市场回暖机遇，营业收入反而有一定增长，四季度一举实现了扭亏为盈。相关数据显示，2016年平煤神马完成营业收入1410亿元，全年同比减亏9亿元。

◎ **思路2.7**：资产重组中应坚持算好国有资本提升资本价值的“大账”，并重点关注拟混改企业的独立性和可持续发展能力，对于与

① 中国平煤神马集团，简称“平煤神马”。案例根据上市公司公告、公司官网、权威媒体、资本市场研究报告等渠道获得的公开信息整理而成。

主业相关度不高、长期盈利能力差、经营不稳定的资产和企业，应保留在拟混改企业之外并及时处置，避免为了求大求全而带病改革。

问题 2.8：针对传统国企的重资产，有什么样的资产重组思路？

除了资产重组中“进”和“出”资产的选择和处置，很多国企在混改中面临的一个难点是重资产的问题。从事实体经济经营的国企往往是重资产结构，即土地、房产等物业在资产中的占比较高。一方面，企业的盈利被摊销和折旧大大侵蚀，拉低了企业的盈利能力和回报率水平，降低了对外部资本的吸引力；另一方面，在混改时如以评估值作为定价基础，土地等资产评估增值较高，导致溢价较大，增加了引入积极的外部资本的难度。

对于非生产经营用的土地和房产，资本市场有一些成熟的操作，在确保不影响企业经营的前提下，让一部分重资产变轻。尤其对于有意在混改中向轻资产业务模式转型的国企而言，这种重组模式的效果可能会更加明显。

案例九

联想出售并回租大楼

——资本市场上降低重资产的操作

2016 年 9 月，联想集团[①]以 17.8 亿元的价格将旗下联创瑞业的全部股权出售给北京市海淀区国有资本经营管理中心，售出资产为联想研究

① 联想集团有限公司，简称“联想集团”。案例根据上市公司公告、公司官网、权威媒体、资本市场研究报告等渠道获得的公开信息整理而成。

院大厦。联想集团通过出售变现物业巩固整体财务状况，将重资产变为轻资产，令其能够重新分配资金至其核心业务范围，有助于提升资产回报率和股东回报。这次出售带来的约 17 亿净额将为联想集团核心业务提供资金，提高长远盈利能力；同时，联想集团采取回租的方式以保证持续营运。

◎ **思路 2.8**：对于拟混改企业非生产经营用的土地房产，特别是对于拟转型为轻资产业务模式的企业，可以考虑通过成熟的资本市场操作，减轻重资产的负担，帮助企业轻装前进。

步骤三：筹划路径

混改引资应该先 IPO 还是先私募发行？

提到引入外部资本的路径，大家最先想到的就是这个问题。亦如混改是一个持续过程，我们并不能期待首次引资就能一步到位，混改更会是通过资本的积极流动，在企业层面持续优化股权结构、推进体制机制改革的过程。然而，首次引资仍然至关重要，能否引入积极的外部资本，将决定能否打破一股独大的症结，从而在引资后将体制机制改革落到实处。因此，引资路径的探讨就应集中于回答：首次引资怎么做？

很多人以过程为导向，在路径选择上重点考虑操作的难易程度。这固然有一定道理，毕竟，彼岸的目标再清晰，没有船也是过不了河的。然而，混改冠以改革的高度，这就要求我们不能凡事遇到困难绕着走，而是时刻以结果为导向，并在这个过程中勇于创新、攻坚克难。前文提出，通过引入积极的外部资本推动国企的产权制度改革，是混合所有制改革的基础，而要引入积极的外部资本，就要遵循集中原则，以引入持股相对集中的战略投资者为实现方式。相应的，路径的选择就要以引入持股相对集中的战略投资者的结果为导向，考虑哪种路径能够达到这个结果，从而有可能改变固有的体制机制。

对于如何选择混改首次引资的路径，我们提出以下原则。

原则三：选择首次引资路径的关键考量因素，不应局限于操作的难易程度，而应考虑哪种路径更有利于引入持股相对集中的战略投资者。

近年来，伴随着资本市场的发展，企业不断创新，探索出了引资的多种路径。我们将混改首次引资的路径划分为先公开发行和先私募发行两种，具体操作方式又分为IPO、资产注入上市公司、定向增发等；同时，我们将企业划分成若干种性质，包括非上市公司、已上市公司、上市公司的子公司、上市公司的母公司等。本节将逐个探讨上述路径。

问题3.1：先公开发行的引资路径适合什么样的企业？

我们先分析非上市资产通过IPO引入公众投资者的路径。作为引入外部资本的第一步，IPO上市是否是首选方式？

路径1：非上市资产通过IPO引入公众投资者的路径

一些人认为，混改的路径，一言以蔽之，就是上市以提高资产证券化率；相应的，对于非上市公司而言，就应竭尽全力通过IPO上市实现混改。前文谈到，IPO上市有效地促使公司完善治理体制、提升内控标准，并将公司曝光于公众眼光下进行监督，对国企改革具有非常重要的意义；然而，长期以来，国企上市虽然引进了新的社会公众股东，从形式上和法律上改变了原有的股权结构，但因为更多强调了引入资金，而没有着力于引入积极的投资者，“把市场化机制挡在了外边，结果大部分成为国有一股独大并戴上了‘国有控股’的帽子，仍按老的国有企业的办法运作”[①]，国有企业上市后的竞争力也就难以得到显著提升。因此，我们认为，IPO上市是优质国有企业进一步深化改革，以提升持久竞争力的必要步骤；然而，对现阶段面临改革的更广泛国企而言，具有普遍适用性的混改应遵循 集中原则，以引入持股相对集中的战略投资者为实现方式，因而IPO上市并不一定是首次引资的优选路径（第四章第一节）。

① 宋志平．混合所有制将成为企业所有制“新常态”［N］．新华网，2014-11-17.

同时需要指出，对非上市公司而言，IPO是20余年来中国企业在资本市场最惯常采用的融资手段之一，伴随着注册制改革的逐步展开，IPO在申请程序和审核标准上进一步市场化将成为大势所趋。在此背景下，我们建议，对于达到上市标准的国企，自然可以择机申请上市，而对于更广泛的未达到上市标准、甚至是经营遇到困难的拟混改企业而言，既不应打着混改的旗号揠苗助长——借助于行政力量盲目上规模、凑业绩以达到上市标准，更不应寻求主管部门的特批——开设降低标准、加快审批的IPO"绿色通道"。试想，若因为推进混改而回到证券市场成立之初"通过指标和额度限制来重点帮助国有企业融资"的思路上去，则恐怕于企业长治久安不利，对中国资本市场的健康发展没有好处，更无助于维护各种所有制资本的竞争平等性。

路径2：非上市资产通过注入上市公司，被动引入原有股东的路径

这种路径是指国有企业将其非上市资产注入一家外部股东控股的上市公司，从而换取该公司的股权。这种路径被动地引入了原有上市公司的股东，因此，该路径下能否实现混改目标，与原上市公司的股东基础有很大关系。实际操作中有非常成功的案例。

案例一

华润医疗将资产注入凤凰医疗

——非上市资产注入上市公司引入原有股东

华润医疗[①]是华润集团控股的控股子公司，专注于医院投资建设、

① 原华润医疗集团有限公司，简称"华润医疗"，后改名为华润健康集团有限公司。案例根据上市公司公告、公司官网、权威媒体等渠道获得的公开信息整理而成。

运营管理及相关延伸服务，下属拥有或管理47家医疗机构和3家养老机构，但公司大而不强①，急需提高企业效率与盈利能力。凤凰医疗②是目前国内发展历史最长、最具规模化的民营医院集团，2013年上市，成为首家在国际资本市场上市的中国医院集团，截至2015年底，总市值达到63亿元人民币。同时，由于凤凰医疗的现有医院网络集中于京津冀地区，公司也迫切需要扩展其医院网络。2016年，双方达成一致，华润医疗将其全资子公司广雄有限公司——经营和管理4家非营利性医院集团（包括下属3家养老机构）及1家营利性门诊部——股权注入凤凰医疗。华润医疗为新公司的最大股东，持股35.7%，凤凰医疗原最大股东建驰有限公司成为第二大股东，持股13.99%。

资产注入完成后，华润凤凰及华润医疗合计拥有超过100家医疗机构及3家养老机构，成为全国床位规模最大、布局最广的医院集团。同时，华润医疗与凤凰医疗通过互派董事、高管参与公司治理，实现有效对接，在公司治理架构上实现了整合，也实现了华润集团在医疗领域的布局，使其投资模式、核心能力等方面的优势与凤凰医疗的医院运营、学科建设、供应链服务等方面的优势实现资源共享。

这一案例对我们的启发在于：第一，凤凰医疗是一个运营良好、治理体制较健全的上市公司，华润医疗注入其非上市资产，实际上引入了凤凰医疗原有良好的股东基础，有助于提升华润医疗的治理水平、完善市场化经营机制；第二，华润医疗注入资产所获得的股权能够在新公司的股权结构上与凤凰医疗形成制衡，而非任何一方一股独大；第三，华润医疗注入优质的同类资产，实现同行业的协同，产生1+1 ＞ 2的效果。

① 2014年和2015年，华润医疗的税后净亏损分别为12.1亿元和11.5亿元。

② 凤凰医疗集团有限公司，简称“凤凰医疗”。

◎ **思路 3.1**：采用非上市资产注入上市公司被动引入原有股东的路径，应关注几个原则：第一，上市公司应拥有较健全的治理体制和市场化的经营机制，运营状况良好；第二，注入后国资股东持股规模适中，能够形成有效制衡、协调运转的治理体制；第三，国企非上市资产应与上市公司主业关联度较高，以符合资本市场对专业化运营的偏好。

问题 3.2：资产注入 + 配套融资的引资路径适合什么样的企业？

对于旗下拥有上市公司的国企集团而言，“资产注入 + 配套融资”是实现提升资产证券化率目标最直接的路径，因而从 2014 年以来，有多个案例通过这一路径引入外部资本。

路径 3：非上市资产重组上市、同时配套融资引入战略投资者的路径

路径 3 和路径 2 的差异在于，此路径下，通过重组上市和配套融资，非上市资产获得了上市地位，并相应获得上市公司的部分股权，与此同时，上市公司通过定向增发引入了其他与上市公司不存在关联关系的投资者。以混改为方向，该路径下的关键不是原上市公司的股东，而是新引入的股东是否能够发挥积极的作用。

实际操作中，路径 3 又有两种具体实现方式。一种是拟混改企业选择旗下一个表现欠佳的上市公司，将上市公司中低效资产置出并将较优质的业务置入，同时在市场上配套融资，引入少数战略投资者。例如：中油资本置入 ST 济柴、五矿金融置入金瑞科技。

案例二

中油资本通过ST济柴重组上市并引入投资者

——资产置换+配套融资

2016年9月，中石油集团[①]将其持有的金融业务进行资产重组，全部无偿划转至其全资子公司中油资本持有。随后，中石油集团将中油资本的全部股权注入其控股60%的ST济柴上市公司。ST济柴从事内燃机制造、研发及销售，2015年末，公司归母公司净利润为-0.76亿元，2016年1–5月归母公司净利润降至-1.49亿元，连续的亏损令公司面临退市的风险。中石油集团将中油资本100%的股权作为置入资产，上市公司原有的全部资产及负债作为置出资产，双方就等值部分进行置换；与此同时，上市公司以10.81元/股的价格向十名投资者定向增发新股[②]——包括五家从事投资或资管的金融机构、两家具有高新技术的制造业国企，以及三家从事能源类产品销售及运输的企业，共引入19.46%的股权，用于对昆仑银行、昆仑金融租赁和昆仑信托的增资。引入这些战略投资者预期可以为中石油集团的业务和中油资本的发展提供平台优势与良好合作关系。2017年2月，交易正式完成，中油资本上市，成为A股市场持有金融牌照数量最多的上市公司。专业化重组加上引入战略投资者的改革路径，一方面实现了原上市公司的业务转型，置出了盈利能力较弱的资产，置入优质金融资产，符合全体股

---

① 中国石油天然气集团公司，简称“中石油集团”。案例根据上市公司公告、公司官网、权威媒体等渠道获得的公开信息整理而成。

② 包括中建资本、中信证券、国有资本风险投资基金、泰康资产、中车金证五家从事投资或资管的金融机构，航天信息、中国航发两家具有高新技术的制造业国企，以及北京燃气、海峡能源、中海集运三家从事能源类产品销售及运输的企业。

东的利益，另一方面，中油资本的上市以及新股东的加入，预期将进一步激发企业活力。

另一种方式是国企集团将其非上市资产进行重组后整体注入旗下运营状况良好的上市公司，以实现整体上市，同时进行配套融资，引入外部资本，例如：中信股份注入中信泰富、江淮集团注入江淮汽车等。

案　例　三

江淮集团注入江淮汽车并引入投资者

——整体上市＋配套融资

江汽集团[①]是一家集商用车、乘用车及动力总成研发、制造、销售和服务及相关多元业务于一体的综合型汽车厂商，2016年实现营业收入524.91亿元，归属上市公司股东净利润达到11.62亿元。江汽集团的主业十分集中，其中整车地盘等与汽车相关的主营业务收入占比超过90%。然而，作为国内产品线最丰富的汽车企业，企业全而不强常为人诟病；同时，由于汽车行业集中度较高，随着江汽集团子公司数量增多，以及业务范围的扩大，集团内各子公司之间关联交易逐渐增多，管理层级加长，治理效率降低。2013年12月，江淮集团引入战略投资者——建投投资，同时原员工持股平台旺众投资股权退出[②]，引入江淮集团管理和技术骨干成立的新员工持股平台实勤投资，其中建投投资和实勤投资分别持有江汽集团25%和4.63%的股份，安徽省国资委控股比例

① 安徽江淮汽车集团股份有限公司，简称“江汽集团”。案例根据上市公司年报、公告、公司官网、权威媒体、资本市场研究报告等渠道获得的公开信息整理而成。

② 旺众投资由江淮集团及其子公司8个工会委员会作为工商登记的股东代表持有其股权，实际持有旺众投资股权权益的员工中除了经营管理人员和骨干员工以外，还包括大量的普通员工。

由78.21%降至70.37%，初步改变了以前单一国资股东加众多员工分散持股的一股独大局面，从而优化了江汽集团的股权结构。2015年，上市公司江淮汽车通过吸收合并江汽集团的方式实现了江淮集团的整体上市，同时配套融资引入九家战略投资者，共计持股22.7%。交易完成后，江汽控股、建投投资、实勤投资分别持有上市公司30.47%、10.83%、2%的股权，达到了股权结构制衡、管理层持股、减少关联交易三大目的。江汽集团两次引资，有助于形成相对制衡的股权结构，推动集团体制机制改革，同时，集团层面的改革也有利于凝聚和共享集团内的核心优势资源，发挥规模效应和协同效应。

从理论上讲，这种重组上市并配套融资的路径采取定向引入不超过十个投资者的方式——相较于IPO，更有助于引入持股相对集中的战略投资者。不过需要注意的是：根据我们对2014年初至2017年6月的国企重组上市并配套融资案例的不完全统计，罕有引入的外部股东持股比例达到10%或获得了董事会席位的案例。尤其需要指出，上述从上市公司置出亏损资产的同时置入优质资产的操作，在过去20年来有不少案例。一些学者基于上市公司样本的实证研究显示，历史上资产重组和变更主业的操作对上市公司短期有帮助，但往往持续性较差，容易形成“亏损—重组（置换资产）—再亏损—再重组”的结果[①]。显然，围绕着上市公司，无论是单向置入资产还是双向置换资产，若国资股东仅着眼于改善上市公司的业绩指标，其经营目的、管理行为没有太大差别，而引入的外部资本又不足够到位和制衡，其参与公司治理的话语权小，则其很难成为积极的外部资本，引入外部资本后也就难以通过所有股

① 祝红梅，王勇．上市公司控制权市场功能研究［M］．北京：中国金融出版社，2007，第83页．

东“到位”，真正推动体制机制的改革。

◎ **思路 3.2：**若选择非上市资产重组上市同时引入战略投资者的路径，应关注几个因素：第一，需要拥有合适的上市公司平台；第二，需要引入持股规模较大的战略投资者，有助于完善有效制衡、协调运转的治理体制。

问题 3.3：哪种路径对更加广泛的非上市资产具有参考价值？

以上分析都是基于先公开发行的路径展开的，可以看出，借助于上市公司进行股权多元化的路径，均有一定的条件限制。

路径 4：非上市资产通过私募发行引入战略投资者的路径

非上市公司通过私募发行引入战略投资者，有助于改变国资股东一股独大的局面。

案例四

东航物流引入战略投资者

——非上市资产私募发行引入投资者

东航物流[①]是三大央企航空公司之一——东航集团[②]旗下的物流服务提供商。2017 年 6 月 19 日，东航物流混改落地，通过私募发行的方式引入联想控股、普洛斯、德邦物流、绿地集团，以及东航物流的员工持股平台。此次混改通过引进外部资本让东航物流真正建立起适应市场变化的决策机制，并在战略上达到多方协同。东航物流作为快供应链平台，其运输网络通常由“点”和“线”组成，在“点”的发展上，引进

① 东方航空物流有限公司，简称“东航物流”。案例根据上市公司公告、公司官网、权威媒体、资本市场研究报告等渠道获得的公开信息整理而成。

② 中国东方航空集团公司，简称“东航集团”。

物流园区开发商普洛斯，在“线”的发展上，引入德邦物流，而联想控股旗下的君联资本在物流供应链领域拥有丰富的投资经验，这三名战略投资者均可为东航物流的发展创造大量协同与合作机会，即便是作为积极财务投资者进入东航物流的绿地集团，双方亦认为拥有协同性。此次混改后，东航实际投入 18.45 亿元国有资本，有效引入 22.55 亿元非国有资本投入，达到了放大国有资本的效果，并且使东航物流资产负债率从 2016 年底的 87.86% 降至 75% 左右，达到全球一流航空物流企业平均负债率水平。引资后体制机制改革落地，有力地推动了企业运营效率和可持续发展能力的提升。2017 年，东航物流收入增长 31.7%，利润总额增长 72.8%，净资产回报率达到 53.25%。

以上案例可以看出，非上市公司通过私募发行引入持股相对集中的战略投资者，有助于通过外部股东到位促使所有股东谋其事，从而促进治理体制的完善和经营机制的转变。这既是实现企业市场化运营的必要路径，也是企业通过资本市场持续提升价值的良好方式。

◎ **思路 3.3**：对于独立于上市公司主业的专业化业务或企业，可以考虑首先通过私募发行的方式引入持股相对集中的战略投资者，以引入外部制衡作用和市场化作用，这是触及体制机制问题的基础。

上述“独立于上市公司主业”包括两类业务或公司：一是在国企上市公司以外且和上市公司主业关联度不高的业务；二是属于主业多元化的上市公司的一部分，但是资产和盈利占比较低，且与上市公司内其他主业的关联度不高，具有较强的独立性。关联度不高指的是不存在严重的同业竞争和关联交易。我们定义“独立于上市公司主业”，因为该业务在首次引资后，未来可能通过后续引资——单独 IPO 或从上市公司中分拆上市等方式进一步优化股权结构并推动持续混改。

讨论完非上市资产的混改路径，对于国有控股上市公司，如何进一步混改？

问题 3.4：国有控股上市公司有什么样的混改路径？

我们对国有控股上市公司的股权结构进行了分析，结果显示，截至 2017 年 6 月 30 日已经上市的 965 家 A 股非金融行业的国有控股上市公司中，有 33.7% 的上市公司中国有资本控股超过 66.7%，国资股东处于绝对控股地位；另有 73.1% 的上市公司中没有持股超过 10% 的积极投资者。除去二者的交集，总体而言，上述 965 家上市公司中，有 80.9% 的公司仍然保持了国资股东一股独大的局面①，因而以投资主体科学化为方向推动二次引资，从而推动体制机制的改革，就显得十分重要。

路径 5：上市公司通过增资扩股或老股转让引入战略投资者的路径

案例五

中粮包装引入奥瑞金包装

——上市公司股东转让老股引入投资者

中粮包装②是综合性消费品金属包装领域的龙头企业，在多个细分产品包装市场领域均排名第一位，于 2009 年在香港上市，中粮集团通过中粮香港持股 60.15%。奥瑞金包装③同样为中国包装行业的领先企业，2012 年成为 A 股第一家金属包装上市公司。2015 年 11 月，中粮香港与奥瑞金包装达成协议，中粮香港出让中粮包装 27% 的股份给奥瑞金

① 根据万得数据库计算，截至 2017 年 6 月 30 日。

② 中粮包装控股有限公司，简称“中粮包装”。案例根据上市公司公告、公司官网、权威媒体等渠道获得的公开信息整理而成。

③ 奥瑞金包装股份有限公司，简称“奥瑞金包装”。

包装，交易金额达16.16亿港元。交易完成后，中粮香港所持股份降低到33.15%，奥瑞金包装持股27%。2016年，中粮包装与奥瑞金签订战略合作协议，利用奥瑞金在包装行业的丰富经验，扩大在中国及海外市场的包装业务。包装行业是完全竞争的市场化业务，行业亟待整合。作为国内金属包装行业的两大巨头，双方的深入战略合作将有效改善行业竞争格局，提升行业集中度。具体的，双方在业务发展、区域布局、技术研发等领域都将形成优势互补。此外，新股东的进入有利于公司治理结构优化和制衡，也有助于中粮包装在员工和管理层激励机制方面的进一步改革。

案例六

青岛海尔引入KKR

——上市公司增资扩股引入投资者

2013年，青岛海尔[①]通过定向增发新股的方式引入境外战略投资者KKR，以10.83元/股的价格共募集资金32.81亿元，KKR持有青岛海尔10%的股权。KKR集团是全球范围内规模最大的私募股权投资机构之一，致力于与所投资企业的管理层紧密合作，并利用其全球资源和运营专业知识，通过股权投资创造价值。青岛海尔与KKR签订了战略合作协议，战略合作方将利用其全球资源，与公司在战略定位、物联网智慧家电、海外业务及并购等领域进行一系列的战略合作，加速将股份公司打造成具有国际一流创新能力的全球家电行业引领者。在公司治理层面，KKR有权提名一名董事，这有助于利用其在激励和绩效考核制度、资本市场

① 青岛海尔股份有限公司，简称“青岛海尔”。案例根据上市公司公告、公司官网、权威媒体等渠道获得的公开信息整理而成。

和资本结构优化与资金运用等方面的经验，进一步完善上市公司的治理结构和内控体系，提升管理水平。

思路 3.4：对于国有控股上市公司，应考虑适时推动“二次引资”，引入持股相对集中的战略投资者，从而改善国资股东一股独大的局面，进一步优化股权结构。

除以上几种路径外，无论是上市公司还是非上市公司，都存在一种特别的引资路径，即将金融机构持有企业的债权直接转为股权，对此，我们在第六章中会进行专门分析。

关于引入外部资本的路径，还有一个大家关心的问题：

问题 3.5：引资的入股方式，选择增资扩股还是老股转让？

根据国务院《关于国有企业发展混合所有制经济的意见》[①]的规定，混改可以通过“出资入股、收购股权、认购可转债、股权置换等多种方式”来实现，而 2013 年以来的混改探索中，大部分是以出资入股的方式引入外部资本，只有少数案例采取了转让老股的方式。

案例七

城投控股引入弘毅投资

——国资股东转让老股

城投控股[②]是一家集环境、地产和股权投资业务为一体的国内一流的现代服务企业，其下属公司环境集团是国内规模最大的环境服务专业公司

① 国务院《关于国有企业发展混合所有制经济的意见》（国发〔2015〕54 号），2015 年 9 月 24 日发布。

② 上海城投控股股份有限公司，简称“城投控股”。案例根据上市公司公告、公司官网、权威媒体、万得数据库等渠道获得的公开信息整理而成。

之一。2013 年，城投控股发布公告，以公开征集受让方的方式转让其持有的 10% 股份，为公司引进战略投资者。随后公司发布了意向受让方的信息，要求其具备市场化的运作机制和能力，以及在完善国企改制后在公司治理方面有成功案例和丰富经验的投资者，在上市公司国际合作方面能提供持续的技术和资源支持等。弘毅投资作为国内私募股权基金领域巨头，因擅长国企改制闻名业内，最终以 6 元/股的价格受让公司 10% 的股份，总计 17.9 亿元，成为城投控股的战略投资者。城投控股引入弘毅投资，着眼于完善公司的治理体制、改革决策体系、提高综合竞争力，推动公司实现环保产业跨越式发展的战略目标。弘毅投资不仅可以发挥自身擅长国企改制和并购整合的优势，也看中公司围绕大环境主线进行的环保企业转型的尝试，以及环保产业的巨大发展空间。入股后，在董事会中占有一席的弘毅投资在法人治理结构、公司战略、境外并购、激励机制方面帮助公司设立了很多良好的方案。不到两年，当时 18 亿的投资额账面浮盈已将近 50 亿，实现了双赢。

社会上存在一种误解，认为混改引资只能通过“增资扩股”的方式，而转让老股被视为具有国有资产流失的嫌疑。在方向篇中，基于历史实践我们看到，资本的流动——无论是转让老股的存量流动，还是增发新股的相对流动，都是国有资本的市场化特征得以强化，改革取得成效的核心经验（第二章第三节）。以上案例也可以看出，两种引资方式均有助于提升资本回报率。因此，对引资方式的选择，更应因地制宜，一方面取决于拟混改企业到底是缺钱，还是缺用好钱的机制，或是两者都缺乏？另一方面取决于国资股东的诉求。对于自下而上混改的探索，调研中我们看到两个问题：一是一些拟混改企业并不缺钱，但一定要求其通过增资扩股进行混改，结果企业拿了一大笔钱放在理财账户上，反降低了资本的配置效率；二是拟混改企业通过国资股东转让老股的方式进行混改，引资后从企业中变现的国有资本却仍然趴在国资股东的账上，依然没有形成资本的流动。国企集团如果不能在“下面”混改的过程中积极调整思路，形成管资本的思维，则无论采取哪种引资方式，都难以实现资本的优化配置和资本价值的提升。

◎ **思路 3.5**：在混改的目标下，选择增资扩股还是老股转让，应因地制宜，考虑拟混改企业创新发展的实际需求和国资股东的诉求，并积极推动国资股东管资本。

虽然就改革效果而言，两种入股方式并无优劣之分，但在实际操作中，外部资本往往更偏好于老股转让的方式。其中一个重要原因在于入股所需的资金规模——受让占现期总股本 10% 的老股所需支付的资金显然要小于认购增资后总股本 10% 的股份所需支付的资金规模。另一个重要原因则在于审批因素，例如，弘毅投资在前述入股城投控股的同时，参与了另一家上海地方国企——锦江股份——的引资，前者于 2014 年 1 月底完成审批，而后者则到 2014 年 8 月底才完成审批。两个案例固然存在一定差异，但审批时间的差异部分反映了审批流程的不同：城投控股的引资采用了老股转让的方式，只需获得上海市国资委的批准；而锦江股份的引资采用了增资扩股的方式，除上海市国资委外，还需获得中国证监会的批准，涉及募集资金投向还需征求国家发改委的意见。

实践中，审批结果的不确定性和审批时间的不可控性往往成为影响企业和外部资本决策的重要因素。诚然，改革要以严格遵守现行法律法规为前提，但在以市场化为方向的改革中，若行政审批因素成为改革筹划的关键性考量，很可能会影响改革的效果；相反，若监管部门在混改审批中遵循实质重于形式原则，根据交易性质设计审批流程和时间，并加强牵头部门的主导和有关部门的配合，更有助于各方基于市场因素决定改革方案。

◎ **建议 3.1**：在遵守现行法律法规的基础上，混改的相关审批中应遵循实质重于形式原则，并加强政府部门间的通力配合和充分协调，减少审批流程对混改路径筹划的影响。

第六章

引资本阶段：引入战略投资者

第五章我们重点讨论了混改筹划和业务准备阶段的三个核心步骤及操作思路，在形成了较清晰的整体筹划思路并展开一系列基础性准备工作后，就要进入混改的实施阶段。第一阶段，即引资本。

在本章中，我们集中探讨在引入外部资本的过程中企业普遍会经历的三个核心步骤，并针对操作中的重点问题归纳出一些思路和建议。步骤四，从供需角度讨论如何选择具有市场化特征的投资者；步骤五，讨论如何在股权结构的设计中设置外部资本入股下限并发挥市场机制；步骤六，讨论如何设计兼顾价格优先和投资者质量优先的定价流程，实现合理定价。

步骤四：选择投资者

混改应引入什么样的投资者？

谈到引资，企业往往首先关心这个问题。如果我们用婚姻来描述两个人组成家庭的过程，那么混改则是国有资本和外部资本在国企中的“联姻”。从社会进步的角度看，婚姻结合的核心原则不仅是强强联合，更是通过通婚改良从而“合同而化”[①]，以在家庭单元层面形成对社会有益的价值观。混改中的“资本联姻”也应是一样的道理：我们要求外部资本积极的到位和制衡，同时推动国资股东到位，在各方股东形成管资本的理念基础上，推动企业层面的体制机制改革。前文谈到，要做到到位，外部资本本身应具有完整的市场化特征——追求收益性、流动性、平等性，而市场化特征具化到投资者身上，则要求投资者自身拥有市场化的体制机制，否则我们难以期待投资者有足够的动机和国有资本一起把企业的体制机制改革落到实处，从历史经验看，反而可能出现新的问题[②]。因此，“自身拥有市场化的体制机制”应是混改中选择投资者的根本性条件。由此我们提出以下原则。

---

① 康有为．大同书［M］．北京：中国人民大学出版社，2010.

② 在20世纪90年代中期开始的国企改制期间，由于引入的外部资本自身体制机制不完善，导致一些不规范问题的出现，吴晓波评价为：一些国企沦为“资本的盛宴”（吴晓波，《激荡三十年——中国企业1978–2008》，中信出版社）。

原则四：混改引资过程中对投资者的选择应遵循一个根本性条件，即投资者自身拥有市场化的体制机制。

亦如优秀的男女有千千万万，满足上述自身拥有市场化的体制机制条件的投资者也不在少数，而现实选择应考虑哪些因素？如何增加双方的匹配程度？回答这些问题，我们要做到知己知彼，因而应从对投资者的需求和供给两个角度来做分析。

问题 4.1：从需求端看，国企在混改中应引入什么样的投资者？

方向篇中我们提出了混改的集中原则，并以引入持股相对集中的战略投资者为实现方式。具体到操作中，持股相对集中的战略投资者应满足三个条件：能发挥作用；能发挥好的作用；会发生好的作用。

第一，投资者能发挥作用，则要求其财力雄厚、入股规模较大、意愿强烈。前文提到，外部投资者能发挥作用的保障是其持有“坐票”。在股权结构高度集中的企业中，“坐票”意味着不低于 10% 的股权。只有持股相对集中，投资者才能拥有参与公司治理的权利和意愿。

第二，投资者能发挥好的作用，则要求其能够在战略价值方面向拟混改企业提供支持。国企现阶段遇到的发展瓶颈，“根”在体制机制上，但要解决问题，则需要投资者“从根及叶”的若干方面提供协助，尤其是在完善公司治理，提升市场化运营和管理模式，重塑战略规划和发展理念，形成业务发展协同等战略价值层面提供支持，从而有助于企业提升持久竞争力。以下几个案例的经验值得参考。

案例一

国药控股引入复星医药

——协助公司战略优化、推动体制机制改革

国药控股[①]由复星集团和国药集团于2003年共同组建而成，双方分别持股49%和51%。此次合资中，国药的主要动机有两点：第一，完善医药产业链，使复星医药的上游制药工业与国药集团的下游医药商业形成协同；第二，实现国企与民企之间的资源、机制互补，在国药集团这样大型央企的背景下，引入优质民营资本来提升企业的公司治理水平。合作方复星集团旗下复星医药在行业中一直处于领先地位，通过精心打造的纵向一体化、横向关联互补的医药品牌，形成了强劲的发展势头。截至2003年底，与复星医药资产相关的医药商业的销售规模约占国内药品销售总额的10%，复星大药房更是当年上海地区发展速度最快的医药连锁企业。入股国药控股后，复星协助国药控股建立和优化了“一体化整合”战略，并制订收购扩张计划，在全国收购百余家企业，实现效益、规模的协同。与此同时，复星协助国药控股建立了现代化的治理体制，并帮助公司挑选优秀管理人才作为核心管理团队，为核心管理团队建立有效的激励机制。2009年国药控股在香港上市，现已发展为中国最大的药品、医疗保健品分销商，拥有并经营中国最大的药品分销及配送网络。同时，国药控股从最初80亿的销售规模，仅1个亿的利润，到2016年已实现销售收入超过2 500亿，利润69亿，并保持着良好的增长态势。

---

① 国药控股股份有限公司，简称“国药控股”。案例根据上市公司公告、公司官网、权威媒体等渠道获得的公开信息整理而成。

案例二

中粮包装引入奥瑞金包装

——形成产业协同、实现降本增效

前文介绍了中粮包装通过二次引资引入奥瑞金包装的过程[①]。在当时的背景下，国内金属包装行业随着2013—2015年金属价格持续下跌而经历了一个竞争激烈的下降周期，中粮包装2015年上半年销售收入和净利润分别同比下降6%和12%，同时其主要客户加多宝从三片罐转向两片罐，促使公司转型两片罐业务，并寻找新客户，以及建立新的生产线，而彼时两片罐市场又面临着产能过剩、价格低廉的问题。中粮包装和奥瑞金包装多年来一直是金属包装领域排名前两位的企业，双方的合作可以明显提升行业集中度，增强行业地位和话语权，还可以避免行业内过度重复投资和内部消耗，提升行业整体毛利率水平。同时，双方在多方面具有互补优势：在业务方面，中粮包装擅长金属和面向医疗、化工、日化的塑料包装用品，奥瑞金擅长金属包装制造、设计和智能包装；在客户资源方面，中粮包装的核心客户有加多宝、华润、可口可乐、达利集团等，奥瑞金则为红牛、青岛啤酒等；在区域布局方面，因过去双方竞争形成了差异化选址的互补格局，引资完成后，双方的产业协同产生了积极效果。中粮包装2016年上半年的毛利率水平从2015年同期的18.6%提升至19.2%。

① 案例根据上市公司公告、公司官网、资本市场研究报告、权威媒体等渠道获得的公开信息整理而成。

案例三

中粮我买网引入百度和泰康人寿

——通过提升战略协同拓展新业务领域

中粮我买网[①]是由中粮集团于2009年投资创立的B2C食品电商。中粮集团作为农产品、食品领域多元化产品和服务供应商，我买网为其提供了网络销售端口。但传统食品电商项目盈利空间有限，中粮我买网积极转型迎合市场需求，进入生鲜电商领域，参与市场竞争，积极引入外部投资者。2013年，我买网获得赛富基金数千万美元A轮投资，用于开拓地方渠道、升级全程冷链系统、扩大全球直采等。2014年，我买网完成B轮1亿美元融资，强化海外直采、供应链和生鲜冷链配送等原有竞争优势，加速打造中国食品电商第一品牌。2015年，为进一步巩固中国食品电商领导品牌的地位，打造从吃向健康消费扩展的生活圈，我买网引入泰康人寿、百度等战略投资者，募集了2.2亿美元的C轮融资，控股股东中粮集团持股比例降至50%以下。百度在用户数据沉淀和大数据分析方面具有很大优势，这正是电商的核心竞争力所在。大数据分析服务于用户行为偏好抓取，实现精准营销，将数据流量转化为高回报的订制服务，我买网与百度糯米、百度外卖等本地生活服务形成协同效应和双方资源的有效对接。而泰康可以加强我买网对健康、安全方面的布局，未来双方有意在金融理财、生命健康、保险等多方面进行深度合作，实现健康买到家。因此，尽管面对阿里投资的易果生鲜、腾讯投资的每日优鲜的竞争，我买网结合泰康的健康金融服务和百度精准搜索的流量及技术优势，以及各自庞大的用户资源，发挥了战略协同效应，引领食品电商进入健康消费市场的快车道。

① 案例根据公司官网、权威媒体等渠道获得的公开信息整理而成。

第三，投资者“会发挥好的作用”，则要求其总体认同拟混改企业的理念并愿意中长期持股。资本有逐利性，因此我们不能严格要求双方的结合白头偕老，但如果投资者与企业的企业文化、战略方向、长期合作的理念相左，参与入股仅仅是为了追求短期收益，则投资者的需求和行为很可能与企业的长期利益相背离，难以保证其发挥好的作用。我们看到个别案例中，投资者背后的股东与国企的利益存在显著差异且过分追求短期退出，导致引资后，企业疲于应对该投资者提前退出的要求。因此，尤其需要提醒拟混改企业，应对拟入股投资者及其实际控制人、关联方进行详尽的背景尽职调查，充分了解其投资诉求，以及合作预期。同时，为防止引狼入室，要求潜在投资者出具无竞争承诺并对其进行反向尽职调查，这也是非常好的操作方式。

◎ **思路 4.1：**从国企的改革需求考虑，选择的投资者应满足以下条件：第一，资金实力较充足，单一投资者或一致行动人入股比例应努力达到 10%；第二，能够在具有战略价值方面向拟混改企业提供支持；第三，认同企业理念，非短期逐利，更愿意中长期持股。

问题 4.2：从供给端看，积极参与混改的投资者有哪些？

要做到资本和资源的匹配，就要取得供求双方的利益平衡点。因此，拟混改企业在接触投资者之前，除了分析和考虑自身需求外，应对资本市场上不同类型的投资者有一个初步了解：哪些投资者有能力和意愿提供国企所需的条件？他们各自的诉求又是什么？

专题一

资本市场上较积极参与混改的投资者类型概览

产业投资者：通过与被投资对象在战略、产业链、市场占有率等方面的协同，挖掘共同增长点，以创造资产增值。因此，产业投资者往往在战略规划、业务模式完善、管理水平提升等方面拥有优势，倾向于长期持股，对中短期资本回报水平的要求适中。然而，非国资的产业投资者由于自身运营实体业务，往往手中资金有限。同时，产业投资者一般会较多地参与到混改后企业的决策和经营中，以对企业形成切实的影响力。

财务投资者：通过效率的提升创造价值。因此，财务投资者往往在公司治理、内部管控、财务结构调整和资本运作等方面具有优势。财务投资者主要分成以下几类：

- 境外私募股权基金：具有雄厚的资金实力，公司治理和管理经验非常丰富，往往在业务方面也有一定理解，但是由于收益考核和管理费的要求，往往会要求每年不低于10%的内部收益率（IRR），因而在投资决策中对投资回报水平和风险的敏感度较高，而且对未来上市后退出有较明确的期待。
- 境内私募股权基金：较了解中国国情和宏观政策方向，因而参与混改的热情较高，对国企的潜力有一定认识，并往往愿意为此支付溢价，但在运营管理、治理提升、业务合作等方面的参与度则因人而异。
- 公募基金：面向广大普通基金投资者与专业金融机构募集管理资金，公募基金所管理的特定产品根据投资资产类别的不同，投资策略、业绩回报基准、持有期限等重要维度差异化很大。
- 境内的保险和资管公司：除具有低成本的雄厚资金外，追求低风险项目，并具有资产配比的优势，更愿意长期持有企业的股份，但在管理经验和业务合作方面能够给企业提供的帮助则差异较大。

实践中我们看到，投资者的诉求中，有两项非常关键，需要拟混改企业在选择投资者的过程中明确了解：一是投资者的资金成本或对投资回报水平的预期；二是投资者拟投资的资金使用期限。在一些混改案例中，拟混改企业在没有做充分的背景尽职调查的情况下，引入了个别资金成本很高、资金使用期限较短的投资者，其入股后不断就退出期限和退出时估值倍数向企业提出较高要求，形成对企业的退出压力。

◎ **思路 4.2**：在投资者选择过程中，拟混改企业应明确了解潜在投资者的资金成本或对回报率的预期，以及投资者拟投资的资金使用期限。

问题 4.3：从供需匹配角度看，哪类投资者与混改的契合度更高？

有人认为，混改应重点引入产业投资者。通过上述国企对投资者的需求和资本供给的分析可看出，积极财务投资者也同样重要。

案例四

中核新能源引入战略投资者

——引入产业投资者 + 积极财务投资者

中核新能源[①]是中国核建[②]在整合旗下环保产业资源的基础上设立的公司，主要致力于国内环保和新能源领域的项目投资、建设和运营。2016 年，为完善股权结构，加速业务发展，中核新能源通过增资扩股引

① 中核新能源投资有限公司，简称“中核新能源”。案例根据公司官网、权威媒体等渠道获得的公开信息整理而成。

② 中国核工业建设集团，简称“中国核建”。

入六家战略投资者——包括能够与中核新能源产生战略协同效应的，在水利、能源投资方面具有丰富经验的产业投资者——安徽建工集团，以及上海信熹投资管理有限公司、北京科桥投资顾问有限公司等具有一定资本运作能力的财务投资者。在引资中，中核新能源要求单个投资者认购金额不低于 1 亿元、不超过 3 亿元，即单一外部投资者持股的上下限分别为 16.5% 和 5.5%。引资完成后，中国核建的持股比例下降到 33.4%，外部资本持股达到 66.6%。如此设计的股权结构既保证了中国核建保持单一最大股东的相对话语权，又有助于每个外部投资者都到位并制衡。同时，产业投资者与积极财务投资者的共同参与为中核新能源完善公司治理结构、进一步对接资本市场夯实了基础。通过搭建相对制衡的股权结构，引入战略资源，中核新能源正在迅速扩张产业规模，提升行业影响力。

基于实践我们认为，在满足思路 4.1 三项条件的基础上，产业投资者和积极财务投资者的组团，应是较好的投资者人选。尤其是结合现阶段的实际情况，面对大型国企的“大块头”，组团投资在执行中也更具有可行性。其中，积极财务投资者一般对被投资企业的治理体制有较高要求，因此，除了能提供雄厚资金支持外，更有利于提升拟混改企业的公司治理水平。我们看到的一些案例中，大型私募基金在企业的体制机制改革中担任了“不可或缺”的角色：一方面在企业中扮演了少有的黑脸，敢于通过董事会对经营层严格要求；另一方面借助丰富的管理投资标的的经验，协助企业制订标准和指标，对企业生产运营效率和业绩的提升发挥了非常重要作用。而产业投资者在战略、业务、管理等协同性方面的优势则突出体现在三个方面：第一，产业投资者具有行业内优秀的、一手的、市场化的业务运营和管理经验；第二，业务协同具有长期性，产业投资者一般会比财务投资者持股时间更久，对企业的支持也会更长久；第三，产业投资者的参与有助于行业整合，从而由竞争关系形成合作关系。例如，2014 年，蒙牛通过定向增发引入法国达能，形成中粮集团 / 蒙牛、达能及爱氏晨曦三方的利益共同体，改变乳制品行业恶性竞争的局面，就是一个成功例证。在此基础上，一些企业根据自身需求，将所需产业投资者和财务投资者分成几类，并针对每一类投资者分别制定评价标准，分类选择投资者，组成投资者组合，取得了良好效果。

◎ **思路 4.3**：结合国企的实际情况，引入“产业投资者 + 积极财务投资者”的战略投资者组合，更有利于达到混改的目标。

问题 4.4：国有资本是否适合参与国企的混改？

这是一个在社会中讨论较多的话题。有人认为，国企的混改应引入以民营资本为代表的非国有资本，将民企具有活力的体制机制嫁接到国企上来；也有人认为，国资股东之间的利益诉求也会有不同，因而国企引入另一个国资股东——地方国企引入央企作为股东——也有助于形成制衡的股权结构，对混改具有积极意义。

思考这个问题，需明确混改中“混合”的基本特征，是国有资本与具有完整市场化特征的外部资本的混合（第三章第四节）。因此，判断国资、民资哪方更适合参与国企的混改，不能根据所有制一刀切，而应看其是否具有完整市场化特征，即本节开头提出的投资者自身拥有市场化的体制机制。从根本上讲，无论是国有资本还是民营资本，如果其自身受困于委托代理问题，没有建立市场化的激励和约束机制，如何能期待其作为股东在混合所有制企业中发挥市场化的作用呢？

调研中，针对国企引入国资的混改案例，我们观察到两种现象：一是在个别案例中，新引入的国资股东表面上和原国资股东形成了在股权结构和董事会上的制衡，但两个股东仍然是传统的国有体制，因而混改后企业旧体制管新体制的局面并无实质改变。引入新股东带来的重要变化在于：从一个国资股东并表变成两个国资股东都不并表，由此，国资股东放松了对企业的管控，使经营层获得充分的控制权。由于经营层的“尽责”，固然会让企业风生水起，然而，改革需要的不是被动投资者，所有者职能虚置下人治所产生的不确定性，若冠以改革之名推广，则可能带来新的后续问题。

此外，我们也看到另一些积极的现象。过去20年以“投资主体多元化”为方向的改革中，产生了一些自身拥有市场化体制机制的混合所有制企业，这样的企业既有新体制的市场化优势，又因其脱胎于国企，因而了解国企文化并在自身改革中积累了丰富的经验。因此，现阶段的混改中，这样的混合所有制企业拥有独特的优势，可作为投资者参与其他国企的混改，并在其中发挥非常积极的作用。另外，近年来一些市场化程度较高的金融机构和央企在广泛吸引社会资本的基础上发起组建了以国企改革为主题的股权投资基金，这些具有混合特征的基金以市场化的方式设立和运营，积极参与国企引资，并在随后作为积极财务投资者参与企业体制机制改革，同样也会发挥积极作用。

案例五

贵州建工引入绿地集团

——拥有市场化体制机制的国企参与混改

贵州建工[①]成立于20世纪80年代初，是贵州省唯一的国有独资大

① 贵州建工集团，简称“贵州建工”。案例根据上市公司公告、公司官网、权威媒体等渠道获得的公开信息整理而成。

型建筑施工特级企业。2015 年 6 月，贵州建工启动混改，并引入绿地集团作为战略投资者。绿地集团的前身是上海市绿地总公司，是 100% 控股的国有企业。多年来绿地集团以市场化为导向建立了较完善的体制机制，并于 2014 年完成混合所有制改革。此次混改意在发挥绿地混改模式的成功经验，根据战略重组备忘录及增资扩股协议，绿地在对贵州建工注资的同时，在后续管理层持股、企业架构调整等方面，均进行了具有创新意义的改革，为贵州建工的新一轮发展注入了巨大动力。其中，绿地向贵州建工管理层及核心员工转让部分股权，使其股权结构变更为绿地集团持股 51%，贵州省国资委持股 30%，管理层及核心员工持股 19%，形成了相对制衡的股权结构。此外，绿地通过管理体系的调整，改变了贵州建工及下属公司之间既管理又竞争的经营格局，创建了以资本为纽带，符合现代企业管理要求的新的组织架构。通过一系列创新改革升级，贵州建工逐步构建了现代化的治理体制，理顺了管理关系，并基于服务企业长远发展的需要，持续深化企业体制机制改革。混改使贵州建工经营业绩大幅提升，2015 年，总产值同比增长 19.68%；利润同比增长 12.17%；2016 年，前三季度营业收入同比增长 45%，利润和新签合同金额也分别增长了 65% 和 47%。

◎ **思路 4.4**：自身拥有市场化体制机制的混合所有制企业或基金有其独特的优势，能够代表国有资本参与国企的混改，并能够发挥积极投资者的作用。

问题 4.5：金融机构以债转股的方式参与混改，需要注意哪些问题？

前文谈到，由于历史等多方面的原因，国企普遍具有负债率高的特点。高负债率造成企业较高的财务成本，影响盈利水平，同时增加了财务风险，反过来又会影响企业后续融资。因此，在改革的过程中降低资产负债率是国企的普遍诉求。尤其对于一些非资本密集型企业，例如科研院所，其资本性支出的规模往往有限，如果引资募集的资金大部分用于还债，那么将一部分债权直接转为企业的股权——即“债转股”，会不会在成本和操作简便度上更具优势？

20年前，一些学者曾建议引入主银行制度，主要基于以下原因：①银行拥有大量训练有素的专业人员；②银行信息十分灵通；③可以通过债转股解决企业高负债问题，从而构造股权多元化的结构。吴敬琏教授曾指出：“使银行成为国有公司的大股东和积极的监督者，无论从国有经济结构的战略性改组和国有公司的行为特点与成长需要出发，还是从经济体制转变的基础与历史传统等因素考察，都会有效克服国有公司‘内部人控制’的弊端。”[①] 当时由于多种原因，改革中能够引入的机构投资者和主银行有限，而现阶段，以市场化的方式将金融机构持有的债权变为股权，具有更加成熟的条件。而金融机构的市场化程度整体较高，有助于发挥积极投资者的作用。

案例六

中国重工引入金融机构股东

——通过市场化债转股实施引资

中国重工[②] 是我国唯一的全产业链舰船和海洋工程制造上市公司，并长期保持军工类上市公司的龙头地位。中国重工的母公司中国船舶重

① 吴敬琏、张军扩、刘世锦等. 国有经济的战略性改组［M］. 北京：中国发展出版社，1998：201.

② 中国船舶重工股份有限公司，简称“中国重工”。案例根据公司官网、权威媒体等渠道获得的公开信息整理而成。

工集团公司是国务院国资委直属十二大军工央企之一，是海军装备的核心供应商。近年来，受民船行业长期持续低迷、国际油价低位徘徊的不利影响，中国重工出现了暂时性困难，面临由于业务结构调整带来的现金流紧张及财务负担较重等问题。考虑到中国重工的行业龙头地位，以及其整体信用状况较好，中国重工与中国信达等八家机构于2017年8月协商决定实施市场化债转股：大船重工[①]和武船重工[②]两家子公司合计获得新股东出资218.68亿元，其中大船重工获得八名新股东[③]出资164.78亿元，武船重工获得七名新股东[④]出资53.9亿元。债转股完成后，中国重工的资产负债率降低了4个百分点，年利息支出可减少8.48亿元，杠杆率高、财务负担重等问题得到有效缓解，主要经济指标呈现持续增长态势。

我们需要关注的是，第一，在通过债转股引资的路径下，需要遵循原则三，即引入持股相对集中的战略投资者；第二，金融机构无论是以股权投资还是市场化债转股的方式参与混改，前提是需要满足原则四和思路4.1中投资者的条件，换句话说，金融机构要成为积极的投资者。调研中我们看到，有一些金融机构带着债权人的思维定式参与混改，要求企业承诺回购期限及固定回报率，导致“名股实债”。债权人和所有

① 大连船舶重工集团有限公司，简称“大船重工”。

② 武昌船舶重工集团有限公司，简称“武船重工”。

③ 八名新股东包括：中国国有资本风险投资基金股份有限公司、中国国有企业结构调整基金股份有限公司、中国人寿保险（集团）公司、华宝投资有限公司、深圳市招商平安资产管理有限责任公司、国华军民融合产业发展基金（有限合伙）、中国东方资产管理股份有限公司，以及中国信达资产管理股份有限公司。

④ 七名新股东包括：中国国有资本风险投资基金股份有限公司、中国国有企业结构调整基金股份有限公司、中国人寿保险（集团）公司、华宝投资有限公司、深圳市招商平安资产管理有限责任公司、国华军民融合产业发展基金（有限合伙）以及中国信达资产管理股份有限公司。

者的定位显然是不同的，混改中需要引入的是后者。

◎ **思路 4.5**：金融机构通过市场化债转股参与混改，前提应是该机构能够发挥积极投资者的作用，从而在有效降低企业高负债风险的同时，切实推动企业体制机制改革。

问题 4.6：如何通过引资阶段的制度性安排，保障战略投资者在引资后切实发挥“战略价值”？

外部资本，尤其是非国有资本，对于如何能够在入股后相应行使权力非常关心，其合理权利能否得到保障，也是其参与混改的核心顾虑。

其实，投资回报率的提升是拟混改企业、国有资本和外部资本的共同利益诉求，实践中我们也看到，外部资本能够通过董事会直接或间接参与企业的决策和运营、并在中长期发挥积极作用，是混改取得成功的关键。要达到上述效果，不仅要求拟混改企业和外部资本在引资过程中做出谨慎的双向选择，更须在双方的入股文件中做出合理的设计和安排，则既有助于发挥投资者的优势，也是对双方的约束和保护。实践中，这类制度性安排主要包括以下两个类型。

第一，锁定期安排。确定投资者股权退出的时间或条件，例如：投资者需在入股一定年限后方可对外转让股权；如有上市安排，则明确投资者在公司上市前不得退出，上市后若干年方可退出；或者投资者需在公司业绩达到一定指标后方可对外转让股权。在云南白药混改的案例中，入股协议中对战略投资者设定了长达六年的股权锁定期，这种安排将民营资本的利益与企业的中长期发展绑定，也有助于民营资本全面、深入地推动企业的改革。

第二，公司管理参与安排。在入股协议或公司章程中明确要求投资者的参与。例如：投资者需要为公司提供某种客户资源或原料供应；投资者需要委派具有相关行业经验的董事或管理人员参与重大决策或运营管理等。

◎ **思路 4.6**：应在入股文件中对投资者的锁定期和运营参与度进行约定，确保拟混改企业、其国资股东，以及外部股东三方的诉求获得制度性保障。

问题 4.7：混改引入战略投资者是不是多多益善？

一些人认为，混改引入的战略投资者，数量越多越好，引入的投资者都是业界精英，大家可以群策群力。

然而，实际操作中并非如此。其中，不同财务投资者在公司治理和战略协同方面所能发挥的作用具有一定相似性，因而财务投资者越多，一般而言，边际贡献会递减。同时，财务投资者基于自身资金募集期限和回报率等要求的不同，对退出的时间要求也会有一定的不同，过多的财务投资者增加了引资后企业与投资者沟通的复杂性。而产业投资者一般更倾向于在拟混改企业的战略发展和业务运营方面发挥更加切实的作用。由于产业投资者的行业背景和战略发展方向与拟混改企业可能存在一定差异，如果同时引入的产业投资者过多，则会出现在战略规划和业务发展上的多种声音难以统一，影响企业决策和经营的效率。

◎ **思路 4.7**：拟混改企业应对引入战略投资者的数量进行充分考量，投资者并非越多越好。

步骤五：设计股权结构

国资股东能不能放弃51%的控股权？

站在国资股东的角度，社会上有很多“宜控”还是“宜参”的讨论。站在资本的角度，我们认为，应跳出绝对控股、相对控股和参股的框架，而是思考“宜”的问题。

“以规行权，按章做事，依资说话”是《公司法》确立的基本原则，因而什么样的股权结构，决定了治理体制下各股东的话语权和所能发挥的影响力。方向篇中讨论了要打开一股独大这扇门，就要以投资主体科学化为方向，引入积极的外部资本。因此，在选择积极的投资者后，还要通过股权结构的合理设计，构建有效制衡的股权结构，从而为引资后各方作用的有效发挥建立基础。基于此，我们提出以下原则。

原则五：针对充分竞争行业中拟混改企业股权结构的设计中，不必过分关注国资股东控股还是参股，而是着力于构建有效制衡的股权结构，形成有意见大家商量的氛围，在此基础上，才有可能建立市场化的体制机制。

在上述原则基础上，具体到操作中，改革以股东性质和股权结构为切入口，就意味着股权结构的设计应有一些共性考量；同时，改革要因地制宜、因企施策，因而具体企业的股权结构设计应有一定的个性策略。

问题 5.1：规划引入外部资本的总持股比例，应遵循什么样的共性原则？

首先，要理解什么是有效制衡的股权结构，我们须从法律角度理解企业决策中的制衡机制。众所周知，企业中的重大事项须由股东大会和董事会决策，因而能够对重大决策构成实质性影响的作用即为“制衡”。

专题一

《公司法》和《公司章程》对股东大会和董事会决策事项的一般规定

一、《公司法》对股东大会表决比例的规定

- 《公司法》第四十三条规定，公司的重大事项须经股东大会 2/3 表决通过，包括：修改公司章程、增加或者减少注册资本，以及公司合并、分立、解散或者变更公司形式。
- 根据《公司法》的规定，除上述重大事项外，其他须经股东大会决议事项一般经公司 1/2 表决通过即可，除非公司章程做出特别约定。

二、《公司章程》对董事会表决比例的规定

企业根据《公司法》制定的《公司章程》进一步规定了股东大会和董事会对重大事项的表决比例，各公司的表决事项有些许差异。例如，董事会表决的重大事项一般可以包括：

- 须经董事会 2/3 表决通过的事项：决定公司经营计划和投资方案；制订公司年度预算方案、决算方案；制订公司利润分配方案、弥补亏损方案；制订公司增减注册资本的方案；拟定公司合并、分立、变更公司形式、解散的方案等。

可见，1/3 和 1/2 是在重大决策中能够构成实质性影响的两个重要比例，1/3 更是被称为“一票否决权”：一是在股东大会上拥有达到 1/3 的表决权，二是在董事会上拥有达到 1/3 的表决权，均能够在相应的重大决策上行使否决权。因此，1/3 的表决权就成为制衡的基本保障。基于此，我们认为，在国资股东控股的前提下，外部资本加在一起应获得超过 1/3 股权，并在董事会获得相应份额的董事提名权，才能在股东大会和董事会上与国有资本形成有效制衡，真正打破一股独大的局面。

对此，张文魁研究员曾经以中国证券市场的上市公司为样本进行了实证分析。结果显示，“从非混合所有制改制成为混合所有制，股东持股高于 40% 的情况下,能显著提高公司业绩”[①]。他将这一现象归结为控制权的转移和制约权的形成，并提出了股权结构拐点的概念，即外部股东持股至少达到 33.4% 才具有实质意义。我们基于资本市场的实践经验，在 1/3 股权的基础上，还强调股权比例要相应体现在董事会组成中，因为董事会在治理体制中起到了重大决策和对经营层的监督作用。对积极的投资者而言，如果只是在股权结构上形成制衡，并通过股东大会发挥作用，参与公司治理并发挥积极作用的能力就会大大降低。在某案例中，外部资本认购了国有企业 40% 的股权，但没有提名董事的权力，导致其无法在董事会“发声”，自然也难以对控股股东的决策形成制衡，以至于其要求分红的权利都无法得到保障。

◎ **思路 5.1** 着眼于构建有效制衡的股权结构，引入外部资本的总持股比例应高于一定下限，即三分之一，并获得相应份额的董事提名权，才能在治理结构上形成制衡。

---

① 张文魁 . 混合所有制的公司治理与公司业绩［M］. 北京：清华大学出版社，2015：172.

问题 5.2：考虑单一外部资本的持股比例，应遵循什么样的共性原则？

对于首次引资的国企而言，在外部资本总持股比例 1/3 的下限基础上，对于其中的单一外部资本，是否有持股比例的下限呢？实践中我们看到，一些国企在引资中引入了总持股超过 1/3 的若干投资者，但投资者数量过多、每家入股规模较小，股权过于分散，以至于没有投资者拥有独自提名董事的权力，这种情况下往往会出现几个问题：第一，投资者参与度不高，难以发挥积极角色；第二，在一些案例中，由所有投资者共同推选若干位持股比例较大的投资者代表担任董事，该董事和其他投资者之间形成了特殊的委托代理关系，由此可能引发新的问题：引入的投资者越多，该董事所需要代表的利益不同，存在冲突的利益诉求可能越多，而派出该董事的投资者和其他众多投资者利益出现不一致的可能性也会越大。这个复杂的委托代理关系如果不能协调运转，则导致董事会制衡机制无法形成，容易陷入一股独大的局面。

前文提出，投资者要持股相对集中，即单一外部资本的持股比例不应太低。一方面，应努力引入持股达到 10% 的战略投资者；另一方面，参考上市公司对“大股东”的定义，持股 5% 应成为积极的战略投资者持股比例下限[①]。

---

① 上市公司中，控股股东和持股 5% 以上股东一般被统称为“大股东”。参照中国证监会相关规定，股东持股达到 5% 或减少到 5% 以下的股东，需要履行一定的披露要求、并遵守作为上市公司关联方的交易限制和披露义务。

案例一

东航物流引资中股权结构的设计

——引入投资者最低入股比例不小于5%

前文提到的东航物流在混改引资中引入了五个外部投资者，其中最大的联想控股入股25%，普洛斯入股10%，德邦物流和绿地各入股5%，东航物流的员工持股平台入股10%。引资完成后，东航集团持股下降到45%，放弃了51%的绝对控股地位，外部资本的总持股比例达到55%，其中单一投资者最低入股比例也达到了5%；同时，联想控股和普洛斯分别提名两名和一名董事进入董事会。这样的股权结构和董事会结构设计形成了有效制衡，保证了市场化运行的机制，并有助于调动每个股东的参与积极性。引资后，东航物流迅速完成授权管理、行政议事、分类考核等内部机制改革，并与民资及外资股东实现了战略资源的有效链接。通过整合利用资源、创新合作模式等方式，实现了业务转型及高效协作，打通了航空物流全产业链，提升了企业的产业整合能力。

我们认为，对上市公司而言，上述持股比例的要求同样适用。

案例二

上市公司引入持股相对集中的外部资本的代表性案例①

表 6.1　有代表性的上市公司引入外部资本后持股比例

时间	企业名称	引资形式	引资后持股比例（%）		最大外部股东持股		
			国资股东持股	外部股东持股	股东名称	持股比例（%）	拥有董事会席位
2014 年 11 月	城投股份	非公开发行	46.5	9.2	弘毅投资	9.2	是
2015 年 1 月	飞乐音响	重组及配资	21.9	17.1	申安联合	17.1	是
2015 年 11 月	海立股份	重组及配资	25.2	22.9	杭州富生	14.6	是
2015 年 12 月	湖北能源	非公开发行	38.1	3.1	陕西煤化	3.1	是
2015 年 12 月	中储股份	非公开发行	43.7	15.5	普洛斯	15.5	是
2016 年 1 月	中粮包装	协议转让	33.2	27.0	奥瑞金	27.0	是
2016 年 3 月	越秀金控	非公开发行	54.3	34.1	广州国发	19.0	是
2016 年 8 月、2014 年 12 月	锦江股份	非公开发行	50.3	18.4	弘毅投资	12.6	是
2016 年 9 月	王府井	非公开发行	38.2	22.5	三胞集团	11.3	是
2017 年 1 月	首旅酒店	重组及配资	36.7	49.9	携程	15.4	是
2017 年 5 月	岳阳林纸	非公开发行	42.2	10.7	刘建国	6.4	是
2017 年 11 月	中国联通	非公开发行	37.7	29.9	中国人寿	10.2	是
2018 年 1 月	三爱富	协议转让	12.0	20.0	中国文发	20.0	是

数据来源：根据公开资料整理。

◎ **思路 5.2**：若引入多家股东，持股最多的外部股东应持有不少于 10% 的股份，并获得相应份额的董事提名权；持股最小的外部股东应持有不少于 5% 的股份。

在大型国际并购中，有时候会由几家投资者共同组成投资团（Consortium）参与股权投资，以形成合力并获得较大的话语权。而在

① 根据公开信息整理，实际信息可能有所差异。本轮引入的外部股东持股比例不含控股股东、员工持股计划 / 平台等。

这种操作下，往往具有几个特点：第一，投资者数量不会多，少于五家为宜；第二，投资团明确内部协调机制和委托代理机制，形成对外一致、有效的决策和行权方式，以确保派驻被投资企业的董事、监事等能充分代表投资团的共同利益。也有一些案例中，投资团通过第三方独立机构聘请独立董事，从而达到代表投资团全体股东利益的效果。

问题 5.3：在 1/3 基础上，拟混改企业如何确定具体股权结构？

前文提出了总体和单一两项共性原则，那么针对具体的拟混改企业，应如何确定引资的股权比例？

案例三

非上市公司混改案例中引资超过 1/3 的部分案例统计[①]

表 6.2 混改中引资超过 1/3 的非上市公司统计

时间	混改企业	引资前	引资后	
		国资股东持股（%）	国资股东持股（%）	外部资本持股（%）[②]
2013—2015 年[③]	中粮我买网	100	40.9	59.1
2015 年	南京龙源环保	100	60.0	40.0
2015 年 12 月	大唐网络	90	37.2	48.4
2016 年 1 月	中粮工科	100	56.4	33.2
2016 年 8 月	国投信托	100	55.0	45.0
2016 年 12 月	中石化管道公司	100	50.0	50.0

① 包含 2014 年以来引入外部股东持股超过 1/3，且国资股东未放弃 1/3 股权比例的部分案例。混改企业名称为公司简称。根据公开信息整理，实际信息可能有差异。

② 外部资本持股比例不含员工持股部分。

③ 2013—2015 年，中粮我买网进行了三次引资。

续表

时间	混改企业	引资前	引资后	
		国资股东持股（%）	国资股东持股（%）	外部资本持股（%）
2017 年 3 月	中核新能源	100	33.4	66.6
2017 年 5 月	中国核燃料	100	51.0	40.0
2017 年 7 月	东航物流	100	45.0	45.0
2017 年 7 月	中国茶叶	100	40.0	45.0
2017 年 8 月	中粮资本	100	64.5	35.5
2017 年 11 月	华能资本	100	61.2	38.8
2017 年①	国药租赁	100	36.0	64.0
2018 年 1 月	中金珠宝	100	49.6	44.4

数据来源：根据公开资料整理。

从以上不完全统计可以看出，在具体混改案例的执行中，对股权结构的个性考量各有不同，既没有所谓最“宜”的比例，更没有“宜控”，因而不应预设“不低于 51%”的硬杠杠。实践中我们看到，股权结构的设计，视具体的投资者的不同而不同，往往是一个市场化谈判的过程。既然是市场化的，这一过程就会涉及两个因素：第一，双方根据自身的比较优势判断引资的股权比例。针对不同行业中处于不同发展阶段的企业，企业的禀赋优势和投资者的市场化优势的权重配比必然是不同的，双方在提升资本回报率方面所能发挥的作用也是有差异的。第二，秉承交易原则，双方通过公平谈判达成共识。举例而言，一些国企资源禀赋优势强、盈利状况好，愿意出让的股权比例可能略低；而一些新经济中的国企资源禀赋优势有限、面临的外部竞争更加激烈，急需借助外部资本的市场化优势加快发展，因而在谈判中可能不得不出让略高的股权比例。

① 2017 年，国药租赁进行了两次引资。

◎ **思路 5.3**：在 1/3 的基础上，应充分分析国企和外部资本各自优势在价值提升过程中所能发挥的作用，据此设计股权结构，并通过双方的市场化谈判达成一致。

问题 5.4：在什么情况下，国有资本应考虑放弃 1/3 的持股比例？

原则五提出，设计股权结构的关键不是哪方控股，而是各方的持股比例相对制衡。然而，亦如 1/3 对外部资本具有关键性意义，1/3 对国有资本同样具有重要意义。对于引资前国资股东持股高度集中的企业，如果国资股东出让控股权的同时，持股比例一次性下降到 1/3 以下，则意味着国资股东放弃“一票否决权”，更意味着国有资本的战略性退出。

案例四

吉林炭素混改

——国资股东出让控制性股权

在中钢集团下属吉林炭素[①]混改的案例中，采取了转让控制权的方式。吉林炭素在石墨行业拥有国内市场约 18% 左右的市场份额，海外出口占中国同类产品的 23% 左右。然而，其间费用过高对公司利润造成较大侵蚀，导致公司的净利润长期以来主要依靠投资收益。2012 年上半年开始，下游钢铁行业不景气，盈利能力快速下滑，全行业整体进入亏损状态，连累上游石墨行业发展。与此同时，石墨电极行业产量扩张较快，竞争日益激烈，导致价格大幅下滑，也造成了公司持续亏损，仅 2014 年吉林炭素就亏损 4.8 亿元，负债近 17.7 亿元。在行业整体低迷的

① 吉林碳素股份有限公司，简称“吉林碳素”。案例根据公司官网、权威媒体等渠道获得的公开信息整理而成。

情况下，企业亟待通过调整，实现转型升级和良性可持续发展。2015年，中钢集团将持有的70%的吉林炭素的股份转让给中泽集团。中泽集团于前一年购买了吉林铁合金有限公司73%的股权，并购吉林炭素，促使两家企业产生协同效应，通过搬迁和升级改造，重建企业的技术、规模和成本优势，实现扭亏。

需要注意的是，一次性放弃1/3的股权涉及国资股东的整体发展战略，因此应有国资股东来主导路径的设计。

◎ **思路5.4**：对于国企集团的非核心主业、行业发展前景弱的业务，国资股东可以考虑通过出让控制性股权并放弃1/3的持股比例，实现战略性退出。

问题5.5：国资股东在考虑出让股权比例时，如何算好大账？

实际操作中，我们经常会遇到国企集团对出让股权比例的困扰：既然拟混改企业具有价值提升的潜力，集团为什么不保持全资控股，做大做强后自享全部收益，而要出让股权，甚至控制权呢？

思考这个问题，一定要算回报率的大账。做一个简单的算术：假设混改前子公司的净利润为100块，集团持股100%，净资产为10 000块，虽然100块都归属于集团，但净资产回报率只有1%。若引资后集团仅参股子公司40%，净资产为25 000块，如果通过混改子公司做强做优、价值提升，净利润达到1 000块，则净资产回报率提升到4%，归属于集团的收益是400块，实现了国有资本增值。

案例五

国投泰康混改

——国有资本和外部资本共同做大蛋糕

国投信托[①]原为国家开发投资公司全资控股的金融服务公司，2015年初，国投信托以增资扩股的方式引入战略投资者泰康[②]和悦达资管[③]，泰康入股35%，悦达资管入股10%，原国资股东持股比例下降到55%，三方实现了股权结构的制衡。引资为公司的做大形成推动：一方面，资本规模是信托行业的刚性约束条件，引资后，国投泰康（国投信托）的注册资本金由12亿元增加至22亿元，净资产突破40亿元；资本金规模提至中上等水平，可支持信托资产规模达到3 500亿元；国投泰康跻身信托行业的第一梯队，并成为首家进行混合所有制改革的金融国企。另一方面，泰康和悦达资管能够与国投泰康在养老、资产管理等方面形成优势互补，三者也将在财富管理和私人银行领域业务拓展、产品开发、人才储备等方面充分发挥协同效应。2015年，国投泰康营业收入涨了一倍，净利润从6.3亿增长至13亿，成为国有资本和外部资本一起“做大蛋糕”的典范。

◎ **思路5.5**：混改中，国资股东应从国有经济的高度算好大账，着眼于提升资本回报率，因地制宜地考虑出让股权的比例，和外部股东一同“做大蛋糕”。

---

① 国投信托有限公司，简称“国投信托”，后更名为国投泰康信托有限公司，简称“国投泰康”。案例根据上市公司年报、公告、公司官网、权威媒体等渠道获得的公开信息整理而成。

② 包括泰康人寿和泰康资产管理。

③ 江苏悦达资产管理有限公司，简称“江苏悦达”。

问题 5.6：制衡是否意味着要形成旗鼓相当的股权结构？

这是我们在实际操作中遇到的另一个问题。一些案例中，外部资本入股 49% 或 50%，与原国资股东形成旗鼓相当的股权结构，以求形成制衡。然而，是否真的是“股权相当好办事呢”？

前文中强调有效制衡，这个“有效”应区别于“盲目”，关键在于有效制衡的结果是协调运转。旗鼓相当确实形成了制衡，但是在实践中往往会影响治理体制的协调运转，降低决策效率。

举例来说，某外资基金和国企合资成立的项目公司中，双方持股比例分别为 49% 和 51%，项目公司以持续收购并运营公共事业项目为主业。为了防止项目公司的盲目投资，在外方的要求下，双方没有采取一次性增资而后持续收购的模式，而是在每次收购项目前，两个股东按持股比例分别给项目公司增资。执行中，双方股东共同参与项目公司对每个项目的考察，但由于外方股东对行业的认知和风险的评估与中方股东存在较大差异，双方在多个项目决策上难以达成一致，致使增资收购的过程多次受阻，大大降低了项目公司的投资效率。实践证明，旗鼓相当的股权结构不一定有利于建立协调运转的治理体制，反而容易出现股东间的僵持，导致内部人控制。

为破解旗鼓相当的股权结构可能带来的问题，一个方式是引入关键第三方。例如，云南白药在混改中，第一步形成了国资股东和新华都集团 50%、50% 的股权结构，半年后又引入了独立的第三大股东——鱼跃医疗，形成了国资股东、新华都集团、鱼跃医疗 45%、45%、10% 的股权结构，有效地减少了两大股东之间出现“僵局”的可能性，第三大股东对前两大股东形成有效监督的局面。

◎ **思路 5.6**：应慎重采用国资股东和单一或一致行动人的外部股东股权相当的股权结构，破解的方法是引入关键第三方股东。

问题 5.7：打破一股独大，是否意味着要走向高度分散的股权结构？

沿着思路 5.1 和思路 5.2，我们注意到另一种现象：个别案例中，以打破国资股东一股独大为目标，企业引入了很多外部股东，每个外部股东持股份额都不大，国资股东的相对控股优势也不明显，从而形成了较为分散的股权结构。不难理解，在较分散的股权结构下，大部分股东到位的动力和能力不足，其到位更多的是通过“用脚投票”的退出形式实现的，而不是通过积极地在董事会“用手投票”的方式实现的，如此混改则难以呈现我们期望的共挑担子的局面，更可能因为大家都不管而出现内部人控制。一些学者的研究也指出，高度分散的股权结构并不利于企业发展和资本增值。例如，一项针对欧洲大型企业的实证研究显示，股权结构和企业的资产回报率及市净率呈现出“钟形效应”（Bell-shaped Effect）——资产回报率和市净率均会随着股权结构从高度集中走向相对制衡而上升，但随着股权结构进一步分散而下降。同时在现实中，在控股股东持股比例较低的情况下，引来“门口的野蛮人”的案例也层出不穷。

◎ **思路 5.7**：打破国资股东一股独大的局面并不等于要走向另一个极端，过度分散的股权结构同样不利于资本价值的提升。

步骤六：确定合理价格

在增资扩股的过程中，如何实现合理定价？

定价问题是引入战略投资者过程中最核心、最敏感的步骤，也是监管机构和拟混改企业最关注的问题。一方面，防止国有资产流失是悬在国企头上的"达摩克利斯之剑"，企业生怕被人质疑定价过低；但同时，如果定价过高，则可能导致优质的投资者望而却步，使得混改的效果大打折扣。基于此，我们提出以下原则。

原则六：混改中合理定价应达到两个目标：一方面定价不能显著低于公允价值，导致国有资产被贱卖；另一方面定价不能过高，导致把积极的战略投资者拒之门外。

根据《企业国有资产交易监督管理办法》① 对国有企业老股转让和增资扩股过程中定价的相关规定，强调公开披露信息、公开征集投资方、对外公告结果，即"全公开"。"全公开"当然是最大程度减少"国有资产流失"的最有效方式。然而，针对混改中的引资，目的显然不是"卖得最贵"，而是在募集一定规模资金的同时引入"契合度高"的战略投资者——体现在能够提供具有战略价值的支持并认同企业的发展理念（思路 5.1）。因此，实际操作中我们看到的情况是，即使具备采用竞价、

① 国务院国资委、财政部，《企业国有资产交易监督管理办法》（国务院第 32 号），2016 年 7 月 1 日发布。

竞争性谈判、综合评议等方式进行多轮次遴选的机制，也容易出现唯价高者得的局面。即使有契合度高的战略投资者入选，也很难将只有高价但不满足思路5.1条件的被动投资者排除在外——因为若不让“高价者”入股，大家会质疑“国有资产流失”。在遵守相关法律法规并遵循“等价有偿和公开公正公平原则”的基础上，操作中有什么方式可以兼顾价格和契合度高的战略投资者，从而实现合理定价？

问题6.1：怎样定价才算合理？

首先，从资本市场看，什么是合理定价的充分必要条件？我们不妨先看看上市公司定向增发的定价路径。上市公司流通股票在证券交易所的股权交易，已经形成一套成熟的定价流程，因而大家普遍认为定价是合理的。

案例一

中国生物制药认购中国信达的股权

——上市公司市场化手段定价

2016年1月，中国信达采用非公开定向增发的方式向中国生物制药发行了接近5%的股权，交易金额为7.5亿美元[①]。在此项交易中，定价和配售全过程仅限于交易双方知晓，而定价过程满足了两个原则：第一，参考基准价值，即中国信达在股票交易市场的公允价值——停牌前的股价2.63港元；第二，市场化定价，即双方经过谈判确定基于基准价值的交易价格，并交由双方股东表决。中国信达提出以1.16倍市净率对应的价格，即3.05港元作为交易价格的下限，经过谈判，中国

① 案例根据上市公司公告、公司官网、资本市场研究报告、权威媒体等渠道获得的公开信息整理而成。

生物制药基于对双方在医疗管理和保险方面的潜在战略合作机会的考量，接受了该交易价格，即支付了相对于停牌前价格16%的溢价。然而，资本市场上，中国生物制药的股东通过“用脚投票”表达了对16%溢价的不同意见，交易宣布后，中国生物制药股价当日下跌超过20%[①]。目睹中国生物制药的股价大幅下挫后，中国生物制药管理层最终决定取消了此项交易。以上案例可以看出基准价值在定价过程中的关键作用，同时，股东对定价投以不信任票导致交易取消，也恰恰体现了市场化定价的核心原则。

案例二

奥瑞金包装受让中粮包装的股权

——上市公司市场化手段定价

2015年11月8日，中粮香港将所持中粮包装27%的股权转让给奥瑞金包装，交易定价过程仅限于双方知晓。签订协议前一个交易日（2015年11月6日），中粮包装收盘价为4.60港元，前五个交易日收盘价均价为4.54港元[②]。综合考虑标的公司所处市场地位、历史经营状况、盈利能力和财务状况等因素，采用可比公司分析法，按照公平合理的定价原则，经双方协商一致确定交易价格为6港元，较中粮包装前一个交易日收盘价的溢价率为30.43%。随后，奥瑞金先后获得董事会、股东大会的批准，中粮方面亦获得董事会批准，交易宣布后双方股价基本平稳。奥瑞金董事会批准公告发出当日（2015年11月10日），股价上涨3.3%，大盘下跌

① 根据中国生物制药（01177.HK）股价数据计算得出。

② 案例根据上市公司公告、公司官网、资本市场研究报告、权威媒体等渠道获得的公开信息整理而成。

0.2%；此后一周奥瑞金下跌4.1%，大盘下跌1.95%；股东大会当日（2015年11月26日），股价下跌2.98%，大盘下跌0.6%，之后几天基本持平。中粮包装股份出售公告发出当日（2015年11月9日），股价上涨10.7%，大盘下跌0.6%；此后一周，中粮包装下跌6.5%，大盘略有起伏①。

以上两个案例可见，通过成熟的资本市场操作，即使对上市公司而言，合理定价的过程更集中于两个核心原则：第一，定价机制——以公允价值作为基准价值；第二，定价过程——以基准价值为标杆、以市场化方式确定交易价格。在此我们需要定义这两个关键词：

公允价值（Fair Value）：是资本市场的核心概念之一，即通过信息充分披露反映在公开市场上被广泛认可的价值。资本市场将上市公司公开交易的股价视为公允价值。

市场化方式：并不限于在有形市场中交易，而是一种方式，即熟悉市场情况、能够充分代表各自利益的买卖双方的代表经过公平谈判，在自愿情况下达成一致，并能够经受市场的检验。

◎ **思路6.1**：引资过程中合理定价应遵循两个原则：第一，定价前要合理确定基准价值；第二，定价过程要以基准价值为标杆，以市场化方式确定交易价格。

着眼于混改的目标和性质，我们认为，无论上市公司还是非上市公司，引资定价过程均应遵循以上两项原则，而非限于形式上的全公开。实践中我们注意到，为了避免引入前述提到的高价者，有部分企业在高度保密状态下完成和潜在投资者的接触和谈判，随后为了满足进场交易的要求、到产权交易所挂牌，形式上履行了公开程序，但操作上仅仅是

---

① 根据沪深300指数、中粮包装（00906.HK）和奥瑞金（002701.SZ）股价计算，数据来源：万得数据库。

为了走过场，而且为了避免跳出黑马“价高者得”，尽可能对投标方的业务规模、资质、全球布局进行了量身定做的规定，这样的操作不但未起到防止国有资产流失的预期效果，反而牺牲了效率。也有企业由于增资扩股的股权比例较大，将股权分成若干个标的在产权交易所挂牌，结果竞标者摘牌的价格不同，出现同期、同股、不同价的结果，反而被人质疑其中较低价格的投标是否存在国有资产流失。

针对非上市公司引入外部资本的过程，以上两个合理定价的原则如何实现？尤其在全社会对国有资产流失的强烈关注下，对非上市公司而言，只有摸索出一条合理定价的可行路径，才能真正取得混改的预期效果，解除改革者的后顾之忧。综合法律法规的要求和实际操作经验，以“更有效地防止国有资产流失”为合理定价的重要目标，我们提出以下几点改进的定价思路。

第一步：合理确定引资的基准价值

对于非上市企业的股权转让，经审计或评估的净资产值一直被视为定价的基准价值。然而，资产评估值基于资产评估准则所规定的特定方法对静态的资产和负债价值进行的评估，更多地反映了公司现状。有不少学者指出，“这种定价不能反映资产在未来的盈利能力，必然导致‘靓女先嫁’和‘丑女难嫁’的结果”。[①]

参考资本市场上并购交易的惯例，我们建议公司应同时参考股权价值。股权价值的评估，就方法论而言，除了更加侧重于管理层对未来业务发展——尤其是新业务——进行合理判断的现金流折现法外，还会集

① 汪浩．提升国企内部治理能力的必然路径——混合所有制改革助推产权结构优化［J］．国家治理，2015（02）：25-30.

中分析过往类似交易的估值水平，以及市场上可比公司的交易水平，以对企业的股权价值进行合理判断，因而股权价值往往较资产评估值更接近市场化的公允价值。股权价值的优势体现在：第一，股权价值是引资后估值（Post Money Valuation），反映企业通过引资和体制机制改革能够实现股权价值的提升，体现混改后的改革红利；第二，估值过程中管理层对企业引资后业务长期发展进行详细规划，体现可持续发展的混改目标；第三，管理层对股权价值背书，便于混改后的跟踪和追责。

专题一

资本市场常用估值方法

资本市场常用估值方法主要有可比公司、可比交易、贴现现金流三种方法。根据关键性假设条件的差异，每种方法下会得出一个估值区间。对于资本市场上惯常的股权投资估值而言，往往在兼顾三种估值方法的基础上，对三种方法下重叠的估值区间进行重点考虑。

可比公司法：通过分析可比公司的交易及运营数据，计算目标公司在公开市场的隐含价值。可比公司法估值的可靠性取决于其他上市公司的可比程度，因此可比公司的选择需要慎之又慎。用此方法估值可作为对少数股权投资的可靠指标，但难度在于：需要寻找大量真正可比公司的样本，并需要排除公司受到交易估值不活跃、市值小、资本市场研究覆盖不足和公众持股量不多等因素影响。若在混改引资中对非上市企业进行估值，则应考虑增加控制权溢价，并考虑流动性折价。

可比交易法：通过应用过往收购类似业务中所支付的估值倍数，得出包括控制权溢价的估值。可比交易法估值的可靠性取决于近期可比交易的数量、可比程度，以及交易时相关资产的市场供需关系。可比交易法包括控制权溢价，为控制权变更的情况提供了估值方法。同时，非上市公司的过往交易估值也体现了流动性折价，对混改引资中非上市企业的估值参考性更高。该方法的难度在于过往交易的公开数据可能有限或具有误导性，另外，可比交易估值也并不能涵盖交易的所有层面（例如混改中对公司治理、业务协同等事宜的安排）。

贴现现金流法：对未来经营性现金流按照适当的资本成本进行贴现。"贴现现金流法"是理论上最合理的估值方法，但由于估值对现金流的基本假设（即预测正确与否）、期末价值计算和贴现率高度敏感，操作难度也最大。

在经审计和评估的净资产值及股权价值的基础上，我们提出"基准价值区间"的概念，即管理层参考资产评估师和财务顾问提供的不同估值结果，根据对业务、财务的理解和专业分析，从而形成自身对基准价值的判断区间。以上方式形成的基准价值区间具有较高的合理性。考虑到过去20余年中国资本市场培养的大量财务专业人才进入了国有企业，很多国有企业具备对资产评估值和股权价值进行分析和判断的专业团队，有能力协助管理层制订合理的基准价值区间。同时，从国资监管的角度而言，基于尽职、专业的资产评估师、财务顾问和管理层判断所确定的基准价值区间是防止国有资产流失的有力保障。

◎ **建议6.1**：在经审计或评估的净资产值的基础上，应以股权价值作为基准价值的重要参考，管理层由此形成对基准价值区间的判断。

第二步：以市场化方式确定交易价格

首先，既然混改以企业提升持久竞争力为目标，就不应追求短期卖得最贵，而更应重视长期引入的投资者质量最优。投资者的质量尤其体现在其战略价值——在完善公司治理、提升市场化运营和管理、重塑战略规划、形成业务发展协同等方面为拟混改企业提供的支持。实践中也一次次证明最贵的不一定最好，战略投资者的战略价值才是混改取得成功的关键。基于此，针对市场化的定价过程，我们提出："先保障投资者质量优先，再保证价格优先"的原则。

反观现有的"公开挂牌+多轮遴选"的混改定价过程，其实是遵循了先保证价格优先，再保障投资者质量优先的原则。尤其对于炙手可热的混改项目，第一时间公开挂牌，往往会涌入一批被动财务投资者参与竞标，而企业很难通过正当手段将他们完全挡在外面；加上多轮遴选过程中，价格指标往往占综合评议中权重的50%以上，这就导致质量优先最终会大打折扣。举例而言，产业投资者和被动财务投资者的资金成本和出价往往是不同的，一些案例中，产业投资者在前几轮竞标中就已经在价格指标上"阵亡"，进入最后一轮遴选的大多是一些"财大气粗"的被动财务投资者，质量优先的情况下只能在被动财务投资者中"矬子里拔将军"。

虽然"公开挂牌+多轮遴选"的定价过程面对先保障投资者质量优先的原则有其不足之处，但公开挂牌过程的必要性仍然是毋庸置疑的。对于国企混改而言，要以防止国有资产流失为重点目标，就应体现为：国企股权的定价要经得起市场的检验，这就需要通过公开挂牌来实现。相应的，我们认为，公开挂牌的核心意义更多应是检验交易价格，而不是第一时间发现价格。

基于上述认识，参考国际上一些通过竞引入战略投资者的成熟定价规则和流程①，并结合近年来一些混改实践中的探索，我们在基准价值区

① 主要参考了美国《破产法》下通过竞价出售公司股权的模式，参照《363 Sale-Purchase of Assets in Brankruptcy Without Any Plan of Reorganization [Section 363（b）of the Bankruptcy Code]。

间的基础上，提出针对非上市公司、以增资扩股方式引资的两阶段定价流程。

第一阶段，非公开谈判阶段。拟混改企业根据自身对投资者的需求、自主选择非公开地接触一定数量的潜在投资者。在此期间，企业首先应做好双向尽职调查工作：一方面配合满足一定条件的意向投资者进行尽职调查；另一方面对意向投资者做好反向尽职调查。随后，根据意向投资者的数量，通过竞标或直接谈判的方式，双方就入股比例、价格、战略协同等方面进行谈判，企业最终与其中一家或与若干家投资者——我们称为“锚定投资者”——签署统一的、附生效条件的股权认购协议（Conditional SPA）。其中，定价过程应遵循合理定价的两个原则：一是定价应以基准价值区间为基础；二是经过谈判达成的价格应与认购协议的其他核心条款一道，提交拟混改企业的国资股东和外部投资者双方董事会批准。

第二阶段，公开市场竞价阶段。拟混改企业将与锚定投资者约定的股权比例在产权交易所挂牌，同时将附生效条件的股权认购协议中的关键条款——包括锚定投资者身份、交易价格、锚定投资者向拟混改企业提供的非资本性支持（例如业务支持、战略合作）——进行公开披露，同时不应限定潜在投标者自身的资质。在挂牌期限内，如果没有新的投资者——我们称为“后续投资者”——摘牌，则拟混改企业与锚定投资者签署的有条件股权认购协议正式生效；如果有后续投资者愿意接受股权认购协议中所有条款，并愿意支付更高价格（前提是拟混改企业对后续投资者进行了充分尽职调查并认可其投标资格），锚定投资者拥有提高价格的权利；若锚定投资者放弃提高价格，则后续投资者“价高者得”，随后混改企业与锚定投资者签署的附生效条件的股权购买协议自动终止，混改企业按照补偿条款向锚定投资者支付一定的补偿金，同时与后续投资者签署最终的股权购买协议。

操作中，本着更加谨慎、稳妥的思路，还可以考虑在第二阶段获得后续投资者报价后增加一个环节，即将最终决定权提交给一个由拟混改企业、其国资股东、专业机构、国资监管部门代表组成的决策委员会，以确保投资者的价格和品质对混改企业而言均是最优。

◎ **建议 6.2**：对于定价过程，遵循先保障投资者质量优先，再保证价格优先的原则，结合资本市场经验和实际操作中的探索，可考虑两阶段的定价流程，以非公开谈判和公开市场竞价相结合的方式，确保以防止国有资产流失为重点目标的合理定价。

第七章

引资本阶段：引入核心员工持股

在方向篇中，我们提出混改设计思路的“绑定原则”，并认为，通过持股的方式绑定核心员工，不仅有助于减少委托代理关系下由于信息不对称产生的内部人控制，更是在混合所有制改革的大背景下，激发核心员工推动企业持续改革与长期发展的参与感和使命感，维护企业长期利益的必要措施；同时，在现阶段的制度规定和操作环境中，可以有效避免历史上员工持股出现的种种问题，因而核心员工持股具有较高的可行性（第四章第二节）。那么，员工持股有哪些实现形式？操作中有哪些思路？

首先，根据出发点的差异所反映出的持有方式的不同，一般意义的员工持股可以分成两类。

第一类为狭义员工持股：员工直接出资受让公司的老股（或称“存量股权”）或认购新股，形成直接或通过其他法律主体间接持有公司的股票，成为公司股东。

第二类为股权激励：员工以公司股票为标的，通过股票期权、股票增值权、限制性股票等工具，以行权价格（通常低于市价）获得股票，或不持有公司股票、但享受股票增值部分。

前文集中讨论的核心员工持股着眼于绑定功能，体现为规模适中、中短期不得退出的义务，因而以上述狭义员工持股为主要实现形式，这也是本章所讨论的重点。而对于第二类的股权激励，即以公司股票为标的的股票期权、股票增值权、限制性股票等激励方式，侧重于激励功能，因而我们将其纳入经营机制完善的工作范畴，在后文中进行重点分析（第八章步骤十）。

员工持股问题一直具有较大的争议性和复杂性，混改中的员工持股现阶段也仍处于初步探索阶段，有不少经验和问题需要总结。因此，本章的步骤七花了一定篇幅，针对引入核心员工持股操作中的一些重点问题和操作思路进行集中讨论。需要说明的是，在步骤三混改首次引资路径的选择中，我们建议非上市业务首先通过私募发行的方式引入战略投资者（思路 3.3）。沿着这一路径，步骤七会着重探讨非上市公司引入核心员工持股的操作思路。我们认为，针对非上市公司的操作思路背后的逻辑和要点，对上市公司核心员工持股的设计同样适用。

步骤七：引入核心员工持股

混改中怎么实现核心员工持股？

调研中，这是拟混改企业最关心的问题。根据我们的观察，员工持股业已成为影响混改进程的瓶颈问题：一方面，国企进行员工持股的积极性非常高，国务院国资委针对央企子公司的首批员工持股试点的申报数量远超预期就是印证，而在地方，员工持股在一定程度上已经成为企业是否愿意推进混改的前置条件；另一方面，社会舆论对员工持股尚存一定担忧，因而员工持股试点的步伐还十分谨慎。截至2017年底，员工持股试点在央企中只有10家，在27个省市也只有158家地方国企正在开展试点①。

历史改革探索的经验告诉我们，破解上述瓶颈问题的最优手段就是用实践来检验真理。实践中，一方面需要全社会对员工持股有一个正确的认识，另一方面需要在执行中充分筹划、严谨操作，努力把好事做好。相应的，对于员工持股，我们提出以下原则。

原则七：混改中引入核心员工持股，应坚持两点：一是突出绑定目标，即将员工持股定位为针对以管理层为核心的少数核心员工，规模适中，中短期不得退出的义务；二是坚持市场化的方式，与战略投资者同步进入，有助于降低执行中的各种风险。

---

① 截至2017年底，引自《国企员工持股改革将铺开，年底总结经验并扩大试点》，新华网，2018-02-22。

集中于引资阶段的员工持股“怎么做”的问题，我们观察到操作中的五项重点内容，将在本节中进行着重探讨：第一，核心员工的范围；第二，持股规模；第三，定价机制；第四，入股资金的来源；第五，持有、锁定和退出的方式。

问题 7.1：如何确定入股核心员工的范围？

确定持股员工范围往往是在员工持股方案设计中面临的第一个难点。调研中我们看到两种典型现象：一种是经营遇到困难的企业，员工的入股热情低，公司净资产回报率可能不到 1%，甚至为负，很多员工认为“买公司股票还不如买银行理财”。另一种是公司业绩比较好，历史回报率比较高，多数员工认为这是保赚不赔的投资，大家都想参与持股，导致股票不够分。

如何合理确定核心员工的范围？首先，我们需要遵守相关法律法规对股东数量的规定：根据《公司法》第七十八条规定，非上市公司股东数量不能超过 200 人。同时，根据《证券法》、《非上市公众公司监督管理办法》的相关规定，上市时股东人数穿透计算不得超过 200 人。因此，考虑到企业合法合规和长期对接资本市场的要求，在上市前包括员工持股计划在内的股东不应超过 200 人。在 200 人的范围内，我们对核心员工范围的判断有几个维度的思考。

第一，从员工持股的宏观目标来看：员工持股重在绑定核心员工推动改革与发展，以此为目标，持股对象就应是对公司长期发展有重要帮助的骨干，而不仅仅是短期能够提升业绩的人员，这两者之间是有差异的。举例而言，我们看到一些案例中，针对非上市公司的员工持股，以短期冲业绩实现上市为目标，因此主要针对能够对短期业绩有支撑的核心员工，而将从事研发工作、对企业长期发展形成支撑的科研人员排除在外。

第二，从员工持股的微观机理来看，满足以下两个条件的员工：一是其人力资本的作用具有不可替代性、能够推动企业持续改革和能够提供企业可持续发展资源的员工；二是其工作职责内容无法完备约定的员工，应纳入持股范围，其中的核心应是包括具有企业家精神的管理层，以及核心技术人员、业务骨干等对企业有重要价值的人力资本贡献者（第四章第二节）。以上条件体现在不同行业的不同企业中必然是有差异的，例如资本密集型的工业企业与知识技术密集型的服务企业，两种企业的核心员工范围可能就存在较大的不同。因此，员工范围的设计中更需因地制宜。

第三，从员工持股的个体反映来看，核心员工持股着重长期绑定，即持股人员不应期待短期能够变现退出。由此引申出两个问题：一是要考虑员工的财务承受能力。以刚参加工作的员工为例，养家糊口可能是首要目标，若要求其入股并长期持有，对其生计可能构成较大压力。二是要考虑员工的未来贡献能力。以即将退休的员工为例，其持股后短期可能离开公司，若要求其长期绑定，政策不允许[①]，且其退休后对公司的贡献有限。

◎ **思路 7.1**：考虑入股核心员工的范围，可以参考几个因素：第一，着眼于对企业未来长期的改革和发展有重要影响；第二，根据所处行业性质和员工能够提供的资源，具有不可替代性，且工作范围无法完备约定；第三，员工持股应谨慎考虑存在生计压力的员工和即将退休的员工。

员工持股范围的筹划敏感而重要，除上述总体思路外，在具体操作

① 根据国务院国资委 2016 年 9 月 5 日发布的《关于国有控股混合所有制企业开展员工持股试点的意见》（国资发改革〔2016〕133 号）：持股员工因辞职、调离、退休、死亡或被解雇等原因离开本公司的，应在 12 个月内将所持股份进行内部转让。

中，企业还会面对很多具体问题。尤其是对于首次进行员工持股的企业，针对其中一些重点和难点问题，结合实践和调研，我们有以下观察和建议。

第一，操作中，先绑定还是先选对的人？

实施员工持股所绑定的核心人员是管理层和骨干员工，尤其又以具有企业家精神的管理层为重中之重。然而，如果企业管理层本身不具备企业家精神呢？调研中我们发现，有一部分经营不善的国有企业的“班子”本身不称职，那么在混改中绑定他们，不但不能达到提升企业竞争力的目标，更可能因为他们持股而增加了未来替换他们的难度。只有先确保绑定的人是对的人，才能讨论如何绑定问题。

如何判断是不是对的人？当前员工持股实践中，包括持股范围在内的员工持股整体方案都是由拟混改企业自己制订、再报国资监管部门审批，整个决策过程与市场和拟投资的外部资本没有直接关系。外部资本只知晓获批的员工持股的总比例和人数，不知道具体的人员和分配方案，无从判断是否绑定了对的人。国资监管部门对人和方案固然有一定的评判，但由于不称职班子的存在，是否应考虑让市场去判断员工持股方案有没有绑定对的人？

沿着市场化的方向，我们建议，应将引入核心员工和引入战略投资者的过程相绑定，同步展开，双向选择，共同进退。具体而言，第一步，引入战略投资者的方案和引入核心员工的方案作为混改方案中的两个核心部分，应同步开始设计。第二步，在尊重企业自主决策权和国资股东意见的前提下，潜在战略投资者在接触管理层进行尽职调查和谈判的过程中，应对员工持股方案有一定的知情权和建议权，尤其是方案中所覆盖的班子和骨干名单、具体数额等核心内容。第三步，若投资者认可管理层和员工持股方案，即愿意将其自身利益与核心员工的利益相绑定，则员工持股和战略投资者同步引入；如果投资者不认可员工持股方案，尤其是不认可管理层，则国资股东应首先考虑着手选“对的人”（第八章步骤九）。

◎ **建议 7.1**：在操作中，应坚持市场化的操作原则，核心员工持股与引进战略投资者工作同步展开、双向选择、共同进退，将核心员工持股范围的判断权利交给市场，首先确保绑定对的人。

第二，按照职级划定核心员工范围是否最公平？

一些企业在设计员工持股方案时，为了做到公平，将选择标准限定于职级。例如规定：“入股范围包括部门正职以上员工，根据职级递减，同一级别的持股比例相同。”这样的安排表面上做到了公平，也最简便，细想起来却可能造成很大的不公。显然，一个企业中不同部门对企业的贡献是不同的，这就意味着一些部门正职的贡献不一定多，而另一些部门副职甚至无职务的员工贡献不一定少。因而，如果将职级作为入股范围和规模的衡量标准进行一刀切，很可能会导致一些核心员工不在绑定之列。前文指出，包括员工持股在内的混改着眼于解决国企的可持续发展问题（第三章第二节），而如果让“持股”变成了职务特权，不但不利于绑定最需要绑定的员工，更可能产生负的外部效应，进而动摇了骨干员工的意志，反倒与改革的初衷背道而驰。

实际操作中，围绕着贡献度的核心，参考个人能力、岗位价值、部门重要性等指标，构建综合性的评价标准，并根据评分划定核心员工的范围，是一些成功案例的共同经验。例如，一些企业在设计贡献度的评价标准中遵循了尊重历史和面向未来两个原则：尊重历史即考虑历史上个人、岗位、部门对企业的贡献系数，作为衡量的科学基础；同时，通过合理估计一些岗位在中长期对企业未来发展的作用，设置面向未来的贡献系数，推动企业战略转型。确定入股员工范围过程中另一个重要经验是秉承“三公一透”原则，一些好的经验包括：① 实施前对员工持股的性质和目标进行充分宣讲，尤其应避免员工建立通过企业短期 IPO 实现持股获利的预期；② 对员工入股资格的评分结果和入股上限的测算进行清晰公示，并充分履行职工代表大会的审议和决策程序；③ 在入股协议中对潜在风险进行明确提示，在实施过程中反复确认员工的入股意向和最终入股数额，入股协议由入股员工及其家属认真阅读并签字确认。

◎ **建议 7.2**：根据行业特点和公司发展阶段，结合尊重历史和面向未来原则，对贡献度设置综合性的评价标准，在确定核心员工范围的过程中坚持“三公一透”。

第三，首次员工持股是不是范围越大越容易凝具共识？

对于企业首次实施员工持股的范围考量，我们建议“宜小不宜大”，是基于实践中的如下观察。

一是员工入股热情低的企业，控制持股范围有利于发挥示范作用。参考历史改革经验，若盲目绑定众多员工形成“硬摊派”，既不利于凝聚大家的改革共识，也难以真正激发关键少数的驱动作用。相反，通过绑定少数核心员工，激发其参与改革的责任感和归属感，从而有效发挥其企业家精神和人力资本的作用，由此在企业中形成良好的示范效应，更有利于激发全体员工的改革信心和动力。

二是员工入股热情高的企业，控制持股范围有利于降低不确定性风险。历史业绩好的企业，员工参与持股的热情高，这可以理解。但混改中的员工持股不是论功行赏，更不是一本万利的、无风险的企业福利；相反，参与持股的员工被绑在“改革战车”上，自然也面临企业价值损失的风险，包括企业未来的业绩增长目标的实现，以及持股的分红和退出均面临较大的不确定性。一般而言，以管理层为代表的核心员工掌握企业更全面的信息，能够更好地对此种风险进行判断，因而出现风险时，其承受能力理应更强。而员工的范围越大，平均所掌握的信息越有限，很多员工难以对风险进行独立判断；因而，从众式参与入股，未来若企业出现未达预期的风险，则可能对企业乃至社会稳定造成不利影响。正如调研中某混合所有制企业负责人坦言，该公司的员工持股绑定了上千名员工，公司的快速发展固然受益于此，但今天公司业绩好，大家都关注纸面上自己身价飙升，若未来行业处于下行周期，上千人的员工持股将成为影响公司稳定的“定时炸弹”。

三是一般企业中，控制持股范围有利于人员的合理流动。员工持股以绑定为核心目标，相应在机制上会对员工主动减持股权的行为进行严格限制，由此会降低持股员工的流动性。历史上员工持股探索中出现的“全员持股”“永续持股”告诉我们，如果持股的员工范围很大，将众多员工和企业更紧密捆绑在一起，反而不利于企业内员工的正常流动和新鲜血液的补充。

四是尤其对于中小型企业而言，控制持股范围更有利于绑定最核心员工。基于相关法律法规对员工持股总规模的上限要求，对一些净资产规模不大的企业，在员工出资能力上不难达到总规模 30% 的上限[①]。因此，如果持股范围较大，则最需绑定的核心员工所需出资规模和持股比例都将大大减少。实践证明，出资规模越小，绑定效果往往越弱，对此我们会在问题 7.2 中进行分析。

---

① 国务院国资委，《关于国有控股混合所有制企业开展员工持股试点的意见》（国资发改革〔2016〕133 号），2016 年 9 月 5 日发布。

基于上述考虑，我们建议实践中可先在评分最高的核心范围内做先行先试，未来再考虑适时适度地扩大持股员工的范围。同时，为谋划未来引进人才或扩大绑定范围做出准备，可以通过预留股份的方式进行处理。另外，对于混改过程中董事会通过市场化方式从外部选聘的核心员工，并不适宜即刻将其纳入本期员工持股的范围，则也可以考虑通过预留股份的方式，待未来考核达标再行引入。

案例一

欧冶云商员工持股计划

——预留股份的安排

2015 年 2 月，宝武集团整合内部资源，设立了第三方钢铁电商平台欧冶云商[①]。成立两年多来，欧冶云商的业务布局和产品创新持续优化，流量增长和能力建设也实现了快速发展。数据显示，2016 年，欧冶云商钢材交易量 3 876 万吨，相比 2015 年翻两番，居于行业领先地位，同时，工业品、原燃料、化工品、循环物资等交易品种也实现了快速增长。虽然快速发展，但是欧冶云商内部的能力体系建设已经达到了一定的水平，希望通过推动欧冶云商股权的开放，建立更加市场化的法人治理结构和管理体系。因此，2017 年 5 月 31 日，欧冶云商实施了混合所有制改革，引进了 6 家战略投资者，同时，126 名员工成为股东。其中，126 核心骨干员工通过员工持股平台——欧玑企业管理中心（有限股份）占股 3.5%，并预留了 1.5% 股份，用于授予欧冶云商未来发展过程中外部引入的优秀人才或者内部提升的骨干员工。本次混改中，通过核心员工

① 欧冶云商股份有限公司，简称“欧冶云商”。案例根据公司官网、权威媒体等渠道获得的公开信息整理而成。

持股，欧冶云商同步建立了股东和经营管理层的利益共享和分享机制，更好地激发员工的自主性与创造性，并吸引和留住各类优秀人才，为企业的发展注入内生动力和发展活力。

◎ **建议 7.3**：针对首次实施核心员工持股的拟混改企业，尤其是非上市公司，持股员工的范围宜小不宜大。可以分层次进行考虑，首先确保评分最高、最需绑定的员工纳入持股范围，其他核心员工根据剩余额度考虑分配。

第四，员工持股是否应严格遵循自愿原则？

所谓绑定，从正向看是拟混改企业通过邀请员工参与持股对其进行“捆绑”，反过来看则是员工对企业混改履行担当义务的“投名状”。因此，我们认为，员工持股应具有强制性，与侧重于短期激励的股权激励具有本质差异。基于这一认识，实践中我们有两点观察和建议。

一是要避免核心员工主动不入股。尤其对于管理层和核心岗位而言，如果有人入股、有人不入股，既失去了对未持股人的绑定，又造成对持股人的不公平，容易引发“搭便车”行为。实践中，一些企业对核心岗位采取了“股在岗在”的措施，对于主动不愿意参与持股的核心员工，要求其调离所在岗位。

二是应避免核心管理层被动不入股。一些案例中，由于任命等方面的原因①，导致董事长等关键管理层不能参与员工持股。从资本的角度而言，董事长是企业的舵手和领路人，对企业战略决策和未来发展发挥着重大作用，如果董事长不能持股，则“责权利”无法做到统一。反之，在若干亏损企业的混改案例中，董事长放弃在上级母公司的职务并带头

① 党中央、国务院和地方党委、政府及其部门、机构任命的国有企业领导人员不得持股。

在所在企业持股，起到了非常好的示范效应，提升了其他核心员工参与持股的积极性，更树立了全员的改革信心。

◎ **建议 7.4**：应将核心员工持股视为一种义务，因此应坚持核心员工“股在岗在、共同进退”，既做到权责利相统一，又有助于树立全员的改革信心。

问题 7.2：如何确定核心员工的入股规模?

入股规模涉及两个方面：员工持股的入股总规模和单个员工的入股规模。在方案设计中，先定个体规模还是总规模，这是企业常面临的问题。调研中我们看到，基于《关于国有控股混合所有制企业开展员工持股试点的意见》中对总规模 30% 和个体规模 1% 的上限要求，有不少企业采用了自上而下的思路，先按照监管机构的建议或者企业自己“拍脑袋”定下总入股比例，再根据入股员工人数和评分分配到个人。这样自上而下分配下来，往往会出现两个现象：一是因为总比例较低，或者员工人数较多，导致计算下来每个人都没能足额入股；二是因为总比例较高，或者员工人数较少，算下来每个人入股的规模过大，于是不得不大规模扩大持股员工的范围。

我们认为从员工个体角度而言，绑定是以一定的“投入”为前提的。前文强调，要促使所有者有足够的意愿到位，引入的战略投资者要有一定“投入”，即持股规模应相对集中。同样道理，如果持股规模对个体员工而言无关痛痒，则对其绑定的效果会非常有限。只有要求核心员工在企业中投入可观的“真金白银”，才能形成内部人与股东、企业的绑定，从而令其将自身利益放到共同利益之后，引导他们将企业家精神和人力资本投入到企业的持续改革和长期发展中。而衡量这个可观的标准，则需要因地制宜，根据企业所处行业、公司特点、可比公司情况、不同岗位员工的经济承受能力来确定个体出资的金额下限，而非股权比例。

案例二

部分混改案例中引入员工持股的金额统计①

表 7.1　混改案例中引入员工持股的金额

时间	混改企业名称（%）	员工持股			
		总入股比例（%）	总入股金额（万元）	入股人数	人均入股金额（万元）
2015 年 5 月	广新信息	20.0	1 250	10	125
2015 年 12 月	中粮工科	10.5	10 740	26	413
2016 年 6 月	广州建科院	11.7	18 711	108	173
2016 年 7 月	中车交通	10.0	3 000	30	100
2016 年 7 月	广东阳江港	1.6	805	20	40
2017 年 5 月	中外运化工国际物流	20.0	11 125	167	67
2017 年 6 月	东航物流	10.0②	32 800	125	262
2017 年 6 月	欧冶云商	5.0③	13 183	126	105
2017 年 6 月	山东交运	30.0	20 400	180	113
2017 年 6 月	江西电瓷	6.2	2 200	86	26
2017 年 6 月	国轩新能源科技	12.0	3 600	39	92
2017 年 7 月	泛亚航运	8.0	34 100	157	217
2017 年 8 月	中金珠宝	6.0	32 927	150	220
2017 年 8 月	中国茶叶	15.0	15 540	190	82
2017 年 8 月	北汽新能源	0.4	5 835	98	60
2018 年 1 月	金丝利药业	16.7	4 032	42	96

数据来源：根据公开资料整理。

① 根据公开信息整理，实际信息可能有所差异。

② 其中 2% 为预留。

③ 其中 1.5% 为预留。

广东省在混改试点企业中引入核心员工持股的经验非常值得参考。他们对员工持股的定位是“绑在手腕上的铁丝”。基于此，其对入股规模的设计更侧重于金额而非比例，要求对入股员工的绑定不仅要“到肉”，更要“到骨头”，使得员工有强烈的压力。调研中我们看到，不少企业中核心员工的入股金额平均达到了其年收入的3倍~5倍。他们将身家性命押在企业上，被全家老少盯着，自然也动力十足，要把企业做好。

现阶段一些拟混改企业所采取的“自上而下”的思路造成的另一个问题，是将本应因地制宜考量的持股规模变成了企业向国资监管部门申请的“额度”，由此会造成一系列的问题：一是增加了企业多申请额度的冲动，好像接近30%上限就意味着用足政策，而比例低于其他企业则显得没有面子；二是一些地方政府为了维护公平，不得不对所有试点的总规模采取一刀切的政策。例如，15%的总规模，重资产企业可能会感觉“负担过重”，而轻资产企业则“缺乏压力”；三是传导到社会上，一些舆论将试点企业员工入股的总股权比例与当地政府支持改革的力度相挂钩，认为比例越高则改革迫力越大。

我们认为，自下而上的思路将有助于解决以上问题。在对不同岗位的个体出资金额下限有一个良好判断的基础上，结合根据贡献度确定的核心员工范围（建议7.2），以及管理层对定价基准价值区间的判断（建议6.1），自然就能匡算出员工持股的总金额、总股数和相应总比例，还可根据员工范围的分层对总规模进行一定调整（建议7.3）。

基于自下而上的思路，实践中，对于处在传统行业、重资产的大型国企，受限于员工个人出资能力，核心员工持股的总规模一般偏低；而对于人才密集型、新业态、高成长行业中的轻资产、中小型、对资金需求高的国企，员工持股更像是一种创业行为，人才绑定对业绩支撑的重要性更高，同时出资能力能够达到的持股比例也较高，因而持股总规模也会偏高。

◎ **思路 7.2：**考虑员工入股规模的过程中，对入股总比例不需要有“一刀切”的预判，更应因地制宜，首先关注个体入股数额和出资金额下限，努力做到“足额”绑定，继而以“自下而上”的思路推算总入股规模。

问题 7.3：引入核心员工入股如何定价？

调研中一些人提出，考虑到以管理层为代表的核心员工历史上做出的重大贡献，员工持股的定价是否应在战略投资者的入股价格上打个折扣？

回答这个问题，我们还是回到员工持股的核心目的，即绑定，而非激励。如果出于激励的目的，那么企业或股东以任何价格将股票出售甚至无偿赠予员工，在资本市场都不乏先例。但是既然核心员工持股定位于绑定，就没有折价的道理。而且前文中我们谈到，基于提升资本回报率的共同目标，核心员工通过持股，随资本一起投入的企业家精神和人力资本，与战略投资者随资本投入具有战略价值的支持具有同样重要的作用。既然如此，基于资本的平等性特征，员工持股和战略投资者的定价方式应具有一致性。换句话说，员工持股中定价目标不应是“如何低价”，而是和战略投资者一样的“如何坚持合理定价”。

如何坚持合理定价？前文阐述了合理定价的两个核心原则：第一，定价机制，以公允价值作为基准价值；第二，定价过程：以基准价值为标杆，以市场化方式确定交易价格。我们认为，步骤六中遵循上述原则提出的两阶段定价流程，应实现了战略投资者入股的合理定价。同时，实践证明，在混改引入战略投资者的过程中同步引入员工持股，是最好的时机。战略投资者和核心员工同时入股是相互提振信心的重要方式，尤其是在调研中我们发现，相当一部分拟混改企业的股本较大、净资产回报率过低，因而核心员工的持股积极性不高，而和外部资本同时入股的过程，产生了相互认可和激励的正向作用，有助于提振核心员工参与持股和绑定改革的信心。既然如此，参照战略投资者的入股价格，核心员工以同样的价格入股，自然能够实现合理定价，“同股同价”也是最符合资本市场惯例的公平定价方式。

案例三

东航物流引入核心员工持股

——核心员工与战略投资者同时同价入股

前文提到的东航物流混改方案中[①]，核心员工持股比例达10%，其中包含2%的预留股份。首次参与持股的员工共计125名，包括公司高管和核心领域的部分员工，所有持股员工都必须“脱马甲”转换国有企业人员身份。操作中，持股员工先与东航解除原有劳动合同，再与东航物流签订完全市场化的新合同，随后通过组建员工持股平台持有东航物流10%的股权，员工持股平台的入股价格与战略投资者的入股价格一致。

◎ **思路7.3**：在混改中，核心员工应在引入战略投资者的过程中同时、同价入股。

基于上述思考，结合步骤六所建议的引入战略投资者的定价流程，

① 案例根据公司官网、权威媒体等渠道获得的公开信息整理而成。

我们建议的员工持股定价流程如下：第一步，公司在混改方案中明确员工持股方案，包括持股人员的范围和持股规模，方案应获得国资股东或国资监管部门批准，与公司接洽的意向投资者对方案的核心内容应有知情权和建议权，第一阶段确定的锚定投资者应明确认可员工持股方案。第二步，与锚定投资者达成意向后，企业将拟引入战略投资者持股的股权放在产交所挂牌，员工持股部分无须进场挂牌，但员工持股方案的核心内容应与后续投资者分享，后续投资者拥有建议权。第三步，当战略投资者持股部分确定价格后，员工以同样价格出资入股。

调研中企业经常提出的另一个问题是，什么情况下可以单独引入员工持股？根据《关于国有控股混合所有制企业开展员工持股试点的意见》的规定，员工持股的核心条件之一是“非公有资本股东所持股份应达到一定比例，公司董事会中有非公有资本股东推荐的董事”。一些人提出，如果拟引入员工持股的非上市企业已经存在多元化的股东，该企业就是混合所有制企业，因而只要获得股东大会和董事会的批准，企业就可以单独引入员工持股。需要指出，在单独引入员工持股的过程中，由于这部分股权不能在产权交易所挂牌，定价过程中也就缺少了公开检验交易价格的环节，因而合理定价的第二个原则——市场化方式定价——就要倚赖于董事会和股东大会做出的市场化决策，而两者市场化决策的前提不仅是股权多元化，而是股权结构制衡化和股东市场化（第三章第三节）。因此，基于合理定价的考量，对于单独引入员工持股，我们建议，应采取更加谨慎的标准，要求企业在股权结构和治理体制上具备制衡的特征，即外部资本持股比例应达到三分之一以上，并拥有相应份额的董事会席位。

另外，我们还看到在一些案例中，由于企业认为短期内员工持股方案较难获批，管理层与外部资本达成私下协议，在引资阶段，由外部资本代缴代持员工持股部分的股份，未来再择机转让给员工。这种操作方式显然是要避免的。混改要形成有效制衡的公司治理结构，由外部资本代持股份，则很难避免核心员工与外部资本形成合谋，对国有资本不利，有违混改的目标。这种私下操作存在着较大隐患，未来如何确定合理的转让价格，以现在的入股价格，还是未来的基准价值转让？两者都有合理之处，但又经不起推敲。因此，混改要遵循"三公一透"原则。

问题 7.4：员工如何筹措入股资金？

员工持股操作中我们看到，很多国企因为盘子大，1% 的股份可能需要上千万资金，而基于现有薪酬水平，员工很难完成出资。因此，如何筹措足够的资金，是操作中的一大难点。

《关于国有控股混合所有制企业开展员工持股试点的意见》规定："试点企业、国有股东不得向员工无偿赠予股份，不得向持股员工提供垫资、担保、借贷等财务资助。"我们认为，不仅是国资股东，由拟入股的外部股东向员工提供任何形式的财务资助也是不合适的。在个别案例中，采取了变相由外部股东向员工提供过桥贷款担保的方式，由此形成员工与外部股东的关联，不利于建立良好的公司治理结构。

◎ **思路 7.4**：混改中引入核心员工持股，国资股东和外部股东均不应向员工提供财务资助。

既然企业、国资股东和外部股东均不适合提供财务资助，那么员工如何筹措足够的入股资金呢？

解决资金的瓶颈问题，现阶段还要依赖员工自身，其中银行贷款是最常用的手段。然而，根据现行的《贷款通则》等监管规则，除并购贷款外，贷款资金不得用于股本权益性投资。因此，我们观察到在一些案例中，员工个人向银行申请消费贷等个人贷款，根据银行要求提供相应担保（如房产抵押等），贷款资金实际用作员工持股资金。这种方式下，贷款约定用途与实际用途不一致，存在合规性问题，银行也面临信贷管控的风险。

混改是一个系统性改革，需要多方面的政策配套。显然，贷款是员工可以筹措资金的最常规来源，也是最市场化的方式，面对切实存在的资金需求，应争取一定的政策支持。

◎ **建议 7.5**：建议有关部门出台配套法规，对于贷款用于认购混改中的员工持股进行一定规定，变堵为疏。

在支持性政策出台之前，基于现有法律法规的框架，我们看到实践中一些解决资金来源问题的变通方法。

一种是通过银行等金融机构提供员工持股配套融资的方式。例如，银行等金融机构开发专门用于支持员工持股融资的非贷款类融资产品，明确约定资金用于员工持股。目前，银行等金融机构对上市公司实施员工持股的配套融资产品已相对成熟，包括对企业所处行业、上市公司经营财务状况、员工自有资金出资比例、最高可融资比例、增信措施等均有相对明确的要求，但对非上市公司实施员工持股的配套融资，还处于个案审批阶段。据我们了解，已经有个别银行开始提供定型化的员工持股融资产品，但仍然需要一个探索和推进的过程。

另一种是采取分期支付股份认购款的方式。在一些案例中，入股员工一次性认购一定比例的股份，但与国资股东及战略投资者约定，员工分三年支付入股资金，在入股资金缴付完毕前，员工仅能按照实缴出资比例享受分红权、表决权等股东权益。

需要说明的是，员工持股重在绑定，前文提出，出资金额上要“到骨头”，让持股者有压力。所以，通过合法合规渠道获得可观的资金以“真金白银”入股，仍是操作中的核心原则，而金融机构配套融资、分期支付等方式，仅是为了解决合规渠道仍无法满足的资金缺口问题，而不能通过该方式让持股者变得无压力。

问题 7.5：如何设计员工持股的持有方式、锁定和流动机制？

前述对员工持股的范围、规模、价格和资金等四个问题的探讨，都集中于核心员工的入股过程，而持有和退出的过程同样重要。员工持股既不能是随时可以变现的“活期存款”，也不能成为一成不变的“铁饭碗”，这就涉及锁定和流动机制的设计。

锁定机制和流动机制，看似作用相反，实则需要彼此配合。一方面，以绑定为目标，我们需要通过锁定机制，鼓励员工长期持有股票、限制主动退出。显然，若员工所获得的股权可以在短期内变现，那么很可能导致员工采取短视的行为，不利于企业的持续改革和长期发展。另一方面，如果员工持有的股权完全不能增减，不能流动，持股员工只能“躺在上面睡大觉”，失去斗志，而未持股员工也没有盼头，因此，流动机制的设计同样重要，从而实现员工所持股权的有序流动，避免永续持股。

◎ **思路 7.5：** 通过合理设计锁定机制和流动机制，在鼓励核心员工中长期绑定的同时，实现员工持股的合理流动。

基于实践，我们看到一些好的安排值得参考。

第一，如何设计长期绑定的锁定机制？

锁定期是员工持股方案中的一项重要内容，一般会规定员工与战略投资者有相同的锁定期，在中短期不得主动转让所持股份，同时要求所有持股的核心员工在任职期间必须维持最低的持股比例。这样的安排，有助于减少员工的短期行为，使员工和企业、股东之间的长期利益相绑定；同时，允许员工在一定时间到期后转让股权，实现有序流动。例如，一些混改案例中规定：企业上市前，员工不得主动转让所持股份；企业上市后，员工持股有 3 年的锁定期；锁定期结束后，员工可以转让所持股份，但在任职期间必须维持其入股时持股数额的 30%。

◎ **建议 7.6：**中长期的锁定期和任期最低持股限制的安排是实现对核心员工长期绑定的有效保障。

第二，如何实现股权的动态调整和有序退出和补充？

首先，持股方式的选择是股权合理流动的保障。员工持股的方式包括在企业层面直接持股和通过员工持股平台间接持股两种。通过直接持股，员工直接成为企业的股东，自然更直接拥有股东权利。然而，站在企业的角度看，直接持股的方式有一定劣势，一是面临由于人员变动对混改企业股权结构的持续变化和工商登记变更；二是企业上市后，除了上市公司高管有限售外，较难对其他员工在公开市场抛售股票加以限制，因而难以形成对核心员工的长期绑定。通过员工组建有限合伙企业、公司、资管计划等持股平台间接持股的方式，则更有助于在锁定的基础上推动有序流动。一方面，通过持股平台持股，可以约定转让限制，使得锁定机制得以合法实施；另一方面，通过持股平台持有企业的股权、同时员工仅持有持股平台的份额，既可以避免因员工的流动而频繁变更公司登记手续，又在动态调整时，员工可通过份额转让办理相应调整，有助于简化股权动态调整的手续。在此基础上，一些企业秉承了“岗位变更，业绩差异”相调的原则，根据岗位变动情况和业绩达标情况，调整持股数量，实现员工持股的动态调整。

在动态调整的基础上，操作中的一个重点是实现员工持股的有序退出，其中的两个关键点是确定退出价格和承接方式。一些企业在实践中探索出两个经验：一是在入股协议中对退出方式进行尽可能清晰和详细的约定，例如区分非个人原因退出（例如：员工退休、非个人原因被调离等）和个人原因退出（主动辞职、被辞退、违反法律或造成公司重大损失等），针对不同变动情形分别约定退出方式；二是设置员工持股的股权管理委员会，在集中处置股权的动态调整和退出的同时，针对未能提前约定的变动情形提出处置建议，并定期交由全体持股人大会投票表决。

◎ **建议 7.7**：间接持股方式有助于在锁定的同时推动合理流动，在此基础上，可遵循“岗位变更、业绩差异”相应调整的原则实现持股数量能高能低，并通过规则的完善，实现员工持股的有序退出。

最后需要说明的是，核心员工参与持股，应做到权责利对等。因此，在要求员工承担绑定义务的同时，应该促使其履行股东的责任，行使股东的权力，而通过持股平台间接持股的方式，也更有助于持股比例相对分散的个体员工在治理体制中发挥集合作用，对此我们会在后文中进行探讨（第八章步骤八）。

第八章

健体制和转机制阶段：混改深水区

在前两章中，我们重点讨论了以“投资主体科学化”为方向引入战略投资者，以及以绑定为核心目标引入核心员工持股的过程。一些人认为，混合所有制改革到这里就结束了，引资后企业的体制机制会自然而然搞好；另一些人认为，体制机制的改革可以平行甚至脱离产权制度改革进行，不引入外部资本也可以推进体制机制改革。

回顾方向篇中，我们曾得出两个结论：第一，不触及产权制度改革、单独推进治理体制和经营机制的改革均会遇到实质性障碍，从而难以取得突破性进展（第三章第三节）。吴敬琏教授曾指出：“在实现股权结构某种程度的多元化以后，由于公司法人财产是由众多所有者共同出资形成，在客观上构成了不同且相互制约的利益实体，从而会使公司的产权关系更加明确，有利于在公司治理结构中形成所有者的有效控制。”而从实践角度，中国建材宋志平董事长也曾指出“包括职业经理人、激励机制等改革，都要以混合所有制为前提，在传统国企里搞这些改革是不可能实现的”。[①] 第二，前文提出，以破解国资国企问题为目标的混合所有制改革中，国有资本的流动和国企产权制度改革只构成其中的一部分

① 晓甘主编．国民共进——宋志平谈混合所有制［M］．北京：企业管理出版社，2014：239.

（第三章第四节）。四十年国企改革的历史实践证明，“产权制度并不是万能的，并不能使机制转变成为必然[①]”。实际上，引资后能否继续推动改革，从而建立有效的治理体制并将经营机制与市场相对接，才是决定企业业绩能否显著改善、能否提升持久竞争力、实现可持续发展目标的关键。

如上所述，混合所有制改革的内涵在企业层面包括引资本、健体制、转机制三个层层递进的改革步骤，构成混改的“一体”。如果我们将混改比喻成一座拔地而起的摩天大楼，产权制度改革可以视为打好了坚固的地基，治理体制和经营机制改革则是构建钢筋骨架和浇注混凝土的关键步骤，而且这一过程的改革要花费更多的时间，涉及企业内控制权的重新分配和调整，也涉及对规则的遵循习惯的培养，甚至会伴随着矛盾和反复。

考虑到体制机制改革对于混改的关键意义，本章将集中篇幅讨论这一改革深水区的三个核心步骤：步骤八，讨论如何健全现代化的治理体制，更好地发挥董事会的核心功能；步骤九，以完善与市场接轨的动力机制为核心，讨论如何转换经营机制；步骤十，讨论如何通过与资本市场对接，进一步通过产权制度改革推动体制机制改革的深化。

当然，在调研中我们深刻体会到，鉴于所处行业、发展阶段、业务性质的不同，国企在体制机制方面面临的重点和难点问题会有很大差异，因而解决的思路也就更需因地制宜。因此，本章的讨论，基于我们观察到的一些代表性的问题，进行了一些思路上的初步归纳。未来，随着混改的推进，相信解决思路也会不断调整和完善。

① 邵宁 . 国有企业改革实录（1998-2008）[M] . 北京：经济科学出版社 , 2014 : 136.

步骤八：健全治理体制

混改中从哪里入手健全和完善企业的治理体制？

探讨上述问题，首先应厘清三个问题：第一，什么是治理体制？第二，治理体制的主要内容和核心是什么？第三，国有企业的治理体制现存的问题是什么？

什么是治理体制？

基于学术界的普遍认识，体制是基于一定产权制度基础上对如何管理企业的制度性安排，我们将其中核心安排定义为治理体制。

在方向篇中，我们基于一系列论证得出结论，一股独大是制约国资国企问题的关键一扇门（第三章第三节）。混改中通过国有资本的流动和国有企业的产权制度改革引入了持股相对集中的战略投资者，从而在股权结构上实现从高度集中向相对制衡的转变。然而，企业内委托代理关系的存在，使得原始所有者持股并不等于股东就能行使决策和监督权利，还需要通过治理体制的相应改革来真正让所有者职能到位。正如厉以宁教授曾指出的“混合所有制不仅是投资主体的多元化，关键在于法人治理结构的真正完善，这样才能把现代企业制度建立起来”。[①] 现代企业制度以“产权清晰、权责明确、政企分开、管理科学”[②] 为基本特征。其中，伴随着国有企业的公司制股份制改造，“产权清晰”这一特征已经在国企

① 厉以宁序，引述自晓甘主编．国民共进——宋志平谈混合所有制［M］．北京：企业管理出版社，2014：3.

② 中国共产党第十四届中央委员会第三次全体会议，《共中央关于建立社会主义市场经济体制若干问题的决定》，1993-11-14。

中广泛确立；同时，经过40年的持续改革，国企在“政企分开”方面也有了长足的进步。因此，现阶段深化国企改革的过程中，对于健全和完善治理体制这一关键性改革，应紧紧围绕着“权责明确”、“管理科学”展开，我们将其称为治理体制的现代化方向。

现代化的治理体制包括哪些内容？其核心是什么？

现代化的治理体制应包括“形”和“神”两个层面，即现代化的治理结构和现代化的治理制度。我们将治理结构定义为参与公司治理的各个主体和各治理主体的内部组成，并将现代化治理结构的目标理解为协调运转、有效制衡。同时，我们将治理制度定义为构建在一定治理结构之上的各治理主体之间和治理主体内部的关系和行为规范，并将现代化治理制度的目标理解为“责权利相对等”。

现代化的治理体制呈现出一种双层嵌套关系：第一层，股东大会与董事会之间的信任托管关系；第二层，董事会对经理人员的委托代理关系。其中，“信任托管关系决定了所有者所掌握的控制权和剩余索取权，即企业的重大决策权，包括决定重大投资、分配、合并、任命高层经理人员等权力，委托给了董事会来行使。”[①] 因此，董事会的尽责就成为实现所有者职能到位的关键所在。吴敬琏教授等学者曾将建立有效公司治理所面临的基本任务归纳为：“第一，所有者能够在位，真正掌握公司的控制权和剩余索取权；第二，董事会应成为所有者真正信任和能够承担起委托管理之责的公司法人代表机构”[②]。由此可见，董事会是现代化的治理体制的核心，是健全体制的重要突破口。

---

① 吴敬琏，张军扩，刘世锦，陈小洪，王元，葛延风等. 国有经济的战略性改组［M］. 北京：中国发展出版社，1997：187.

② 同上，第192页。

现阶段国有企业的董事会面临哪些问题？

前文将国企问题在治理体制层面的表现归纳为两个方面：第一，由于所有者职能虚置，导致决策和监督缺位——包括通过董事会行使决策权并对经营层行使监督权，容易出现内部人控制；第二，由于所有者表现越位，导致国有出资人决策越位，使得企业内董事会的专业化、科学化的自主决策权难以落实，因而董事会难以真正承担起委托管理之责（第三章第二节）。以问题为导向，治理体制的改革应着力于两个方面：在治理结构层面实现所有者在董事会到位，在治理制度层面实现董事会的专业化、科学化决策。

厘清了上述三个问题，我们认为，混改中健全企业的治理体制，应遵循以下原则。

原则八：深化混合所有制企业治理体制的改革，应以现代化为方向，以董事会为核心，着力于在两个层面：第一，通过完善治理结构，实现包括国资股东在内的多元化所有者在董事会到位，从而达到有效制衡、协调运转的目标。第二，通过健全治理制度，实现董事会专业化、科学化决策，从而达到责、权、利相对等的目标。

以现代化为方向，以董事会为核心，本步骤将分三个部分集中探讨治理体制改革的一些思路。前两部分集中分析治理结构和治理制度，探讨两个问题：如何实现所有者在董事会到位？如何实现董事会专业化、科学化决策？第三部分分析公司治理和党建的关系，探讨混合所有制企业如何在治理体制中发挥党建工作的优势。

第一部分：完善治理结构

方向篇中强调，混改中引入外部资本，并不是用外部股东来替代国资股东，也不是让外部股东发力而国资股东搭便车，而是让包括国资股东在内的所有股东“各就各位”，共挑担子（第三章第三节）。基于以上出发点，我们认为，引资后企业应在四个方面完善治理结构：一是通过“堵天窗”，厘清企业和政府的关系，明确界定治理主体的范围；二是通过“关后门”，厘清企业和国资股东的关系，明确定义治理结构的界限；三是通过“开前门”，厘清各股东在董事会上的关系，完善董事会的内部组成；四是通过“装摄像头”，厘清其他治理主体和董事会的关系，特别是完善监事会的内部组成。

问题 8.1：如何通过“堵天窗”，明确治理主体的范围？

要界定治理主体的范围，首先要知晓：现有能在国企的决策和经营中发挥重要作用的组织有哪些，其中哪些组织不属于治理主体？由此我们首先会想到政府。显然，在现有管人、管事、管资产的国资管理体制下，来自于不同政府部门的行政干预很大程度上影响了企业的决策和经营。举例而言，董事会最核心的三项职权——重大决策、选人用人、薪酬分配——均不在董事会：投资决策由发改部门决定、高级管理人员的选聘由组织部门决定，薪酬总额由人社部门决定。尤其对于选人用人，有学者指出，“政府直接任命经营层，是当前一些国有企业与经营层权责不清、冲突不断的重要根源。”[①] 前文提出混改的集中原则及其实现方式——引入持股相对集中的战略投资者，有助于将具有市场化优势的外部资本引入国企，从而建立市场化的体制机制，提升企业持久竞争力

---

① 马骏，张文魁，张永伟，袁东明等．国企改革路线图探析［M］．北京：中国发展出版社，2016：58。

（第四章第一节），而以上改革路径得以实施的前提，是基于资本的平等性特征、使得财产权利得以发挥；相反，如果企业引资后仍然受到非治理主体——政府的行政权力干预，则改革的努力很可能事倍功半。

因此，要明确界定治理主体的范围，关键是减少来自非治理主体的干预，即“切断政府与国有企业的‘脐带’关系，进一步落实政企分开、政资分开。”[①] 由此可见，“厘清国有资本和政府的关系”虽然属于前文所阐述的混改中“两翼”——外部支撑性改革（第三章第五节），却是完善治理结构的一个重要基础。需要说明的是，引入外部资本后，通过董事会发声和推动政府减少干预之间是互为前提的关系。一方面，“董事会就像一把刀，解决了政企不分的问题。”[②] 另一方面，实践中我们看到，减少行政干预的主动权更多掌握在政府手中，而外部资本在政府面前仍然显得渺小，在对是否能够推动改革的信心尚不充足的情况下，外部资本更倾向于不踏入混改之门。德勤针对百余家国企开展的一项调查也显示，当企业对十项改革试点[③] 进行重要性排序时，“落实董事会职权”被39% 的企业选择，高居第三，其中，调研企业最大的顾虑是“担心即使关键职权虽移交董事会，但监管机构针对此会出台一系列细致的规定，董事会依然受限颇多，很难有完全自主的操作空间”。[④] 因此，我们特别建议：政府监管的改革应该走在前面。

---

① 国家发改委体改司 . 国企混改面对面［M］. 北京：人民出版社，2015：115.

② 晓甘主编 . 国民共进——宋志平谈混合所有制［M］. 北京：企业管理出版社，2014：153.

③ “十项试点”于 2016 年 2 月由国务院国资委公布，具体包括：落实董事会职权试点；市场化选聘经营管理者试点；推行职业经理人制度试点；企业薪酬分配差异化改革试点；国有资本投资运营公司试点；中央企业兼并重组试点；部分重要领域混合所有制改革试点；混合所有制企业员工持股试点；国有企业信息公开工作试点；剥离企业办社会职能和解决历史遗留问题的试点。

④ 王允娟、金家宇 . 人才机制改革：国企体制机制创新的突破口［J］. 国资报告，2016（10）.

案例一

广东省实行“三个清单管理”
——政府减少对企业的行政干预

2015年2月，国家发改委批准广东省实行企业投资负面清单管理制度试点，包括总体方案和三个清单。三个清单中，一是企业准入负面清单，按照法无禁止即可为的原则，除了国家对企业有禁止进入和有条件进入的规定外，其他都由企业自由进入；二是政府行政审批清单，对于实行政府管理的项目，规定了政府审批的程序、条件、要求等各方面均由清单列明；三是政府监督管理清单，对于自由进入的和政府还继续管理的项目要实行监管，监管的依据、条件、主体都由清单列明。这三个清单的管理目的是进一步确立企业的市场主体地位，特别是确立投资自主权，能够把市场的秩序更好地规范下来，把政府的行为也更好地规范下来。[①]

◎ **思路 8.1**：厘清混合所有制企业和政府的关系，减少非治理主体对企业进行干预，是完善治理结构、实现所有者到位和有效制衡的前提。

问题 8.2：如何通过“关后门”，明确定义治理结构的界限？

厘清了企业和政府的关系，将非治理主体排除在治理结构之外，就能够明确地界定治理结构中治理主体的范围。然而，在此基础上，要令治理主体发挥应有的作用，还需要确保所有股东都通过治理主体——而不是其他非治理手段——来发力，这就涉及“关后门”的问题。其中的核心重点，是要捋顺引资后企业与国资股东——即国有出资人或国企集

① 吴璇，企业投资管理体制改革广东先行先试［N］. 南方都市报（AA07），2016-03-09.

团——的关系，这同样是完善企业治理结构的基础性前提。尤其是对于采用自下而上模式在专业化业务平台层面混改的企业，子公司引资后，若国企集团仍然习惯于运用“红头文件”式的行政性管理手段管理所控股子公司，逾越子公司董事会的决策权，治理主体就难以发挥作用。与此同时，既然混改是让所有拿着资本“车票”的所有者到位，就要避免国资股东做甩手掌柜，一定要发挥其应有的决策和监督作用。因此，应通过国资股东管控模式的改革，令“国资股东找准履行自己责任的途径和方式”，“通过管理董事、而非直接管理经营层发挥话语权。”[①]

当然，要达到以上目标，在国家治理层面以“管资本为主”的国资管理体制改革是基础性前提。与此同时，我们更侧重于考虑在现有体制下，尤其在自下而上模式下，如何推进国企集团层面的改革，以避免集团对下面引资后企业“旧体制管新体制”。归纳起来，这一工作可以考虑在以下几个方面展开。

第一，国企集团公司改制成为公司制企业。以央企为例，截止到2017年7月，在100家左右的央企集团中，还有69家集团未完成公司制改制，[②]意味着其尚未建立现代企业制度的基础形式。我们并不能说集团公司制改制就能解决对子公司的管理问题，但不改制，双方不属于一个制度，显然就不可能厘清双方的关系。当然，制约国企集团改制的一个现实问题是由于国企历史悠久，现阶段对历史上获得的资产进行评估，很可能形成可观的评估增值，由此需要缴纳高额的评估增值所得税并抵消了集团的利润，加上一些历史遗留问题短时间难以解决，影响了集团改制的积极性。对于这一技术问题，应通过针对国企改革的税收政策配套加以解决。

---

① 国家发改委体改司．国企混改面对面［M］．北京：人民出版社，2015：117.

② 白英资讲话，世界经济报道，2017年7月。

第二，推动国企集团调整管控模式，以管资本为方向，并清晰界定个别需保留的集团管理权限。总体而言，国企集团应更加侧重于通过其股东代表和代表其利益的董事以投票而非红头文件来管理引资后的企业，从传统上对子公司实施经营管控，转变为通过董事会及契约方式实施资本管控，从而为引资后企业的市场化决策提供良好的环境。同时需要注意的是，在改革过程中，以管资本为方向，并不等于一蹴而就地把所有决策权均赋予引资后企业的董事会。例如，我们看到一些国企集团通过制定集团审批权限的负面清单制度，清晰界定对引资后企业保留在战略规划、商业模式、安全生产、环保、合规、融资等方面的管理权限，积极履行国资股东的到位职能。一方面，控股股东通过战略管控确保引资后企业的战略规划与集团战略方向保持一致，具有合理性；另一方面，调研中我们注意到，国企集团往往对安全生产、环保、合规等方面有着更加严格的规范性要求和系统性的管理方法，因而国企集团保留这些方面的管理权限，有助于弥补外部资本在这方面关注度或经验的不足，既是对企业生产运营风险的有效防范，又确保混改后企业继续履行必要的社会责任，避免混改后产生负的社会效应。

◎ **思路 8.2**：清晰界定国资股东和引资后企业的关系，国资股东基于所持股权行使财产权利，积极参与引资后企业的各治理主体，既要做到职能到位，又要减少表现越位，具体应做好两个方面基础性工作：第一，国企集团公司改制成为公司制企业；第二，推动国企集团管控模式的变革。

问题 8.3：如何通过“开前门”，完善董事会的组成？

捋顺上述引资后企业和政府、国资股东的关系，将非治理主体和非治理手段排除在外，有助于实现“董事会在企业内”[①]，使其成为治理结构的核心。在此基础上，我们要着重讨论如何“开前门”，即围绕着董事会这一核心治理主体，促使各个股东通过决定董事会的组成，建立信任托管的关系，并通过代表其利益的董事在董事会上发声，实现股东在董事会上的有效制衡。

在传统体制下，国企中董事会的组成以执行董事为主，董事会和经营层本应形成的相互监督、相互制约关系，却由于两者人员的高度重合，难免会陷入自己监督自己的局面。显然，“要使董事会能够真正地履行股东信任托管的责任，董事会就必须是由股东大会民主选出的有能力、受到大多数股东信赖和能够真正代表其利益的成员组成”[②]。

需要说明的是，从法理上而言，在股东大会和董事会的“信任托管”关系下，每个董事都代表公司和全体股东利益，因而董事应具有独立性，而不仅代表某一个股东的利益，也就是《公司法》所规定的“董事可以独立投票”。然而，现实情况是，在存在持股相对集中的股东的情况下（例如持股超过 10%），该“大股东”实际上拥有委派董事的权力——根据《公司法》或《公司章程》约定行使提名董事的权力，并用手中相对集中的股权投票赞成。因而，在该股东和其提名的董事之间，必然具有委托代理关系，这种情况下难以要求该董事保持独立性。而且，基于前述分析可以看出，现阶段国企面临的主要问题，不仅体现为一些董事代表了某些股东的利益而损害了公司和另一些股东的利益，而更体现为因为

① 陈清泰，引述自晓甘主编．国民共进——宋志平谈混合所有制［M］．北京：企业管理出版社，2014：240.

② 吴敬琏，张军扩，刘世锦，陈小洪，王元，葛延风等．国有经济的战略性改组［M］．北京：中国发展出版社，1997：204.

激励和约束机制的不足，董事独立于包括国资股东在内的各方股东而追求个人利益，造成股东和公司利益受损。因此，我们认为，现阶段在股东和董事之间建立激励和约束机制的较可行方式就是“谁的孩子谁负责管”；相应在实践中，在引入外部资本、实现股权结构制衡化的同时，应秉承股东委派代表其利益的董事的思路，通过强化股东和其提名董事之间的激励和约束关系，实现多元化的股东从“前门”进入董事会并在董事会上充分代表、有效制衡。这也是我们下文讨论董事责、权、利相对等的基础（问题 8.2）。

基于上述股东委派代表其利益的董事的思路，我们根据股东性质划分，将引资后企业中股东委派的多元化董事归纳为以下几类。

第一类：代表国有资本利益的董事。近年来，国资委在董事会试点改革中尝试对国企集团派驻外部董事，即非执行董事，取得了积极的成效（附录一改革措施 3.3）。央企中以国药集团为代表，外部董事在董事会中占比超过半数。地方国企以深圳为例，在深圳机场和盐田港独资企业中，国资委派的外部董事都占到了 2/3。非执行董事的核心价值体现在两个方面：一是具有较强的专业素养、管理经验和商业嗅觉的外部董事，往往对行业趋势有较专业的判断并对市场环境变化有较高的敏感度，更有助于提升董事会专业化决策的能力，同时，其专业背景更有利于其与其他董事处于“一个波长”，提高董事会的决策效率；二是将部分执行董事变更为非执行董事，“有助于解决决策和经营内部职责不清、相互扯皮、效率低下、不负责任的现象”，也有助于减少内部人控制。[①]

① 张思平 . 张思平讲话实录（第二卷）[M] . 深圳：海天出版社，2015：138.

在混改中，国资股东可以考虑根据其所拥有的董事会席位，增加其中非执行董事的比例。尤其是一些引入了员工持股的案例中，国资股东委派的执行董事参与了持股，甚至担任了员工持股平台的委派代表人。我们认为，若该执行董事既代表国资股东利益又代表持股员工的利益，恐怕是不妥的。因此，为了减少潜在的利益冲突，国资股东另外派出非执行董事就成为优选。除此之外，针对上述问题，实践中还有两种解决办法：一是国资提名其他不持股的执行董事代表其利益；二是涉及国资股东和持股员工两方利益存在冲突的事项时，该双重身份的董事应回避表决。

案例二

国药集团的董事会构成

——外部董事占多数

国药集团是由国务院国资委直接管理的大型医药健康产业集团，打造了集研发、制造、物流分销、零售连锁、医疗健康、工程技术服务、专业会展为一体的大健康全产业链[①]。截至 2017 年 10 月，国药集团共有 9 位董事，其中有 6 位是外部董事，达到 2/3。6 位外部董事来自不同领域，其中 3 位是社会精英，不是来自国资委，这样就使决策进一步社会化、公开化。其中，李毓华曾先后任俄罗斯中国银行、马来西亚中国银行的董事长，拥有逾 38 年管理方面工作经验；杨有红现任北京工商大学科技处处长、教授、博士生导师，兼任中国商业会计学会副会长、中国会计学会理事、中国总会计师协会常务理事等，长期从事财务会计、内部控制、财务报表分析、预算管理方面的教学、研究与企业实践。

① 中国医药集团总公司，简称“国药集团”，案例根据上市公司公告、公司官网、权威媒体等渠道获得的公开信息整理而成。

第二类：代表外部资本利益的董事。前文提出，外部资本入股的最低标准是持股 1/3，并获得相应比例的董事会席位（第六章步骤五）。对外部股东而言，足额提名权是形成董事会有效制衡的前提。

案例三

国药控股引资后的董事会构成

——外部股东获得足额提名权

在 2003 年 1 月国药总公司和复星集团共同组建国药控股的过程中，国药总公司和复星集团的股权比例分别为 51% 和 49%[①]。国药控股的董事会由 5 名董事组成，国药提名 3 名董事，包括董事长，复星提名 2 名董事，并由复星医药的董事长陈启宇先生担任国药控股的非执行董事、副董事长。2009 年在 H 股上市后，国药控股又进行了 3 次定向增发，截止到 2017 年 6 月 30 日，国药控股的股权结构为国药集团控股 29.1%，复星医药持股 27.8%，公众持股 43.1%。体现在董事会中，董事会成员共有 15 名，其中，国药集团占 6 名，复星医药占 4 名，其余 5 名为独立董事。董事会成员结构的安排体现了国药控股、复星医药和社会公众股东的出资要求和利益诉求，为董事会科学决策、保护股东利益提供了保障。

第三类：代表持股员工利益的员工董事。前文谈到，无论通过直接持股还是间接持股的方式，核心员工持股后，应获得与其持股比例相匹配的股东权利。其中，通过持股平台间接持股的方式，在实现有效绑定的同时，更有助于持股比例相对分散的个体员工在治理体制中发挥“集体”作用（第七章步骤七）。因此，若核心员工持股总规模达到

① 根据上市公司公告、公司官网、权威媒体等渠道获得的公开信息整理而成。

10%，应考虑赋予员工持股平台以董事会席位。核心员工追求企业的长期利益，因而代表其利益的董事参与董事会决策，有助于在决策中对部分注重中短期回报的外部资本形成制衡，维护企业的长期利益。另外，一些国企已经按照《公司法》规定在董事会中设置了职工董事。操作中需要注意，对于这类企业，若引资后仍未达到设置职工董事的硬性要求——即“两个以上国有投资主体”①，而引资后持股员工已经委派了代表其利益的董事，是否还需要保留职工董事，是需要企业在设计董事会制度的过程中考虑的问题。

第四类：代表中小股东利益的独立董事。设置一定比例的独立董事是上市公司董事会构成的必备要求。对于引资后的企业，持股规模较大的战略投资者（例如 10% 以上）应获得相应的董事会席位（思路 5.2）；而对于持股比例相对低（例如 3% 以下）、没有董事会席位的投资者，引入独立董事代表其利益也具有积极意义。尤其对于非上市公司，对信息披露没有强制性监管要求和公众监督的机制，因而具有良好职业操守的独立董事能够独立客观地发表意见，有助于维护中小股东的利益，与其他大股东在董事会上形成制衡，并有效发挥监督职能，减少内部人控制。同时，在实践中我们看到，若国资股东和外部股东在谈判中难以对董事席位达成一致，通过增加独立董事的方式双方各让一步，也是可考虑的解决方案。

---

① 《公司法》第 45 条第 2 款规定，两个以上的国有企业或者两个以上的其他国有投资主体设立的有限责任公司，其董事会成员中应当有职工代表；其他有限责任公司董事会成员中可以有职工代表。

案例四

部分非上市混合所有制企业股权结构和董事会组成①

表 8.1　非上市混合所有制企业股权结构和董事会构成（部分）

时间②	混改企业	引资后股权结构			引资后董事会席位				
		国资股东持股（%）	外部股东持股（%）	员工持股（%）	总席位	国资股东席位	外部资本股东	独立董事	职工董事/员工持股平台董事
2014 年	中粮肉食③	36.9	63.2	–	9	5	4	–	–
2015 年	中粮我买网	40.9	59.1	–	6	3	3	–	–
2015 年 2 月	中石化销售公司	70.1	29.9	–	11	4	3	3	1
2016 年 1 月	中粮工科	56.4	33.2	10.5	8	4	1	3	–
2016 年 8 月	国投信托	55.0	45.0	–	9	3	3	3	–
2017 年 1 月	中石油管道公司	72.3	27.7	–	11	7	3	–	1
2017 年 3 月	中核新能源	33.4	66.6	–	7	4	3	–	–
2017 年 6 月	云南白药控股	45.0	55.0	–	4	2	2	–	–
2017 年 6 月	山东交运	37.0	33.0	30.0	7	3	2	–	2
2017 年 7 月	东航物流	45.0	45.0	10.0	9	5	3	–	1
2017 年 11 月	国轩新能源	45.0	43.0	12.0	7	6	1	–	–
2017 年 11 月	华能资本	61.2	38.8	–	5	3	2	–	–
2017 年 12 月	国药租赁	36.0	64.0	–	5	2	3	–	–
2018 年 1 月	中金珠宝	49.6	44.4	6.0	6	4	2	–	–

数据来源：根据公开资料整理。

需要解释的是，上述外部董事和独立董事是有显著差异的。虽然两

① 根据公开信息整理，实际信息可能有所差异。

② 按最近一轮引资的时间。

③ 2014 年引资后，上市前。

者均独立于公司股东且不在公司中任职，但两者的信任托管关系是不同的。外部董事受托于国资股东，要充分代表国资股东的利益，外部董事与其他代表国资股东利益的执行董事，以及代表外部资本利益和持股员工利益的董事一道，统称为股权董事；而独立董事受托于全体股东，尤其要充分维护中小股东的利益。

在此基础上，需要说明的是，一些人建议参考新加坡淡马锡对下属淡联企业的管控模式，在引资后的企业中大幅增加独立董事的比例，我们对此持保留态度。淡联企业的董事会确实以独立董事为主，其股东淡马锡派出的股权董事非常有限。例如，淡马锡控股新加坡航空约 56% 的股份，新航董事会 9 位董事中，只有 1 位是淡马锡的代表，除 CEO 外，剩下 7 位全部是独立董事[①]。这种安排的优势在于，这些独立董事均来自于私营企业的商界领袖，具有较强的商业判断能力，有助于提升董事会的专业化、科学化决策能力。然而，新加坡和中国的国情显然是不同的。中国国企现阶段的主要痛点是"由于激励和约束机制不足，董事没有充分代表股东利益"，因此，在上市公司中独立董事尚未维护好中小股东利益的当下，把各个大股东的主要权利都交给独立董事，让其代表整个公司和全体股东的利益行使权力，听起来很美好，实际上却存在较大风险。在此背景下，我们认为，股东委派代表其利益的董事的操作思路更具有可行性，一方面，前文定义的引入自身具有市场化体制机制的外部股东，自然能解决其和代表其利益的董事之间的激励和约束机制，使得该等外部股东在董事会上到位；另一方面，其到位，也更有利于促使国资股东完善和代表其利益的国资董事之间的激励和约束机制，从而推动国资股东在董事会上到位，避免国资股东搭便车。因此，在"堵天

① 资料来源于新加坡航空公司 2016 年年报。

窗、关后门”的基础上，以完善国资股东和其委派董事的激励和约束机制为重要条件，一定要有能够充分代表国资股东利益的股权董事——包括国资股东委派的非执行董事——在董事会中“行权”。而在探索国资管理体制改革的同时，我们认为，现阶段完善双方激励和约束机制的一种重要途径就是通过党委会和各治理主体双向进入、交叉任职，有效发挥党的激励和约束作用，从而实现国资股东利益代表到位。对此，我们在后文中会进行讨论。

◎ **思路 8.3：**在股权结构制衡化的基础上，应通过董事会组成的多元化，并强化所有者到位，形成董事会内部的有效制衡。

问题 8.4：如何通过“装摄像头”，完善其他治理主体的内部组成？

在治理结构上，要做到所有者到位，不仅需要董事会内部形成制衡，还要充分发挥其他治理主体的监督功能，这其中的核心是监事会。现阶段，虽然大部分国企均设有监事会，但监事会发挥的监督作用还比较有限。一方面，部分国企的监事来源于行政管理岗位，对企业经营管理经验和财务、法律知识还显不足，加之监事常常对信息掌握有限，影响其对专业问题的分析判断；另一方面，有些监事是“企业内部人员，他们由于在企业内任职并获得薪资报酬，缺乏独立性”。[①]

监事会有效行使监督权取决于两个根本条件：“一是监事会成员能够真正代表出资者和企业员工的利益，是积极的责任人，且具备行使监督权的行为能力；二是监督者能够获得准确和充分的信息。”[②] 因此，除国资股东派出的监事和职工监事外，还应考虑进一步完善监事会的构成，例

① 李钰，宋知程. 国企混改的隐性难点与机制冲突［J］企业管理，2017（7）：9-12.

② 吴敬琏，张军扩，刘世锦，陈小洪，王元，葛延风等. 国有经济的战略性改组［M］. 北京：中国发展出版社，1997：218.

如增加外部股东在监事会中派驻代表其利益的监事，以强化监事会对董事会及经营层的监督能力。同时，实践中，一些企业通过监事同步获得董事会材料，并列席董事会、总经理办公会等方式，增加监事对信息透明权的要求，即“装摄像头”，同样具有重要意义。

案例五

中石化销售公司引资后的董事会和监事会构成
——外部股东派驻监事

前文提及的中石化销售公司自2014年2月启动业务重组、引入社会和民营资本实现混合所有制经营，引入25家境内外投资者认购29.9%的股权[①]；2015年12月，增资后的中国石化销售公司召开了首届董事会、监事会第一次会议。按照《中国石化销售有限公司章程》规定，董事会由11名成员构成，其中中国石化委派4名董事，职工代表董事1名，社会投资方委派3名董事，同时引入中国石油企业协会会长、中国工程院院士胡文瑞先生，厚朴投资高级董事、总经理、CFO周国民先生，清华大学经济管理学院教授、博士生导师、公司治理研究中心主任宁向东先生3名独立董事。监事会由5名成员组成，其中中国石化委派2名监事，职工代表监事2名，社会投资方委派1名监事——中国人寿集团公司副总裁、股份公司董事、养老保险股份有限公司董事长刘家德先生。董事会与监事会的组建标志着中国石化与外部股东一起，按照规范化、市场化、专业化的思路，建立起规范的法人治理结构，实现了董事会和监事会的多元化。

① 案例根据上市公司年报、公告、公司官网、权威媒体等渠道获得的公开信息整理而成。

◎ **思路 8.4**：通过完善监事会的多元化组成，增强监事获得信息的能力，强化其监督功能，形成对董事会和经营层监督的有效化、常态化。

第二部分：健全治理制度

治理结构的完善为健全治理体制搭建了一个“形”，但更为重要的是作为“神”的治理制度，即各治理主体能够按照既定规则来履职。要实现董事会决策的专业性、科学性，就应围绕着董事会的责权利相对等来健全治理制度。

问题 8.5：明确责任，如何选聘尽责的董事？

要明确“责”，就需建立选聘尽责董事的制度。吴敬琏教授对董事所应具备的三个基本条件描述为：“出资者和公司主要利益主体的真正代表；具有使公司资产收益最大化和保障主要利益主体合法利益的动机；具有较高业务素质和对决策的分析、判断和抉择能力，能承担责任的能力。”①

一般而言，公司在《公司章程》中会将董事选聘的过程规定为：由董事会或其下设的专业委员会提名董事候选人，经过股东大会投票批准。而实际操作中，往往是由持股相对集中的股东根据其所拥有的董事会席位，向董事会提名董事候选人。因此，提名是选聘过程的核心环节，并相应决定了权力和利益的关系。

问题 8.3 中分析了董事会中四类董事的组成和相应代表的股东，包括代表国有资本利益的国资董事、代表外部资本利益的社会董事、代表

① 吴敬琏，张军扩，刘世锦，陈小洪，王元，葛延风等．国有经济的战略性改组［M］．北京：中国发展出版社，1997：205.

持股员工利益的员工董事和代表中小股东利益的独立董事。企业引资完成后，应遵照《公司法》和公司章程的规定，令股东尽职地行使提名董事的权力，其中包括：国资股东提名国资董事，包括执行董事和非执行董事；外部股东提名社会董事，这其中往往是以非执行董事为主，不过近年来我们也看到一些案例中由外部股东提名代表其利益的执行董事；核心员工提名员工董事。而操作中的一个难点在于：由哪方提名代表中小股东利益的独立董事？现阶段，独立董事多由拟混改企业的董事长或控股股东酝酿推荐。引资后，除国资股东和持股相对集中的外部股东可以提名独立董事外，若引入了若干家持股相对分散的中小股东，也应发挥他们提名独立董事的积极性。根据《公司法》规定，单独或合计持股达到3%的股东拥有提案权（包括提名董事的权利），因此，鉴于上市前中小股东的数量有限，若干中小股东发挥集体作用，共同提名独立董事，也具有一定的可行性。当然，要发挥独立董事的“尽责”作用，还应通过提升其参与感、差异化薪酬等方式，充分调动其积极性。

◎ **思路8.5**：通过持股相对集中的股东行使提名权，建立选聘尽职董事的制度，同时，应发挥中小股东共同提名独立董事的积极作用。

问题8.6：明确权利，如何赋予董事会和董事以权利？

明确权利，就要让董事会充分发挥决策权，这对于健全治理制度具有关键意义。传统国企体制下，众多决策均需要向国资股东层层报批，在集团各相关部门之间“走一圈”：一是决策流程长，效率低；二是让坐在千里之外的人决定前线的士兵先迈左腿还是先迈右腿，既不专业、也不科学；三是容易形成众人决策、无人负责的局面，导致内部人控制。因此，要改变这一现状，就要对权利进行清晰界定。实际操作中，其中又涉及两个方面的问题：一是赋予董事会权利，二是赋予董事以授权。

第一，如何赋予董事会充分的权利？

要发挥董事会专业化决策的核心功能，就应在制度上将核心权利交给董事会并在实践中落到实处，这其中有两个基础性条件：一是所有股东应充分尊重《公司法》赋予《公司章程》的法律地位，做到有法必依；二是在《公司章程》及相关议事规则中应对董事会决策事项进行清晰规定，做到有章可循。此过程也是“实现个人独断决策向科学民主决策的转变，使企业决策与执行主体从混合型向分离性的转变”[①] 的必要步骤。我们认为，实现专业性、科学性的决策，应做到：决策效率高、风险管控好、经营层能够执行。将重大决策、选人用人、薪酬分配等三项职权赋予董事会，是社会上的广泛共识，然而，如何执行？实践中，我们看到以下一些具体操作方式。

一是通过在《公司章程》中提高重大事项决策的表决门槛，为决策的专业性、科学性提供保障。如果其他董事认为，即使自己对表决事项投反对票，也改变不了代表控股股东利益的董事的压倒性支持，其对待表决权的认真程度很可能会打折扣。因此，要提升董事会决策的专业性，就要让每位董事充分发挥自己的最佳商业判断，认识自己手中投票权的价值。实践中，一些引资后企业通过《公司章程》中的约定条款，将更多的董事会决策事项的表决门槛提高到 2/3，甚至 4/3 的比例，从而扩大需要包括代表外部股东利益的董事、独立董事共同同意的事项范围。这种约定条款，也是风险投资和私募股权投资基金所普遍采用的方式。

二是真正将选人用人、考核薪酬的核心权利赋予董事会，就要做到

① 晓甘主编．国民共进——宋志平谈混合所有制［M］．北京：企业管理出版社，2014：256.

“名正”和“言顺”。一方面要做到“名正”，就应在公司章程中明确：董事会对企业经营层的任免和考核有决策权。实践证明，只要人事和薪酬的决定权不在董事会，经营层就可以摆脱董事会的控制，使董事会对经营层的监督失去作用。一些成熟做法是把尽可能多的管理层的选拔权交给董事会，国资股东由直接提名、推荐和确定高管，调整为指导岗位设置的原则和监督选人的匹配度。另一方面要“言顺”，董事会要有能力行使权力，由专业人才组成的专业委员会是优选方式。虽然设立哪些委员会在国际上并无统一规定，但是由专业人才组成专业委员会对董事会提供支持是较常见的操作，有助于落实董事会的职责，提高董事会决策的专业能力；同时，由非执行董事牵头的专业委员会，也有利于增强董事会对经营层的监督。

第二，如何完善对所提名董事的授权？

在股东和其提名董事的委托代理关系下，股东一方面需要对所提名董事所表决的事项拥有充分的知情权，另一方面需要确保该董事代表其利益，因而股东对所提名董事进行合理授权是必要的，这对国资董事尤其至关重要。我们调研的一些引资后的企业中，健全了多元化、制衡化的董事会结构，并将决策权交给了董事会，企业的重要决策只需要董事会批准，而无须层层报送集团审批。然而，董事会中，国资董事没有独立投票的权利，要做出任何决定，国资董事均需要获得国企集团的授权。因此，国资董事变成了“木偶”，决策程序就从企业层层上报集团各部门变成了董事将事项层层上报集团各部门，在国资董事得到国资股东明确结论之前无法召开董事会，决策的低效局面没有得到改变，有的企业在股权多元化后，董事会决策事项仍需要国企集团中多达三分之一的人员审阅批准，两天的董事会决策程序仍然需要走八个月。

由此可见，以国资股东为代表，在保留知情权的基础上，对所提名董事以某种形式约定其能够独立决策的事项，既提高了效率，又是对董事尽责的激励。当然，授权制度应视被授权人的不同，分事项、分规模，做到因地制宜。以投资为例，针对混合所有制企业所处行业的特点、投资处于主业还是非主业等不同条件，赋予董事的自主决策权利应是不同的。同时，与授权制度相配套的，是考核和追责制度，才能做到权利和责任相对等。

◎ **思路 8.6**：尊重《公司章程》的法律地位，明确董事会的主体地位，将重大决策、选人用人、薪酬分配的权力交给董事会，并通过提高决策门槛、设置专业委员会等措施提高决策能力。同时，基于决策效率和权力平衡的原则，国资股东应对所提名董事因地制宜地明确授权事项的范围。

问题 8.7：明确“利益”，如何对董事进行考核并配以合理的薪酬？

明确“利益”，就应考虑在两个层面加以完善：考核制度和薪酬制度。在有效监督的基础上，通过合理的方式激励董事各司其职，也是确保董事会协调运转，防止内部人控制的重要措施。

第一，如何完善对所提名董事的考核？

国资股东要到位，对所提名董事进行考核就显得十分重要。我们看到一些案例中，国资董事成为内部人后，在董事会决策中完全站在企业自身角度，决策明显有违于国资股东整体战略，这种信任托管关系的失败严重损害国资股东的利益。形成这样的结果可能是由于国资股东对国资董事的授权不够清晰，但更重要的原因往往是国资股东对国资董事缺乏考核，或考核标准仅局限于对其所属企业业绩的评价，而没有将其他非量化因素纳入考核体系，导致国资股东无法对国资董事施加有效影响。

因此，国资股东在完善授权制度的同时，应着力于完善对国资董事的考核制度。可以参考部分央企集团的经验，由集团相关部门一起参与，共同制订覆盖所在企业利润、对集团整体战略执行程度等综合化指标的针对国资董事的考核体系。同时，也可以参考以深圳为代表的国有产权代表报告制度，确保国资董事能够充分代表国资股东的利益。

另外，在一些民营企业中所采取的对董事、监事的外部考核制度，也可以供混合所有制企业参考。例如，通过聘请独立的第三方机构，根据企业的实际需要进行阶段性、常态化的考核，设置考核指标，客观公正地评价董事、监事的贡献，提出需要改正的问题，并进行必要的追责。当然，有追责制度就要配套免责制度，“在一些情况下，市场不确定性超出了董事个人的正常能力范围，即便董事充分履行了尽职尽忠的义务，依然可能做出失误，甚至是错误的商业判断”[①]。因此，基于市场化的最佳商业判断作为评价标准，建立对董事，尤其是代表国有资本利益的董事的免责制度，也是改革中需要完善的领域。

第二，如何完善董事薪酬制度？

要做到责、权、利相对等，董事薪酬制度的相应配套是关键，而其中需要完善的重点是国资股东所委派的非执行董事（外部董事）的薪酬决定机制。现阶段，在不少国企中，其国资股东根据外部董事的来源——退休政府官员、原国企负责人、社会人士——来确定所委派外部董事的薪酬，薪酬水平与其对企业的贡献无关。如此安排，并不利于激励外部董事代表

---

① 马骏，张文魁，张永伟，袁东明等．国企改革路线图探析［M］．北京：中国发展出版社，2016. 第 61 页。

国资股东的利益，发挥尽责作用。

混改中，伴随着国资股东真正将“三项职权”交给董事会，包括代表国资股东利益的外部董事在内的全体董事更需尽责地发挥专业化决策的核心作用。相应的，以市场化为方向，将外部董事的任职情况和实际贡献水平与其薪酬水平相挂钩，也就具有更大的必要性和可行性。

◎ **思路 8.7**：通过完善股东对所提名董事的考核机制，并通过内部和外部相结合的方式，有效实施对董事的考核。在此基础上，应以市场化为方向改革国资股东所委派非执行董事的薪酬机制，这是实现董事会责、权、利相对等的重要条件。

实践中，关于治理制度的健全，还有一个有待探索的问题：混合所有制企业中谁来代表国资股东？国企引资后，国资股东（国企集团）对其管控模式的调整，需要通过董事会和股东大会行权机制的调整落地。董事会固然是企业内治理体制的核心，但国资股东依据公司法和公司章程的相关规定，积极通过在公司的最高权力机构——股东大会——履职，同样是做到所有者职能到位的必要措施。对于董事的履职，国资董事可以在上述责权利的制度安排下，代表国资股东在董事会上行使权力；那么，对于股东的履职，谁来代表国资股东在股东大会上行使权力？例如，有学者提出“国资股东代表”的概念，而广东省率先推行的“国有产权首席代表报告制度”也做出了积极探索。未来实践中，应以权责利相对等为目标，对“国资股东代表”的授权和考核机制进行探索和完善。

第三部分：加强党建工作

本节的前两部分集中探讨了在引资后的企业中，如何通过所有股东委派代表其利益的董事、监事进入企业的治理结构，并通过规范的治理制度发力，从而构建现代化的治理体制、实现董事会决策的专业化、科学化。其中，涉及国资股东，我们探讨了一些操作层面的思路，包括选派非执行董事、完善授权、考核、薪酬等机制，然而，我们尚未触及一个根本问题，即国资派出的董事、监事如何具有尽责动机的问题。

方向篇中谈到，在通过混改引入外部制衡机制的同时，若不解决国家对国有出资人及其代理人“长链条”的激励和约束问题，不仅可能出现国资股东在引资后变成“搭便车”，更可能出现内部人控制或外部股东表现越位的局面，若如此，则混合所有制本身也就难以取得成功。因此，在国资股东所有者职能进一步集中化、独立化的基础上，通过完善内部激励和约束机制，从而促使代表国资股东利益的董事、监事能够到位，就成为国资股东管资本的根本所在。这其中，需要在国家治理层面推动国资管理体制改革，从而重新定义国家和管资本运营平台的关系，这是混改的外部支撑性改革之一；同时，现阶段在公司治理层面加强党建，通过发挥“短链条”的党的有效激励和约束机制，同样有助于破解国资股东利益代表的动机问题，从而实现国资股东在董事会到位。

以上思路基于一个关键性前提，即党的建设和现代化的治理体制，两者在指导原则、服务目标和检验标准上是一致的。2016 年，习近平总书记在全国国企党建工作会议上强调：“坚持党对国企的领导是重大政治原则，必须一以贯之；建立现代企业制度是国企改革的方向，也必须一以贯之。”这一指导原则告诉我们，坚持党的领导是有效调控市场经济、促进社会公正的根本保证，是国企的独特优势；而现代化的治理体制是市场经济发展规律和企业发展规律的重要内容。因此，发挥党的领导和公司治理这两方面优势，都是市场经济发展的内在要求，都能最大程度提升国有企业的持久竞争力，也都有利于做强做优做大国有资本。同时，针对党建工作在新时代国企改革中的体现，相关文件[①]中明确规定国企党建工作“坚持服务生产经营不偏离，提高企业效益、增强企业竞争实力、实现国有资产保值增值作为国有企业党组织工作的出发点和落脚点”[②]，其检验标准是“以企业改革发展成果检验党组织的工作和战斗力”[③]。可以看出，国有企业党建工作目标和标准，与国企改革的总目标高度一致，与市场化的标准高度一致。

明确了在顶层设计层面的目标一致性，我们需要集中探讨，在混合所有制改革中，尤其是针对引资后的企业，如何在其治理体制改革中发挥公司治理和党的建设两个优势，做到有效制衡、协调运转。

要充分发挥两个优势，就需要党组织与治理体制在治理结构和治理制度上实现对接和融合。因此，我们要集中讨论两个问题：第一，在党的激励和约束机制下的国资股东利益的代表，如何进入公司治理的各个主体，实现治理结构层面的融合？第二，党的把关定向作用如何发挥作用，实现治理制度层面的融合？

问题 8.8：混合所有制企业中，在党的激励和约束机制下的国资股东利益的代表，如何进入公司治理的各个主体，实现治理结构层面的融合？

沿着前文提出的完善治理结构的路径，在引资后的企业中，应秉承

---

① 中共中央、国务院《关于深化国有企业改革的指导意见》（中发〔2015〕22 号），2015 年 8 月 24 日发布；《关于在深化国有企业改革中坚持党的领导加强党的建设的若干意见》（中办发〔2015〕44 号），2015 年 9 月 20 日发布。

② 习近平，全国国有企业党的建设工作会议讲话，2016 年 10 月。

③ 同上。

股东委派代表其利益的董事的思路，通过强化股东和其提名董事之间的激励和约束关系，以实现多元化的股东从“前门”进入董事会、并在董事会上充分代表、有效制衡。那么，国资股东委派的董事从哪里来？如何确保其有足够的动机尽责？

关于党组织与“三会一层”的融合方式，过去20年来不同国企探索过三种模式：联席会议、交叉任职和合并模式。[①]其中，在党委会中选取一定数量的成员进入董事会交叉任职的模式，有助于缩短党委会和董事会之间信息交流成本，在实践中有助于发挥两个优势。1997年中央印发的《关于进一步加强和改进国有企业党的建设工作的通知》和《中央组织部、国务院国资委党委关于中央企业党委在现代企业制度下充分发挥政治核心作用的意见》均明确了“双向进入，交叉任职”机制，把党的领导融入公司治理。

现阶段，通过双向进入、交叉任职的方式，让在党的有效激励和约束机制下，国资股东利益的代表进入董事会、监事会等各个治理主体，解决了“如何进入”的问题，是推动国资股东到位的一种重要保障。“根据工作需要和人员条件，党委成员可依法分别进入董事会、监事会和经理班子；董事会、监事会、经理班子中的党员，具备条件的，可按照有关规定进入党委会。”[②]上述制度设计，使党组织和治理结构能够形成对接，有效解决了党建与公司治理“两张皮”的现象，既有助于实现国资股东到位，又有助于增强党组织成员的业务能力。其中，尤以董事会核

---

① 联席会议模式将党委会和董事会完全分离，通过两会联席协商和民主集中制进行决策，但由于党委会游离于企业经济发展的中心之外，此模式已不具备可行性。而合并模式将党委会和董事会进行高度重合，将党组织和经营层融为一体。

② 中共中央《关于进一步加强和改进国有企业党的建设工作的通知》（中发［1997］4号），1997年1月24日发布。

心的决策机制为重点，在双向进入、交叉任职的机制保障下，由进入董事会的党组织成员代表国资股东的利益，对重大决策事项表达党组织的意见和建议，从而使国资股东的主张在董事会决策中得到有效体现。

实践中，福建省要求董事会中符合条件的人员和一两名经理层人员进入党组织班子，党组织班子中符合条件的成员依法推荐到董事会和经营层中任职。[①] 也有一些企业努力推动党组织在董事会、监事会的一岗双责，一方面提升决策和执行效率，另一方面避免由于交叉任职可能导致的董事会权力过于集中问题，并通过充分发挥纪委的监督职能，对权力形成有效约束。另外，一些企业在经营层面推动机构融合，重点体现在：党的组织部门的融合；党的纪检部门和企业审计部门的融合；党的宣传部门和企业文化部门的融合。

◎ **思路 8.8**：在治理结构上，通过双向进入，交叉任职制度，实现党组织与董事会等各个治理主体的对接和融合。在决策中，这一制度使得董事会依法行使决策权的核心功能得以保障，而党组织通过其在董事会的代表有效参与决策，从而实现国资股东在董事会上到位。

“中国特色现代国有企业制度，‘特’就特在把党的领导融入公司治理各环节，把企业党组织内嵌到公司治理结构之中，明确和落实党组织在公司法人治理结构中的法定地位，做到组织落实、干部到位、职责明确、监督严格。”[②]

通过国有资本的积极流动，未来会涌现出越来越多的混合所有制企业，这其中，既会出现原来的国企中国资股东从控股变为相对控股甚至

① 卫京．“12333”：烟台国企改革密码［J］．国资报告，2017（4）．

② 习近平，《全国国有企业党的建设工作会议讲话》，2016 年 10 月。

参股，也会出现原来的民企中引入国资股东参股甚至控股。在这一改革的大背景下，在各类企业中均实现“把企业党组织内嵌到公司治理结构之中”的基础之上。实践中的一个问题是，国资参股企业如何更有效地加强党建工作？

《公司法》第十九条规定：“在公司中，根据中国共产党章程的规定，设立中国共产党的组织，开展党的活动。公司应当为党组织的活动提供必要条件。”《关于在深化国有企业改革中坚持党的领导加强党的建议的若干意见》指出，国企应当在章程中明确党建工作总体要求，将党组织的机构设置、职责分工、工作任务纳入企业的管理体制、管理制度、工作规范，明确党组织在企业决策、执行、监督各环节的权责和工作方式，以及其他治理主体的关系，使党组织成为公司法人治理结构的有机组成部分。

对于国资参股企业，实践中，部分国企通过谈判确定“两公开、两纳入”的条件：即党的组织公开活动，党的机构公开挂牌，党务工作者按照一定比例纳入职工总员额，党务活动经费按照职工工资总额的一定比例提取。在一些案例中，企业首先从党员亮身份的方式开始，让外部股东了解和认可党员在公司生产经营中的核心作用，继而支持党组织的建立。

案例六

东风汽车和日本日产汽车合资公司中党组织的运作模式

2003 年 7 月，东风汽车公司与日本日产汽车公司以股权 50% 对 50% 进行了合资，合资涉及资产 157 亿美元，从而组成了中国汽车工业金额最大、涉及范围最广的一起合并[①]。这次合并中完整保留了党群工作体系，

① 案例根据文献和权威媒体等渠道获得的公开信息整理而成。

并按照“两公开、两纳入”的原则在新的合资公司中组建了党组织。党组织在合资公司中充分发挥了政治核心作用，依照党委决定、程序表达、依法决策、体现主张的工作模式运行，基本上体现了公司治理与党建工作的积极融合。“两公开、两纳入”不仅在一般意义上实现了公司治理与党建工作融合的制度创新，更重要的是，该模式为基层党组织在日常工作中提高决策质量，并通过统一思想真正发挥政治核心作用，提供了充足的动力。公司刚成立时，来自日产的日本员工和来自东风的中国员工之间在企业文化和价值观存在着较大的差异，阻碍了公司业务的高效快速发展。在中方最高负责人的倡议下，公司制订了《东风日产行动纲领》，并通过党组织的学习体系贯彻到全体组织中，对统一中国员工的思想认识起到了非常大的作用。东风日产巧妙吸取中国模式中有用的部分、探索与日本模式中的有用部分，让两者产生了倍增效果的“混合经营”。

问题 8.9：混合所有制企业中，党的把关定向作用如何与治理制度形成融合？

“党对国有企业的领导是政治领导、思想领导、组织领导的有机统一。”因此，在治理结构上处理好党组织和其他治理主体关系的同时，应“明确权责边界，做到无缝衔接，形成各司其职、各负其责、协调运转、有效制衡的公司治理机制”。着力于“发挥党组织的领导核心和政治核心作用，归结到一点，就是把方向、管大局、保落实”。[①]

在治理制度层面，根据《中国共产党章程》，国有企业和集体企业中党组织，要发挥政治核心作用，围绕企业生产经营开展工作；保证监

① 习近平，《全国国有企业党的建设工作会议讲话》，2016 年 10 月。

督党和国家的方针、政策在本企业的贯彻执行；支持股东会、董事会、监事会和经理（厂长）依法行使职权；全心全意依靠职工群众，支持职工代表大会开展工作；参与企业重大问题的决策；加强党组织的自身建设，领导思想政治工作、精神文明建设和工会、共青团等群众组织。

在实际操作中，重点问题集中于董事会和党委会在重大决策、选人用人、考核薪酬等三个方面的决策流程如何设计。

第一，如何通过公司党委和董事会的融合完善重大决策制度？

要发挥企业党组织的领导核心和政治核心作用，“坚持服务生产经营不偏离”的方向，[①] 就要确保党组织有效参与重大决策，发挥把关定向的优势，按照责、权、利相统一的原则和集体研究、分别体现、双向反映、科学民主的要求，完善党组织参与企业重大问题决策的规则与程序，健全确保党组织有效参与重大问题决策的制度规定，特别要建立确保党组织在董事会决策中实施政治把关责任的措施。

操作中，哪些属于重大问题？董事会、经营层、党委会三者的研究和决策顺序应该如何设计？实践中的一些操作可供参考。

一些企业着力于健全“三重一大”的内容清单并明确决策程序。例如：企业明确涉及生产经营方针、重组整合、重大项目、重要内部改革、机构设置调整、职工切身利益等重大问题的范围，以确定党委会决策的事项范围。同时，在程序上，要求董事会和经理层在提前通报并充分考虑企业党委意见和建议的基础上研究决定重大问题，而企业党委关于这些重大问题的意见和建议也按照企业党组织民主集中制原则和相关程序形成。

① 习近平，《全国国有企业党的建设工作会议讲话》，2016 年 10 月。

案例七

宝钢集团党建工作经验
——党委参与重大决策

宝钢集团[①]党委把有效发挥政治核心作用与支持董事会、经理班子和监事会分别发挥决策、执行、监督职能有机结合起来，围绕中心做工作，进入管理起作用，把国有企业独特的政治优势转化为企业的核心竞争力，促进宝钢按照科学发展观的要求更好更快发展。宝钢党委通过健全领导体制机制，既维护董事会决策权，又保证党组织有效参与重大问题决策。按照政治核心的定位，宝钢党委参与决策主要从四个角度提出意见和建议：看决策是否符合党的路线方针政策和国家的法律法规，是否符合广大职工群众的利益，是否符合科学、民主的决策程序，是否符合企业发展的规律。公司改革发展稳定等重大议题，党委常委会先讨论，达成统一意见后，通过党委成员在董事会或总经理办公会上提出，使党组织的主张得到体现。宝钢党委参与重大问题决策主要通过党委会及其常委会会议、党委中心组学习、董事会及其专门委员会会议、总经理办公会、领导班子务虚会、专题性工作研究会议和职工民主管理（通过工会和职工代表大会）等七项制度性安排来实施，同时注重党委书记、副书记与董事会成员（特别是董事长）和经理班子成员（特别是总经理）之间的沟通协调，实现党委工作与董事会和经理班子工作的有效衔接。

还有一些企业对决策内容进行分类，根据重要程度来把握党委参与决策的程度。例如，对事关企业发展战略、经营大局等方面的重大问题

① 案例根据文献和权威媒体等渠道获得的公开信息整理而成。

的决策，党组织重点参与，充分利用党组织自身的资源和强项，保证决策的正确；对企业日常经营工作中的重大问题，党组织主要是原则性参与，对一些重大事项在方向、大局上给予把握和指导，在其中的关键环节上则予以参与；对涉及广大职工切身利益的重大问题，党组织全过程的深度参与，并且不仅仅是参与其决策，还要参与决策后项目的实施，成为有力的推进者。

案例八

上汽集团党建工作经验

——有效发挥党组织的作用

上汽集团[①]自1985年建立第一家合资企业上海大众汽车有限公司至今，已与德国大众、博世、美国的通用、福特，瑞典的沃尔沃等14个国家和地区的国际著名汽车及零部件跨国公司建立合资企业60家，另外还控股了一些民营企业。上汽股份是国有控股企业，母公司实行一肩挑模式，党委书记兼任董事长。上汽股份2004年进入了世界500强，旗下的中外合资企业，遵循“三公开、三同时”原则，即：合资谈判中同时明确建立党组织，确定中方行政干部的同时明确党务干部，任命中方主要领导的同时任命党组织书记；党组织公开挂牌，党务干部公开身份，党组织公开活动，党组织书记纳入高级管理人员序列、党务干部纳入管理人员编制。在合资企业中，党委书记兼工会主席列席董事会。上汽股份旗下的合资企业，其党建工作与公司治理的融合坚持贯彻“三先”原则，即企业重大决策，中方领导先统一思想；企业重要问题，党内先

① 上海汽车集团股份有限公司，简称“上汽集团”。案例根据文献和权威媒体等渠道获得的公开信息整理而成。

知道；企业重要工作，党员先行动。上汽股份的党组织活动和公司治理充分协调，党组织的地位、作用和经费得到了保证，企业党建与公司治理实现融合，给企业发展带来了协同效应。①

第二，如何通过公司党委、纪委和董事会的融合完善选人用人制度？“党要管党，首先是管好干部；从严治党，关键是从严治吏。”②因此，应发挥党管干部和市场机制作用相结合的两个优势，“保证党对干部人事工作的领导权和对重要干部的管理权”③，发挥企业党组织在人才工作中谋大局、抓关键、管大事的功能，“包括管大政方针、管营造环境、管协调各方、管完善机制等，通过指导、保障、推进人才工作达到解放、发展、用好、凝聚人才的目的”④，从而“保证人选政治合格、作风过硬、廉洁不出问题”⑤。

前文我们强调将选人用人权力交给董事会，以此为基础，在操作中，如何做到党管干部、党管人才和发挥董事会选聘主体职能的统一？实践中有以下一些思路。

一是党组织对于高级管理人员的选聘实施前置管理。一些企业以“管导向、管标准、管程序、管机制、管监督”为重点，按照职业资质评价要素和条件，对所聘用人才的有关政治素质、品行要求提出标准，董事会及其专业委员会结合自身评价标准，物色高管人选，将最终确定的少数几位候选人提交党委会进一步考察，党委会考察后提出考核评价

---

① 蒋铁柱，沈桂龙．企业党建与公司治理的融合［J］．社会科学，2006，（01）：144-153.

② 孙永春，《从严治党关键从严治吏》，2013 年 7 月。

③ 习近平，《全国国有企业党的建设工作会议讲话》，2016 年 10 月。

④ 马智宏．发挥党建在国企改革发展中的独特优势［J］．学习时报，2016-10-13.

⑤ 习近平，《全国国有企业党的建设工作会议讲话》，2016 年 10 月。

意见，作为董事会选聘的重要参考依据，并依法行使用人权。

二是党组织与董事会同步参与选聘全过程。在董事会选聘中级管理人员过程中，一些企业实行党组织与董事会共同酝酿提名，进行预审、考察和全程监督。实施前备案、后备案等企业副职备案管理制度，破解企业干部切块分段管理模式的弊端。

第三，如何完善党建考核和激励制度？

“知人方能善任。注重用好干部考核这个‘指挥棒’，不断改进考核方法、手段，让干部不敢消极不敢怠慢，有干头有奔头有劲头。”[①] 因此，建立企业党建工作考核评价体系，是推进企业党建工作科学化、在治理体制中发挥党建优势的必然要求。

一些企业提出了“结合现代企业制度，形成党建工作科学的考评激励机制体系”的思路。在操作中，混合所有制企业如何考核党建工作？党委书记的薪酬如何设置？实践中有如下操作方式。

对于建立考核机制，一些企业集中于完善检查和述职机制。例如，一些企业建立了党建工作年度评价和书记抓党建述职评议考核制度，把考核结果与企业目标责任制考核、与领导人员薪酬奖惩双挂钩，形成刚性考核、有效激励的机制。根据情况每年底开展党建工作专项检查，组织党委书记履行主体责任和纪委书记履行监督责任述职。一些企业进一步完善党建工作考核机制：明确党委书记履行党建工作第一责任人职责，专职副书记履行直接责任人职责；注重多维度考核，从思想政治、作风建设、干部人才，细化分解党委履责管党的主体责任，改进党建工作考核评价办法，将全年考核得分由权重法改为乘积法，使党建工作绩效成为 KPI 考核的决定性要素。

---

① 孙永春，《从严治党关键从严治吏》，2013 年 7 月。

对于薪酬和激励制度，一些企业采用了差异化考核的方式，在结果兑现的权重上，区别专职书记、兼任行政副职书记、“一肩挑”书记三种任职情况，分别按50%~70%的不同权重计入其年度绩效考核结果，从而既避免了党委不作为，影响公司生产经营的情况；又避免了只要企业经济效益好，书记即使不重视党建、抓不好党建工作，也会在干部考核中得高分、薪酬分配中拿高收入的“一俊遮百丑”的问题。

第四，如何通过公司纪委和监事会的融合完善监督制度？

“全面从严治党要在国有企业落实落地，必须从基本组织、基本队伍、基本制度严起。”①

操作中，如何使纪委的监督职能有效，并与监事会和独立董事进行协同，从而优化监督机制？具体实施中的一些做法主要有以下几种。

一是加强党风廉政建设。企业党组织通过专门的企业纪检组织实施惩防腐败的工作，这也是国有企业党组织发挥政治核心作用的重要途径。因此，一些企业要求纪检部门不再参加与履行监督职责无关的决策议事事项，并要求纪检部门与企业审计部门充分融合，从而提升党风廉政工作的力度。

二是将监事会监督与纪委监督、独立董事监督相结合。惩防腐败工作和企业经营管理体系相结合的最终目的是在企业内部建立起常态化的“合规”。因此，一些企业将监事会监督与纪委监督、独立董事监督结合起来，形成监督合力，一方面确保党和国家的方针政策在企业贯彻执行，另一方面有效发挥公司纪委和独立董事的“合规”领导，发挥监督保证作用，并推动企业在质量安全、节能减排、环境保护、维护稳定等方面切实履行政治责任和社会责任。

① 习近平，全国国有企业党的建设工作会议讲话，2016年10月。

◎ **思路 8.9：**发挥党组织的把关定向作用，实现在治理体制上的对接和融合，核心在于在尊重各个治理主体在决策制度、选人用人制度、考核和激励制度、监督制度权威的基础上，通过党组织在各个治理主体中的充分代表，有效发挥党的领导的独特优势。

步骤九：转换经营机制

如何在混改中推进企业经营机制的改革？

针对机制改革的探讨思路，我们首先需要厘清两个问题：第一，什么是经营机制？现阶段面临什么问题？第二，经营机制涉及哪些方面，其核心又是什么？

什么是经营机制？现阶段存在的问题是什么？

机制是体制的延伸，是基于一定体制基础上，确保体制有效运转的运行方式。在现代股份公司中，由于所有者和经营者的身份分离，首先需要对如何管理企业的治理体制进行制度性安排，前文将探讨集中于企业中的董事会，并着眼于实现董事会组成的多元化和决策的专业化、科学化（步骤八）。在此基础上，需要对经营层如何行使好董事会赋予其的经营权进行制度性安排。由此，我们将在现代化的治理体制下，决定企业经营行为的各种内在因素及其相互关系的总称，定义为经营机制。

在美国，每十年，黄页上有80%的企业都会消失。[①] 这些公司大多是根据现代企业制度建立的股权多元化企业、治理体制相似，而最终影响其经营好坏，甚至于存亡的，则是其经营机制。我们认为，现代企业制度的构建应包括两个方面，既要建立符合公司法规范的公司制框架，又要转变企业的经营机制以适应市场竞争的要求。前者是国有企业实现

① 晓甘主编．国民共进——宋志平谈混合所有制［M］．北京：企业管理出版社，2014：124.

现代化的必要条件，后者才是充分条件，也是关系到企业能否实现可持续发展的根本性问题。针对现阶段国企问题在经营机制层面的表现，方向篇中将其归纳为：经营机制没有以市场化为导向，导致企业在面对市场竞争时缺乏活力和竞争力（第三章第二节）。相应的，现阶段深化转换经营机制的改革，需要以市场化为方向。

经营机制包括哪些内容？现阶段的核心是什么？

经营机制在制度上主要包括以下三个方面：人员流动机制、考核机制和监督机制、分配机制。其中，人员流动机制包括人员的进出、级别的升降；考核和监督机制涉及考核以及监督；分配机制涉及对人员的薪酬设计和激励安排。可以看出，经营机制要解决面对市场竞争的问题，三个方面就必然要围绕着面对市场竞争的主体——人——来展开。在双层嵌套关系下，股东将资本对投资回报的诉求通过"信任委托"关系传导到董事会,因而围绕着董事会推动决策的专业化、科学化。在此基础上，需要通过委托代理关系将盈利诉求传导到经营层，因此，这其中需要通过委托代理关系来对经营层发挥影响力，激发其动力、以适应市场竞争、追求盈利。因此，我们认为，经营机制的核心是人的动力机制，即调动经营企业的人的原动力，积极去面对市场竞争，而目标则是让包括员工和经营层在内的企业的内部人与股东利益一致，做到"上下同欲"。

因此，对于经营机制的改革，我们提出以下原则。

原则九：深化混合所有制企业经营机制的改革，应以市场化为方向，以动力机制为核心，通过完善流动机制、考核监督机制、分配机制，实现经营层和员工的利益与股东利益及企业长期发展相绑定，形成"上下同欲"，从而提升企业活力和竞争力。

转换经营机制的改革可以说是国企改革历史上持续时间最长的一项改革。早在20世纪80年代初，国家就开始针对计划体制下国有企业劳动、工资和人事制度推行“破三铁”的改革，而1992年7月国家颁布的《全民所有制工业企业转换经营机制条例》[①]进一步从法规上明确提出企业享有包括上述三项权利在内的基本权利，希望从制度上推动企业成为依法自主经营、自负盈亏、自我发展、自我约束的独立主体。然而，在实施过程中“遇到了来自政府、企业、社会直至企业职工在观念、体制、利益等各方面的阻力[②]”。（附录一改革措施1.5）。有人指出，其后又有两次机遇本来有可能解决这一制度性难题，但都没有抓住机会[③]。2001年3月，《关于深化国有企业内部人事、劳动、分配制度改革的意见》[④]的颁布，再次明确提出改革国有企业内部人事、劳动、分配制度——即三项制度改革，希望推动企业加快建立现代企业制度，切实转换企业经营机制，实现干部能上能下、员工能进能出、收入能高能低。2003年国资委成立后，也做了大量工作，对于推动业绩考核和薪酬激励制度改革起到了重要作用（附录一改革措施3.4）。然而，十几年过去了，三项制度的改革仍然在进行中，在很多企业中，“能下”“能出”“能低”都还没有实现。因此，今天我们再谈深化经营机制的改革，首先要理解改革的难点在哪里。

---

① 《全民所有制工业企业转换经营机制条例》，简称《转机条例》。《转机条例》认为，国有企业改革的关键是转换经营机制，“转机”的目标是适应市场的要求，成为依法自主经营、自负盈亏、自我发展、自我约束的商品生产和经营单位，成为独立享有民事权利和承担民事责任的企业法人。《转机条例》详尽列举了国有企业应该享有14项权利，并规定国有企业可以通过合并、分立、解散等方式进行组织结构调整。

② 邵宁．国有企业改革实录（1998-2008）[M]．北京：经济科学出版社，2014：40.

③ 一次是三年脱困时期的“减员增效、下岗分流、实施再就业工程”，另一次是国有企业改制上市。

④ 《关于深化国有企业内部人事、劳动、分配制度改革的意见》（国经贸企改〔2001〕230号），2011年3月13日发布。

问题 9.1：什么是完善动力机制的基础性前提？

转机制的改革进行了三十多年，但市场化的经营机制在现存的大部分国企中仍然没有完全确立，在我们看来，其核心难点在于没有厘清相互纠缠的两个关系：企业和政府的关系，以及企业和市场的关系。我们一直强调政企分开，强调把企业推向市场，其中，通过推进产权制度改革，让原始所有者实体到位，有助于减少委托代理问题；同时推动国资股东管资本，也有助于从政府一端促进政府角色的转换（思路 8.1）。然而我们意识到，这样的改革只解决了问题的一半。

调研中我们注意到，一些传统国企中，从领导班子到普通员工，观念还远未和市场接轨。有不少国企员工的头脑中还保留着计划经济的烙印，认为只要生产出产品，政府就要解决销路；认为企业发不出工资，政府有义务承担。而另一个棘手的问题在于，一直以来，国企和政府之间、国企经营层和政府公务员之间几乎是相通的，大部分国企还保留着行政级别，企业所属的级别和其中每一层管理人员的级别被清晰定义，这使得国企和政府的“体系”相对接，不仅使行政权力的逻辑在企业中得以巩固，也为国企负责人提供了“前程”和“后路”。有人形容，民企老板只有“一条命”，企业做坏了没有退路，因此肩负着“跳楼的压力”；而国企负责人却有“九条命”，即使在这个企业做得不好，还可能被调去其他国企或政府；而企业做得再好，任期“到点”了，也可能被调走或被退休。无须解释，一般而言，但凡有前路预期的不确定和后路的多重选择时，人在思想上是难以有全力以赴的“动力”的。而这一体系引出的另一个问题就是国企经营层的同行业轮换问题。我们知道，国企负责人调任到同行业的兄弟国企中任职，在能源、航空等行业中司空见惯，我们暂且不谈这种调任是否不利于维护公司的商业秘密，仅从观念上考虑，试想，如果一位企业负责人认识到今天市场上的竞争对手明天就可能被迫成为自己抬头不见低头见的同事，那么他是否会倾向于在市场化的竞争中选择留有余地呢？由此可见，从企业一端入手，从人的观念上“断后路”，实现政企分开和市场化，是转机制的关键所在。

由此对比20世纪90年代中期开始的国有中小企业改制，其中一个重要的成功经验就是通过产权和身份的双重置换，使得“国有企业解除对职工承担的无限责任，将企业与职工之间从人身依附关系变成市场选择关系，让职工真正走近市场，从而最终实现企业的市场化改造[①]”。

案例一

20世纪90年代，长沙市国有中小企业改革中的“双重置换”

长沙的“双重置换”模式对20世纪90年代国有中小企业改革方向具有开创性意义。长沙市于1999年11月出台《关于国有企业改革和发展若干问题的意见》，要求对所属国有企业界定产权，进而实行“双重置换”，一是通过产权转让“置换”企业的国有性质让企业走向市场，二是通过一次性经济补偿“置换”职工的全民身份，让职工走向市场。而长沙市国有中型企业湖南友谊阿波罗的改制则是“双重置换”模式的典型代表。友谊阿波罗的改制是从产权改革起步的，与其他企业改制所不同的是，在企业股权设计上，采用了引入外来投资者的方式。时任总经理胡子敬希望通过外部人的介入，给职工一个信号：企业变了，不再是国有企业了。然而，在2000年3个外来投资者引入后，投资人传递给职工的信号却失真了：公司和职工并未因此发生任何大的变化，近半年的产权改革，竟然没有触

① 邵宁．国有企业改革实录（1998–2008）［M］．北京：经济科学出版社，2014：137.

动职工。胡子敬发现，职工的劳动关系没有随产权制度变化同时调整，职工们仍是“企业人”而不是“社会人”，能进不能出，老的劳动用工制度制约着激励与约束机制的有效建立。为了打掉留在职工心里的国有身份保护伞，友谊阿波罗对职工进行了彻底的身份置换，在支付经济补偿金的同时，职工解除原来的劳动关系，通过竞聘签订了新的劳动合同。身份置换后，2001 年，通过将不称职的职工解聘，真正打破了职工心中的铁饭碗。2000 —2007 年，友谊阿波罗实现了收入和利润总额的大幅增长，并于 2007 年上市，企业得到了大发展，职工得到了大实惠[①]。

“双重置换”模式下职工身份转变所取得的成功，一方面是通过支付给员工补偿金或者换成企业的股权，让员工获得改革的“实惠”，另一方面更重要的是，“实质是观念转变，转变的是职工吃‘大锅饭’的心理，触动的是广大职工的切身利益”，断了员工“找政府”的念头，让他们真正成为市场中的人。[②]而把产权改革与身份置换的结合，把股东诉求、经营者压力和职工的危机感相结合，使得企业改制真正完成。

三十多年过去了，计划体制下国企员工的“铁饭碗”早已打破，但在现存的国企中，显然观念上的转变存在滞后，因而“三项制度”的改革仍然很不彻底。历史上的改革实践表明，“不触动劳动用工关系，不转变职工身份，产权改革往往将半途而废。”[③]因此，今天我们面对以国有大中型企业为主体的混合所有制改革，如果不能从观念上根除国企对政府的依附，不破除国企经营层和公务员行政级别的对应关系，政企就难

① 邵宁. 国有企业改革实录（1998–2008）[M]. 北京：经济科学出版社，2014：137.

② 同上，第 134~136 页.

③ 同①.

以分开，市场化就无法做到，而下文提到的以市场化为方向的经营机制转换的各项措施就会变成只有收益、没有风险的“无成本看涨期权”。

◎ **思路 9.1：** 通过观念上的市场化转变，将“企业人”转变为“社会人”，即“断后路”，这是转换经营机制的基础性前提。

问题 9.2：现阶段改革中如何通过完善制度将市场化的观念落地？

改革实践告诉我们，“观念”的转变要通过“制度”落地，即通过劳动用工制度的改革，把国企人员真正转变为“市场化的人”。劳动用工制度的改革，就是要推行聘任制，让包括经营层在内的全体员工解除原来的劳动关系——“脱马甲”，重新签订市场化的劳动合同。聘任制应有两个核心要素：一是“身份的市场化，就是实现人的关系的市场化”；[①] 二是“管理的契约化，以合同的形式明确双方责任、义务和权利。”[②]“市场化”解决了以前很多“说不清楚”的问题，无论是人员进出还是考核薪酬，有了公开的参照系，实现“可比”；而“契约化”解决了以前没说清楚的问题，基于对经营层的清晰授权和员工的责任制，有了清晰的约定，实现“可参”。

在聘任制基础上，针对企业经营层推行职业经理人制度，是劳动用工制度改革的重中之重。职业经理人制度不仅解决了经营层市场化的问题，真正使得董事会选人用人的权力得以落实；也解决了经营层职业化和专业化的问题，是在混改归核原则（第四章第三节）下提升企业专

---

① 周景勤，《国有企业推行职业经理人制度的若干问题》，《北京经济管理职业学院学报》。契约化是指在科学确定并认同企业主要工作任务、管理目标、发展指标的基础上，按照法律程序，以任职合同的形式约定任期内的工作目标、指标和奖惩措施，以及在完成上述任务、目标过程中契约双方的权利、责任和义务。

② 宋志平．国企职业经理人制度建设该怎样推行［J］．现代国企研究，2016（7）．

业化运营能力的必要步骤。“能上能下、能进能出、能增能减”三项制度改革中的六个“能”要落到实处，首先要体现在经营层上，要通过职业经理人制度来实现。中国建材董事长宋志平曾指出“董事会解决了现代企业制度建设决策层面的问题，但其执行层应该是职业经理人……董事会试点只解决了现代企业制度的一半问题，另一半就是职业经理人制度……也只有职业经理人制度建立起来，才能和董事会一起构成企业委托代理的一个完整闭环。”[①] 对此，《关于深化国有企业改革的指导意见》明确提出：“推行职业经理人制度……畅通现有经营管理者与职业经理人身份转换通道，董事会按市场化方式选聘和管理职业经理人。”

案例二

山东省国企推进职业经理人制度

按照中央关于深化国有企业改革的部署，2015 年 6 月份开始，山东省出台政策，对国企高管实行市场化选聘和契约化管理。新建和改建的国有资本投资运营公司的高管集体摘掉“官帽”，成为合同制的经理人，不再是省管或者国资委管理的干部。市场化选聘让国企高管的收入实现了能高能低。山东省国资委数据显示，目前山东省 15 户省管企业应实行契约化管理的 58 名高管人员中，54 人选择契约化；7 户企业按照市场化方式新选聘了 19 名高管。不选择契约化的国企高管，将退出企业经理层。以前省管企业的高管都是由山东省委组织部或者山东省国资委选任，如今这一权力回归国企董事会，由董事会按程序聘任、实行契约化管理企业高管，并签订合同、设定任期目标。山东省在本轮国企改革中重新厘

① 晓甘主编．国民共进——宋志平谈混合所有制［M］．北京：企业管理出版社，2014：161、192.

定了国资监管部门、国企董事会和高管的权责边界，使属于董事会、高管的权利和责任更为明晰。如今山东国资监管部门、国企董事会、经理层各司其职，国资监管部门不再干涉国企具体经营活动，董事会通过合同授予经理层经营权，国企运作更加切合市场规律。[①]

◎ **思路 9.2**：通过“脱马甲”和聘任制让国企员工真正转换身份，成为“市场中的人”，这是讨论动力机制的制度保障，而其中的重中之重是完善针对经营层的职业经理人制度。

我们看到各地在推行职业经理人制度的过程中，有两个重点问题。

第一，在什么范围内实行职业经理人制度？

一些人认为，为确保改革稳步推进，应考虑以“双轨”的方式，循序渐进并行推进，他们主要考虑如下：一是大家对职业经理人制度的认识和热情差异大。例如：快退休的人不想改，而年轻人改革热情很高。因此，有人建议让经营层自己选择是保留“红卡”还是成为市场化的职业经理人。二是动存量涉及的面广，风险大。有人建议采取“老人老办法、新人新办法”的过渡方式，即对于新的业务、新的岗位，采用职业经理人制度，而对于现有业务、现有岗位，在过渡期内，继续保留原有的考核和聘用机制，降低风险。三是有人担心，全部实行职业经理人制度，将国企的经营层推向市场，可能造成国企人才的流失。

针对以上观点，我们认为：一是改革必然是迫使大家从最舒服的状态迈出来，现在“不舒服”是为了以后“舒服”，让所有人都舒服的方式必然会使改革的效果大打折扣。二是对“新人、老人”进行区分，历史上有过很多尝试，实践证明，同一个公司内存在“组织任命的领

---

① 《山东国企高管摘“官帽”：省管企业 58 名高管中 54 人契约化》，澎湃新闻网，2016 年 8 月 6 日.

导干部”和“市场化选聘的经营管理者”，造成“同岗不同酬”，往往会出现很多问题，“老人”心理不平衡，“新人”的工作也会遇到很多障碍。三是国企应该用事业、资源、平台、声誉、薪酬的“动态稳定”留住人才，而不应该一味用终身聘用的“静态稳定”留人。打破了“静态稳定”，反倒有助于倒逼国企完善用人的机制；同时，我们要站在国家层面算“大账”，如果个别经营层在民企中能够实现更大的价值，对全社会当然是有正向溢出效应的。

案例三

云南白药职业经理人制度改革

——高管全部转换成职业经理人

前文提到的云南白药案例中，在引入战略投资者后，白药控股召开股东会选举出了 4 名董事，同时召开董事会，新华都集团董事总裁陈春花入选董事，紫金矿业前总裁王建华担任集团董事长，云南白药董事长王明辉出任总经理。这次董事会选举后，白药控股高管都不再保留省属国企领导身份和职级待遇，而按市场化方式选聘，成为职业经理人。此次人员变动实现了公司管理层的去行政化，也标志着公司混改迈出了关键一步，未来更为市场化的激励方案和管理体制值得期待。①

◎ **建议 9.1**：凡是进行混改的企业，应面向经营层整体建立职业经理人制度。

第二，推行职业经理人制度是否意味着要大量通过公开招聘从外部

① 刘丽靓，混改加速推进云南白药职业经理人制度真正落地［N］. 中国证券报，2017-05-12.

引入？

职业经理人制度的重点是实现市场化，而市场化的核心是竞争，因此，建立职业经理人制度，关键是引入竞争机制，而不是要大规模把现有的经营层推出去而从市场上聘用新人。一方面我们应认识到，针对本书所讨论的充分竞争行业和领域的国有企业，行业内市场化的竞争环境相对成熟，相应的经理人员群体相对充沛，而中国的人力资源行业发展到今天，对经理人员的评价体系和信息积累也比较完善，因此，企业应以开放的态度采用公开招聘的手段。另一方面我们也要看到，国企中不乏“能人”，只不过传统的用人机制没有把他们的能力激发出来；同时，调研中我们注意到，市场化选聘的经营层进入国企，面临文化和理念的融合，需要一定的时间来适应。“外来的和尚并不见得会念经，不然经念得不好，外来的和尚难受，家里的和尚也不好受。”[①] 德勤针对百余家国企开展的一项调查也显示，很多企业对推行职业经理人制度的担心在于，“职业经理人若作为空降兵，容易受到内部各方利益的挑战，不利于高管团队的和谐稳定。”[②]

因此，在建立职业经理人制度的过程中，可以考虑公开招聘和内部竞聘相结合的方式。对于市场化程度较高，公司内部较缺乏的岗位——例如销售、运营，可以偏重于外部招聘；对于市场化程度不高，内部人才较丰富的岗位——例如技术、管理，可以偏重于内部竞聘。在混改实践中，很多投资者更倾向于留用大部分的经营层，但对其进行清晰的契约化管理，未来若董事会考核不合格再行更换。

---

① 宋志平．国企职业经理人制度建设该怎样推行［J］,《现代国企研究》，2016 年 7 月。

② 王允娟，金家宇．人才机制改革：国企体制机制创新的突破口［J］．国资报告，2016（10）．

◎ **建议 9.2**：职业经理人制度关键是引入竞争机制，因此应根据行业特点、企业自身的市场化程度等因素，采取外部招聘和内部竞聘相结合的方式。

引资后企业在建立职业经理人制度的过程中，有两个具体问题值得关注。第一，母公司派驻经营管理人员的身份转换。本书讨论较多集中在专业化业务平台——国企集团的二三级子公司层面，而这种公司中往往存在从国企集团或控股母公司派来的经营层，因此很多人的身份和合同仍然保留在母公司，也很有可能在母公司担任行政职务。因此，这部分高管的身份转换，在他们和所在的企业重新签订合同的同时，是否应明确要求他们放弃在母公司的任职呢？我们看到一些引资后的企业，母公司派出的高管继续保留和母公司的劳动关系，高管在企业中领取市场化的高薪后，需要先上交母公司，再由母公司按自身薪酬水平支付其薪水。对此双方各执一词：高管认为，其做着子公司的市场化工作，不应只拿母公司的"低薪"；而母公司则认为，高管是其派去的，既没有经历竞聘压力、又没有承受市场风险，给其高薪则难以服众。由此可见，其中的症结在于高管保留了其在母公司的劳动关系，导致责权利不对等、风险和收益不对等。站在引资后企业的角度，如果高管的利益与企业不直接相关、并还有回集团任职的退路，如何能全心全意搞好现有企业？由此可见，母公司派出的高管应在引资后解除和母公司的劳动关系，做到责权利相对等。第二，对任期制加以完善。职业经理人制度的契约化必然包含了任期制。对国企高管而言，现在的"痛点"早已不是企业领导人终身聘用的问题，而是领导人随时可能被上级调走，以及一刀切的到点退休问题。任期制有助于解决以上两个问题，但是任期制在确保领导人任期内不被调走的同时，如果任期过短且缺乏延续机制，将影响企业战略的持续性，并导致企业领导人追求短期目标。反观代表西方管理实践最高境界的通用公司，在其136年的历史里，包括现任总裁，一共只有9位[①]。通用公司能够保持基业长青，一个重要原因是能够在一个相对长的时间内维持稳定的核心，从而保持战略的稳定性。实践中我们尤其需要考虑到，混改是一个系统性工程，改革后的企业很有可能会对其发展战略进行重塑，一般而言，新的战略需要5年左右才能落地，如果企业领导人任期只有3年，则其难以完整执行其战略，对混改后的企业发展不利。

混改中，企业内包括经营层在内的全体员工转换身份成为“市场化的人”，只是解决了市场化的第一步，而关键是相关的制度配套，通过制度配套才能将契约化管理落到实处，并做到责、权、利相对等。我们认为，制度配套应包含三个层面的机制转换，以建立人员能进能出、能上能下的流动机制为前提，以建立严格的考核监督机制为保障，以建立市场化的薪酬机制和创新的激励机制核心。

首先，人员流动机制的转变是提升动力机制的前提条件。试想，如果人员只进不出、职位论资排辈，“五年一小升、十年一大升”，甚至只升不降，那么激励和约束就显得苍白无力。而面对普通员工和经营层，流动机制涉及的核心问题又有所不同。

① 数据截至2017年8月。

问题 9.3：如何实现员工的流动？

流动畅通是人力资源合理配置的前提，如果员工难进难出，对外形成人才壁垒，对内造成活力丧失。在传统机制下，国企的用工“进入代价高、在职保障高，退出成本高。”[①] 推行聘任制，重新签署聘任合同，使得员工的身份得以市场化。然而，如果重新签署合同的过程只是履行个流程，全体员工起立再坐下，那么很难期待有机制上的变化。尤其是有很多国企存在人员冗余，重新签署合同并没办法改变人员冗余的现状。

实践中，一些企业在员工市场化转换过程中的一个重要经验是“定岗定编”，即企业的人事部门会同相关部门对每个岗位进行设置并对所需职能进行清晰描述。在此基础上，员工根据自身能力竞争上岗，通过评审过程，员工和企业之间双向选择，从而将企业需要的员工识别出来。

“定岗定编”在操作中有两个重点问题需要特别关注。第一，如何“把好事做好”？要避免打着“改革”旗号，相关利益者在“定编”过程中安插“自己的人”，这就要确保这一过程要严格遵循公开、公正、公平的“三公原则”和择优原则，做到评审前公开标准、评审中“一碗水端平”、评审后公示结果，择优录取，通过制度的规范和监督的到位，严防“把好事做坏”。第二，如何安排没有获得岗位的冗余员工？如果简单地裁员，员工下岗会引起负面的社会效应。一些企业采取积极措施，在短期内保留这些员工，通过改革后企业业务外延式发展来逐步消化冗余人员，与此同时，借助共享经济中创造的机会，通过各种社会力量来缓解员工在短期内的阵痛。同时，以天津为代表，实行了国企混改风险

① 池峰.混合所有制改革中的国企管理体制与竞争机制创新［J］.经济与管理，2014(12)：95-97.

补偿基金制度，通过企业预留补偿基金并由第三方监管的方式，专门用于保障员工利益。

案例四

好活平台

——通过共享用工模式缓解分流职工安置问题

好活平台[①]是一家基于“共享＋双创”模式的生产能力共享服务平台，帮助企业与劳动者之间形成共享，让企业实现灵活用工。伴随我国“去产能”工作的推进，煤炭、钢铁等产能过剩行业的工作岗位也被压缩，部分职工分流安置的问题成为“去产能”工作的难点之一，好活平台借助共享用工模式，将分流职工逐渐转变为各个行业、各个领域企业共享用工人员，这不仅缓解了分流职工的安置问题，同时也为各个领域企业提供了动态调整企业边界，降低用工成本，实现“使用”而“不拥有”的人力资源共享经济。

以某煤炭国企为例，2017年，企业去产能分流职工人数超过1.25万人，有些煤矿职工思想比较落后，由于常年在煤矿工作，缺少其他生存技能，且重新学习充电能力不足，因而很难再找到合适的工作。该煤炭企业与好活平台对接后，企业与员工保留了劳动合同关系，企业现在册人员中的富余人员、转岗分流人员、轮岗放假人员、待岗人员或离单位保留劳动关系人员均可加入好活平台，接取平台中市场营销、物流搬运等不需要特定技能的任务，按完成单数结算佣金，增加该煤炭企业员工收入，并逐渐完成个体工商户身份转变。煤炭企业员工还可以在完成

① 北京众志好活科技有限公司，案例根据该公司提供信息整理。

平台任务过程中学习实用技能，逐渐完成与煤炭企业的分离。同时，临海城市一些制造业企业则面临招工难题，尤其是一些电子制造企业，在每年的6月、9月、12月会面临用工荒，亟须需灵活就业人员来完成高峰时期的订单。好活平台将煤炭企业分流人员与用工企业进行对接，根据各个企业的用工闲忙时段灵活用工，实现跨地域共享用工。

据平台大数据统计，通过与好活平台对接，3 000多名工人进行了灵活用工，其中1 000多人进行跨地域企业间共享用工，工人本地灵活用工平均增加收入600元，跨地域企业共享用工平均增加收入3 000元。加上煤炭企业分流职工补贴的基本工资，工人收入达到6 000元以上，满足了分流职工生活需要，也刺激了其他分流职工参与共享用工的积极性。

◎ **思路9.3**：要坚持人员的市场化，基于三公原则和择优原则，定岗定编，为企业瘦身健体，同时借助新经济和社会力量多方面解决冗余人员的问题。

问题9.4：如何实现经营层的流动？

如果说员工市场化的核心要点是解决冗余的问题，那么经营层市场化的核心就是解决“尽责”问题。在调研中我们看到两种情况：一是在传统体制机制里成长起来的国企负责人，有一部分不能称之为“企业家”，因而市场化的体制机制并不能够激发其改革和发展的斗志。二是一些负责人存在各种各样的顾虑，尤其是有一些等着到点退休的企业负责人，抱着“不求做好，但求不犯错误，平稳退休”的心态，很多人缺乏强烈的改革动机和精力。上述两类企业领导人都较难负起在改革和发展中的尽责重任。

因此，把经营层聘任的权力交给引资后新的董事会，并通过设置正常的退出机制，对不适合引资后企业的经营层，尤其是“一把手”进行替换，是十分必要的。也有一些企业的董事会选择在引资后暂时保持CEO的职位空缺，随后通过在公司内外部进行市场化选聘方式的物色能够“尽责”的CEO。

与此同时，在改革中同样重要的是对替换下来的经营层进行妥善安排。虽然他们的能力和精力不适合做高管，但其本身比较优秀，有一定专业能力和管理经验，能够在更适合的岗位上发挥作用。例如，一些企业设计了向下的通道，安排高管下沉到专业部门；一些地方调整国企高管到其他企业做外部董事，降低工作量并发挥其专长。也有人根据实践提出“分类退出”的思路，“市场化聘任的随时解聘，内部产生的可以降级”①。需要指出的是，国企经营层无疑是混改中最大的“利益相关者”之一，也很可能是决定改革走向的人群。改革要算企业的经济“小账”，更要算国家的经济“大账”，如果吝惜对他们的保障措施，那么他们很可能会成为改革的阻碍力量。

案例五

上海绿地的人员流动机制

——经营层能上能下的机制

上海绿地集团在张玉良董事长的带领下，多年来一直坚持市场化的经营机制，在用人机制方面，始终坚持能上能下②。绿地集团从成立伊始就打破了传统国企论资排辈、平衡照顾的用人观，集团领导和普通员工均严格进行定期考核。对业绩突出、考核优秀的给予升职、加薪；对不

① 张思平．张思平讲话实录（第三卷）[M]．深圳：海天出版社，2015：147.

② 案例根据资本市场研究报告、权威媒体等渠道获得的公开信息整理而成。

能与时俱进、无法胜任自身岗位的，严格依据考核结果予以降职及减薪，甚至辞退。尤其对于高管，绿地“唯发展、唯实践、唯能力讲话”，以“能做成事”为检验标准，每个人都坐在“三条腿”的凳子上，曾经在绿地做过高管，后来又被自然淘汰的很多，这其中既包括副总裁因为大家不认同而被淘汰，也包括创业团队中的骨干因为不胜任而降职为部门负责人。对于绿地这样超大规模的企业来说，“能者上，庸者下”的用人规则，有效地激发了每一个人的动力。

◎ **思路 9.4**：通过经营层流动选择“尽责”高管十分重要，同时应营造能上能下的机制和有效的保障措施。

要做到责权利相对等，就需要强化对经营层的考核和监督，这也是建立市场化分配机制的前提。

问题 9.5：如何推进考核机制改革？

国有企业现阶段考核机制的难点在于：第一，国资考核主要关注本年度情况，对中长期指标的关注度不高，使得国企更关注短期见效的运营；第二，以地方国企为代表，考核指标主要关注产值、销售额，看重资产规模，而对扣除非经常性收益后的净利润，以及从股东角度关注的资本回报率的考核有限，难免使得企业关注做大而不是做优；第三，考核平均化，同一集团内处于不同行业的各子公司的考核趋同，没有充分对标同业，因此考核不够科学、不够严格。

首先，考核机制建立的前提是董事会对经营层的授权关系，因此，董事会对经营层的授权应尽可能具有明确的范围和界限。授权本身体现着董事会的决策和对经营层激励目标的设定，因此应在公司目标上对经营层提出与企业长远利益一致的要求，将他们的实际业绩与其收益紧密地联系在一起。同时，应明确将考核的职能交给董事会。应考虑由董事会的薪酬与考核委员会组织对总经理、副总经理、总经理助理、高级管理人员绩效进行年度考核，并由企业人力资源部对员工进行考核。只有将考核的职能完全交给董事会和企业职能部门，才有可能将考核与企业的短期业绩和中长期战略相结合。尤其是针对混改中的企业，处于战略转型期，其考核更应该因地制宜地反映经营层执行董事会战略规划的效果，而在以经营业绩为主要考核指标的考核体系下，经营层难有动力推动改革。

案例六

中国节能的考核机制改革

——董事会行使考核权力

2014 年 7 月，国务院国资委将中国节能环保集团公司确定为中央企业董事会职权改革试点。《中国节能环保集团公司落实董事会职权试点工作实施方案》是中国节能落实董事会职权试点的纲领性文件。《实施方案》规定，薪酬与考核委员会对高管人员进行年度考核和任期考核，内容包括经营指标考核、重点工作完成情况考核和综合考评三个方面。薪酬与考核委员会还负责规范人工成本管理，构建科学薪酬体系。制度和组织的完善，保障了董事会管战略、管考核、管风险、管预算、管重大投资的职能到位。推进董事会建设为中国节能完善公司治理带来了契机，而推进董事会行使高级管理人员选聘、业绩考核和薪酬管理等六项职权的改革试点，则使得中国节能释放出更大能量。与 2010 年年中相比，中国节能实现营业收入年均增长 20.74%，实现利润总额、归属母公司净利润、资产总额年均分别增长了 38.59%、57.02%、33.96%。[①]

① 中国节能：把董事会建设成为企业发展的核心，经济日报，2015 年 11 月 18 日。

其次、参考混合所有制企业的特点，应完善长短期结合、差异化、动态市场化考核机制。实操中，以针对经营层考核为核心，我们有几点建议：① 考核体系应结合自身情况并充分对标同业。本书所讨论的充分竞争行业往往瞬息万变，尤其是一些周期性较强的行业，企业赚钱不一定说明做得好，亏钱也不一定说明做得不好，因此考核体系不应仅限于自身，更应参考行业特点并对标市场上的可比企业，通过有针对性地选择考核指标，在参考行业波动的基础上对企业运营表现有较客观的评价。② 考核体系的构建应与公司短期业绩和中长期战略相结合，并根据企业所处发展阶段配置不同比例的短期和长期指标。③ 结合改革特点，考核中应结合利润总额和归母净利润，关注资本回报率。考核利润总额有助于反映整个企业转换经营机制后实际带来的效益，考核归母净利润有助于约束财务成本高的问题，而净资产回报率体现了国有企业在资本层面的回报水平。④ 考核要科学、严格，否则薪酬市场化就缺乏土壤，改革就可能出现“企业业绩平平、员工拿着高薪”的情况。科学，不仅体现在上述对标分析上，还应着眼于企业的核心能力，即剔除非经营性因素，考核干货，例如卖地、转让股权的一次性非主营业务收入不应列入考核指标。严格，就要做到奖优罚劣。例如，调研中我们看到一个企业，引资后，董事会根据企业依靠投资拉动快速扩张的战略，设计了“跨越和断崖”考核标准。跨越，即对未来若干年企业在收入、利润、ROE 和投资规模等四项指标每年所需达到的水平明确量化；断崖，即考核结果，每项分值为 25 分，任何一项不达标即算 0 分，如果当年总分低于 50 分，则管理层只拿 50% 的基薪，立即离职。

案例七

新兴际华集团的考核机制改革[①]

——差异化考核

规范董事会建设试点央企，新兴际华探索建立了以董事会薪酬与考核专业委员会为主导的经营业绩考核体系，其业绩考核体系有以下特点。

第一，经营业绩目标值的确定与集团公司的发展战略规划相衔接，并与同业挂钩，所属板块要与国内同行业的增长幅度保持同步。

第二，完善分类考核机制，在指标选定和考核办法上力求符合集团公司实际，特别是对二级集团根据不同行业，设定了不同的考核内容、不同的考核比例。例如对于劳动密集型的际华集团股份有限公司加大了全员劳动生产率的考核，对于典型制造业的新兴重工集团有限公司加大存货周转次数和成本费用占主营业务收入比重的考核；

第三，业绩考核分任期考核和年度考核。任期考核主要按年度考核结果确定，年度考核由年度预算目标、战略发展目标两部分内容构成。年度预算目标考核内容主要是董事会批准的年度经营预算指标，战略发展目标主要是董事会批准的年度十项重点工作，其中年度考核指标体系中的战略发展目标主要考核经营班子成员对董事会确定的发展战略，经营方针，各项重大决策落实情况和企业安全、环保、稳定、质量情况。董事会每年制订并批准年度十大重点工作，具体指标由董事会根据宏观经济形势、行业发展状况以及企业实际情况，每年根据班子成员各自不同的分工分别在年度经营业绩责任书中明确。

① 新兴际华集团有限公司，简称“新兴际华”。案例根据文献和权威媒体等渠道获得的公开信息整理而成。

◎ **思路 9.5**：明确将考核的职能交给董事会，并参考混合所有制企业的特点，完善长短期结合、差异化、动态的市场化考核机制。

问题 9.6：如何推进监督机制改革？

监督同样应被视为维持良好动力机制的一部分。针对现阶段监督机制的僵化问题，实践中有几点思路。第一，设立容错机制，区别不同性质的错误，保护企业家，“宽容企业家合法经营中出现的失误失败，以及国有企业家改革创新中的失误”。第二，积极发挥监事会和纪委职能，强化对经营层的监督，尤其是对“权力集中、资金密集、资源富集、资产聚集部门和岗位的监督”[①]。第三，建立退出机制：一方面，基于市场化考核，对于不能胜任的经营层，应采取退出或降级使用等措施。另一方面，强化责任追究制度，对于违反纪律的经营层，应完善引咎辞职、责令辞职、自愿辞职等退出机制。

◎ **思路 9.6**：在合理容错的基础上，完善监督机制，并建立有效的退出机制。

“人们奋斗所争取的一切，都同他们的利益有关。”[②] 分配机制问题是解决现阶段企业动力不足的核心问题，在规定国企员工责任的同时，应建立适应其需要的分配机制，从而引导企业员工追求个人利益能产生有益于社会的效果，使经营层在实现所有者经营目标的同时满足自己的追求。分配机制又可以细分为两个机制：薪酬机制和激励机制。

---

① 陈友海，探索建立党领导下的混合所有制企业现代公司治理体系［J］. 现代国企研究，2016（1–2）：88–93.

② 中央编译局 . 马克思恩格斯全集（第一卷）［M］. 北京：人民出版社，1960.

问题 9.7：如何完善薪酬机制？

完善的考核和监督机制是落实薪酬和激励机制的基础，但也不能重考核而不落地，基于考核配套相应的薪酬和激励才有意义。现阶段很多国企在薪酬机制方面的难点在于：企业的薪酬机制与员工贡献的挂钩程度不高，使得多干难多得，具体表现在：第一，重基础薪酬而轻绩效薪酬，在国企集团工资总额管理下，难以建立有效的绩效薪酬机制。国企员工的薪酬机制往往与行政级别挂钩设置了“等高线”，体现为薪酬结构中基础薪酬占主要比例，且金额不低，这一方面导致“干多干少一个样”，成为国企人员冗余的一个重要原因；另一方面，在工资总额受到限制的天花板下，一些子公司经营不善但基础薪酬不下降，导致另一些经营优良的子公司能够获得的绩效薪酬的“额度”十分有限，也就难以建立有效的绩效薪酬机制。第二，平均主义思维盛行，缺乏市场经济的契约精神。“绝大多数员工认为企业多发福利是理所应当，但企业对确有贡献的人员进行重奖却一般得不到普遍认可。”[①]一个突出表现是企业高管的薪酬，大家担心国企负责人薪酬过高并与普通员工之间的差距拉得过大，之前约定的绩效薪酬，即使达标，也可能因为“过高”而被“封顶”。

破解上述问题，首先还是要将薪酬决策权交给董事会。前文回顾到，由于所有者不到位，历史上一些国企在内部人控制下出现企业业绩下滑但员工薪酬上涨的现象，引起社会广泛关注。对此，基于监管者思维，国资监管部门根据国企集团总体经济效益增长情况核定企业工资收入增长幅度的制度安排也就成为自然。而今，混改着眼于让包括国资股东在内的全体所有者到位，在所有者以董事会为核心的治理体制中已经到位

---

① 李钰，宋知程．国企混改的隐性难点与机制冲突［J］．企业管理，2017（7）：9-12.

的前提下，既然将考核和薪酬的权力赋予了董事会，有关部门就应考虑放松对工资总额的限制，真正让董事会行使薪酬的决策权。

第二，在董事会决策的基础上，应努力推动薪酬机制的市场化和差异化。应着力于以市场化为方向调整薪酬结构，遵循“上不封顶、下不封底”的原则，通过薪酬的差异化，激发全体员工多干多得。实践中，一些企业通过薪酬区间浮动管理，根据业务的难易程度，按照前、中、后台不同系数设定薪酬。例如，东航物流在全体员工脱马甲的基础上，董事会对经营层提出“一人一薪，一岗一薪，调整岗位，调整薪水，按照市场化对标来进行，全部实现了市场化的薪酬体系”[①]。另一些企业通过调整基础薪酬和绩效薪酬在薪酬总额中的比例，完善薪酬机制：一方面将基础薪酬向重要岗位倾斜，尤其是科研、技术等一线岗位的人员薪酬水平，从而在市场中具有竞争力；另一方面将绩效薪酬与业绩考核挂钩，对于在创新业务方面有突出贡献的员工考虑给予较高额的奖励。与此同时，对于高管薪酬，如果改革后企业已经成为市场独立主体，真正的职业经理人制度已经在企业中确立，那么高管既然承担了市场化的风险，就应该在薪酬机制上与市场进行适度对接，“把职业经理人的责任心、事业心和激励机制结合起来”[②]，这也体现了市场经济的契约精神。所谓“适度对接”，并不是说参照市场水平制订同样的薪酬数字。国企用声誉、平台、事业留人，因此薪酬水平略低于市场水平，也具有一定合理性。例如，刘迅的研究显示，法国充分竞争行业的国企中，经营层的薪酬水平由市场决定，但往往低于市场中同行业的私营企业。在机制设计中，一些企业聘请专业机构来帮助制订既与市场管理有适度对接、又符合国

---

① 李九鹏．中国的人口红利其他地方无法比，国资智库．2018-2-10.

② 晓甘主编．国民共进——宋志平谈混合所有制［M］．北京：企业管理出版社，2014：208.

有企业自身情况的薪酬方案，例如参考可比公司的业绩指标和薪酬区间的中位值设计薪酬方案。

案例八

莆田电信的薪酬机制改革

——差异化分配绩效工资

2014年以来，福建莆田电信打破原有绩效工资标准系数分配办法，建立以岗位价值为基础，能力和业绩为主要评价维度，不局限于结构工资制的多样化绩效工资差异化分配模式，提升内部市场化配置水平。该模式突出四个导向，市场化配置资源：一是突出价值导向，向关键单位和重点工作倾斜：二是突出业绩导向，体现人工成本与单位业绩相挂钩，部门与个人有机结合，将绩效工资100%挂钩应用到部门、员工业绩考核结果，真实反映当期业绩：三是突出创新导向，体现向创新力度较大的领域倾斜：四是突出协同导向，体现促进部门间及部门内部的员工协同程度，强调集体和团队业绩，促进倒三角管理体系的建立。在实行绩效工资分池抢盘的基础上，分三个层面细化方案。一是本部中层经营管理者层面，重点实施侧重卓越要素评估和专项工作奖励的季度动态激励办法；二是县区局长、分支局长层面，全面推进年薪制激励机制，强化绩效工资与业绩强相关；三是员工层面，灵活实施积分提成工资制、计件工资制、项目工资制、认购工资制、承包工资制、协议工资制和积分工资制等多种分配方式。该模式自第二季度实施以来，有效激发了员工内生动力，增强了企业活力，公司整体员工综合满意度高达95.3%。[①]

① 莆田电信差异化分配绩效工资，中国信息产业网－人民邮电报（北京），2014年12月16日。

◎ 思路 9.7：以流动机制的建立为前提，应适时放开工资总额的限制，推动薪酬机制与市场水平的适度对接，实现薪酬决策的市场化和薪酬结构的差异化。

问题 9.8：如何完善激励机制？

如果说薪酬是对企业员工和经营层的经营业绩的经济补偿，属于合同内约定的部分，激励则是激发员工和经营层积极性、创造性的超额部分。要做到“上下同欲”，则应在激励机制上有所完善。企业根据所处行业和发展阶段的不同，情况千差万别，而企业内部从经营层到员工，根据其所处年龄阶段、职级、诉求的不同，激励机制也应所有区别，因此，核心原则应是：因地制宜，因业制宜，因人而异，因时而异。

第一，最高的管理层。除了前文讨论的以管理层为主的核心员工持股对其构成绑定外（第七章），股权激励，即以公司股票或虚拟股票为标的，以行权价格（通常低于市价）获得股票，或不持有公司股票但享受股票增值部分，是市场上普遍采用的较为有效的激励手段。对于这种激励手段，我们在实践中观察到的一个问题在于激励的期限，即应避免高管层过分关注短期行为，而造成“竭泽而渔”，影响企业可持续发展。其中一个表现是，现有股权激励一般都会在高管退休时结束，高管的退休金来源于社保，那么高管退休后企业的好坏与其也就没有经济联系，在此情况下，高管考虑更多的是企业在其退休前的发展还是企业的长期发展？因此，我们建议，可以考虑在高管退休后保留少量的激励方式，例如股权，以促使其在任期间着眼于企业长期发展。

第二，经营层的其他中层。经营层中的中层管理人员，其受聘来自于高管层，自然与董事会的授权委托关系更加间接。实际操作中我们观察到，一般而言，中层管理人员较难将其努力程度与企业的股价变化直接挂钩，因而基于股价变动的股权激励对他们激励效果也就有限。因此，一些企业遵循缩小激励单元的思路，采用了一些创新的激励方式。例如，一些处于外延式发展阶段的企业邀请参与新项目建设或新业务拓展的中层经营层一起投资，称为“跟投”或“合伙创业”，既是对中层的有效激励，也是对项目风险的有效防范。也有一些公司遵循“业绩绑定、延期发放”的思路，通过延期发放激励金的办法对经营层进行中期的激励和约束。例如：上海仪电集团在所属证券企业推行“1+3”市场化考核激励制度改革，“考核4年任期内的年薪由‘基薪+风险激励金’组成，考核期内，仅将基薪于当年发放，而50%~70%的年薪作为风险激励金在任期考核后根据结果发放”①。

第三，普通员工。普通员工年纪一般较轻，也更关注即时收益，可考虑偏重于短期的激励方式，让员工得到实惠，民营企业一些创新的激励模式可供国企参考，例如：没有投票权的分红权股票。

案例九

华为的虚拟股票

——针对广泛员工的创新激励模式

华为技术采用虚拟股票激励模式，激励对象有分红权及净资产增值收益权，但没有所有权、表决权，不能转让和出售虚拟股票，在其离开企业时，股票只能由华为控股公司工会回购，即虚股激励在员工与公司之间建立的是一种合同关系，而非股东与公司的关系，华为员工手中的

① 《国资智库：上海仪电探索革新用人》，2018年2月16日。

股票与法律定义的股权不同，员工不是股东，只享有合同利益，而非股权，工会才是股东。在授予数量方面，华为公司采用“饱和配股制”，每个级别员工的达到上限后，就不再参与新的配股。员工最高职级是 23 级，工作三年的 14 级以上员工每年大约可获授数万股，较为资深的 18 级员工，最多可以获得 40 万股左右的配股。激励对象只要达到业绩条件，每年可获准购买一定数量的虚拟股票，达到持股上限后，公司就不再授予虚拟股票。华为公司的股权激励是员工激励与公司融资的结合。公司通过股权激励获得了大量资金，又由于华为公司的经济效率很高，员工的资金在公司可以获得很高的收益。[①]

◎ **思路 9.8：**遵循因地制宜、因人而异的原则，建立多层次、多角度的市场化激励机制。

需要说明的是，任何激励机制，都应确保和所激励人员的责任、风险、效益挂钩，否则责权利失衡，改革很可能引发出新的问题。

经营机制以动力机制为核心，而动力机制又由流动机制、分配机制和监督约束机制组成，三者是一个有机整体，因此在改革中要同步设计、同步建立。若只偏重于一部分，则责权利不对等，改革就可能出现问题。同时，机制的落地要从“一时性”变成“持续性”，就需要将该等机制制度化、规范化、程序化、系统化，真正形成长效机制，否则有可能随着企业负责人的更迭而导致僵化的机制反弹。

---

① 华为《关于 2011 年虚拟受限股收益分配操作及有关还款等资金安排的通知》，2012 年 3 月 31 日。

步骤十：对接资本市场

为什么说上市对接资本市场是深化混改的必要步骤?

大家会问，步骤三关于首次引资路径的讨论中已经探讨了上市路径，而此刻为何会将混改的第十步落在上市？在我们看来，经过九个步骤的混改，此刻的混合所有制企业已经不同于彼时的国有企业，此时上市的目的也不同于彼时。

混改前，在国资股东一股独大的局面下，国资国企问题的集中痛点是体制机制不完善和国有资本流动性不足。经过了前九步改革所形成的混合所有制企业，在决策科学化和机制市场化方面已实现了较大进步，国有资本也实现了初步流动。此时的上市，其重要意义在于进一步强化公众监督，并为资本的持续流动提供更便捷条件。

第一，通过透明，促进监督。上市公司和非上市公司最大的区别在于，前者相对透明，在透明的情况下，企业从宏观的战略规划到微观的财务数据都需经得起公众监督检验；在不透明的情况下，企业从一代“励精图治”到几代“基业长青”往往就存在更大的不确定性。对于混合所有制企业而言，“透明”更具重要意义。需要指出，既然国有资本在法理上属于全民所有，那么至少对充分竞争行业和领域而言，全民理应享有对国有资本所持股企业的业务、财务、合规等方面的知情权。因此，成为上市公司后，混合所有制企业按照较严格的监管要求和指引，较规范地加强信息披露和沟通交流工作，是保障所有者知情权的有效方式。

也只有当企业变得透明，才能更好地发挥公众的监督权，相应的，公众的参与感大幅提升，信任度不断增强，获得感亦显著增加，由此更有助于凝聚改革的共识和信心，形成混改的综合效应。

第二，通过公开，促进流动。上市公司和非上市公司另一个较大的区别在于，前者具有即时定价参考和公开交易市场，为包括国有资本在内的各类资本提供了更加便捷、公开的流动和退出渠道。与此同时，公众通过公开市场获得了较为翔实的信息和资料，沟通成本大幅降低；企业员工的经营积极性大幅提升，也有效促进了各类要素之间的流动。因此，在所有股东建立管资本理念的基础上，上市后，各类资本及其他生产要素在市场上公开定价，实现有进有出的积极流动，有助于提升资本的流动性，也有助于其他生产要素的有效流动，最终促进混改整体福利的增加。

诚然，上市并不一定适用于每一个企业，而成为公众公司后，企业也会面临额外的压力和成本，但对于充分竞争行业和领域的混合所有制企业而言，上市具有必要性。由此，我们提出以下原则。

原则十：通过上市对接资本市场，是实现混合所有制企业的透明化、发挥公众监督作用，便捷资本和各类要素流动的有效方式，是企业深化体制机制改革、提升持久竞争力的必要步骤。

前文谈到国企上市20余年来所存在的一些问题，其中一个核心原因在于很多企业将上市作为改革的最终目的，通过各种方式努力“闯关”实现上市，但上市后改革便止步不前。参考原则十，上市不是目的，而是手段，通过上市应进一步推动企业体制机制改革的深入、国有资本的持续流动。基于此，本节将讨论几个问题：第一，上市后如何深化治理体制改革？第二，如何深化经营机制改革？第三，引资后是否越快上市越好？

问题 10.1：借助于上市地位深化治理体制改革，其突破口在哪里？

首先，上市对企业的重要意义体现在上市公司需要遵循一套较成熟、完整的规范性制度。针对治理体制，无论是 A 股上市的《上市公司治理准则》，还是港股上市的《上市规则及其附录》等均对上市公司的治理体制提出了严格要求。因此，混合所有制企业上市后，应着力于建立规范的制度，这是进一步深化治理体制改革的基础。这其中，相较于非上市公司而言，上市公司在治理结构上的一个重要变化是独立非执行董事制度的引入。

专题一

香港联交所《上市规则》对上市公司董事会中独立董事和专业委员会的要求

香港联交所《上市规则》规定，上市公司董事会中，至少拥有三位独立非执行董事，其中，至少有一位独立非执行董事拥有相关的专业资格或在会计、财务管理方面拥有专长；同时，独立非执行董事在董事会中的占比不低于 1/3。立非执行董事的人数占董事会总人数的三分之一。同时，《上市规则》对上市公司中董事会专业委员会的设置提出了明确要求，其中包括：发行人须建立审核委员会，必须由非执行董事组成，成员至少 3 名，其中独立非执行董事占大多数，主席必须由独立非执行董事出任，至少须有 1 名独立非执行董事具备财务汇报的资格或经验。同时，发行人需在其年报内披露关于薪酬委员会和提名委员会的信息，该委员会独立非执行董事需占多数。三个专业委员会的职责包括：

· 提名委员会：就任何为配合公司策略而拟对董事会做出的变动提出建议；为公司物色具备合适资格可担任董事的人士，并挑选提名有关人士出任董事或就此向董事会提供意见。评核独立非执行董事独立性及就董事委任或重新委任，以及董事（尤其是主席及行政总裁）继任计划向董事会提出建议。

· 薪酬委员会：就公司所有董事及高级管理人员的薪酬政策及架构，以及就设立相关正规而透明的程序，向董事会提出建议；制订所有执行董事及高级管理人员的特定薪酬水平，包括赔偿及福利；就非执行董事薪酬向董事会提出建议。

· 审核委员会：监督财务报表、年度报告、中期报告和季度报告（如有）的公正性。检查应侧重于由董事提供的财务报告，以及信息披露的完整性、准确性、适当性和公允性；向董事会建议外部审计师委任、续聘和辞退，批准外部审计师的报酬和合约条款，审查和监督外部审计师的独立性和客观性，并制定和执行外部审计师提供非审计服务的政策；监督公司的风险管理系统和内部控制。

独立非执行董事进入董事会及其专业委员会，是完善治理结构的重要步骤，在此基础上，更需通过治理制度的健全令其发挥应有的作用。针对前文提到的独立董事制度在操作中面临的一些问题，独立董事的制度安排应作为上市后深化治理体制改革的突破口，从而更好地发挥独立董事的作用。沿着步骤八的思路，具体操作中，如何通过治理制度的设计做到独立非执行董事的权责利相对等？应有以下几个重点。

第一，明确责任，如何完善独立非执行董事的提名机制？

现阶段，独立非执行董事的提名存在两个问题：一是由上市公司的董事长（党委书记）来酝酿推荐独立非执行董事人选，董事会及其提名委员会走程序，因而往往选择配合的独立非执行董事，导致其难以独立；二是国资股东提名的独立非执行董事来源较为单一，以退休政府官员和原国企领导为主，往往和其他市场化的董事“不在一个波长”。

因此，深化改革的过程中，应着重对独立非执行董事的提名机制进行探索。第一，现阶段，应明确由拥有提名权（单独或合计持股达到3%）的股东积极行使提名独立董事的权力，减少独立非执行董事和企业内部人的关联；第二，中期，国资股东作为积极的提名者，其独立非执行董事的选择应在横向和纵向上进一步多元化，在纵向上，一是在审计、法律、产业领域上更加突出董事的专业能力和综合能力，不能审计的不懂产业，产业的不懂审计，法律的不懂产业、审计，二是根据行业特点适当在董事结构上分层，不能全是退休干部和国企领导，也不能全是市场化人士，这样更有助于提升董事会决策的专业化水平；在横向上，独立非执行董事的选择范围应跨出中国，放眼国际。对充分竞争领域的企业而言，用全球化的智慧和资源来支持上市公司的发展，也是培育具有全球竞争力的世界一流企业的重要手段。第三，长期可以考虑设立独立第三方机构，对独立非执行董事的资格进行真正意义上的评定，并根据公司需求向上市公司董事会的专业委员会推荐合资格的独立非执行董事。该机构也应对独立非执行董事的履职情况进行跟踪、考核和评价，并通过对不称职独立非执行董事进行公开警告或吊销资格等方式，减少独立非执行董事损害中小股东利益的事件发生。

第二，强化激励，如何完善独立非执行董事的薪酬机制？

现阶段，国有控股上市公司中独立非执行董事的薪酬设计普遍呈现两个特点：一是独立非执行董事的薪酬水平普遍低于市场水平；二是同一公司中不同的独立非执行董事薪酬水平往往是一样的，这样的大锅饭不利于激发每个董事的积极性。

案例一

新加坡航空独立董事薪酬

——独立董事薪酬市场化、差异化

新加坡航空所聘请的独立董事，其薪酬机制具有两个特点：一是独立董事基于市场化的聘任，薪酬机制上也与市场接轨，是对其有效尽责的认可；二是薪酬水平因人而异，根据董事在董事会及其专业委员会中的任职情况，以及实际的贡献水平，进行差异化设置，以激发董事的参与积极性（表 8.2，表 8.3）。

表 8.2　2016 年，中国和新加坡航空业国企中独立董事薪酬比较[①]

	独立董事人均酬金（元）	国家人均 GDP（元）	公司收入（万元）	公司市值（亿元）[②]
中国国航	150 000	53 980	11 396 500	815.62
南方航空	150 000		11 479 200	593.74
东方航空	145 000		9 856 000	841.41
新加坡航空	884 399	356 419	7 229 957	112.52

数据来源：《新加坡航空年报（2016）》。

① 统计日期截至 2016 年 12 月 31 日。

② 数据来源于各公司年报、万得数据库。独立董事薪酬：依据公司年报中披露的独立董事酬金（税前）计算平均值所得。其中：中国国航：4 位独立非执行董事中，一位放弃在该公司领取独立董事酬金，未纳入均值计算；东方航空：5 位独立董事中，一位自 2015 年 12 月 11 日起提出辞任，其继续履行独立董事职责至选出新任独立董事，其 2016 年度 1~6 月任职期间未在公司领取薪酬，故未纳入均值计算。

表 8.3　2016 年新加坡航空独立董事酬金明细

独立董事	董事委员会职位	酬金（新元）[①]
Peter Seah Lim Huat	董事会执行委员会委员（至 2016.12.31）/ 主席（2017.01.01 始）；董事会薪酬与产业关系委员会委员（至 2016.12.31）/ 主席（2017.01.01 始）；董事会提名委员会主席（2017.01.01 始）；董事会安全和风险委员会委员（2017.01.01 始）	368 500
Gautam Banerjee	董事会审计委员会主席；董事会执行委员会委员；董事会薪酬与产业关系委员会委员（至 2016.08.16）	206 000
William Fung Kwok Lun	董事会审计委员会委员	166 000
Hsieh Tsun–yan	董事会审计委员会委员；董事会薪酬与产业关系委员会委员；董事会执行委员会委员（2017.03.20 始）	172 329
Helmut Gunter Wilhelm Panke	董事会安全和风险委员会主席；董事会薪酬与产业关系委员会委员	242 000
Lee Kim Shin	董事会提名委员会委员（2016.09.01 始）；董事会安全和风险委员会委员（2016.09.01 始）	89 750
Stephen Lee Ching Yen	董事会执行委员会主席（至 2016.12.31）；董事会薪酬与产业关系委员会主席（至 2016.12.31）；董事会提名委员会主席（至 2016.12.31）；董事会安全和风险委员会委员（2016.09.01–2016.12.31）	562 500
Christina Ong	董事会提名委员会委员（至 2016.08.31）；董事会安全和风险委员会委员（至 2016.08.31）	66 250

数据来源：《新加坡航空年报（2016）》。

◎ **思路 10.1：**上市后进一步深化治理体制改革，应以独立董事制度为突破口，通过完善多元化的提名机制和市场化的考核薪酬机制，激励独立非执行董事切实维护公司和中小股东的利益。

问题 10.2：借助于上市地位深化经营机制改革，其突破口在哪里？

步骤九谈到，对传统国有企业而言，现阶段转换经营机制的核心是

① 酬金以新元计算，新元和人民币比例约为 5 比 1

动力机制，而核心突破口是人员流动机制。经过了九个步骤改革所形成的混合所有制企业，此刻已经基本建立了市场化的决策和经营机制。上市后，企业针对上市公司特点，应着力于完善考核机制，将企业的市值管理、社会公众评价等指标纳入考核体系。在此基础上，应继续以动力机制为核心进一步深化经营机制改革，突破口则应是激励机制。现阶段，一系列股权激励方式——限制性股票、股票期权、股票增值权等——主要建立在上市公司的基础上，体现为上市带来的流动性使公司的股权激励计划对企业高管和员工更有吸引力，激励效果更为显著。因此，企业在上市后适时采用灵活多样的激励手段，强化动力机制，一方面让企业高管和员工共享企业改革的成果，另一方面形成良好的持续激励机制，更有助于吸引并保留高管和优秀员工，提高企业员工的整体水平和生产运营效率。

案例二

上海家化股权激励计划

——上市后实施灵活多样的股权激励

2008年以来，上海家化[①]每三年推出一轮股权激励计划，股票期权和限制性股票等激励手段的实施，为吸引和挽留优秀人才发挥了积极作用。在2008年首次进行股权激励的前五年内，上海家化营销、技术人员流失79人，中层以上营销人员流失13人，严重影响其市场竞争力。2008年，上海家化推出了首次股权激励计划，向175名员工（占公司员工总数的18%）定向发行不超过560万股限制性股票（占总股本的

① 上海家化联合股份有限公司，简称“上海家化”。案例根据上市公司年报、公告、公司官网、权威媒体等渠道获得的公开信息整理而成。

3.22%），授予价格为 8.94 元（公告日前一日收盘价为 34.14）。2011 年平安控股上海家化后，公司随即推出了第二轮股权激励计划，向公司董事、中高层管理人员，以及技术人员共计 395 人（占公司员工总数的 38.1%），定向发行不超过 2 840 万股限制性股票（占总股本的 6.71%），授予价格为 16.41 元（公告日前一日收盘价为 36.29）。此次股权激励计划较第一期覆盖更广，程度有所加强。2015 年，上海家化推出第三轮双股权激励计划，对 58 人授予股票期权，333 人授予限制性股票激励，以及覆盖全部正式全职员工的员工持股计划，其中股票期权和限制性股票共计派发 260.62 万份（占总股本的 0.3876%），限制性股票的授予价格和股票期权的行权价格分别为 19 元和 41.43 元（公告日前一日收盘价为 48.66）。此次计划涵盖范围进一步扩大，更加强调有市场竞争力的薪酬以留住优秀人才。2018 年 3 月份，公司通过董事会预案，第四次推出股权激励计划，拟向公司董事、高管授予股票期权 425 万份（占公司总股本 0.63%），行权价格为 35.75 元（公告日前一日收盘价为 36.18），解锁考核收入和净利润指标，对应的 2018—2020 年收入增速分别为 23%、25%、25%，净利润增速 41%、36%、33%。市场预期这次计划将进一步完善管理层激励制度，充分调动公司董事、高管的积极性，有利于公司长远发展。

案例三

部分上市公司员工持股和股权激励统计[①]

表 8.4　上市公司员工持股和股权激励统计（部分）

时间[②]	企业名称	股权激励方式	总比例[③]（%）	总金额[④]（万元）	覆盖人数[⑤]	平均金额（万元）	覆盖人数占比[⑥]（%）
2016 年 5 月	安泰科技	员工持股平台	1.9	15 560	193	81	3.23
2016 年 6 月	上港集团	员工持股平台	1.8	174 931	16 053	11	84.29
2016 年 9 月	长安汽车	股票期权	0.6	15 194	203	213	0.57
2016 年 10 月	哈药股份	限制性股票	2.9	31 143	1 162	21	6.50
2016 年 11 月	招商蛇口	股票期权	0.6	29 065	254	103	1.16
2016 年 12 月	海康威视	限制性股票	0.9	67 663	2 990	23	19.64
2016 年 12 月	中粮糖业	股票期权	0.7	4 778	144	33	0.40
2017 年 1 月	中航光电	限制性股票	1.0	16 917	266	64	2.33
2017 年 1 月	上汽集团	员工持股平台	0.4	110 465	2 321	48	27.02
2017 年 3 月	上海建工	员工持股平台	4.7	125 948	4 542	28	13.70
2017 年 4 月	科大讯飞	限制性股票	5.3	96 565	948	92	15.96
2017 年 10 月	中材国际	股票期权	1.0	3 808	498	8	5.66
2017 年 12 月	海正药业	员工持股平台	3.19	32 002	542	59	5.71
2018 年 1 月	中国长城	股票期权	1.5	10 359	597	17	4.32
2018 年 3 月	中国联通	限制性股票	2.8	321 347	7 855	39	3.11

数据来源：作者根据公开信息整理。

◎ **思路 10.2：**上市后进一步深化经营机制改革，应以管理层和员工的考核激励机制为突破口，构建高效合理的经营机制，在完善针对

① 根据公开信息整理，实际信息可能有所差异。

② 为授予或实施时间。

③ 总比例含预留股份。

④ 总金额中，股票期权和限制性股票包含预留股份。

⑤ 覆盖人数以方案确定时披露为准，不含预留部分。由于参与人的个人因素等，正式实施可能与披露存在一定差异。

⑥ 覆盖人数占比 = 覆盖人数 / 最近披露的员工总数。

上市公司特点的考核机制的基础上，适时推出灵活多样的股权激励方式，让企业的管理层和员工共享改革成果，并形成持续激励。

问题 10.3：上市是否越早越好？

既然上市具有必要性，是否引资后企业要尽快上市？显然，引资后体制机制改革需要时间落地，而包括战略重塑、模式梳理、管理提升等方面的业务改革也都不是一朝一夕能够完成的。若引资之后马上追求上市，从股东到企业员工，大家难免会集中追求短期的业绩提升目标，而疏于落实体制机制改革和业务改革，对企业提升持久竞争力是否有利？同时，若此时追求上市，公司更多是“讲故事”，很难真正让资本市场认可，资本增值部分也很大程度仅仅是补充了流动性折扣，对国有资本提升资本价值是否有利？因此，引资后应预留一定的时间之后再考虑上市，让大家看到切实的改革措施落地和改革红利释放的过程，更有助于企业可持续发展和资本增值。

案例四

股权投资基金平均退出时间分析

参考对近年来全球股权投资基金平均退出时间的分析，由下图可见，2008 年金融危机前，得益于良好的中观商业和宏观经济环境，风险投资和私募股权投资基金的平均持有期为 3~5 年；自 2009 年以来，全球风险投资和私募股权投资基金持有期持续增加，近年来稳定在 5~6 年水平。同时，风险投资和私募股权投资基金管理人倾向于投入更多的时间和精力与企业共同成长，通过持有期的增值服务与企业共同增长，以实现价值增值后的合作共赢。

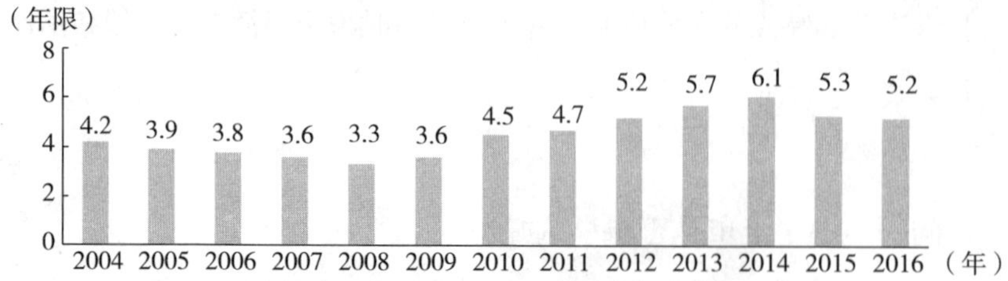

图 10.1　全球私募股权投资基金和创业投资基金持有年限

数据来源：Pregin。

同时，针对资产风险 / 价值属性的分析，由下图可以看出，随着持有期变长，资本的基础回报率也逐渐升高。参考成熟市场的经验，持有期越长，上市退出回报率较高，实现企业和投资者的双赢。

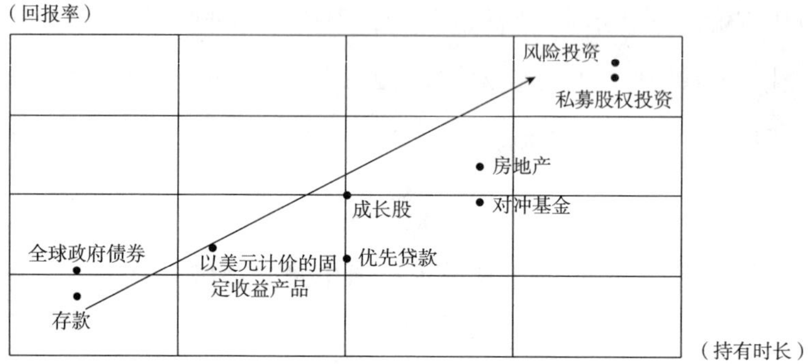

图 10.2　资产大类的持有期和回报率关系

数据来源：Patient Capital Private Opportunity，黑石，2014 年 9 月。

◎ **思路 10.3**：一般而言，企业在初步混改后，应考虑设计一个中短期的锁定机制，令混改得以在体制机制和运营层面落地，3~5 年改革效果逐步显现后再上市比较合理。

本书第一章中指出，资本的流动是鞭策企业提升生产运营效率、驱动资源向优势企业集中、实现行业转型升级的市场推手；而国企改革 40 年实践也告诉我们，推动国有资本的长期积极流动是破解国资问题的关键所在。因此，在本节的最后需要指出，混合所有制企业上市后一系列体制机制改革的持续深化，需要以国有资本的长期积极流动为重要前提。这也又一次强调了前文的一系列观点：改革不仅是混改主体的事情，更是关乎国企集团全局的系统性工程；同时，以国企集团为代表的国资股东真正形成管资本的思维，以市场为导向运营所持股权，既有助于形成对上市公司的鞭策和激励，又有利于国有资本做强做优做大。

当然，这又涉及混改的一项关键改革条件——国资管理体制改革。现阶段以央企为代表，国企集团增持、减持、质押旗下上市公司的股票，均需获得国资监管部门的批准，冗长的审批程序往往导致交易时机的延误和信息的泄漏，由此使得国资股东即使具备资本运营的意愿，也无资本运营的能力。建议 1.1 中提出赋予国企集团管资本的权利，现阶段可考虑进一步扩大试点范围，至少将在一定时间内、一定比例内增持、减持旗下上市公司股份的自主权赋予国企集团。

◎ **建议 10.1：**在遵守上市公司股东相关规定的基础上，建议国资监管部门扩大国企集团在一定股权比例之内增持、减持旗下上市公司股票的自主权，有利于实现国有资本的长期积极流动。

路径篇引申思考：混改后的企业应具备哪些特征？

混改十步法虽然是一个框架性操作思路，但既然其以混改“一体、两翼、三原则”为指导，混改后的企业就应具备一些共同特征，站在资本视角，参考市场的标准，我们总结了“混合所有制企业六特征”：主业突出、股东到位、骨干绑定、治理科学、机制创新、运营高效。具体而言：

- 主业突出：以专业化业务平台为依托，业务集中度高、专业化能力强、资源禀赋优势明显；
- 股东到位：以有效制衡的股权结构为基础，建立起由管资本的国资股东、积极的战略投资者、公众股东、核心员工四部分构成的科学化的股东结构，所有股东各就各位；
- 骨干绑定：以一定规模的长期持股为手段，将以管理层为核心的核心员工与企业的持续改革和长期发展相绑定；
- 治理科学：以有效制衡、协调运转的董事会为核心，在责权利相对等的基础上，做到决策的专业化、科学化，监督的有效化、常态化；
- 机制灵活：以与市场接轨的动力机制为核心，在市场化和契约化的职业经理人制度基础上，建立起灵活创新的流动机制、考核监督机制和分配机制，实现经营层和员工与股东“上下同欲”；
- 运营高效：以领先的市场化战略为基础，战略实施的路径被有效执行，按照市场规则开展经营，达到管理和运营的现代化水平，企业拥有持久竞争力。

案例篇

立足改革：标杆混合所有制企业的改革历程剖析
——混改三要素、一个关键词

案例篇概述：
着眼企业层面，哪些是混改成功的共性要素？

在路径篇的引申思考中，我们总结了混合所有制企业六特征——主业突出、股东到位、骨干绑定、治理科学、机制灵活、运营高效。由此大家会问，有哪些企业具备了上述混合所有制企业的特征？它们又经历了怎样的“混合”历程？

带着以上问题，在过去三年的调研中，根据混合所有制企业的来源，我们重点调研了三类企业，并在这三类企业中各选择了一个标杆企业，在本篇中进行重点分析。

第一类：历史上的国有企业，党的十八届三中全会以来，完成了引资本、健体制、转机制混改所形成的混合所有制企业；标杆企业选择被称之为央企专业化业务平台“混改第一单”的中粮肉食。

第二类：在20世纪90年代以“投资主体多元化”为方向完成了公司制股份制改造的国有企业，经过多年的改革，所形成的混合所有制企业；标杆企业为28年引领行业发展的深圳农产品公司。

第三类：曾经的民营企业，通过引入包括国有资本在内的外部资本，所形成的混合所有制企业；标杆企业为全球玻纤行业的“隐形冠军”中国巨石。

上述三个案例的剖析对我们方向篇提出的三个重要观点形成了实证支撑，其中包括：

第一，国企要混改，民企也要混改（方向篇）。无论是中粮肉食还是中国巨石，其股权结构从高度集中走向多元化、制衡化，遵循了企业发展的客观规律，而伴随其中不断深化改革的过程，则为企业长治久安提供了制度保障，是实现可持续发展的根本所在。

第二，投资主体科学化必然是改革的切入方向，股权结构制衡化和股东市场化是改革取得成功的基础性保障（第三章第三节）。从三个案例可以看出：外部制衡作用的引入，为企业体制机制与市场接轨、实现可持续发展提供了体制保障；而股东市场化作用的发挥，则为企业提升持久竞争力提供了机制保障。

第三，在国企层面，引资本、健体制、转机制三阶段的改革过程是解决国企问题的必要条件（第三章第四节）。中粮肉食两次引资的对比可以看出，改革不是一混就灵，只有继续推动体制机制层面的改革，方能形成突破性进展。而农产品公司旗下中农网引资前后在体制机制方面的变化也告诉我们，在国资股东一股独大的局面下，脱离产权制度改革，单独推进体制机制改革，将面临难以突破的掣肘。

在以上观点的基础之上，仔细观察上述三个标杆案例的改革成功经验，我们发现，虽然它们面临的行业环境和自身发展阶段迥异，但其改革历程中的成功经验有共性可循。对此我们形成了以下三点观察。

第一，具有企业家精神的领头人是企业改革与发展的驱动力量。因此有效绑定企业家，发挥其企业家精神，对混改的成功至关重要。

第二，在企业内建立和完善市场化的体制机制是改革成功的关键。对国企而言，通过引入自身具有市场化体制机制的外部股东，并通过现代化的治理体制作为保障，使得外部股东的市场化优势得以发挥，就成为改革取得成功的关键所在。而民企在混改的过程中，引入相对市场化的外部资本，并使得自身的市场化优势得以保留和发挥，同样是企业实现可持续发展的关键。

第三，无论是生猪养殖、运营农产品批发市场，还是制造玻璃纤维，三个案例改革的成功均是有效发挥了国有企业或国有资本在资源禀赋方面的战略价值，而改革的成功也均是围绕着企业的核心主业持续提升专业化水平，从而不断巩固企业的资源禀赋优势。

我们将以上改革经验总结为混改三要素：国企的资源禀赋优势、外部资本的市场化优势、企业家精神。在混改中，巩固了企业的资源禀赋优势，发挥了外部资本的市场化优势，激发了企业领头人的企业家精神，企业的竞争力自然得以提升，即以下混改公式。

国企的资源禀赋优势 + 外部资本的市场化优势 + 企业家精神 = 企业持久竞争力

我们认为，混改三要素是混改得以成功的基本条件，而且，一如照相机三脚架的三条腿，三要素相互支撑而又缺一不可：国企若缺少资源禀赋的优势，难有外部资本愿意参与改革，而企业家也巧妇难为无米之炊；国企若无法嫁接市场化优势形成市场化的体制机制，企业家精神就难有发挥的空间，届时国企的禀赋优势更可能成为“夏天的冰棍”；当然，无论国企还是民企，其领头人若缺乏企业家精神，企业的禀赋优势越强、机制越活，企业更可能成为腐败的温床。

同时，可以看出，以上混改三要素与方向篇提出的混改设计思路的三原则一脉相承，沿着三原则的方向，同样也是提升三要素的过程。坚持集中原则，引入持股相对集中的战略投资者，更有助于积极的外部股东有效发挥其市场化优势。坚持绑定原则，引入核心员工持股，更有助于绑定和激发企业家精神，从而推动企业的改革和发展。坚持归核原则，在混改中打造专业化业务平台并集中精力做精做优主业，更有助于进一步巩固资源禀赋优势。

第九章

中粮肉食：央企专业化业务平台混改第一单

近年来的国企混改实践中，哪个案例最具标杆意义？

这是在交流中大家经常会问及的问题。我们认为，2013 年党的十八届三中全会以来，最具标杆意义的混改案例是中粮肉食。基于以下原因：第一，参考方向篇对混改设计思路的理解，中粮肉食的改革完成了引资本、健体制、转机制三个阶段，并在改革思路中体现了集中原则、绑定原则和归核原则；第二，参考路径篇的框架性操作思路，中粮肉食的混改实践覆盖了混改十步法中的全部环节，且操作思路与十项原则相吻合；第三，中粮肉食引资后至少经过了三年，通过公开化、市场化的方式，以是否有利于提升资本回报率为检验标准，其改革是成功的，我们认为，中粮肉食的混改案例是央企专业化业务平台混改第一单。

同时，中粮肉食的混改案例对广大国有企业具有非常重要的参考价值。一方面，中粮肉食所处的生猪养殖行业是充分竞争行业的典型代表，并曾由民营企业所主导；另一方面，中粮肉食在混改前的营运指标曾大幅落后于行业中领先的民营企业，还曾一度亏损，而混改后一举扭亏并迅速跃升行业领先地位，效率指标接近行业最优水平。中粮肉食所处的上述行业竞争环境和混改前的状态，代表了相当一批央企子公司和地方国企，因而对中粮肉食混改成功经验的分析，也一定对广大国企具有普遍的参考价值。

引 言

中国生猪养殖行业，无疑是充分竞争行业：拥有 4 700 万家规模不一的生产商和农户，前五大企业市场份额总和仅为 4.9%[①]。中粮肉食是该行业前十大生产商中唯一具有国资成分的企业。截至 2015 年底，公司生猪出栏量为 117 万头，按育肥猪产量计算，在中国生猪养殖市场排名第四；2016 年公司生猪出栏量快速增长至 171 万头。同时，其严格的食品安全控制体系和质量安全性，使其成为 2012—2015 年中国奥运体育代表团唯一肉类食品供应商。2016 年，公司实现收入 66.16 亿元，同比增长 30.9%；利润 9.52 亿元，同比增长 530.8%；净资产收益率达到 26.9%。然而，鲜为人知的是，中粮肉食成立后曾一度亏损，以至于一些人质疑这样的企业为什么还不关掉？

面对中粮肉食，我们想了解，什么让公司扭亏为盈？其混改对广大充分竞争行业和领域的国企具有怎样的参考价值？

肩负国企责任，引领行业布局

中粮集团涉足肉食行业最早可以追溯到 20 世纪 60 年代，作为国家肉食唯一外贸渠道，中粮承担了供港和出口创汇的职责。90 年代外贸放开后，中粮从维护食品安全和保障供港的责任出发，保留了肉食业务，但由于并非集团的战略发展重点，这一阶段的投入有限，发展也比较缓慢。

敏锐决定布局肉食行业

2007 年春季，由于禽流感的暴发导致禽肉需求大幅下降，加之猪肉供给不足，猪肉价格从 5 月份开始快速上涨[②]，推高全社会的通胀系

① 截至 2017 年上半年。

② 2007 年全年猪肉价格同比上涨 48.4%。

数[①]，引起了中央的高度重视。为平抑物价，政府聘请中粮紧急从国际市场上采购猪肉投入国内市场。

此次国际采购中，中粮集团管理层敏锐地发现了几个重要信息：第一，中国的生猪养殖行业效率不高，造肉效率平均为 1 公斤活猪重需耗费 4 公斤饲料，而美国的造肉效率比中国高 30%。中粮集团算了一笔账，如果达到美国的水平，将为中国省下 6 000 万吨粮食，这无疑对世界人口第一大国的中国具有重要意义。第二，美国历史上生猪养殖效率的提升伴随着大量的产能整合，规模在 1 万头以上的养猪场所占总产能的比例从 1998 年的 47% 迅速提升到 2012 年的 75%，以史密斯（Smithfield）为代表的若干大企业在此过程中逐步形成并获得了可观的收益。而此时，中国 1 万头以上的养猪场的市场份额只有 3.7%。同时，管理层了解到：一方面，肉食行业是中国粮油食品行业中的第一大子行业，并与经济增长呈正相关关系；而猪肉又是肉食行业中的重中之重，猪肉消费占中国肉类消费量的 60% 以上，市场前景广阔。另一方面，由于中国生猪养殖行业从猪源、饲料到屠宰、销售都高度分散，食品安全的集中原则就难以实现，而随着食品安全愈发受关注，全产业链的规模化养殖道路将成为中国的必由之路。

基于上述考虑，中粮集团于 2009 年投资成立了中粮肉食[②]，决定打造畜禽育种、饲料加工、养殖、屠宰分割及深加工，以及物流配送的肉食全产业链。

---

① 6 月份 CPI（猪肉）当月同比达到 159.8，数据来源于万得中国宏观经济数据库。

② 原计划与美国最大的猪肉加工商 Smithfield 共同投资 100 亿元，后由于 Smithfield 在金融危机中遭受重创，暂停投资计划。

引入外部资本，驱动规模增长

随着一系列发展战略的落地，一年后，中粮肉食生猪养殖产能已达54万头。与此同时，公司积极寻找行业内的合作伙伴，并将重点集中于弥补养殖技术、肉制品加工技术和生产管理能力等方面的短板，并最终引入了与中国饮食习惯相近的三菱商事及其子公司伊藤火腿和米久作为战略合作伙伴。战略投资者的引入，带来了发展的初步资金，同时引进了关键技术和管理人才，降低了生产成本。

然而，随着规模的扩张，中粮肉食的业绩表现仍不尽如人意。自2009年成立后，公司持续亏损，2013年亏损达到2.42亿元，公司难以扩大银行贷款规模，通过提升规模经济以扭亏的思路受到资金的掣肘。同时，管理层深刻地认识到，中粮肉食的持续亏损，一方面是行业周期造成的：2012年和2013年，猪肉价格持续下跌，造成行业利润下降①；但另一方面，中粮肉食自身生产运营效率偏低的问题十分显著：中粮肉食的单公斤造肉成本超过14元，明显高于同行业领先的民营企业12元的水平②，问题的核心出在管理和运营上。

抓住混改机遇，着力引入积极战略投资者

恰在此时，党的十八届三中全会提出深化国有企业改革，积极发展混合所有制经济。与此同时，中粮集团正在积极谋划以投资主体多元化为方向推进子公司的改革。中粮集团决定重点选取中粮肉食作为内部试点推动混改。

---

① 2011年中国生猪产量为6.61亿头，供不应求，随着行业内产能的快速增长，从2011年8月开始，猪价进入下跌周期，一度下跌超过60%，在这一轮下跌周期中，行业内大量生猪养殖场关闭。

② 根据行业研究报告：2013年，中粮肉食略高于14元，行业领先水平约为12元。

明确以引入市场化的体制机制为引资目标

再次引资，引入什么样的投资者？这是管理层在深刻思考的问题。分析中粮肉食面临的运营效率不高的问题，核心原因在于缺乏市场化的体制机制，执行不到位，管理效率不高，预算管理体系不完善，饲料采购成本高，养殖效率较低。因此，引入市场化的体制机制以帮助公司在运营管理上快速提升，成为改革的目标。

此时，在蒙牛投资中与中粮集团有着良好合作的KKR首先找到中粮肉食。KKR从2008年就开始积极布局规模化奶牛养殖产业，并十分看好中国生猪养殖产业的前景。经过详细分析，KKR认为，在中粮肉食所具备的规模化、一体化、品牌化等资源禀赋优势基础上，通过持续扩大产能，对接市场化的体制机制以提升运营效率，具有实现扭亏和提升企业价值的巨大潜力。

中粮肉食也认为，KKR在几个方面较符合其预期目标：除了在全球拥有雄厚资本实力和资源网络外，其在大规模养殖领域的投资，帮助企业提升运营能力的投后管理、公司治理，以及引进现代化、与国际接轨的管理体系和激励机制等方面均有着丰富的经验和专长。最终，中粮肉食选择了与以KKR牵头的四家投资者合作，其中还包括霸菱、厚朴和博裕等知名投资基金。

在入股谈判过程中，外部投资者认为：要真正发挥其市场化优势，需要在股权上与中粮集团形成制衡，从而获得足够的话语权。而中粮则坚持保留控股地位，保持既定战略方向。最终，中粮集团采取了两层持股平台，即中粮与三家日本投资者（简称“MIY”）成立的合资公司明晖国际中，中粮持股67%占控股地位，而明晖国际与新进入的四家投资者共同持股中粮肉食，其中，明晖国际占控股地位[①]。通过这种双层控制的股权结构设计，中粮实现了对中粮肉食的控制权，并有助于发挥不同资本的优势与特长。

在引资定价过程中，基于国资监管的相关规定，中粮肉食聘请了资产评估师进行资产评估，并参考资本市场的操作惯例，由管理层与外部投资者共同制订了详细的战略和业务发展规划，以及未来业绩预测，成为估值的基础和未来业务发展的路线图。与此同时，公司聘请第三方财务顾问，基于上述业绩预测，按照现金流折现法和可比交易法匡算估值区间。在定价谈判过程中，中粮肉食管理层秉持着国有资产保值增值是红线的基本原则，但也明确此次引资是为了推动混改，而不是一卖了之，避免一味追求高价。

通过核心员工持股实现绑定

在谈判过程中，外部投资者明确提出，中粮肉食的管理层一定要持股，以确保管理层的利益与所有股东一致。最终，双方达成一致，以股票期权的方式绑定和激励核心员工，根据业绩表现向 40 名核心员工按年份转归期权[②]。董事会为此设置了较严格的行权指标，根据受益人所在部门达成运营目标的程度进行绩效考核；同时，为对管理层进行长期绑定，中粮肉食对期权设置了锁定期。

---

① 明辉国际为中粮集团全资子公司中粮香港与三家日本投资者（简称“MIY”）成立的合资公司。明辉国际、KKR、霸菱、厚朴、博裕在中粮肉食中的持股比例分别为 55%、20%、9%、8.2%、7.8%。

② 股东共同设立信托计划，并在若干条件达成后，KKR、霸菱、淡马锡（2015 年替代厚朴）及博裕向受托人贡献各自 3% 的股份，而受托人分别向中粮肉食的 40 名核心员工授出期权以向受托人认购股份。

秉承改革精神，落实体制机制改革

四家外部投资者对于入股后如何保障自身权利有着极高的关注，而中粮肉食也希望引资后外部股东能够通过参与决策和经营切实发挥市场化的优势。因此，各方对引资后健全治理体制和转换经营机制的改革方案进行了非常细致的筹划。尤其是随着 2014 年 7 月中粮集团成为国有资本投资公司改革试点企业，集团积极以管资本为方向，推进对中粮肉食管控模式的改革。

明确责任和权利，各方股东着力于推动治理体制的完善

在治理结构层面，各方股东共同推动建立了相对制衡的董事会结构。董事会由 13 位董事组成，其中中粮集团通过明晖提名 7 名董事，MIY 通过明晖提名 2 名董事，KKR、霸菱、厚朴和博裕各提名 1 名董事。中粮集团提名的董事中，除 1 名执行董事担任总经理外，另 6 名董事都不是执行董事，而是集团各相关部门的负责人，集团提名董事的一致意见即代表集团。这种安排既能确保集团的战略和利益能够在中粮肉食的董事会中有效反映，又避免了企业混改后还要事事到集团报批降低效率。

在治理制度层面，中粮集团做出重要改革，同意将 8 个重要事项（包括单笔超过 300 万元或年度超过 1 000 万元的重大投资和关联交易等）规定为需要每家股东提名的 1 名董事通过方能执行。这种一票否决权的安排一方面让外部投资者真正到位，使得其在战略、投资和运营管理等方面的市场化优势能够真正引入到董事会决策中来，实现决策的科学化、专业化；另一方面，也促使中粮集团调整优化对中粮肉食的管控关系，将三项职权真正交给董事会。

董事会决策的专业化和科学化所带来的最大变化，就是董事会投资决策中在兼顾社会效益的同时，更加明确地遵循盈利的逻辑，这一改以往投资决策中重社会效益而对经济效益测算不够严格和细化的决策过程，减少了不必要的投资。

治理体制改革的另一个成效就是真正将选人用人的权力交给了董事会。管控关系调整后，中粮集团将除总经理以外的经营层的任免权均授权了中粮肉食董事会。引资后，中粮肉食的董事会基于考核，对高管进行了重大调整，真正做到了董事会行使选人用人权。

“人”和“财”是董事会行权的关键所在，为落实董事会行使考核薪酬的权力，中粮肉食董事会设薪酬委员会，由中粮集团、KKR和另外两位投资者各自提名一名成员组成。中粮肉食薪酬最高的前10位人员的薪酬计划需经薪酬委员会以简单多数批准，其余高级管理层薪酬计划由中粮肉食总经理制订并向薪酬委员会报备。

在决策市场化基础上，通过转换经营机制，推动经营的市场化

中粮肉食在治理体制方面的改革探索，促使各个所有者在董事会到位，并实现了决策的市场化，这就为经营的市场化奠定了基础。引资完成后，中粮肉食在中粮集团的大力支持下，根据自身业务发展需要，大力推进经营机制的改革，推进三项制度落地，并建立了激发员工和经营层的动力机制。

从成立之初，中粮肉食就开始对大部分员工实行聘任制，推行市场化选聘。此次引资后，中粮集团试点在中粮肉食推行职业经理人制度，重点解决企业高管的市场化用人问题。原来与中粮集团签订劳动关系的经理人团队，在双向选择的基础上，首先与中粮集团解除劳动关系，再与中粮肉食签订劳动合同。同时，中粮集团明确提出，高管若被中粮肉食解聘，无法回到集团，从而彻底斩断经营层的“后路”。此外，针对国企中人员调动的不可预期问题，在关键人员的聘用合同中明确规定，“5年内，如果非因中粮集团不能控制的原因，中粮集团内部决策要对中粮肉食关键人员进行人事变动，需要获得外部投资者的书面同意”，通过这种方式增加了管理层和股东对管理层稳定性的预期。对于中层员工，中粮肉食董事会授权经营班子加大中层人员选拔力度，公开在市场招募下属区域公司总经理、兽医、肉制品营销等关键人才，中层人员由138人充实至159人。同时，公司每年结合领导力测评和业绩结果，对不称职的经理人予以淘汰或降职处理。从2014年到2016年，已累计免去22位中层经理人职务，形成“能上能下、能进能出”的企业文化。

在市场化选聘的基础上，中粮肉食推行市场化、差异化的“刚性考核”制度。为此，中粮集团党组会专门下发批文，同意中粮肉食的考核制度和具体打分由公司董事会自行决定。在此基础上，中粮肉食在外部投资者的协助下在运营考核方面做了大量工作。外部投资者派专门团队进驻现场，充分发挥其在生猪养殖行业的丰富经验，设计详细的运营和财务指标，和公司管理层一起逐步细化，完善指标体系，并实现全部电子化。

基于细化的考核体系，中粮肉食对薪酬体系进行了一系列的市场化调整。一方面调整薪酬结构，根据岗位设置，将浮动薪酬提高到与固定薪酬一致的水平，并将浮动薪酬与业绩考核充分挂钩。另一方面实行薪酬对标分析，由专业薪酬顾问根据行业对标对薪酬水平进行评价，确保薪酬水平的合理性。同时，中粮肉食也积极考虑建立市场化、创新的长期激励方式，例如考虑在工厂层面用虚拟方式进行投资，使员工共享业绩分红。

混改极大地调动了各方的动力，公司运营效率显著提升

引资完成后，中粮肉食管理层和外部投资者拿出在引资谈判期间共同制订的公司战略和业务发展规划，立即开始严格执行。

基于这一发展规划，四家投资者对投后管理进行了明确分工，例如KKR负责养殖，霸菱负责生鲜和品牌等。引资后，外部投资者遵守承诺，深度参与运营，派出专业投后管理团队进驻养猪场，为公司设计KPI改革目标，并分解责任。从引资至今三年间，中粮肉食每个月召开由外部投资者参加的营运会议，分析达标情况，提出并实施了一系列重要改革措施，包括：对生猪养殖业务实施降本增效措施；对生鲜猪肉业务推进产品的标准化、包装化、品牌化，并实施品牌推广计划；提高销售费用使用效益，严控管理费用等。

2014年底，中粮肉食的一系列运营指标显著改善，尤其是单公斤造肉成本下降到13元[①]，标志着从根本上改变了企业的生存能力。

进一步突出主业，剥离非核心业务

引资后经过一年多的完善，生猪养殖和畜肉业务的各项营运指标均得到了显著提升。2015年，中粮肉食畜肉业务实现盈利2.1亿元，但中粮肉食所从事的禽肉业务，包括禽类养殖、屠宰及销售，却仍然进展缓慢。为精简中粮肉食的产品供应，促使公司能够集中优势专注于贯穿整条猪肉产业价值链的业务，公司董事会决定进行业务重组，进一步将主业归核到行业前景更广、公司更有资源禀赋优势的畜肉业务，而将禽肉业务从公司剥离。

---

① 基于行业研究报告。

对接资本市场，成功完成混改闭环

2015 年，公司董事会制订了到 2020 年底生猪年产能超过 500 万头、增加屠宰能力和销售网络的目标。面对资金缺口并为了进一步深化改革，中粮肉食于 2015 年底启动了上市计划，并于 2016 年 11 月 1 日在香港上市挂牌，募集资金 16.91 亿元人民币。

上市进一步推动了公司体制机制的完善。上市后，中粮肉食调整董事会结构，引入 4 名独立董事，重点在审计和风险管理上给予建议，并形成国有资本、外部资本和公众资本在董事会上各 1/3 的制衡局面。同时，公司进一步加强了职业经理人制度的完善，将党管干部原则与市场化改革方向相结合，坚持“德为先、绩为本”，重品行、重能力、重实绩、重群众公认，并五湖四海拓宽人选来源，广开荐才渠道，内外并举，竞争择优。

混改成果卓著，红利持续释放

回顾过去，改革成绩有目共睹

通过混改引入外部资本并调整和优化体制机制，激发了中粮肉食的活力和经理人团队的创业激情，管控关系的调整又按照现代企业制度完善了中粮肉食的公司治理，这些改革举措的结果直接体现在运营指标和经营业绩上。

第一，规模效应迅速提升。生猪养殖产能从 2013 年的 134 万头提升到 314 万头，复合年增长率达到 32.8%；生猪出栏量从 93.6 万头提升到 171.2 万头，复合年增长率达到 22.3%。

第二，养殖效率显著提升。三年来，中粮肉食的养殖效率快速追赶行业领先水平，其中，每头母猪提供断奶仔猪数指标（PSY）已经与行业最领先企业十分接近（图 9.1）。

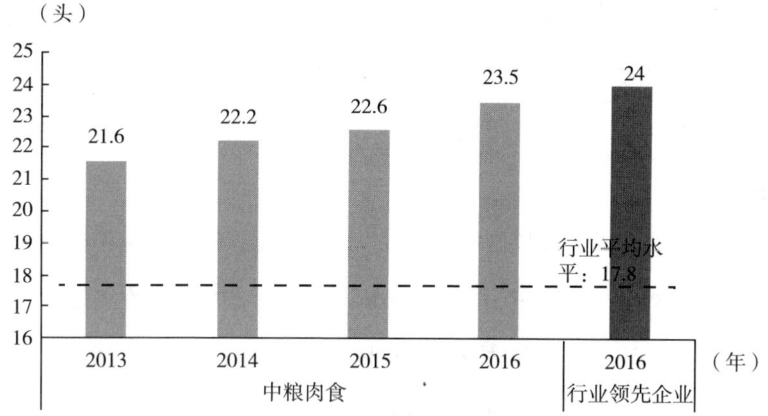

图 9.1　PSY 与行业领先企业对标分析

数据来源：中粮肉食招股书（2016 年报），行业研究报告。

第三，养殖成本持续下降。2014 年以来，中粮肉食单位生猪养殖成本实现了显著下降，十分接近行业领先水平（图 9.2）。

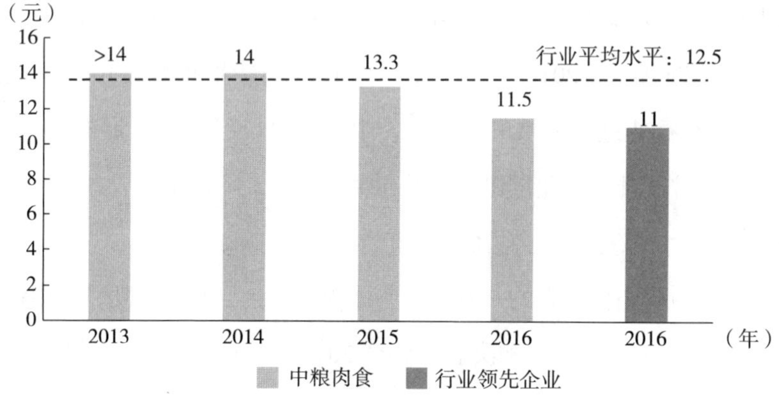

图 9.2　单位造肉成本与行业领先企业对标分析

数据来源：行业研究报告。

第四，经营业绩明显提升。2013—2016年公司盈利能力显著改善。2016年营业收入66.16亿元，复合年增长率达到21%；三项费用占收入的比率则由2013年的12.34%降至2016年的10.34%。2016年净利润率达到14.4%，净资产回报率达到26.9%，十分接近行业最领先企业的水平。

第五，国有资本股权价值的提升。2011年引资的估值相当于融资前净资产的1.89倍，增值率达到79.56%；2014年引资的估值相当于引资前净资产的2.29倍，增值率达到39.4%；2016年上市的估值相当于融资前净资产的2.51倍，增值率达到14.3%。更为重要的是，混改发挥了国有资本的放大作用，用约9亿元的累积资本投入，撬动了超过66亿元的资本，国有资本的影响力和控制力显著提升。

展望未来，改革红利正在持续释放

过去十年来，中国生猪养殖行业经历了一场全面而深刻的变革。在中粮集团等大企业的引领和带动下，2015年，中国产能超过10 000头的大型养殖场的市场份额已经上升到9.7%。同时，中国肉类的消费升级进程不断加快，2010—2015年冷鲜猪肉消费量年复合增长率达到22.9%。在行业蓬勃发展的大潮下，中粮肉食已经步入发展的快车道，公司正在继续推进产业链建设，提高生产效率，降低生产成本，并继续发挥维护食品安全的社会责任和示范作用。

包括中粮肉食在内的一系列专业化业务平台混改的成功，为中粮集团推进改革注入了信心和决心。截至2017年10月，中粮集团所属18家二级专业化公司已经有14家通过不同形式引入外部资本并实施混合所有制改革。更为可贵的是，中粮肉食混改的成功经验在中粮集团内得到了高度认可，其改革效果产生了积极的示范效应，并在集团层面推广。

2017 年，中粮集团在全集团内推行“科学预算、刚性考核”制度，强化市场化的激励与约束机制；同时，进一步推动选人用人的市场化改革，例如对中国茶叶和中粮酒业长城酒事业部等两家混合所有制改革企业的总经理实行市场化选聘，并计划在符合条件的专业化公司全面推行职业经理人制度。

中粮肉食改革案例思考

中粮肉食的案例不仅对混改十步法的可行性提供了良好的支撑和实证，更为广大充分竞争行业和领域的国企提供了以下三点思考。

第一，混改不是一混就灵，唯有将引资本与健体制、转机制结合起来，真正着力于建立市场化的体制机制，才有可能形成企业的持久竞争力，在此过程中，外部股东和国资股东的作用均至关重要。中粮肉食的案例充分说明，国有企业完全能够在充分竞争行业中具备竞争力，但前提不是简单的引资本。2014 年以来的混改中，中粮肉食不仅着眼于引入资金，更明确了通过改革建立市场化的体制机制以提升运营效率的改革目标。基于此，公司着力于引入自身具有市场化体制机制的积极的战略投资者，并通过股权结构的设计实现了有效制衡，使得外部资本的市场化优势得以发挥，各个股东在治理体制和经营机制上真正下大力气推动市场化改革，才是驱动 2014 年以来运营大幅改善的关键所在。同时，针对专业化业务平台的混改，体制机制改革中同样至关重要的一点经验在于其国资股东推动自身管资本改革的能力和意愿。这一方面取决于国资股东的市场化程度。中粮肉食的国资股东——中粮集团——本身具有相对市场化的土壤和文化，其市场化业务达 95% 以上，因而改革更容易在内部形成共识。另一方面取决于国资股东推动自身改革的胆识和魄力。中粮集团在十八届三中全会提出“积极发展混合所有制经济”的政策背景下，愿意先行先试，高度支持中粮肉食的市场化改革并在管控机制上给予配合，使得体制机制的改革能够真正在中粮肉食层面落地，由此所形成的良好示范效应和倒逼作用，更成为中粮集团内持续改革的推动力量。

第二，国企明确认识自身的资源禀赋优势，并在混改中围绕着核心主业不断巩固，同样是混改中至关重要的成功要素。首先，中粮肉食在全产业链、规模化养殖方面所积累的能力，以及在食品安全、品质方面所具备的独特优势，构成了其资源禀赋优势，这是其成功引入合适的外部资本的重要原因。认识到这一点，对拟混改的企业和拟推动混改的国资股东很重要。调研中我们看到一些地方和国企集团，为了显示决心，提出混改“一户不落”，这种改革的愿望和决心固然是好的，但混改不是卖白菜，对于缺乏资源禀赋优势的国企，并不具有混改的可行性。其次，中粮肉食在引资后的发展中，通过管理和运营上做精做专，不断提升其在畜肉业务领域的专业化能力，而这一过程中同样重要的举措是剥离禽肉业务，从而实现主业进一步归核，使得其资源禀赋优势得以不断巩固。这一点同样对广大国企具有重要参考价值。国企往往带有“只进不退”的思维模式，尤其是改革中，希望一个都不落下，由此损失的是改革的效率。我们前文提出混改应遵循的归核原则（第四章第三节），非核心主业的“退”，是为了更好地集中精力和资源实现核心主业的“进”。

第三，企业家精神是企业改革与发展的关键驱动因素。回顾中粮肉食的改革与发展历程，中粮集团坚决布局生猪养殖行业，并在多年亏损下坚持深耕，不是遵照哪个政府部门的要求，而是自发地将维护国家农业产业化、粮食安全、食品安全的战略责任融入了其商业运作，这正是源自在国企中成长起来的具有国家责任感和担当的企业家精神的体现。而通过混改，国有企业家的动能在市场化的体制机制中有了发挥的空间，企业家精神被充分激发出来，成为驱动改革取得成功的关键所在。

第十章

深圳农产品公司：在28年持续改革中做大做优做强

20世纪90年代完成股改的国企中，哪个企业得以久立潮头？

前文我们回顾到，在20余年来国有企业公司制股份制改造过程中，有相当一部分国企形成了国资股东一股独大的局面，由于体制机制难以真正与市场对接，其中不少企业发展后劲不足（第三章第三节）。正因如此，我们在调研中努力寻找它们中的关键少数——在20世纪90年代完成了公司制股份制改造的国有企业，经历了多年的发展，成长为本行业中的优秀大企业并具备了混合所有制企业的六特征。我们认为，这样的企业一定有其特别之处，而其发展轨迹中的成功因素也值得我们研究和学习。

调研中我们关注到了深圳农产品公司——一家以开发、建设、经营、管理农产品批发市场为主业的地方国企。农产品公司是1993年深圳市建立现代企业制度试点企业之一，完成股份制改造后获得了IPO上市机会。虽然农产品公司创始之初便处于门槛低、技术含量不高的“菜篮子”行业，但其在过去28年一直占据行业龙头位置，不仅规模达到全球第一，盈利水平领先，并打造了国际知名的品牌，其倡议和做法还引领了行业发展，并通过建立农产品大流通的生态圈，实现可持续发展。

今天对农产品公司改革案例的剖析，对广大国有企业具有非常重要的参考价值。一方面，其代表了众多包括国有控股上市公司在内的国有控股企业；它们在改革的初始阶段——股改、上市——颇具相似性，因而农产品公司随后走过的改革历程和成功经验相信对广大国有控股企业具有普遍的参考意义。另一方面，深圳农产品公司又代表了一大批身处充分竞争行业的地方国企，它们通常在本地面临民营企业的竞争，而走出去则往往面临更激烈的竞争环境。因此，农产品公司做大做强做优成绩的来之不易也更彰显了其改革的成功。

引 言

深圳农产品公司，作为以经营农产品批发市场为主业的“菜篮子”国企，现已发展成为全球最大的农产品批发市场运营商，在全国范围运营 40 多家农产品实体批发市场，年交易额超过 1 800 亿元[①]；公司着力打造的深圳海吉星国际农产品物流园荣获世界批发市场联合会颁授 2012 年度市场大奖银奖，成为首次获此殊荣的中国企业；同时，紧紧围绕着农批市场主业，公司在电子商务、仓储物流、食品安全、供应链金融、环保等领域创新经营，建立了一个农产品大流通的生态圈。

我们想了解，什么原因让一个处于充分竞争行业的地方国企久立潮头？农产品公司对其他股权多元化国企的持续深化改革又提供了怎样的参考？

初试改革：股改上市助推公司做大

深圳特区设立之初人口快速增长、农副食品供应紧张且价格偏高，恰逢当时国务院大力推动“菜篮子”建设，1989 年农产品公司前身深圳市农产品批发公司在布吉河畔应运而生。凭着敢为天下先的勇气和胆略，农产品公司第一代管理层打破传统体制下办市场的做法，开创了“企业办市场、市场企业化”的布吉模式。到 90 年代初期，布吉市场经营日益繁荣，公司控股的福田农批市场也投入建设。

在快速发展中，管理层清醒地认识到，企业长期发展面临一系列瓶颈，既包括加快软硬件建设所面临的外部资金配套问题，又包括员工动力不足所反映出的内部体制机制问题。此时，恰逢深圳证券交易所创立，为国企市场化改革提供了契机，管理层想到，通过上市和员工持股一揽

① 数据截至 2016 年底。

子解决资金和动力难题。

股改 + 员工持股 + 上市，实现投资主体多元化

1993 年，农产品公司启动了股份制改造并实施全员持股，股改不仅募集到布吉市场扩建所迫切需要的资金，也激发了公司上下主人翁精神和主观能动性。1993—1996 年，农产品公司旗下布吉和福田农批市场交易规模快速提升，主营业务收入和净利润分别以每年约 82% 和 12% 的速度递增。

1997 年 1 月 10 日，农产品公司在深圳证券交易所上市，募集资金达 1.52 亿元，为公司业务扩张提供了坚实的经济基础。上市后，国资股东控股 48.45%，公众持股 37.19%，员工持股 14.06%。

建立股份制的“形”，塑造现代企业制度的“神”

作为深圳市“建立现代企业制度试点”，农产品公司在股份制改造的同时着力建立起以董事会为核心的治理体制，并充分发挥其核心功能。1996 年，借董事会换届的契机，董事会结构得到了进一步完善，吸收 2 名专家和 1 名职工代表进入董事会，形成了由 5 名股东单位成员、5 名管理层成员、1 名职工代表、2 名外部专家组成的多元化的董事会结构，为董事会专业化决策提供了保障。

伴随着治理体制的改革，董事会领导的经理责任制得以确立，也推动了经营机制开始向市场化方向转换。公司初步建立了“干部能上能下、员工能进能出、薪酬能高能低”的经营机制：一方面，公司从传统的国企用人制度中解放出来，将市场化选人用人的权力交给董事会，因不能勤勉尽职，上市后第一年董事会通过自身决策免除了一个副总经理的职务；另一方面，为保持员工的长期积极性，公司建立了预算指标体系，将考核清晰化、系统化。

初次改革取得了积极成效，公司迅速做大

现代化治理体制的初步建立和更趋市场化的经营机制的转变，带来的是更加明确的经营战略和商业模式。上市后，董事会基于对市场经济环境的判断，制订了“两个延伸”的发展战略，公司迅速向多元化经营的方向迈进。1999 年，公司成功收购南昌农批市场，迈出了对外拓展的第一步。随后几年，公司在上游进军果蔬加工、生猪养殖业务，在下游全国布局连锁肉菜超市，并广泛进入餐饮、酒店、信托领域。

随着多元化战略推进，上市后农产品公司资产和收入规模迅速扩大，到 2002 年，营业收入规模接近 20 亿元，较 1997 年增长 1164%，净利润超过 1.7 亿元，较 1997 年增长 205%。

二次改革：借助股权分置改革实现做优

伴随着快速扩张，农产品公司的实力在核心领域得以巩固，但在非核心领域的盲目扩张，使得公司在做大的同时，也埋下了隐患。步入 21 世纪，扩张造成的问题逐步显现：收购和建设异地大型农产品批发市场本身需要大量资金作为后盾，而在“两个延伸”战略下，新兴业务锁定了大量资金，导致公司的财务成本全面上升，在财力上更是捉襟见肘；同时，多元化经营对经营管理提出了巨大挑战，管理层一直未能在新领域探索出有效的整合和管理模式。

2003 年成为农产品公司上市后的业绩分水岭——净利润终止了连续 6 年增长，同比下跌超过 40%。公司管理层意识到摊子铺得太大带来的问题，开始引入全面预算管理，旨在强化企业管理的计划性和过程控制，但并不愿意就此放弃已经投入大量财力和人力的生产加工和零售业务，而是寄望于提升“两个延伸”的质量。然而，零售业务经营环境的

复杂多变超出了农产品公司预期，2004 年公司归属母公司的净利润进一步下滑 84.45%。2005 年，意识到问题严重性的董事会提出了归核化的战略方向，希望重新集中优势资源重点发展批发市场业务，并积极处置非核心业务。与此同时，管理层开始通过加强项目预算和投后管理，严格控制投资成本，并通过推行民主和科学决策制度、重大决策失误追究制度，努力改变依靠个人权威运作模式，希望借此提高企业的经济效益。

然而，要想改变数年来无约束扩张带来的大而无序局面，显然不能仅仅靠管理层的醒悟和决心。恰在此时，上市公司股权分置改革也在全国范围逐渐铺开，公司管理层决定借此机会进一步推动改革。

“零对价”股改方案成功实施，实现对核心员工的绑定和激励

2005 年，农产品公司被证监会确认为第二批 42 家股权分置改革试点企业之一。作为当年深圳唯一一家股改企业，农产品公司股改方案创新设计了一个既不降低国有股持股比例，又保证流通股东利益，同时还能实现对管理层等核心员工进行绑定和激励的“零对价”股改方案。这个方案将股改与股权激励捆绑，农产品公司 11 名非国有法人股东通过专设的集合理财信托将所持农产品股份的 50% 股份（占总股本 6.76%）作为核心员工股权激励的预留股份。核心员工向 11 家法人股东支付 0.8 元 / 股的风险责任金，并按照董事会制订的 3 年详细业绩目标进行考核：考核达标，则其有权按照约定价格 3.5 元 / 股认购公司一定数量的股份；考核不达标，则其缴纳的风险责任金全部没收，相当于 1 年的总收入。

相较于初次改革中全员、平均持股，此次股权激励计划对激发企业家精神和绑定核心员工起到了更显著的效果。经过一番艰苦的奋斗，农产品公司 2005—2007 年三年累计归属母公司的净利润达到 2.35 亿元，业绩目标全部圆满完成，股权激励计划得以实施，标志着证券市场上唯一一家“零对价”股改方案取得成功。

深化体制机制改革，推动公司战略重塑

股权分置改革的实施，推动了农产品公司治理体制的完善。在此基础上，管理层进一步推动经营机制的市场化，尤其是着力于完善授权、考核、薪酬、激励和监督等一系列经营机制。一是明确董事会向经营层的授权，分清董事会和总经理的责任，明确每个流程中的决策人，解决“有人决策无人负责”的难题。二是完善考核机制，针对每个经营主体建立差异化的考核体系。三是在二级企业层面推动薪酬机制与市场接轨，将绩效薪酬与所在企业的业绩相挂钩。四是完善激励机制，每年对企业发展有战略性作用的项目和个人实行重奖。五是完善监督机制，针对之前快速扩张造成的问题完善风控体系，并完善审计、纪委和监事会制度，形成公开透明的监督环境。这一系列的经营机制创新，将激励和监督相结合，使企业步入良性发展的道路。

同时，随着股权激励计划的确定和实施，进一步将公司核心员工的利益与国资股东、公众股东相绑定，企业管理者自身收益由公司股价也就是市场的评判决定，有效激发了管理层追求企业长远发展的动力，更着力于“做优”而非“做大”。2005 年开始，农产品公司放慢了兼并收购步伐，着重于整合新收购的批发市场。2007 年，归核化战略取得较大突破，突出表现在非核心业务的退出，其中的典型案例是民润超市的退出。

民润超市成立于 1997 年，作为在零售端的重点布局，民润超市承载了农产品公司在大型农产品配送中心基础上打造广东甚至全国零售网络的梦想。2001–2002年，农产品公司就新开民润超市138家。

然而，随着中国零售行业全面开放，民润超市面临的竞争对手是经验丰富的外资大卖场和管理激励制度灵活的私营生鲜专营店，农产品公司的劣势逐步显现。一方面，农产品公司的核心资源均集中于批发市场，与民润超市之间的关联度较小，因而其资源禀赋优势难以为民润超市所用；另一方面，农产品公司在零售领域既无专业化经验，也未能有效调动内部动力以迅速提升专业化水平，因而在成本控制、采购管理和人员整合上迟迟未能摸索出有效模式。面对激烈竞争，2004年民润超市亏损超过3 800万元，拖累母公司净利润同比下降84%。

考虑到民润超市业务与公司的核心业务之间难以产生协同效应，而同时把人力、物力、财力分散到两个业务方向上对公司的长远发展不利，董事会最终决定战略性退出民润超市业务，并引入新的发展资金和更适合零售业态需要的体制机制和专业化认知。

二次改革取得成功，归核化帮助公司做优

伴随着归核化战略初见成效，公司董事会在董事长陈少群的带领下进一步提出归核化第二阶段——加快归核化五年发展战略规划。其目标包括三个层次：一是稳步推进农批市场扩张战略，将农批市场转型升级为现代农产品物流中心；二是整合农产品物流平台资源建立现代农产品物流网络体系，发展基于此网络的新业务；三是提升业务延伸的内涵与质量，延伸战略的重点必须是对核心业务的巩固，提升农产品物流业务的价值。

2007年，农产品公司分别在深圳、沈阳和南宁三地通过新建市场的形式实现核心业务扩张，旗下农批市场数量达到20家，营业收入和

净利润同比均增长 37%。

同时，农产品公司开始积极围绕核心主业农批市场打造优势品牌，进一步提升自身实力。管理层认为，随着人们生活水平的稳步提升，对农产品流通效率，以及对农产品品质的提升提出了更高要求，因而农产品流通产业的转型升级是大势所趋。面对这一挑战与机遇，农产品公司率先在国内农批市场行业推出了高端连锁品牌“海吉星”，倡导农产品绿色交易理念。2008 年公司全面推广实施海吉星计划，在深圳平湖和南宁打造海吉星样板市场。2009 年公司全国农批市场海吉星客服中心联网工作成功启动，初步实现“一站式”服务，全面提升农产品批发市场服务能力。2012 年，深圳平湖海吉星市场荣获世界批发市场联合会颁授 2012 年度市场大奖银奖，这是中国的批发市场首次获得如此殊荣。

改革进行时：依托混合所有制的生态圈做强

在农产品公司主业“归核化”战略取得阶段性效果的背景下，面对新经济蓬勃发展的趋势，陈少群清晰地指出：未来的竞争是生态圈的竞争，是一群企业与另一群企业的竞争；未来的企业要么去创造生态圈，要么去找到适合自己的生态圈，否则只会加速消亡。

然而，如何构建生态圈？管理层清醒地认识到，虽然 20 年来农产品公司在体制机制上已经有了长足的变化，但国有企业无论是决策流程冗长，还是薪酬待遇低于市场水平，都难以满足以新兴行业和现代服务业为代表的生态圈的要求；而面对零售领域的前车之鉴，受到资源禀赋和专业化水平的限制，若独立去构建跨行业和跨领域的生态圈，公司将更可能面临很大的难度和风险。面对上述难点，陈少群提出一套创新思路：一方面通过进一步做强做优农批市场业务，巩固公司的资源禀赋优势；另一方面把公司的资源禀赋与外部分享，依靠外部资本的市场化优势、构建围绕着农产品公司的生态圈，从而进一步提升核心主业的竞争力和影响力。

2008年，公司董事会正式提出“网络化”战略，加速在全国重点物流节点城市投资新建农批市场。伴随着规模巨大的实体网络的形成，推动了公司核心业务的发展战略从以规模为核心的数量扩张阶段向以协同为核心的质量提升阶段转型；而物理网点的转型升级和对大数据领域的及早布局，进一步巩固了农产品公司的资源禀赋优势。同时，为确保公司对核心资源的控制力，除极少数农批市场外，农产品公司对其余所有物理网点至少控股50%以上，牢牢掌握对核心资源的控股权，为农产品公司分享其资源禀赋、构建生态圈奠定了坚实基础。

打造混合所有制的“卫星公司”，突破体制机制束缚

依赖于在核心业务领域持续积累的资源禀赋优势，农产品公司提出“合伙创业”的思路，打造混合所有制的专业化卫星公司，从而围绕着核心主业构建生态圈。在实施中，公司采用增资或新设等模式，重在构建制衡化的股权结构，形成各方股东共挑担子的局面，从而有效地将公司在农批市场领域的资源禀赋优势与战略投资者的市场化优势和管理层的企业家精神相结合，并推动在卫星公司中建立市场化的体制机制，以更好地适应市场竞争。五年多以来，农产品公司与具有不同战略价值的战略投资者及管理层共同培育或发展了目前农产品大流通生态圈中十家混合所有制的卫星公司，其中尤以中农网颇具代表性。

农产品公司于2000年全资成立了中农网公司，旨在提高对农产品专业信息服务能力及电子商务应用平台运营能力。然而，深耕于传统市场的农产品公司一直难以在中农网中建立互联网基因，无论在决策效率、对外投资管控方面，还是在选人用人、激励和约束机制等方面，都无法满足互联网企业的发展需要。

2010 年，农产品公司着手重组中农网，引入了嘉御基金和景林资本，分别持股 30% 和 19%，同时引入管理团队持股 5.95%，农产品公司合计持股比例下降至 45.04%。嘉御基金当时成立仅仅一年，但具有最纯正的电商基因——它的 6 名合伙人中有 3 人来自阿里巴巴。

重组完成后的中农网形成了国有资本 + 专业的战略投资者 + 核心员工的股权结构。在治理体制上，董事会由 5 位董事组成，农产品公司、嘉御基金和景林资本各提名 1 名董事、管理层占 2 个董事会席位，而董事长则由嘉御基金合伙人、阿里巴巴前总裁卫哲担任。公司既具备了母公司在农批市场运营方面的优势资源，又引入了市场化的激励机制和专业的管理能力，实现了产业 + 互联网 + 资本 + 专业团队的最优配置。

2015 年中农网销售流水突破 300 亿元，整合了糖业、蚕丝和棉花等多个 B2B 大宗农产品交易平台，围绕农产品 B2B 建立起中农易果、中农生鲜等垂直供应链服务公司。2016 年，中农网拥有超过 10 万家农产品流通产业链上下游客户，超过 9 000 家企业用户入驻，营业收入达到 206 亿元。

构建农产品流通生态圈，推动公司进一步做强

伴随着一系列混合所有制卫星公司的成立，依托辐射全国农产品批发市场网络形成的海量数据资源，2015 年农产品公司推出“大白菜 +”平台，整合旗下电商平台及供应链金融等配套服务，再“+”开放融合第三方资源，构建起农产品流通生态圈。

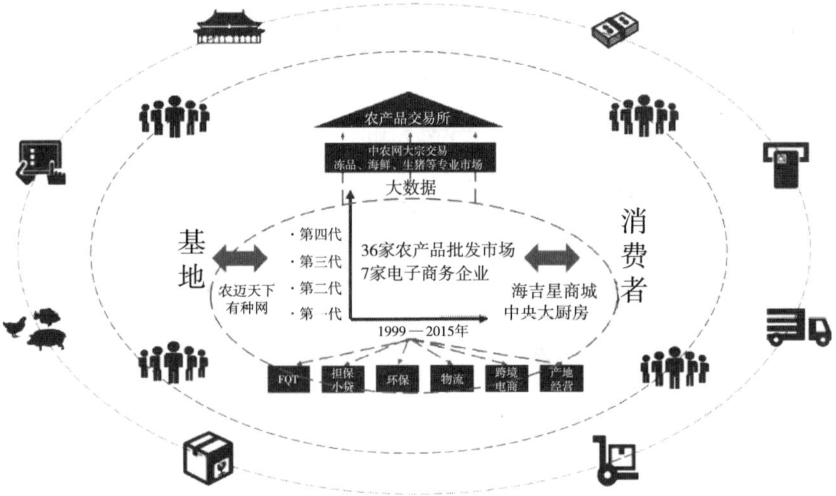

生态圈的建立，形成了农产品公司和周围卫星公司“共生共荣”的局面，相互促进，共同发展。对生态圈中的卫星公司，其依赖于农产品公司的核心资源实现了可观的经济效益。以 2016 年为例，中农网公司净利润 5 078 万元，小额贷款公司净利润 824 万，担保公司净利润 1 138 万元，FQT 净利润 323 万元。而对农产品公司而言，生态圈提升了公司对客户的整体服务能力，提高客户的黏合度，自然对公司的运营和业绩均有积极促进。2008—2016 年，农产品公司的市场交易规模从 800 亿元增长到 1 800 亿元，复合年增长率达到 12%；从资本角度看，资本市场对农产品公司的业绩表现给予了高度认可，公司市值从 72 亿元跃升到 210 亿元。

展望：新征程、新挑战

迈入新时代，以实体批发市场网络为核心，以海吉星会员服务平台和电子商务平台为媒介，以供应链金融服务平台、食品安全检测认证平台、产销对接平台、物流仓储平台、集约化加工配送平台、资源再生利用平台、基金投资平台为服务要素的农产品大流通生态圈已经颇具规模。以此为坚实后盾，农产品公司正在踏上新的征程。

同样踏上新征程的是为农产品公司服务了18年的陈少群。2016年7月，陈少群被调任到深圳免税集团担任董事长。迎接他的，将是新的机遇和挑战。

农产品公司改革案例思考

回顾农产品公司28年的改革历程，对现阶段的改革有什么样的启示？对此，我们有以下三点思考。

第一，国企负责人企业家精神的发挥，始终是国企成功改革和可持续发展的关键要素，并能够实现企业经济效益和社会效益的双重提升。农产品公司的改革和发展始终以企业家精神为核心驱动力量，而其二次改革的成功，关键在于通过股权将企业家精神和企业长期发展相绑定，这一身份的转换发挥了至关重要的作用。同时，我们看到，国有企业家的责任与担当能够实现企业经济效益和社会效益的双重提升。一些人认为，激发国企中管理层的企业家精神就意味着驱动企业以赚钱为唯一目的，由此可能产生负面的社会效益。农产品公司的案例告诉我们，国有企业家的企业家精神主要体现在两个方面：一是企业家的事业心，驱动企业市场化运营，成就了农产品公司从布吉的一个批发市场成长为全球最大的农产品批发市场运营商，实现了“做大”；二是企业家的责任心，从第一阶段保障食品供应，到第二阶段提升食品质量，到新时期差异化产品，恰恰是国有企业家这种担当，推动企业成为绿色交易倡导者，在创造显著的社会效益的同时，打造行业内难以超越的品牌，提升了企业的竞争力，实现了“做强做优”。

第二，要实现国企体制机制的市场化，就要从产权制度入手推动改革，而引入具有市场化优势的外部资本，打破一股独大的局面，就成为改革取得成功的关键要素。一方面，农产品公司每当遇到发展的瓶颈阶段，都是从产权制度改革切入，继而推动体制机制改革，从而推动企业战略规划重塑和商业模式完善、激发企业动力，最终实现企业竞争力不断提升、股东回报不断提升。另一方面，对比中农网在混改前后的发展态势可以看出，农产品公司虽然建立了相对市场化的体制机制，但在国资股东一股独大下，农产品公司及中农网均面临体制机制难以突破的掣肘；而通过引入具有市场化优势的外部资本，构建有效制衡的股权结构，使得外部资本的市场化优势和互联网基因得以发挥，成为中农网建立市场化体制机制的关键。由此可见，在国资股东一股独大的局面下，脱离产权制度改革，难以真正实现体制机制的市场化。由此说开去，在对这一类“关键少数”企业的调研中我们发现：在国资股东一股独大的局面下，由于缺乏来自于其他股东的外部制衡，只能靠国企负责人与国资股东之间的博弈达到某种平衡，因而企业的体制机制不仅具有很强的强人色彩，更可能随着国企负责人的调动、退休等变化而出现巨大改变，企业的长期发展就面临一定不确定性。这不仅解释了为什么这类企业中的“关键少数”只是“少数”，更从实践角度验证了破除一股独大、实现投资主体科学化——股权结构制衡化和股东市场化——对企业实现可持续发展的重要意义所在。

第三，围绕着核心主业发展和巩固资源禀赋优势，坚持“有所为有所不为”，同样是企业在改革中实现可持续发展的关键要素。农产品公司历史上的两次跨主业进军，第一次力图在上下游全面开花结果铩羽而归，第二次通过构建混合所有制的生态圈做得风生水起，应对众多拟混改国企具有很强的参考意义。调研中我们发现，一些身处传统行业的国企认为，自身具有显著的网点、信息等资源禀赋优势，完全可以在新兴行业——尤其是互联网相关行业——大展身手，因而引资后就忙着投入大量资金、派出团队拓展新业务。显然，术业有专攻，国有企业若想着包打天下，反而可能荒废了主业，更何况很多身处传统行业的国企，短时间内难以建立互联网基因，因为担心被外部资本“占便宜”而不分享，时间长了资源禀赋优势也就不值钱了。相反，在明确主业发展战略的基础上，坚持有所为有所不为，通过混改集中精力巩固自身的资源禀赋优势，并通过适当分享引来金凤凰，既能提升资源配置效率，又有效降低了运营风险，更有助于围绕主业进一步提升持久竞争力。

| 第十一章 |

中国巨石：企业家精神 + 资本 + 改革，铸造全球玻纤行业的“隐形冠军”

民企引入国有资本所形成的混合所有制企业中，哪个案例具有较强的标杆意义？

近年来，社会上不少人提出“国资入股民企是不是构成‘国进民退’”的问题。方向篇中谈到，国企要混改，民企同样要混改，通过引入包括国资在内的外部资本，以“投资主体科学化”为切入方向推进改革，对新时代民企的可持续发展同样具有重要意义。然而，以上判断在现实中是否切实成立？有没有哪个案例取得了显著成功？

带着以上问题，我们认识了企业家张毓强，以及他带领下的中国巨石。中国巨石是全球最大、技术领先、管理精细的玻璃纤维制造商，其股权结构中，央企中国建材控股 27.0%、核心员工持股 15.6%、战略投资者和公众股东持股 57.4%。

中国巨石是改革开放四十年来中国企业发展的一个缩影，而其带有混合性质的发展思路，对广大民企、国企均具有重要参考价值。巨石从轻工业集体所有制企业改制成为股份合作制的民营企业，而后以股份制的形式成立，继而成为带有国资、民资和外资成分的混合所有制企业，在资本的不断混合中，经历了中国企业的若干种状态。其前二十年的发展轨迹与众多国企转制企业具有很强的相似性，他们在发展中所面临的瓶颈问题更是具有相似性；而从 1998 年以来，中国巨石通过具有开创性的“混改”、探索出一条与众不同的发展路径，其跨越式发展的轨迹更引人注目。

引　言

中国巨石的前身，是一个总资产不足 20 万元、年产量不足 200 吨的作坊式小厂。经过四十余年的成长，已经成为全球最大的玻璃纤维制造商，总资产超过 270 亿元、年产量近 150 万吨、市值超过 300 亿元、全球占有率超过 1/5。巨石更代表了中国企业的发展趋势。二十年前，中国企业以引技术、引品牌、引设备、引资金为荣；彼时的巨石集团，白手起家，从零开始。二十年后，代表着世界最新技术、最先进管理水平、最高运营效率的中国巨石在玻璃纤维的诞生地——美国建厂；这“一进一出”，向世人展示了中国制造的美好蓝图。

我们希望了解，中国巨石今日成绩背后的核心因素是什么？从 1993 年以来混合的驱动因素是什么？ 1998 年和中国建材资本联姻后，双方各自获得了什么？而双方的协同与磨合又能给在“国民共进”背景下的中国企业以何启示？

责任驱动：从困难企业到快速发展的地方玻纤厂

中国巨石始于浙江省桐乡市石门镇的一家石门东风厂的作坊式集体企业，由于经营情况不好，工厂举步维艰。1972 年，听说生产玻璃纤维能赚钱，厂里派年仅 17 岁的染布师傅张毓强到九江玻纤厂买拉丝机。张毓强历经千辛万苦，最终从九江扛回了一台简陋的拉丝机，企业从此踏上玻纤制造的漫漫征途。

1984 年，张毓强主持工作，账面仅余 283 元。面对困境，他以技术创新为核心，集中解决技术不稳定问题，企业慢慢步入正轨。80 年代末，国家开始探索股份制的改革思路，张毓强抓住改革机遇申请成为浙江省首批股份制改造企业，通过股份制改造吸收职工入股并补充资金，组建成立振石公司。改制后，员工和管理团队的积极性被充分调动起来，振石公司加快发展，到 1992 年，玻纤产量突破千吨，产值突破 1 000 万元，利润突破 100 万元。

资本联姻：从一次创业到中国最大的玻纤企业

当时，国内玻纤企业均沿用苏联的代铂炉玻纤生产技术，而欧美企业则采用池窑拉丝生产技术，后者成本更省、质量更高，但技术封锁。张毓强决心，必须研究池窑拉丝技术、实现技术突破，才能拉开与国内同行之间的距离。但摆在他们面前最大的障碍是资金，建设一个 8 000 吨级的池窑项目，当时至少需要投资 1 亿元。

引入多元化股东，开始一次创业

伴随着 1992 年邓小平南方讲话之后的思想解放，振石公司找到桐乡市政府和银行，共同出资 4 800 万元，股份制的巨石集团正式诞生，由张毓强担任董事长兼总经理。初始资金的到位，为巨石一次创业打下基础。1994 年，巨石集团年产 8 000 吨的池窑生产线点火。与此同时，张毓强坚持抓引进设备的吸收和创新，巨石技术研发不断上台阶，为有朝一日登上技术之巅积蓄力量。

1993—1998 年，巨石集团的收入增长了近 50%。1998 年，巨石集团的玻纤产量达到 2.8 万吨，收入达到 1.5 亿元，利润达到 989 万元，销售额、出口额和经济效益均已跃居国内首位。

联姻中国建材，实现上市融资

亚洲金融危机的爆发，使得全球玻纤市场全面低迷。而此刻，巨石集团面临生产线大修和扩大生产规模的双重资金压力。当得知向银行贷款扩建生产线的申请被搁置、而银行把贷款给了同时申请的另一家国企后，张毓强不得不向市场寻找其他融资途径。

一家美资玻纤龙头企业首先接触到张毓强，对方承诺对巨石 3 000 万美元的投资，以及相关的技术和渠道支持，留任张毓强做总经理并给出 8 万美元的底薪，再加上红利分成。然而，美方通过控股 60% 的股权从而消除巨石竞争威胁的意图也很明显。

而在此时，中国建材集团也在寻找新材料行业的合作伙伴。彼时的中国建材集团是国家建材局直属的大型国企，和当时大部分的国企一样，处于经营惨淡、持续亏损的境地。为了实现国企三年脱困，国家鼓励国企到资本市场融资，中国建材集团因而获得了一个上市名额。对中国建材集团而言，集团内现有资产质量差强人意，因此从外部引入优良资产、整合资源打包上市可行性更高。

接触初期双方顾虑较大。站在巨石集团的角度，其脱胎于国有体制，改制 10 年后又回到国有体系内，其历经多年塑造的市场化的文化、创新和决策机制是否会在国资监管体制下被扼杀？此外，放弃和美方合作将失去巨额的资本和技术，以及外方控制的国际贸易量，而国资控股下的个人待遇恐怕也会低于美方控股。对中国建材集团而言，内部也有很多不同意见，很多人质疑为什么国企要屈尊与民企合作，而如何操作更是不甚明了。

双方经过多次深入交流，合作意向明确起来。中国建材集团进一步认识到玻纤行业的发展前景，以及巨石在业务规模、技术水平和管理基础上的巨大优势；同时，决策层对以张毓强为首的经营团队高度认同，认为张毓强的企业家精神将能够为巨石集团的长远发展带来持续动力，而巨石的发展也必将为中国建材集团在新材料领域的战略布局和业绩提升贡献力量。巨石集团则认为，与中国建材的合作，可以保住中国玻纤民族工业的自主权，并为巨石集团带来国企在政策资源上有利的条件；而张毓强则指出，中国建材集团虽然是一个身处传统体制机制之中的国企，但其所从事的行业是充分竞争的行业，其产品是充分市场化的，加上决策层对公司发展方向的判断、对于巨石团队的认同，令张毓强相信这将是双方长久合作的基石。

最终，基于对彼此企业家精神的信任和认可，中国巨石和中国建材集团克服困难走到了一起。1998 年 4 月，巨石集团与中国建材集团等四家公司发起设立了中国化建，并在上海交易所上市，中国建材集团、振石股份和公众持股的比例分别为 37.79%、22.26% 和 33.33%。

上市后，中国化建将 2 000 万募集资金用于巨石集团 80 00 吨级的池窑拉丝工程技改项目，完工后达到了国内一流的技术水平。此时的巨石集团，已经不满足于国内规模第一的位置，喊出了“世界玻纤看中国，中国玻纤看巨石”的口号。2000 年，巨石集团把握市场需求旺盛的良好机遇，通过提高技术含量、调整产品结构、扩大出口能力，玻纤产品的销售收入比 1999 年增长 33.8%。同年,巨石投产了国内规模最大、技术最先进的年产 1.6 万吨无碱玻纤池窑拉丝生产线，并投入 3 822 万元收购九江玻纤厂，新技术的实施和产能的收购帮助巨石实现了低成本扩张。

引入外资股东，巩固美国销售渠道

随着出口美国的规模快速增长，巨石集团产品在美国的经销商提出入股巨石集团,正好与希望锁定美国销售渠道的巨石一拍即合。2001 年，吉普森投入 1 000 万美元，组建成立中外合资巨石集团有限公司。此次引资，帮助巨石集团锁定了在美国的销售渠道，为其进一步进军国际市场提供了基础。

2001 年，中国化建的玻纤产量达到 5.05 万吨，销售收入达到 4.4 亿元，利润达到 5 499 万元。

锐意改革：从董事会改组到世界最大玻纤企业

与中国建材的联姻后，巨石集团加快了规模扩张和技术改造的进度，业绩表现迅速提升，内部管理也更加规范。然而，随着时间的推移，巨石集团和中国建材集团的关系变得微妙起来。在传统国企的思维下，看重规模，因而中国化建成立时将不少总资产规模大，但盈利能力不强的业务囊括其中，而恰恰是这些庞大的资产使得中国建材获得了控股地位，巨石的管理层对此颇有芥蒂。1999 年上市后，巨石集团只占中国化建总资产的 30%，但营业收入和净利润所占比例却已超过 90%。

双方在发展理念和运行规则上的差异，更让彼此有所抱怨。巨石在市场竞争环境中生存、推崇市场化运营，这与国企传统体制机制下、注重规范甚至保守的运营方式存在巨大不同。而且，双方的发展理念有冲突，国企更关注资产规模，张毓强则更关注投资回报。另一方面，张毓强个性较强，视企业为自己的生命，国企的体制机制给巨石以很大束缚，尤其是国资持股只有 30% 左右的巨石集团要事事参照国企的相关规定执行，国企的行政干预、领导监察让他难以适应。一系列的摩擦，令张毓强一度有了分家的想法。

改组董事会，建立混合所有制的体制机制

2002 年，宋志平就任中国建材集团总经理。随着中国化建第一届董事会和监事会任期届满，宋志平派出了曹江林出任中国化建的董事长，选择曹江林的原因有三点：一是他的资本运作能力强，可以帮助巨石重组发展，二是其执行力强，善于处理复杂问题，三是其善于理解合作伙伴，

善于找出双赢的合作方案。曹江林深知，互信和共识是合作的基础。因此，他到任后，一方面尊重和维护张毓强在企业经营决策中的核心位置，增进双方的互信，另一方面他经常就行业的发展趋势和企业的发展战略与张毓强彻夜长谈，双方逐步对企业的发展方向达成共识。在互信的基础上，曹江林开始推动一系列的体制机制的改革：一是在完善内部监管机制的基础上，明确控股股东和巨石集团的各自定位：中国建材实施战略管控，只掌控投资、布局、财务和合规经营等重大事项，在巨石集团具体的经营管理、用人方面不插手，给予企业在法律法规允许范围内最大的自主权；二是完善治理制度，重视通过股东大会、董事会和监事会的有效运作加强对企业的法制管理，中国建材作为大股东根据公司的章程、董事会议事规则、总经理工作细则等制度，对于投资、融资、关联交易等重大事项的决策履行程序。管理层、董事会、股东大会三个层次都有明确的职责和权限，国资和民营均照章办事。在宋志平和曹江林的推动下，中国化建和巨石集团的关系逐步捋顺，为巨石接下来的发展奠定了基础。

合作步入正轨，二次创业成就黄金发展期

第二届董事会成立后，在中国建材集团的大力支持下，中国化建明确了发展战略：建设成一家“治理完善、运作规范、业绩优良、具有市场竞争力、可持续发展的专业化玻纤企业”。以此为目标，中国建材与巨石集团携手做出一系列重大决策，并推动了一系列改革措施落地：

主业归核。2002 年，中国建材集团决定从普通装饰材料行业退出，回归主流建材领域。在此大背景下，中国化建决定将不良资产及亏损资产剥离，更名为中国玻纤，明确将玻璃纤维作为业务战略方向，主要由巨石集团进行运营。

整厂搬迁、产能扩张、技术提高。为实现董事会提出的“实现亚洲第一并逐步冲击世界第一”的总体定位，2003 年，张毓强提出巨石的整厂搬迁计划并获得董事会支持，1 200 亩的新厂区为建立起一条接一条超大型池窑拉丝生产线提供了可能，巨石开始二次创业。2004 年，巨石建成投产亚洲最大的年产 6 万吨无碱玻纤池窑拉丝生产线，并开始推广自动化生产。2006 年，仅用 238 天建成投产，采用世界最先进的超大型池窑生产技术，年产 10 万吨无碱玻纤池窑拉丝生产线竣工。

布局西部新建生产基地。与此同时，巨石也积极在省外寻找产能扩展的基地。在国家“西部大开发”战略下，以中国建材作为央企的良好声誉为后盾，2004 年，巨石在成都市青白江正式投资建设玻纤生产基地。

引入战略投资者。考虑到中国玻纤的资金压力，董事会提出应尽快引入富有资本市场经验的战略投资者。宋志平和曹江林认为，虽然引入战略投资者会稀释中国建材的相对控制权，但无论是从巨石集团抓住机遇迅速扩大生产规模，还是建立长期有效的股权结构，引资都具有重要意义。2007 年，巨石引入弘毅投资，不仅解决了巨石集团扩张急需的资金，也带来了更加富有国际视野的管理经验，进一步增强了巨石集团发展决策的科学性并购投资。资金的投入，使巨石集团年产 12 万吨无碱玻纤池窑拉丝生产线于 2007 年投产，成为当时世界规模最大、技术最先进的玻纤池窑生产线。

开拓海外市场。随着公司总体定位的清晰，巨石也形成了“先建市场，后建工厂”国际化思路。2005—2008 年，巨石先后设立了 8 家国外销售子公司，开始开拓海外市场的销售渠道，培育稳定的客户群。经过这个阶段，巨石的出口稳步提升，在金融危机期间出口量基本占到了总销量的 50% 左右。

规模快速增长，技术快速提升，跃居世界第一

随着12万吨无碱玻纤池窑拉丝生产线投产，巨石形成了全球规模最大、技术最先进的年产60万吨玻纤生产基地，规模达到世界第一。达到这个目标，美国用了70年，而巨石只用了十几年。

与此同时，巨石逐步建立起了以自主研发为主，技术引进为辅，产学研结合的技术创新体系。2008年，巨石集团建立起国内最大、设备最先进的玻纤研发中心和实验室，并聘请多位掌握世界领先技术的专家组成了阵容强大的技术团队，仅2007年新开展科技项目20项，年度科研经费投入超过1亿元。同时，巨石开始在高性能玻璃配方等多个领域逐步与世界巨头并驾齐驱。

2002—2008年，中国玻纤的产能增加了4倍，营业收入的年复合增长率达到36%，净利润的年复合增长率达到62%。

国民共进：从金融危机中砥砺前行到世界玻纤行业的创新引领者

2008年全球金融危机爆发，外围环境迅速恶化，中国建材集团和巨石集团双双陷入困境。2008年第四季度开始，巨石集团的海外订单出现下滑。2009年初情况更加糟糕，中国玻纤第一季度营业收入同比下降36.2%。就在前一年，董事会刚刚制订了巨石集团三年内实现产能150万吨的发展目标，为此需要继续投入巨额资金新建生产线。是否继续投资？张毓强急需做出决定。更为迫切的是，玻璃纤维生产属于不间断连续运行的行业，具有一经启动运转就不能停窑的特点。可是如果不停窑，一方面源源不断的产品被生产出来，另一方面市场萎靡、需求不足，产品卖不出去，一旦资金链断裂，企业将面临史无前例的危机。是否停窑，张毓强必须马上做出决定。

直面危机，国资和民资并肩应对

2008 年 12 月，张毓强紧急进京与宋志平和曹江林商议：一是对于市场和行业的判断，是暂时的困难还是持续未知的困难；二是面对困难如何应对。基于 30 余年的行业经验，张毓强认为：玻纤行业作为朝阳产业的大方向是毋庸置疑的，而玻纤处于产业链的最上游，一旦全球经济回暖，它将最先受益。而且，当下玻纤产品的价格下降，在一定程度上也有利于这种替代型新材料的普及。与此同时，张毓强提出一系列具体解决方案，包括扩大对印度和中东等新兴市场的出口，以风力发电装置为突破口发展高端玻纤制品，通过科技创新、管理创新来压缩成本等等。

虽然宋志平与张毓强有着相同的判断，但因为没有人知道困难要持续多久，而且，在国内建筑行业恐慌的情绪下，中国建材也面临巨大的困难，受金融危机的影响，中国建材的股价从最高 35.3 元一路下跌到 11.4 元，使得其正在组建南方水泥的计划面临巨大资金缺口。对宋志平来说，若巨石集团的生产线停产，仅是中国建材集团众多产业中的一部分损失，虽然痛心，但不至于是灭顶之灾。然而，若中国建材集团要保巨石不停窑，就可能需要提供资金担保，帮助其获得巨额资金来填补亏损和维持运营。这不仅意味着可能会影响集团其他业务的发展，而且若巨额资金投入仍没有令巨石转危为安，宋志平将背负国有资产流失的重大责任。

经过几轮闭门会议，经过慎重考虑，决断时刻，中国建材集团决定支持巨石集团，宋志平、曹江林、张毓强共同做出不停窑的战略决定。2009 年，巨石集团亏损 1.5 亿，也是过去唯一亏损的一年。事后证明，三人的决策是正确的。关键时刻，宋志平和曹江林做出的决策，是基于张毓强对行业的专业判断及解决措施的务实分析，更是对张毓强和巨石的管理团队的信任。正如张毓强所说，危机时刻，中国建材集团和巨石集团肩并肩面对困难，所表现出的对企业家的精神支持和宝贵信任，是支撑他带领巨石走出危机的关键因素，也是他认为的国资和民资合作的真谛所在。

渡过难关，管理和创新驱动转型

九死一生的中国玻纤在张毓强的带领中开始通过技术创新调整产品结构。2009 年，在计划缩减 4 亿元成本的压力下，张毓强坚持不减少研发投入，并在随后通过不断加大研发投入，开发适应市场需求的高端产品，降低中低端产品的比重。与此同时，公司成功研发了纯氧燃烧技术，大幅降低了巨石对天然气的采购量，实现了成本的大幅度下降，并实现了清洁排放。

在成本方面，中国玻纤进一步推进自动化，以设备代替人工，工厂人数从 1 万多人降到了 7 000 多人，员工减少了 30%，产能却提升了 30%；同时，公司通过管理人员的“末位淘汰”等人员优化措施，以及节约投资降低财务费用等措施，大幅降低成本。

随着全球经济的复苏，中国玻纤的出口市场好转，之前库存的产品溢价售出，获得了很好的收益，并于 2010 年完成了五条生产线项目的建设工作，营业收入比上年同期增长 50%，实现了 2 亿元的净利润。依靠科技创新和精细管理，2008 年以来，巨石坚持每个月、每个季度、每半年、每年，对外与竞争对手对标，对内在子公司之间对标，通过对销量、价格、技术、成本等包括几百个数据的全方位对比分析，寻找降本增效的空间。

为了通过业务整合进一步提高资产和业务完整性和整体竞争力，并持续优化股权结构，2011 年 6 月，中国玻纤进行了重组。重组完成后，巨石集团原股东成为上市公司的股东，这既实现了巨石集团股东和中国玻纤股东在利益上的统一，也使得中国玻纤实现了股权结构的进一步优化。中国建材集团对于中国玻纤的持股比例从 36.15% 下降到 32.79%，振石持股 20.68%，弘毅 10.02%，索瑞斯特 4.33%，其他流通股 32.18%。这样的股本结构既不存在单一股东一股独大，也不会使股权过于分散，实现了规范治理，促进了所有者真正到位。

布局全球，巨石开启三次创业

经过多年的发展，到 2010 年，中国玻纤的玻纤产能已经达到 90 万吨，巨石的产品已经远销欧美、中东、东南亚等 100 多个国家与地区。在张毓强的建议下，董事会制订了“布局国际化、市场全球化”的战略目标，巨石开始第三次创业。

2012 年，宋志平和曹江林认为，“一带一路”战略将上升为国家战略，因此巨石的海外布局应优选“一带一路”沿线国家，他们的建议获得张毓强的响应。综合考虑各方面因素，中国玻纤董事会批准巨石在毗邻欧洲、规避反倾销、劳动力资源丰富的埃及建厂。2014 年 5 月，中国玻纤埃及生产基地一期年产 8 万吨无碱玻纤生产线全面投产运营，产品供不应求，投产当年即实现了显著的经济效益。

2016 年，借鉴埃及项目经验，中国巨石决定在美国投资 3 亿美元建设年产 8 万吨无碱玻纤生产线，推进“以外供外”策略，实现产品结构调整。中国巨石到玻纤的发源地去建厂，意味着巨石集团在全球最发达的国家实现了从产品输出、外资引进向资本输出的转变，成为中国制造走出去的典范。

2017 年，中国巨石决定投资 1 亿美元在印度设立子公司并新建年产 10 万吨无碱玻璃纤维池窑拉丝生产线，中国巨石“市场全球化、布局国际化”战略全面落地开花。

经过了40余年的发展，尤其是从1993年以来，巨石经过三次创业，已经成为全球玻纤行业的隐形冠军。其行业领导者地位体现在：第一，生产规模最大。截至2017年底，中国巨石的玻纤产量达到138万吨，占全球总产量的20%左右。第二，生产技术和工艺水平最高。巨石完成了从技术跟随者到技术引领者的蜕变，在大型池窑、玻璃配方、纯氧燃烧、废丝利用等四大技术领域都达到傲视国际的领先水平。第三，治理体制持续健全。在宋志平提出的“混合三原则”下，经过持续的资本混合，中国巨石已经建立了有效制衡的股权结构；在此基础上，中国巨石建立了有效制衡、协调运转、专业化的董事会，保障了决策的科学性。第四，市场化的经营机制不断增强。巨石建立了一套灵活有效的、符合市场规律的经营机制，其中尤以多层级的考核薪酬制度和三层级的激励管理制度为核心，为企业创新形成有效支撑。第五，精细化管理，效率最高。巨石从2009年开始推行“增节降”的管理办法，使其主要产品的制造成本连续十几年下降，复合年利率下降比率达到3.8%，多年来始终保持着生产成本全球最低的水平。第六，盈利能力最优。从2002年到2017年，中国巨石的收入增长了14倍，净利润增长了69倍。截至2017年底，巨石的销售收入超过86亿元，净利润超过21亿元，同比增长41%。

与此同时，中国建材集团也在与中国巨石的合作中深深收益。第一，显著的资本收益。1999年上市以来，中国建材对中国巨石的历年投资共计3.6亿元；20年来，中国巨石对中国建材的分红金额合计为6.77亿元。截至目前，中国巨石市值超过300亿元，中国建材持股市值保守估计翻了20倍。虽然持股比例下降，但是国有资本的控制力和影响力大幅提升。第二，强大的示范效应。巨石的市场化运营、管理规范、技术研发、成为全集团学习的样本。每年，中国建材集团派出至少三批次以上的企业来交流学习，并邀请巨石到其他企业进行宣讲。中国建材编制了企业经营管理的“八大工法”，把巨石的“增节降”作为一套核心的管理工具在整个集团内推广学习。

展望未来，携手踏上新的征程

时间迈入2018年，中国建材集团和中国巨石即将迎来双方资本联姻的“瓷婚”纪念。站在新时代，借势“中国制造2025”国家战略的东风，中国巨石董事会制订了再造一个巨石的战略目标，中国巨石智能制造基地首线15万吨玻纤生产线已经在桐乡经济开发区开工，中国巨石继续先人一步。而47年来坚持以“一辈子做成一件事”的张毓强，此刻心中有了新定位、新思路，正雄心勃勃地带领中国巨石走向新的高度。

而在千里之外的北京，宋志平和他所带领的中国建材集团同样对未来满怀信心和期待。过去20年，宋志平坚持以央企市营的管理理念推动市场化改革，正在结出丰硕的果实。中国建材不仅通过资本运作和联合重组“两个轮子”推动行业整合和产业升级，从一个深陷债务危机的中小企业一步步发展成为全世界规模最大、技术水平领先、具有持久竞争力的水泥制造商，更在“国民共进”的思想下培育了6个像中国巨石这样的混合所有制的隐形冠军。继2016年与中国中材集团在集团层面重组合并后，2018年初，中国建材集团旗下的中国建材和中国中材两家港股上市公司完成吸收合并，迈出了集团内部强强整合的新一步。此刻，宋志平心中的那个宏伟蓝图——一个由若干个千亿市值的专业化上市公司组成的、具有全球一流竞争力的材料行业的航母群——正在逐步变为现实。

中国巨石改革案例思考

回顾中国巨石40余年的改革与发展历程，对现阶段的改革有什么样的启示？对此，我们有以下三点思考。

第一，企业家精神是驱动企业改革和发展的持续动力，更是“国民共进”的核心要素。中国巨石40余年摸着石头过河的发展历程，既有高歌猛进，也不止一次面临生存危机，而支撑企业一直砥砺前行的，是企业家精神。这其中，既包括张毓强这样的民营企业家，凭借着绝不放弃的奋斗精神和应市而动的务实精神，以立民族志气、振兴中国玻纤民族工业为己任，带领企业在爬坡过坎中发展壮大；也有宋志平、曹江林所代表的国企企业家，凭借着一种强烈的责任心和事业心，带着一心一意搞好企业的格局和气魄，从国有资本增值的大局着眼，无保留地支持巨石的发展。宋志平将“国民共进”的真谛归纳为一种合作的信念——规范运作、互利共赢、相互尊重、长期合作——而张毓强则更直白地指出：“国资和民资成功混合的前提是人的合作——先有人、有想做事、想做好事的人，其他都可以解决。”这对于新时代国企和民企的合作具有非常重要的参考价值。

第二，民企引入国资的改革要想取得成功，必然要着眼于国资股东所带来的长期性的战略价值，从而不断巩固企业的资源禀赋优势。对于我们所特别关注的中国巨石与中国建材集团20年资本联姻的历程，可以看出：联姻伊始，巨石看重的是国企一次性的便利——上市指标，在获得资金的同时也付出了不小的代价，几乎让双方分道扬镳；而2002年以后，基于互信共识的建立和治理体制的完善，双方的关系步入正轨，中国巨石的发展才步入快车道。这16年来，中国巨石从中国建材获得的短期审批和资金便利是非常有限的，而其获得的长期性的战略价值却是难以估量的，这既包括中国建材团队站在国家战略高度帮助巨石把握发展的战略方向，加上巨石管理团队依靠市场化经营迅速落地，使得中国巨石总是能够在战略机遇期先人一步；也包括危难时刻，宋志平和曹江林为张毓强提供全力支持，使得中国巨石能够撑过金融危机。在国资股东具有长期性的战略价值的支撑下，中国巨石得以在其资源禀赋——生产规模、技术和管理水平方面——不断提升新的高度。正是基于这个原因，张毓强认为“中国巨石和中国建材的合作是成功的，这一案例对民企而言，是可参考、可复制的”。

第三，民企的市场化优势既是确保改革成功、保持其长期领先的基础，还可能对国有企业产生良好的溢出效应。联姻初期，中国化建用传统体制管中国巨石的市场化体制，使得巨石建立的市场化运营受到很大束缚，这也是当下很多民企担心国资入股会造成的问题。而2002年之后，中国建材在“央企市营”的一系列改革中不断与市场接轨，与此同时，通过推动中国巨石治理体制的持续完善，使得中国巨石的市场化机制在规范的框架内得以延续，是中国巨石得以迅速发展壮大的关键因素。而中国巨石的市场化优势得以发挥，对中国建材而言，也犹如一座市场化运营的“灯塔”，产生了显著的溢出效应。巨石的技术创新和精细化管理，成为中国建材集团学习的榜样，巨石所发挥的市场化运营的示范效应，给中国建材带去了比资本增值更不可估量的价值。在我们看来，正是在宋志平这样企业家的带领下，在包括中国巨石在内的一批混合所有制企业的示范下，中国建材集团得以在建筑材料这一充分竞争行业中生存下来并不断发展壮大。

案例篇引申思考：着眼资本层面，什么是改革成功的关键词？

在本篇的最后，我们上升到资本层面，以“是否有利于提升资本回报率”为检验标准来审视以上三个案例，可以看到，上述三个案例均实现了资本回报率的提升。那么，着眼于资本层面，其成功的关键是什么？

可以看出，三个案例中，资本价值提升的过程都伴随着资本的积极流动。中粮肉食的案例中，两次资本的流入均为企业带来了积极的变化，第二次引资更是推动了企业体制机制的改革。而国有资本从禽肉业务流出，从而进一步聚焦核心业务，同样有助于提升回报率。农产品公司的案例中，公众股东和核心员工的资本流入，推动了构建市场化体制机制的第一步、并实现了绑定；而国资流入卫星公司构建生态圈，同样提升了核心主业的回报率。中国巨石案例中，从 1993 年成立开始，巨石在发展中伴随着多元化股东、国资股东、外资股东等各类资本的流入，通过在不同瓶颈阶段引入不同的合作伙伴，从而实现改革的目的，突破瓶颈、加快发展。由此我们得出一个重要结论：改革始于资本的积极流动，无论国有资本还是民营资本，均需要流动，资本的积极流动是提升资本回报水平的关键条件，是推动企业改革与发展的核心力量。实践证明，国资要流动、民资也要流动；资本的退出是流动，引入外部资本也是流动；流动无关乎企业的层级，无关乎企业上市与否。我们着眼资本层面，提出改革关键词：资本的积极流动。

在此基础上，从国有资本的角度而言，我们有两点思考。

第一，资本流动的方向是追求收益性，因而判断的标准是是否有利于提升资本回报率，而不应按照行业进行一刀切的判断。有人认为，国有资本应从充分竞争行业退出，布局到战略性行业中。我们则认为，既然国有资本做强做优做大的目标意味着要强化国有资本的完整市场化属性，国有资本自然就要追求收益性，要求国有资本一刀切地从一些行业退出显然没有道理。以中粮肉食及其所处的生猪养殖行业为例，在2009年之前，这一行业几乎是由民营资本垄断，国有资本进入这一行业后，不仅推动了行业格局的调整，引领了消费的转型升级，更在加强食品安全，提升环保标准和科技水平，构建循环经济等方面做出表率，由此构建的资源禀赋优势，在嫁接了外部资本的市场化优势后，形成了1+1>2的效果，使得资本回报率不断提升，并有效发挥了国有资本对社会资本的引领和带动作用。

第二，国有资本流动的方式既包括投资新建，更包括以资本形式进入现有企业。一些人认为，国有经济在新兴行业的影响力需要通过国有企业来体现，这就意味着国企要投资进入新经济行业。我们认为，既然新时代的国企改革是管资本层面的改革，就应着力于发挥国有资本的作用，通过国有资本的流动体现国有经济的影响力，这其中既包括国有企业以固定资产投资的方式进入，更应包括国有资本以股权的形式进入现有企业。二十年前中国建材代表的国有资本流入中国巨石，看准了中国巨石所代表了新兴材料领域的先进水平；八年前农产品公司代表的国有资本流入卫星公司构建生态圈，看准了卫星公司在新兴行业和现代服务业的专业化能力，都呈现了国资股东以管国资的思维模式，以资本的形式——而非企业的形式——进入看准了的新兴领域，这对于今天积极布局新经济的国有资本仍然具有重要参考价值。国有资本流入新兴领域，将自身的禀赋优势与外部资本的市场化优势，管理层的企业家精神三者紧密结合，既提升了国有资本的配置效率，降低了运营风险，又提升了国有经济的控制力、影响力，发挥引领和带动作用。

总结本书的方向篇、路径篇和案例篇，经过在设计方向、操作思路、案例分析三个层面的讨论，解答了当前改革中的一些痛点和困惑。在方向篇，我们提出“一体、两翼、三原则”的改革方向。在路径篇，我们提出“混改十步法”，并将混改后企业应具备的特征总结为“混合所有制企业六特征”。在案例篇，参考具备六特征的混合所有制企业的改革历程，我们将混改在企业层面的成功经验总结为“混改三要素”，并验证了以投资主体科学化为方向，引资本、健制度、转机制改革的必要性；同时，我们上升到资本层面，将改革的成功因素归结为混改的一个关键词——资本的积极流动。基于国企改革的目标，我们形成了混改在理论、实践和评价三个层面的连贯和统一（案例篇引申思考图 1）。

案例篇引申思考：

着眼资本层面，什么是改革成功的关键词？

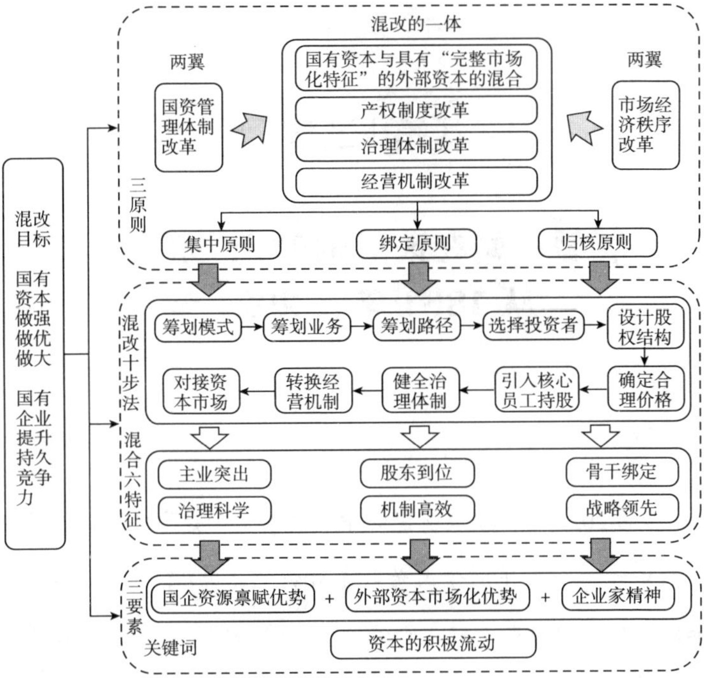

案例篇引申思考图 1：全书的逻辑和核心观点

第十二章

展望：站在改革的时代交汇处，从 1861 年看 2021 年

1861 年，内忧外患的中国在洋务运动中掀开了近现代的改革史；160 年之后的 2021 年，破浪前进的中国将在全面建成小康社会中迎来民族复兴的第一个一百年。今天是改革开放的第 40 个年头，我们站在了这见证时代交替的历史关口，而此刻所讨论的以混合所有制改革为重要突破口的国企混合所有制改革，也注定具有承前启后、继往开来的新时代意义。

因此，在本书的最后，我们在思考两个问题：第一，回顾历史，混改可能遇到哪些困难？第二，展望未来，混改可能产生什么样的红利？想明白前者，让我们居安思危，行百里者半九十；看清楚后者，令我们坚定信心，撸起袖子加油干。

第一节　从官督商办谈起，看制约混改成功的关键因素

当 1861 年开始的洋务运动进行到第十年时，洋务派面临着双重困境：一方面，以“求强”为口号的官办军事企业陷入艰难维谷中，腐败严重、效率低下、成本极高，“靡费太重”①成为顽固派反对洋务运动的重要借口；另一方面，自鸦片战争之后，外国洋行在中国通商口岸发行股票吸收华股，“中国资本大量流入外国公司，成为外国公司开拓中国市场、侵攘中国利权的重要资本支柱”②。面对内外交困，洋务派提出以“求富”为口号的改革，采用官督商办的经营制度创建现代民用企业。“官督商办”——官为维持商为承办③——即由商人出资入股，政府委派官员经营管理，希望借助于商办“收众擎易举之功”，并通过官督免去“地痞土棍阻挠、吏役敲诈勒索”，从而官督商办各有责成。在资金来源方面，企业的资本全部或大部分由商股筹集，政府在商股未凑齐之前以官款垫借作为信贷或者在企业中加入少量官股，“体现了国家资本、私人资本一起上的精神”④。以此为开端，带着混合的特征，洋务派开启

① 中国科学院近代史研究所史料编辑室．洋务运动（五）[M]，上海：上海人民出版社，2000：105–106.

② 李玉．轮船招商局与“官督商办”公司 [N]．南方都市报 .2012-08-14.

③ 吴汝纶编录．李文忠公全集 [Z]．第 13 卷：13.

④ 周建波．西方股份公司制度在中国最初的实践和评价 [J]．北京大学学报，2001（5）：61-68.

了西方股份公司制度在中国的最初探索。“官督商办”的制度在当时极度保守的环境下具有“开风气”的非凡意义，并对中国相关产业的崛起和第一批民用企业的脱颖而出起到了积极的作用；而局限于当时的时代背景，也必然会存在这样那样的不足。然而，此项制度的设计者想必未能预见到，官督商办制度成为洋务运动中企业制度实践的基本轨迹，而这一改革，将对中国经济社会发展全局造成如此深远而沉重的影响。

1872年12月，中国第一家股份制公司轮船招商局以官督商办形式成立[①]。成立之初，“官”给了企业垄断特权，使其享有独占华轮航运市场的特权，与沙船业相似的运漕优惠权[②]。但随着企业获得丰厚利润，“官”的支持很快转为无偿征索和财政勒索，成为企业的沉重负担。同时，在“官督”的制度安排下，企业的最高管理层由监控的李鸿章札委[③]，而用人、理财的权力又都在这些管理层手中，因而“广大商股除了领取官派高管决定的股息与红利之外，很少与机会参与企业决策与监督事宜”[④]。官和商的这种“产权不明”，导致官权泛滥，商利不断遭到侵害，企业形象大受影响，极大地挫伤了民众的投资热情，为其后一系列的失败埋下了伏笔。

15年后的1887年，当李鸿章设立中国铁路公司时，商人已然不再相信“官督商办”的制度，投资者抱怨“轮船招商局从来没有就资产的处理征求过他们的意见”，计划招股100万两却只招到10.85万股。1985年，张之洞主持修筑苏沪铁路，“铁路招股遵谕宣布，沪商尚无人入股，

① 张后铨．招商局与汉冶萍［M］．北京：社会科学文献出版社，2012：155.
② 罗苏文．轮船招商局官督商办经营体制形成的原因及影响［J］．史林，2008（02）.
③ 罗肇前．比较李鸿章、张之洞“官督商办”之异同［J］．社会科学，2000（12）：68-72.
④ 李玉．轮船招商局与“官督商办”公司［N］．南方都市报，2012-08-14.

电询粤商亦无有应者”；同期，芦汉铁路招股创办，华商也因为其实行官督，而犹豫不前。[①]

九年之后的 1896 年，李鸿章的中国铁路公司和张之洞的苏沪铁路及芦汉铁路在国内资本市场受到冷遇，新成立的“铁路总公司”在资金来源方面难以过多的指望民间资本，而不得不选择借“洋债”。

之后的十年间，铁路总公司管理和修筑了当时中国 41% 的铁路[②]，却也因为“洋债”合同“大都以建筑权、管理权尽授外人”[③]，被认为“利权丧失”，广受诟病。尤其是 1905 年以后，以日本为师，收回被外资控制的铁路，国家上下掀起了“收回利权”的运动，清政府以为“民意可用”，希望推动铁路商办以收回铁路利权和推进铁路建设，于是裁撤铁路总公司，铁路民营化浪潮开始澎湃。

在接下来的六年间，各省商办铁路公司纷纷成立，最后达 17 家之多。然而，民营资本并没有足够的资金，于是，被“民营铁路大干快上”的舆论绑架的各地政府出台特殊政策强行上马铁路项目，其中最典型的是向农民摊派强行征收“租股”[④]，名为商办的铁路公司，却依旧在“官”的公权力保驾护航下异化为“二政府”[⑤]。同时，由于“官”缺位而缺少监督和制约，“民营的 17 个铁路公司基本都是乌烟瘴气，都比原来的国有企业更腐败”[⑥]。资金不足加上腐败横行，铁路施工完全没有进

① 李玉．轮船招商局与“官督商办”公司［N］．南方都市报，2012-08-14.

② 雪珥．改革都有红利吗？［M］．南京：江苏文艺出版社，2013，第 178 页．

③ 曾鲲化，《中国铁路史》，（民国北京新化曾宅刊本）。

④ 租股，即抽租之股，将股份由政府强行摊派到农户头上，随粮征收。有人指出“租股之害，莫大于扰民；租股之弊，莫甚于中饱”。

⑤ 雪珥．辛亥：计划外革命［M］．北京：中国画报出版社，2011：4.

⑥ 同上，第 292 页。

展，1907 年实际成线的里程只完成了中央政府计划的不到 4%[①]。清政府意识到“商办资金断绌，影响了铁路建设的进程；且各地画地为牢，互不相连，成了新的地方分裂的工具”[②]，决定通过铁路国有化以加强监管并集中财力物力和统一规划。然而，多年来借着“官”的公权力业已做大的既得利益集团，“挟官以凌商，挟商以蒙官”，挑动被摊派的股东和政府对立，最终将国家带入动乱的深渊。

洋务运动和官督商办制度下的改革，产生于特定的历史条件下。彼时，被坚船利炮打开了国门的清王朝，“唯一的目的是站着不动，对推动他们前进的努力做出消极的抵制”[③]，因而改革总是被迫的选择；而“求强”“求富”的洋务派虽在顽固势力的阻挠下艰难地“打开一道门缝”，但受限于他们的认知水平和影响力，加之当时落后的经济社会环境，在移植仿效西方新式企业制度时，更看重生产技术和筹资功能，而忽略了相应推动企业内部组织制度的良治和外部经济体制的变革，改革也就终究难以成功。而新时代的中国，已经屹立于世界强国之林，中国的企业业已开启了全球之路，在此大背景下，在全球维度和资本视角下主动开启的国企改革，着眼于“培育具有全球竞争力的世界一流企业”；与此同时，当今的中国，无论从民智的开放程度、人才和技术的规模和水平，还是民主法治建设、社会主义市场经济体制，较 150 年前均有着天壤之别。而 40 年的改革开放，国企和民企在增量方式的经济改革中快速发展壮大，也为当今中国营造了改革的最佳经济社会环境，在对改

① 雪珥 . 辛亥：计划外革命［M］. 北京：中国画报出版社。2011：53.

② 严亚明 . 晚清官督商办企业模式的制度缺陷与企业制度思想的蝉变［J］. 兰州教育学院学报，2005（1）：3~9.

③ 来源于《英国公使阿礼国向英国外相的报告》（1867 年）。

革至关重要的要素——理论储备、实践检验、经济基础、法制体系、党的建设等方面，均处于历史最高水平。因此，全社会对国企改革的成功有着充分的期待和信心。

然而，我们仍需认识到，历史具有一定的延续性，而历史改革中出现的问题和难点又往往具有一定的相似性。因此，在积极推动改革落地的同时，我们还需对改革进程中的潜在障碍有一个充分认识。回顾洋务运动的历史，有学者指出，“官督商办”制度下改革的症结在于清政府的故步自封，加上中国千百年来“轻商、病商、剥商”的固有偏见，无论是顽固派还是洋务派，均希望保持国家对社会经济活动的全面控制，不愿意为私营工商业活动腾挪自由发展的空间，因此缺乏建立现代企业制度的动力和能力。在这种“意识形态刚性”下[①]，“官权”和“商利”之间的矛盾和对立就难以避免：“官”想的始终是如何加强监管，“担心数十年后，中国富农大粟必有仿照机器制作以自求利益者，官法无从为止区处”[②]；而“商”幻想利用官督商办的形式来发展自己，以至于以矿冶公司为代表的一些私人企业，为了争取官僚的庇护，主动带上官督商办的帽子[③]。再者，仔细观察在这过程中发展壮大的“商”，就会发现：他们大多是曾经“托庇洋商”[④]的买办商人，这些人“既没有对政权的忠

① 严亚明 . 晚清官督商办企业模式的制度缺陷与企业制度思想的蝉变［J］. 兰州教育学院学报，2005（1）：3-9.

② 孙玉杰 . 官督商办产生的文化因素分析［J］. 中国商界，2009（10）：207-208.

③ 周建波 . 西方股份公司制度在中国最初的实践和评价［J］. 北京大学学报，2001（5）：61-68.

④ 19 世纪 60 年代前后，通商口岸的新式商人与洋商合伙经营。由于清政府对当时民间投资新式企业缺乏政策规定，有些投资行为在政府禁止之列，而华人目睹西方商人在华洋行的盈利状况，加之洋行在中国经商贸易的种种特权，买办商人等在丰厚利润的引诱下，或附股洋行企业，或诡寄经营，借此托庇洋商，买办化商人和洋行商人相互结合，“华商避捐”，“洋行图利”。

诚，又没有对民生的责任”[①]，且“倚徙华洋之间，往来主奴之界”[②]。这些依仗于“半官半商身份”，寻求个人利益最大化的既得利益者参与其中，使得官商之间的矛盾在一次次博弈中变得越来越尖锐，并在民粹的“大跃进”运动中变得不可调和。

因此，历史学家雪珥基于对中国历朝历代尤其是清朝改革的回顾，将“既得利益集团”、“‘大跃进’心态”和“泛意识形态化”归结为阻碍中国前进步伐的三块绊脚石[③]，而“泛意识形态化”则是问题的根本。

那么，新时代的国企改革是否会面临相似的阻碍？

我们在过去四年的实践和调研固然十分有限，但在这过程中观察到的一些现象仍值得关注。

第一，一些人担心改革导致利益的重新分配，而选择作壁上观，甚至打着防止国有资产流失的旗号阻碍改革，其中尤以一些经营不善的企业为重灾区，这样的企业往往是“将熊熊一窝”，越是这样的班子，越是惧怕改革，于是出现改革“员工急而班子不急”的局面；与此同时，也不乏一些人抱着浑水摸鱼的心态，喊着改革的口号，其背后的动机却不是如何把企业搞好，而是从中牟私利。以上这些人是不是“既得利益者”？

第二，从企业到舆论，都存在一定对“一混就灵”的迷信，将混改与引资本画等号，认为一旦引入了外部资本，其他一切问题便会迎刃而解；这种“打鸡血”期待的另一种表现是希望改革一步到位，鼓吹国资股东应尽可能放弃控股权，这是不是“大跃进心态”？

---

① 雪珥 . 改革都有红利吗？［M］. 南京：江苏文艺出版社，2013：314.

② 鲁迅 . 鲁迅全集——〈题未定〉草［M］. 北京：人民出版社，第六卷：282.

③ 雪珥 . 改革都有红利吗？［M］. 南京：江苏文艺出版社，2013：312-319.

第三，很多人还在激烈讨论混改是“国退民进”，还是“国进民退”；同时，不仅国资引入民资的尝试经常会招致“国有资产流失”的评论，更有一些人还刻舟求剑式的以今天的估值来评价国有商业银行在 21 世纪初上市前引资时的估值是否存在国有资产流失，这算不算“泛意识形态化”？

“能攻心则反侧自消，从古知兵非好战；不审势即宽严皆误，后来治蜀要深思。”攻心联的重要智慧在于告诉后人要“审时夺势”，既要审视历史，又要审察时势。面对新时代改革中的挑战，我们在吸取前人经验教训的基础上，更须因地制宜、宽严相济，从而克服困难、解决问题。在此愿探讨我们的一些拙见。

从土库曼斯坦通往中国华南的油气管道，绵延超过 7 000 公里。油气得以从气田流向油气用户，少不了这么几个条件：管道、动力、气源。三者不仅必要，而且缺一不可。

本书所讨论的混合所有制改革应是同样的道理。如果我们将国企改革达到“搞好国有经济”类比为输气“服务终端用户”的目标，则混改就是开采、供给气源。因而，改革要成功，我们需要在管道、动力、气源三方面做好工作。

第一，要降低既得利益者的障碍，我们应建好制度的“管道”。

一是要在明确而统一的改革方向下，各政府部门协调制定纲领性顶层设计，而这应是惠及大多数人的。亦如输气的干线管道要采用统一规制并有足够的容量，既不能太细而影响运力，又不能粗细不一而导致中途阻塞。历史告诉我们，如果改革红利惠及整个体制或者大多数人时，改革往往取得成功，反之则可能将改革红利异化为“黑利”。这就要求我们在顶层设计中考虑到尽可能多的利益相关人士。例如，我们观察到，不少子公司层面混改难以落地的梗阻在于其国资股东的各职能部门不放权。究其原因，这些职能部门不是不支持改革，但是由于缺乏“上下同欲”的制度设计，导致这些利益相关人士未能分享子公司改革的红利，却承担了子公司改革的风险，因而对改革表现得不积极。同时，参考二十年前国有中小企业改制得以迅速推进的一个制度性原因，各政府职能部门在解决资产、债务处置，人员分流安置，税收和历史欠账等核心问题解决的过程中，充分统筹协调[①]。今天我们面临的改革局面更加复杂，这就要求在顶层设计中要同步对混改及其配套改革的法律、金融和监管等制度框架进行安排，尤其是对一些已经明显与现阶段的改革方向不符的法规和措施亟待调整。例如，在国企集团薪酬总额继续受到限制的情况下，一个子公司混改后薪酬市场化了，若是其工资总额上涨，是否意味着其他子公司的薪酬会相应降低？“被降薪”的子公司又会如何看待改革？

二是应坚持“顶层设计＋基层创新”，在统一的顶层设计下，地方因地制宜、因时而动地制定实施细则。四十年来中国国企改革遵循的一条重要经验就是“中央政府不设定统一的改革模式，只规定一些基本的原则，完全由地方政府来寻找最优的模式”[②]。亦如输入终端用户的支线管道的规制应因地制宜，我们显然不能要求工业用户和居民用户的终端接口采用一样的规格、同时入户。事实证明，一方面，改革是个试错过程，若全国统一的顶层设计一直延伸到具体的改革措施，则必定忽略了各地的差异性，既扼杀了基层的积极性，又不一定能达到好的效果；另一方面，取决于各地方国有经济的结构、国企的质量、对 GDP 和财政收入的贡献、保就业的压力等因素，其推进国企改革的策略往往是不同

① 邵宁，《国企改革实录（1998—2008）》。

② 张军，等．中国企业的转型道路［M］．上海：格致出版社，2008：185.

的。因此，在通过顶层设计统一方向、规范框架的同时，既应避免对操作方案规定的过细，或事事地方参照执行；也要避免引导地方像“赛马”一般争相出台文件，盲目推进改革。也只有尊重多样性的特点，充分地调动基层的积极性和创造性，分类、分行业、分区域、分步骤、分时间地建设“支线管道”，才能取得预期效果。

三是有了制度，政府应侧重在混改过程中做好监督和纠偏。管道建得再好，若不定期检查，则跑冒滴漏多了，不仅气到不了用户，更可能产生泄露的风险。因此，构建了改革的纲领和具体规则，国资监管部门应重点发挥监督和纠偏的职责。监督，即在混改方案的审阅和实施过程中把握政策“红线”；纠偏，即对“越线”进行及时的纠正，并针对执行中普遍存在的难点问题，及时在政策法规上进行补充完善，尤其是评估增值所得税、瑕疵土地、核销不良资产、员工经济补偿金等涉及企业和广大员工利益的问题。

第二，要克服大跃进心态的障碍，需要激发改革的持续动力。

一是改革要成功，要依靠具有企业家精神的关键少数，落到实处是建立容错机制和保障机制。没有压力，天然气就可能一直在管道入口徘徊，改革是同样道理。很多人问，谁是改革的驱动力量？是政府？是外部资本？显然应该是企业家。四十年来的改革开放表明，企业家不仅是国企发展的原动力，更是中国经济体制改革和经济崛起的中坚力量。在新时代改革的大背景下，习总书记指出：“我们全面深化改革，就要激发市场蕴藏的活力。市场活力来自于人，特别是来自于企业家，来自于企业家精神。”[①] 党的十八届五中全会明确“激发企业家精神”，再一次

① 习近平 . 谋求持久发展共筑亚太梦想——亚太经合组织工商领导人峰会开幕式的演讲［R］，2014-11-10.

为我们指明了方向，而落到实处，关键在于增强企业家对改革的信心，核心应是建立容错机制和保障机制。建立容错机制，最好的方式就是为他们提供改革创新的绿色通道，营造良好氛围，“改革是个试错过程，既要鼓励创新也要宽容失败”。[①] 相反，如果企业家的改革探索都被送入国有资产流失的加审通道，“动议者先要证明清白，主要参与者要经得起各种审查考验，并要终身负责[②]”，不仅会消磨企业家的改革积极性，更可能造成对改革者的逆向淘汰，“郎顾之争”在舆论烘托下对国企改革造成的历史性影响，是我们今天需要警醒的。邓小平曾经说，改革“要大胆地试，试错了，改正就行了”。改革的目的是要向全民输送红利，改革的过程自然需要权衡成本与红利的多寡。同时，改革中要让“能者上”,“不能者”体面地“下”,这就需要良好的保障机制。“不能者”——既包括高管也包括员工，而“不能”的原因也有很多，他们中的大部分人为企业做出了贡献，若盲目一刀切地淘汰，他们很可能成为改革最大的阻碍力量，因此，在替换的同时如何给予一定的妥善安排，这是前面提到的“管道”应该设计的。而其成本，从历史上看，也很有可能需要政府和企业共同来承担。

二是应积极引导全社会从技术层面看待改革，并给予改革一定的时间来检验成效。如前文论述，国企要混改，民企业也要混改，改革是遵循股权结构制衡化和股东市场化这些企业发展的普遍规律，与民营资本控股还是参股没有因果关系。同时，站在国有经济的高度，混改着眼于提升国有资本的价值，而不是搞好每一个国企的“万能钥匙”，因而混改在搞好相当一部分国有企业的同时，一定会有一些不具有资源禀赋优

---

① 宋志平 . 以企业家精神激发市场活力［N］. 经济日报 ,2017-03-31（014）.

② 张文魁，等 . 混合所有制与现代企业制度［M］. 北京：人民出版社，2017：65.

势、缺乏企业家、经营不善的国企通过多种途径出清，这是市场经济的必然规律。因此，就本书探讨的充分竞争行业和领域的国企，我们应多谈些因地制宜，少一些“宜参”“宜控”的预设前提；多谈一些成熟一个推进一个，少一些混改一个企业都不能落下的“一刀切”思想。与此同时，亦如输气需要时间，我们不能指望这一秒加压，下一秒天然气就到广州。改革探索和创新的过程具有渐进性和长期性，因而评价和检验也需要一定的时间耐性和务实精神。若全社会盲目期待改革“大干快上”，不仅会胁迫企业和股东追求短期行为，于企业长期发展无益，还可能被另一些人借题发挥，在改革尚未取得成果时妄下改革仍不够激进的结论。

第三，克服“泛意识形态”的障碍，需要开采出足够多改革的“气源”。

一是要创造良好的推动改革和创新的舆论环境。我们需要认识到，作为我国基本经济制度的重要实现形式，混合所有制不是一种所有制的中间状态，既不是民营资本“陪太子读书”，更不是国有企业私有化的前奏，而是在社会主义市场经济中长期存在，与国有企业、民营企业具有同等重要地位。而 40 年来国有经济的蓬勃发展和民营经济的快速兴起也让我们清晰地看到，国企和民企之间是相互依存的“挤入效应”（Crowd In Effect）[①]，而不是一方替代另一方的挤出过程。以上关键认识反映到舆论中，应做到：第一，创造长期互信、平等合作的舆论导向，以发展的眼光看待国资和民资的混合。一方面，全社会应该避免带着历史的偏见来看待民资入股国企，总是假设民资入股后会通过“移山大法”掏空国企。我们有没有站在民资股东的角度去考虑，他们以几十亿甚至上百亿的“真金白银”增资入股国企，有没有把企业“做坏”的

① Ha-Joon Chang, State-owned enterprise reform. National Development Strategies Policy Notes. 2007.

动机？另一方面，民资也不能将国企视为“聚宝盆”，应打消少数人希冀通过引入国资而获取非市场化的竞争优势，或者赚钱大家分，赔钱国资补偿的念头。第二，引导舆论从国有经济的高度正确认识国有资本的进退和国有资产流失的问题。首先，应引导全社会认识到，国企改革要算“搞好国有经济”的“大账”，就要着眼于提升国有资本的价值，这既是通过提升大部分国有企业的持久竞争力、从而提高其中国有资本的收益水平实现的，也是通过国有资本从另一部分国有企业中退出、进入较高收益水平的领域实现的，因而国有资本的“有进有退”是必然的。其次，既然国企改革的抓手已经从国有资产上升到国有资本，我们就有必要重新审视国有资产流失[①]的判断标准。现在出现的一些舆论误导下的怪相——例如一些国企生怕上市时估值显著高于若干年前引资，因为担心被扣以国有资产流失的帽子——很大程度上是因为判断标准不清晰。我们认为，站在资本的视角，判断国有资产是否流失的标准恰恰应是“国有资本是否实现增值”。尤其对于本书所讨论的充分竞争行业和领域的国企而言，有不少正面临发展的瓶颈，若一味地念着防止国有资产流失的紧箍咒，算着国有资产保值的“小账”，而不考虑如何通过改革抓住企业可持续发展的机遇、通过国有资本流动提高配置效率、实现增值，因为怕流失而不流动、不改革或改革不到位，历史教训告诉我们，最后若“冰棍化了”，企业不得不走向破产，将造成更大的国有资产流失。更为紧迫的是，调研中我们切实感到，行业格局变化之快，远超我们的想象，一些第一次调研中还自认为拥有显著资源禀赋优势的国企，在两年后的第二次调研时已经面临被民营企业全面赶超的局面，而导致竞争天平转向的最重砝码是人才。因而有国有企业家疾呼“国有资产的最大

① 侯丽艳．经济法概论［M］．北京：中国政法大学出版社，2012.

流失是人才的流失,人才流失的最大问题是没有用当其时[①]”。我们认为，由于没有用当其时，若导致优秀人才离开国企，则是国企的损失；而若导致优秀人才在传统僵化的体制机制中逐步消磨斗志、在内耗中而不能尽其才，则更是整个国家的损失。

二是稳步推进混改试点，通过坚持试错和先行先试，不断总结经验，解决问题。管道畅通，压力充足，但如果气源地闹“气荒”，则输气也无从谈起。作为国企改革的重要突破口，混改从推动资本流动，到企业产权制度、治理体制和经营机制的改革，都是在技术层面解决问题，而解题的规范——1+N 文件——也已经到位。既然如此，我们是否应秉承“摸着石头过河，先行先试”这一中国改革开放的一大法宝，少一些“国进民退”还是“国退民进”的讨论，适当控制新文件出台的节奏，多一些目标明确、务实扎实、因地制宜的探索呢？中粮集团的一系列混改探索告诉我们，当中粮肉食、中粮包装、中粮工科、中粮我买网等一系列专业化业务平台的混改“趟出一条路来”，取得了良好的效果，在全集团产生了示范效应，大家自然对混改有了信心。同时，改革是一个持续试错、不断深化的过程，因此策略上须根据不同地方所处阶段，与时俱进。我们认为，对于国企的市场化程度不高、处于改革起步阶段的行业和地区，也许更适合采用小范围、明确时间表的试点，通过突破企业在观念上的掣肘和在行动上的拖沓，推动改革在试点企业落地，并使成功的案例产生示范效应，从而调动更广大企业的改革积极性。而当改革取得一定成效后，对于充分竞争行业和领域的广大国企，则应考虑将改革常态化，成熟一家推进一家。新时代的混改着眼于解决国企的可持续发展问题,因而改革要取得成功,说到底一定是拟混改企业自己想改。然而,

---

① 葛培健 . 国企争一流，核心在人才［J］，董事会杂志，2017（12）.

若持续以行政性思维推动改革——一次性分配试点名额，统一批准改革方案，统一设置完成时间表，忽视了企业在改革条件、改革目标、改革进度上的差异性，往往让想改的企业不能冒尖，不想改的企业被揠苗助长，由此改革又变成了政府主导，企业为混改而混改。随着改革进入深水区，政府更应着力于创造良好的改革环境和改革条件，坚持“法无禁止即可为”的逻辑，允许最广泛的企业根据所处不同发展阶段的具体诉求去各自探求、各自突破，也许更有助于实现改革以企业主导、政府助推、通过市场导向、以混促改，创造出更加充沛的“气源”。

总而言之，中国革命和改革开放的成功经验反复证明，我们首先设定远大的奋斗目标，并始终不忘初心、前赴后继、不断前进，就必能取得成功。改革探索中一定会有沟沟坎坎，不会没有问题，但是只要我们的方向是对的，在改革中建立并维护好制度的“管道”，持续激发企业家精神的“动力”，扎扎实实推进改革探索的“气源”，则改革就必能产生显著的红利并源源不断地输往千家万户，在促进经济增长、改善人民生活水平的同时，为全世界的国企改革提供中国方案。

第二节　混改，或将开启中国经济的下一个黄金十年

在全书的结尾，我们再次回到绪论中的这张图（图 12.1）。显然，改革开放 40 年来，中国经济曾经落入过类似的陷阱。1992 年，实体经济的投资回报率跌破融资成本；1993 年，ROC 触底反弹；1995 年，ROC 重回融资成本之上。这三年发生了什么？ 1992 年，邓小平南方谈话后党的十四大确立了“建立有中国特色的社会主义市场经济体制”的改革目标，并提出“转换国有企业经济机制……把企业推向市场”。与此同时，1993 年，山东诸城开始推动国有中小企业的所有权改革……虽然今天我们难以测算彼时的反转有多少成分来自于国企改革，甚至也看不出这一上一下的直接关系，但我们应该认识到，当年提出的具有战略意义的改革顶层设计和萌动着草根智慧的基层探索，让包括国企和民企在内的中国社会享受了 20 多年的改革红利。

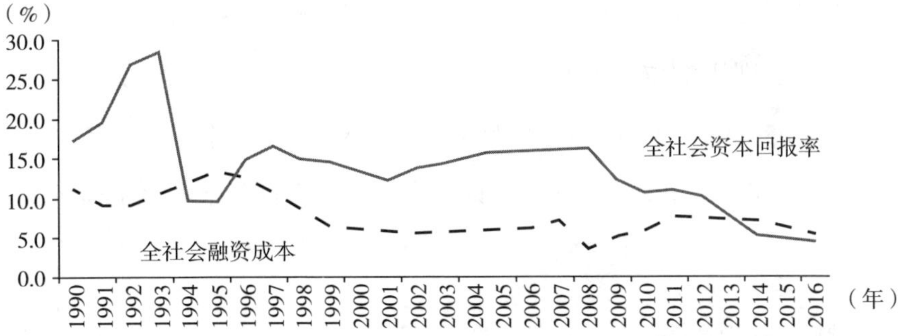

图 12.1　1990—2016 年，中国全社会资本回报率和全社会融资成本比较

数据来源：CEIC，望正资本全球宏观对冲基金研究部。

站在今天的时点，国企改革的顶层设计已经十分清晰。党的十九大报告明确指出，“我国经济已由高速增长阶段转向高质量发展阶段，正处在转变发展方式、优化经济结构、转换增长动力的攻关期，建设现代化经济体系是跨越关口的迫切要求和我国发展的战略目标。”基于此提出的推动国有资本做强做优做大的目标，进一步明确了国企改革在国民经济高度的顶层设计。

与此同时，混改的基层探索也在稳步推进。根据我们的不完全统计，从 2013 年底到 2017 年底的 4 年，国企通过混改共引入外部资本超过 6 000 亿元，涉及存量国有资本 1.3 万亿元，相当于全社会 3% 的国有资本实现了流动。其中，以广东省为代表，从 2013 年底开始在 50 个省属国企集团下属二三级企业推动引资本、健体制、转机制的混合所有制改革，改革对提升企业持久竞争力的成效是显著的。我们按照一定标准[①]在全国范围内选择了 15 家混改成功的样本企业，数据显示，该等企业的 ROA 在引资后 4 年的平均增长率达到 0.05、3.65、3.09、3.00 个百分点。我们不妨做一个大胆的假设：如果从 2017 年开始稳步推动混合所有制改革，其中，通过增资扩股的方式引入外部资本，假设每年有 10% 的国有资本在相对流动中回报率得以提升，而增长率达到上述样本的平均水平[②]，则从 2017—2021 年，全社会的资本回报率将达到 4.24、4.41、4.70、5.05、5.41 个百分点。与此同时，考虑到通过出售老股的方式有部分国有资本流出原国有企业，以国有资本占全行业比重为 38% 的制

---

① 我们选择的标准包括：① 在 2014 —2015 年完成引资本的改革，并在随后展开了健体制和转机制的改革，即混改的一体；② 混改过程中遵循了集中原则、绑定原则、归核原则；③ 改革后企业具有混合所有制企业的六特征。

② 假设第五年增长速度与第四年持平。

造业上市公司为样本，假设每年另有 5% 的国有资本在存量流动中流入民营企业，则从 2017 年到 2021 年，全社会的融资成本每年将下降约 1.2 个千分点，达到 5.291%、5.290%、5.289%、5.288%、5.287%。若我们只考虑以上两项混改的作用力而假设其他作用力相抵消，则我们发现：到 2021 年，全社会的资本回报率将重新回到融资成本之上。由此可见，以稳健的步伐推进混合所有制改革，并同步和充分地配套相关改革，就能取得显著的效果。

改革开放 40 年来，在相对有利的外部环境中，中国经济经历了前所未有的高速发展。而今，处于重要战略机遇期的中国，正面临极其错综复杂的外部政治经济形势，因而经济的转型升级更需发掘和倚赖内生动力，而国有资本和民营资本双轮驱动、相互借力，从而通过改革提高自身素质和，就成为保持经济活力、推动中国经济向高质量发展的必由之路。全社会期待着改革的突破，而其中的重要突破口正是混合所有制改革。

当然，但凡改革，必是逆水行舟，也不可能一蹴而就。混合所有制改革，关乎国企、民企和组成企业的我们每一个人，自然需要一种全社会参与和支持的改革环境与氛围。今天的改革，将决定中国企业何时走出上图中的“陷阱”，也决定了中国经济将在下一个十年中呈现什么样的活力，更将决定我们每一个人以什么样的状态去迎接中华民族伟大复兴的第一个“一百年”。

附录一

1978—2013年
国企改革的实践措施回顾

本书第二章中对国企改革三个阶段的改革实践历程进行了简要概述，我们在此对每一阶段中主要改革措施做一浏览式回顾，重在对前辈的改革探索有一个稍许全面的了解。

国企改革第一阶段：1978—1992年

改革措施1.1：放权让利

以1978年7~9月国务院务虚会议为起点，改革者开始研究有关经济体制改革的各项问题，并提出要给予企业以必要的独立地位。1978年10月，国家批准在四川选择六户地方国有企业[①]开展“扩大企业自主权”试点，内容包括：逐户核定企业的利润指标，规定当年的增产增收目标，允许在年终完成计划以后提取少量利润用于企业发展基金和给职工发放少量奖金，截至1978年第四季度，这6户企业就超额完成了计划。此项改革试点成为国有企业改革起步的标志，其成功使得放权让利的改革探索在党

① 重庆钢铁公司、成都无缝钢管厂、宁江机械厂、四川化工厂、新都县氮肥厂、南充钢厂。

的十一届三中全会之后在全国范围迅速展开。在总结试点经验的基础上，从1979年7月开始，国家先后颁布了《关于扩大国营工业企业经营自主权的若干规定》等五个文件[①]，为扩大经营权改革提供了政策依据。

放权让利的改革初步打破了计划体制的束缚，通过扩大企业的经营自主权，初步调动了企业的积极性和创造性。据28个省、直辖市、自治区的5 777户试点企业初步统计：1980年完成工业总产值1 653亿元，比1979年增加105亿元，增长6.8%；实现利润333亿元，增加35亿元，增长11.8%。[②]然而，放权让利难以解决如何平衡国家、企业和员工的权利、责任与利益的关系等问题，也逐步暴露出难以规范放权之后的约束机制问题。虽然企业利润不断增加，但国家财政却在1979年和1980年出现了170亿元和127亿元的较高赤字。

改革措施1.2：经济责任制

放权让利的改革在极大地调动企业生产经营积极性的同时，也提出了如何平衡国家、企业和员工的权利、利益与责任的关系等问题。改革者提出了经济责任制，企业首先保证财政上缴任务的完成，在此基础上实行基数利润留成加增长利润留成[③]。1981年春，山东省开始试点经济责任制，取得了积极成效。随后，国家颁布了《关于实行工业生产经济责任制若干问题的意见》，各地开始广泛探索经济责任制，并形成了利润留成、盈亏包干和以税代利、自负盈亏等多种形式。

经济责任制改革取得了一定成效，“留成模式”在增强企业自我发

① 还包括《关于国有企业利润留成的规定》、《关于开征国有企业固定资产税的暂行规定》、《关于提高国营工业企业固定资产折旧率和改进折旧费使用办法的暂行规定》、《关于国营工业企业实行流动资金全额信贷的暂行规定》等四文件。

② 邵宁．国有企业改革实录（1998-2008）［M］．北京：经济科学出版社，2014：12.

③《关于实行工业生产经济责任制若干问题的暂行规定》（国务院〔1981〕159号）。

展动力的同时提升其自我业发展能力，有利于解决国家、企业、职工的利益分配问题，因而较好地调动了企业和职工的积极性，促进了企业增产增收和国家财政的好转。然而，此项改革并不能从根本上解决企业自负盈亏问题，也缺乏统一的价格、税收规范；在经济责任制下，由于企业的各项计划指标均是以上一年度完成情况为基础的，容易形成“鞭打快牛”的现象，造成企业短期行为。

改革措施 1.3：“利改税”和“拨改贷”

经济责任制中，国家和企业的分配关系需要谈判，存在诸多不规范，也引发了企业之间的攀比。为规范国家和企业的分配关系，国家开始了“利改税”改革——将企业与国家之间的按盈利比例分配的方式改为按统一的税率征收，并以法律的形式固定下来，相对于一对一的利润留成比例显然更为规范。改革原则是“抓两头”：一头是要把企业搞活，另一头是国家要得大头，企业得中头，个人得小头。[①]配合“利改税”，国家开始推行“拨改贷”改革——将基础建设投资的财政拨款制度改为银行贷款。1979 年，“利改税”试点首先在湖北、广西、上海、四川的部分地区展开[②]。1982 年五届全国人大五次会议后,“利改税”改革分成两个步骤快速展开。为配合“利改税”的改革，国家于 1983 年推出了价格双轨制[③]。与此同时，伴随着中国建设银行、中国工商银行分别从财政部和中国人民银行体系中分离出来，“拨改贷”被广泛推行。

① 邵宁 . 国有企业改革实录（1998–2008）［M］. 北京：经济科学出版社, 2014 : 17.

② 国务院办公厅在《关于今后不再批准企业实行利润递增包干等办法的通知》中指出：从 1984 年 10 月 1 日起，在全国普遍推行利改税第二步改革，今后各地区、各部门不再批准企业实行利润递增包干等办法，一律搞利改税。

③ 企业按照指定价格向国家机构上缴计划产出的煤炭、钢铁、机械和设备等生产物资，超额产出可以由企业在市场平行出售，价格由供需关系自行决定。

年，广义的国有部门就业人数增加了 50%；1993 年底，国
至少 20% 是剩余劳动力，由此造成国企收入中越来越多的
工发放工资和各种福利。“这些矛盾冲突交织在一起，现
诉人们：建立有效的社会主义市场经济体制下的企业运行
业单方面所能解决的。”[①]

阶段：1993—2002 年

施 2.1：国有大中型企业建立现代企业制度

阶段改革中出现的问题，改革者认识到，政策性调整解决
落后形成的弊端，改革只有通过制度的创新才能解决原来
下深层次的矛盾。在此背景下，1993 年党的十四届三中
现代企业制度，并将其基本特征和内涵概括为“产权清晰、
企分开、管理科学”。改革的内容主要包括：将全民所有
有限责任公司或股份有限公司，建立股东代表大会、董事
经营层组成的治理体制等。1994 年底，国务院选择了 100
企业进行试点；与此同时，各地区、各部门随后相继选择
业进行试点。

企业制度是发展社会化大生产和市场经济的必然要求，此
确国有资产投资主体、建立公司法人治理结构、转变企业
素企业平等参与市场竞争的途径等均具有重要意义。然而，
“所有者不到位”的问题，改革在决策、执行、监督等几

业改革实录（1998-2008）[M]. 北京：经济科学出版社，2014：40.

“利改税”有力地规范了国家和企业的分配关系，推进了政企分开和经济体制改革。然而，“利改税”之后，国家既以社会管理者身份征税，又以资产所有者身份收利，同时由于税率不够合理[①]，企业负担大幅上升，导致企业连续两年上缴财政下降。同时，由于缺乏很多必要的配套改革，“利改税”“拨改贷”在很大程度上将原本由政府承担的负担转嫁给了商业银行。[②]“利改税”不久即难以为继，被承包经营责任制取代。另外，原本为了刺激企业盈利动机而推出的价格双轨制，导致同一种商品具有两个价格，且价格往往相差较大，不可避免地增加了企业经营者进行价格套利的动机，导致短期行为和寻租的出现。

改革措施 1.4：承包经营责任制

基于放权让利和“利改税”改革中出现的问题，一些人提出，当企业进入市场而需要经营时，更需要调动厂长经理的能力和努力，其中的关键在于多赋予他们责任，并使其获得经营自主权和合法的物质利益。因而，受农村家庭联产承包制的启发，改革者开始尝试推行承包经营责任制，即在不改变企业所有权的前提下，由企业经营者与所有者代表——政府主管部门签订合约，确定在一个约定的承包期限内上缴利税的基数，或按一定基数确定一个每年增长的幅度，企业完成上缴基数后的剩余部分可由企业留存用于扩大再生产和职工福利[③]。1981 年开始，承包经营责任制首先在宝钢进行试点，探索出上缴利润递增包干模式[④]，取

① 晓霞. 国企改革 20 年历程回顾［J］. 改革先声，2000（01）：53-55.
② 杨其静. 国企改革：在摸索与争论中前进［J］. 世界经济文汇，2008（01）：55-63.
③ 邵宁. 国有企业改革实录（1998-2008）［M］. 北京：经济科学出版社，2014：20.
④ 主要包括：①以 1981 年企业上缴利润指标为包干基数，每年递增 5%，10~15 年不变；②根据企业的具体情况，规定企业留利的使用方向和比例；③奖金与上缴利润递增率挂钩；④利用利润流程提取的奖励基金调整部分职工工资，实行内部工资制。

得了良好成效。伴随着 1984 年党的十二届三中全会提出的政企分开的国企改革中心思路，承包经营责任制开始在全国铺开。

承包经营责任制的全面推行取得了积极成果。到 1988 年底，即全面推行承包经营责任制后 20 个月，全国预算内工业企业增创利税 369 亿元，相当于 1981—1986 年六年间企业所创利税的总和。1980 —1989 年大型国企员工的人均产出增长了 67%，全要素生产率年均增长 4.68%[①]。然而，这一制度也逐步暴露出其局限性：企业责任权利不对称，国家缺乏必要的手段监管企业经营者的经营风险，往往出现“包盈不包亏”；由于承包基数由企业和政府协商制订，其中的讨价还价导致利益的分配不规范；由于企业缺乏科学的制度安排，经营状况仅受经营者自身能力与道德制约。归根结底，“承包制解决的仅仅是企业进入市场之后的初始动力和最低限度的经营自主权，并没有触及企业进入市场的深层次问题，企业内部的经营机制也未发生实质性变化。”[②]

改革措施 1.5：“转机制”和“破三铁”

随着改革的推进，计划体制下的“三铁”——劳动用工制度的计划化和固定化形成的“铁饭碗”、工资分配制度的统一化和刚性化形成的“铁工资”、企业人事制度资历化和终身化形成的“铁交椅”——弊端日益突出，企业缺乏生机与活力。基于之前的国企改革实践，人们逐步意识到，要真正搞活企业，除了改善企业生产经营的外部环境，实现所有权与经营权的分离、规范政府行为外，还必须改革企业内部的经营机制，尤其是劳动、分配和人事制度。从 1982 年开始，国家在劳动用工制度、分配制度、人事制度等领域实施了一系列试点。1992 年 1 月，国家提

---

① 杨其静 . 国企改革：在摸索与争论中前进［J］. 世界经济文汇，2008（01）：55-63.

② 邵宁 . 国有企业改革实录（1998-2008）［M］. 北京：经济科学出版社，2014：28.

出将形成“干部能上能下、职工
业经营机制的重要任务[①]，此后，
开。在此基础上，1992 年 7 月，
例》出台，指出“转机”的目标
营、自负盈亏、自我发展、自我
享有民事权利和承担民事责任的
基本的 14 条经营自主权。《转机
济的一块基石，标志着企业的法
“破三铁”显然是国有企业
环境的限制，改革难以取得突破
同制下，企业可以自主选择雇佣
升，因此仍然对合同期限内辞退
于改革触动了全体员工的利益并
会保障体制等宏观体制改革缺乏
而被迫停止。而《转机条例》在
些企业把属于企业的正当权益
新使企业成为行政附属物和摊派
表现是国企存在的人员冗余问
担，成为导致国企在 90 年代初

---

①《关于深化企业劳动人事、工资分配
号文）。
②《全民所有制工业企业转换经营机制
简称“转机条例”。
③ Nicholas R. Lardy. The Rise of Priv
International Economics，2014. 11.
④ 原国家经委（经贸委）大事记。

1977 —1993
企员工里有至
比重用于给员
实而具体地告
机制，并非企

国企改革第二

改革措施

面对第一
不了企业制度
计划经济框架
全会提出建立
权责明确、政
制企业改造为
会、监事会和
户国有大中型
了 2 714 家企
建立现代
项改革对于明
内部机制、探索
由于没有解决

---

① 邵宁 . 国有企

个关键的方面，机制并没有建立；伴随着所有权和经营权的分离，内部人控制的问题逐渐暴露；同时，“由于实现产权多元改造的公司制企业极少，体制和机制未能如预期那样发生根本的变化。”[①]

改革措施 2.2：企业集团国有资产授权经营制度

以“产权清晰”为核心特征的现代企业制度的改革所涉及的产权关系的完善，不仅涉及国企和政府之间，还涉及国企集团内各成员企业之间。为改变国有企业分散经营和缺乏经济规模的状况、应对来自于外资企业的竞争，国家从 20 世纪 80 年代开始以横向经济联合体为主要形式组建企业集团。在此过程中，“由于国企集团在长期计划经济体制下形成了彼此之间以行政隶属关系、承包经营关系和生产协作关系为主的非产权关系，企业之间没有形成出资与被出资的产权关系”，[②] 导致集团成员企业之间权责利关系不明确，难以进行集团化管理。1992 年 9 月，国家正式提出国有资产授权经营的改革思路，并将其定位为“由国有资产管理部门将企业集团中紧密层企业的国有资产统一授权给核心企业（即集团公司）经营和管理，建立核心企业与紧密层企业之间的产权纽带，增强集团凝聚力，使紧密层企业成为核心企业的全资子公司或控股子公司，发挥整体优势。[③]” 1993 年 9 月，国家选取东风汽车集团等八家企业集团开始进行授权经营试点。随后，各级地方政府及国企国资监管部门开始进行国有资产授权经营试点，改革迅速从中央一级扩展至省市甚至县一级。

---

① 邵宁 . 国有企业改革实录（1998-2008）［M］. 北京：经济科学出版社，2014：383.

② 余菁 . 授权经营的制度内涵及其局限性［J］. 当代财经，2004（11）：62-67.

③《关于国家试点企业集团国有资产授权经营的实施办法（试行）》（国资企发〔1992〕50 号）。

此项改革对于我国国企集团的建立、明晰企业集团内部各企业间的权责利关系，深化国有资产管理体制改革、发挥国企的规模经济优势起到了积极的促进作用。在这一时期，涌现出一批具有较强竞争力的大型、特大型国企集团。2002年，世界500强的内地企业达到11家，全部是国有及国有控股公司。然而，国有资产授权经营制度本身，作为加快培育和发展有实力的大型国企集团而做的一项过渡性的制度安排，针对我国经济体制改革的特定时期，因而注定具有一定的局限性。其中的核心问题在于，在治理体制不完善的情况下，就难以对"权"的性质进行清晰定义，授权人和被授权人对"权"的理解也就难以达成统一，"造成实践中对国有企业'过度授权'和'与授予权利'相配套的约束机制、监管机制供给不足的问题，成为诱发国企'内部人控制'的重要制度性根源。"①

改革措施 2.3：国有困难企业关闭破产

从国企改革伊始，一系列改革措施都是希望达到把企业搞好、搞活的目的。然而，经历了近20年改革后，有很多国有企业仍然难以摆脱困境，而且伴随着经济体制转轨的过程，亏损面逐步扩大。1995年，2/3的国企发生亏损②；1996年，国有工业企业盈亏相抵后，首次出现了季度统计报表中的净亏损③。虽然《破产法》已经自1988年开始生效实施，但破产在思想认识上和社会保障体系上的准备还不到位，除了少数企业在付出巨大代价后得以破产外，总体成效甚微。1995年9月，党的十四届五中全会提出"抓大放小"的战略思路，要求国有经济"有进

① 余菁.授权经营的制度内涵及其局限性［J］.当代财经，2004（11）：62-67.

② 杨其静.国企改革：在摸索与争论中前进［J］.世界经济文汇，2008（01）：55-63.

③ 党兴华.我国国企改革的历史回顾与跨世纪展望［A］.中国企业管理研究会、中国社会科学院工业经济研究所，1999.

有退，进而有为、退而有序”。基于此，改革者提出三类处理原则，其中对于长期亏损、资不抵债、扭亏无望的企业，需要寻求妥善退出的途径。1994年，国家选择了18个城市进行以增资、改造、分流、破产为主要内容的“优化资本结构”试点，并出台了国务院关于国有企业破产问题的第一个政策性文件——《关于在若干城市试行国有企业破产有关问题的通知》[①]。从1999年起，政策性关闭破产由试点城市推向全国，并将重点放在结构调整和国有大中型企业三年脱困目标的实现上。

1994—2008年，政策性关闭破产工作在这15年的时间里取得了巨大的改革成效，破产的国有大中型企业有5 010户，近1 000万名破产企业职工得以分流安置[②]。困难企业政策性破产虽历经艰辛，但也使得国有企业经济效益显著提升。2000年末，全国国有和国有控股工业企业实现利润回升到2 000亿元以上，亏损面下降到27.2%，包括纺织行业在内的五个重点行业整体扭亏；重点锁定的6 599户亏损企业中有4 799户采取多种途径摆脱了困境，脱困率达到72.7%。当然，也正是由于政策性破产具有政策推动的特点，并没有从根本上改变在软预算约束下国有企业关闭难的问题。政策推动意味着当经济形势转好、企业整体运营环境趋好的情况下，政府推动企业破产的动机也就会下降。李书光（Li Shuguang，音译）和张玉楠（Zhang Yanan，音译）的研究显示，破产企业数量的变化往往与该国GDP增速呈现较大的相关性。以美国为例，这一相关性在过去20年十分明显，而在中国却并不成立。中国破产企业数量在2001年达到最高，为9 110宗，随后逐年递减，到2013年只有

① 《关于在若干城市试行国有企业破产有关问题的通知》（国发［1994］59号）。

② 何宗渝．如何实现国有经济与市场经济兼容——国务院国资委副主任邵宁谈国企改革历程及走向［J］．先锋队，2013（11）：8-9.

1 998 宗。这一现象背后，是政府对国有企业的软预算约束，这也正是造成今天僵尸企业问题的重要原因。

改革措施 2.4：国有中小企业改制

随着国有大中型企业的改革如火如荼地推进，针对国有中小企业的改革诉求愈发迫切。国有中小企业面对国有大型企业，以及新兴的民营企业和外资企业的竞争，开始陷入生存困境，到 90 年代中期，全国国有中小企业呈现出大量资不抵债、亏损逐步扩大、大批工人下岗失业的局面，由此又带来地方政府财政收入减少、行政事业单位冗员、群体事件频发等诸多问题。1993 年，山东诸城开始大量处置处于连年亏损和资不抵债的国有中小企业，主要是出售给职工和管理层。这种将国有企业改造为非国有企业或者包含非国有股的股份制企业的做法，称为“改制”。1997 年下半年亚洲金融危机的爆发，使得国有中小企业的生存环境更加困难，小型企业改制进程明显加快并向中型企业蔓延。伴随着 1995 年党的十四届五中全会之后中央对改革思路的逐步明确[①]，产权改革和股份制模式日益为社会所接受，国有中小企业改制在全国范围内蓬勃开展起来。

股份制改造使得大量国有中小企业转变为相对独立的市场主体，所有权监督的建立和机制的转换增强了企业的活力和竞争力，解放了被长期束缚的生产力、改善了经济效益。同时，国有企业通过股份制吸引社

① 1995 年党的十四届五中全会之后，1997 年党的十五大进一步提出要“从战略上调整国有经济布局，抓好大的，放活小的”，并明确“公有制经济不仅包括国有经济和集体经济，还包括混合所有制经济中的国有成分和集体成分”。同时，“只要坚持公有制为主体，国家控制国民经济命脉，国有经济的控制力和竞争力得到增强，在这个前提下，国有经济比重减少一些，不会影响我国的社会主义性质。”《中国共产党第十五次全国代表大会报告》，1997 年。

会资本所取得的放大国有资本功能的作用也获得了广泛认可，基于此，1999 年党的十五届四中全会正式提出发展混合所有制经济的命题。2003 年党的十六届三中全会上进一步明确提出“大力发展国有资本、集体资本和非公有资本等参股的混合所有制经济，实现投资主体多元化，使股份制成为公有制的主要实现形式”。不过，在当时 20 世纪 90 年代中期的改革背景下，由于国有资产的所有者不到位，改制过程缺乏公正决策和有效监督，导致出现了一系列不规范的行为。改革从一开始就呈现泛运动化的特点，国有企业的退出速度和比例成了改革政绩考核的一个指标，很多城市将上百家企业一起“打包出售”以求其快，由于国有资产所有者的决策和监督职能不到位，也缺乏相关的规章制度进行规范，一些人有意增加负债、减少资产，造成了一些国有企业被“贱卖”。而上述原因更是导致这一过程的合规性“说不清楚”，“没有几家企业经得起、法律及财务意义上的公开审查”，由此为日后社会舆论对产权制度改革态度的大逆转埋下了伏笔。2004 年，郎咸平教授通过媒体强烈批评国企改革中的问题，质疑某些民营企业通过改制侵吞国有资产，其中，他对格林柯尔并购案的批评引发了董事长顾雏军的反击，由此引发了“郎顾之争”，并迅速升级为“二十年来经济理论界规模最大、火药味最浓的一次大论战”[①]。“郎顾之争”以一年后顾雏军锒铛入狱告终，而在这场论战中所形成的社会舆论对产权改革中种种现象“绝不宽恕”的“原罪清算”，则久久未能散去。2004—2005 年的“郎顾之争”因而成为产权制度改革的一个分水岭，并被普遍认为是 2005 年之后产权制度改革步伐大大放缓的核心原因之一。

---

① 吴晓波，《激荡三十年：中国企业 1978—2008（下）》，中信出版社，2014 年，321。

国企改革第三阶段：2003—2013 年

改革措施 3.1：国有资产管理体制改革

国企改革进入第三阶段，党的十六大对改革国有资产管理体制提出了两个要求：一是“在坚持国家所有的前提下，建立中央政府和地方政府分别代表国家履行出资人职责，享有所有者权益、权利、义务和责任相统一，管资产和管人、管事相结合”。二是“坚持政企分开，实行所有权和经营权分离，使企业自主经营、自负盈亏，实现国有资产保值增值”。对于这两个要求，国资委成立后，开始在法律框架和资产范围两个方向上展开工作。

一是构建国资管理和改革的法律框架。2003 年 5 月，《企业国有资产监督管理暂行条例》颁布，以行政法规形式明确了国有资产管理体制的基本框架和国有资产监督管理的基本制度；以此为核心，截至 2006 年底，由 16 个规章和 80 余件规范性文件及各省国资委制定的 1 200 多件地方规章和规范性文件构成的国有资产监管法规体系初步形成。与此同时，2005 年修订的《中华人民共和国公司法》和 2007 年出台的《中华人民共和国物权法》也对国有资产监管机构做出了规定。2008 年 10 月，全国人大常委会通过《企业国有资产法》。二是清产核资。国资委成立之后，随即开展清产核资工作，初步摸清了中央企业的“家底”，从此中央企业层面的国有资产范围有了概念——196 户监管企业、6.9 万亿国有资产[①]。

---

① 邵宁 . 国有企业改革实录（1998–2008）[M] . 北京：经济科学出版社，2014 ：425.

改革措施 3.2：产权制度改革——改制上市和股权分置改革

国企改制上市始于 20 世纪 80 年代中期，从 90 年代开始，IPO 上市逐渐被认为是助推国企改革的重要方式，同时也成为国有企业募集资金的重要渠道。国资委成立后，继续积极推进国企改制上市的工作，尤其是以央企为重点，努力实现央企主营业务整体上市。2005 年，国资委会同有关部门推动股权分置改革的实施，实现了 IPO 全流通，随着资金申购制度的恢复，国企上市进程大大加快。

截至 2013 年，央企及其下属资企业的公司制股份制改制面已由 2002 年的 30.4% 提升到 70%；石油石化、通信、交通运输、冶金等行业的央企基本实现了主业资产上市，整体上市企业达 43 家。截至 2012 年 6 月，央企下属公司中有近 100 家在境内外资本市场首次公开发行股票。

改革措施 3.3：治理体制改革——董事会试点改革

在从 20 世纪 90 年代开始的国有大中型企业建立现代企业制度的改革中，国有独资企业改制成为国有独资公司之后，纷纷设立了股东大会、董事会、监事会。然而，这些企业所建立的董事会的最大特点是董事会成员与经理人员、企业党委成员高度重合。国资委成立后，针对国有大型企业治理结构存在的问题，以建立规范的董事会为重点，推进工作。

2004 年，国资委确定神华集团等七家企业[①]为第一批董事会试点、并在集团公司层面重点探索外部董事制度、落实董事会职权等试点工作。

① 神华集团、上海宝钢、中国铁通、中国诚通、中国医药集团总公司、中国高新投资集团公司、中国国旅集团。

2007年初，董事会正式开始运作的试点企业达到17户。在试点基础上，随着2008年《关于董事会试点中央企业董事会选聘高级管理人员工作的指导意见》和《董事会试点中央企业董事会、董事评价办法（试行）》等规定的颁布， 试点工作逐步制度化并不断扩大范围，2009年，试点央企达到24户。

央企董事会试点的改革取得了积极的成效。2008年初，17家试点企业外部董事都超过董事会成员的半数，中国外运集团、中国医药集团等三家企业的董事长由外部董事担任；董事会下设专业委员会的建立、履职要求的明确，使得董事会实现了正常运作；一批专业水平高的外部董事的加入，提高了决策的专业化、科学化。

改革措施3.4：经营机制改革——业绩考核和薪酬激励制度改革

历史上，由于国有企业出资人不到位，国有资产经营的约束和激励机制没有真正建立起来，企业负责人普遍存在“有任命没有任期，有任期没有考核，薪酬同业绩不挂钩”的问题。改革者认识到，如果不能从制度上建立约束与激励相对称的严约束、强激励机制，国有企业效率低下问题就难以解决。2003年11月，国资委下发了《中央企业负责人经营业绩考核暂行办法》，对考核对象、考核指标、计分办法和奖惩标准等做出了规定，尤其是强调了以出资人利益为核心，将企业的效益和效率作为考核的基本内容，同时向企业负责人设置明确的任期目标和考核标准，实行经营责任和业绩考核。2004年，国资委同187家央企负责人签订了“2004年年度经营业绩考核责任书”，标志着经营业绩考核制度正式建立。

在此基础上，针对历史上企业普遍存在的负责人自定薪酬、薪酬结构单一、缺乏长期激励、薪酬分配与经营业绩挂钩不紧等问题，国资委推动了薪酬激励制度改革。在薪酬管理方面，制定了《中央企业负责人薪酬管理暂行办法》和《中央企业负责人薪酬管理实施细则》等，对央企负责人在薪酬水平、薪酬结构、薪酬确定方式和薪酬兑现等方面进行了规范。

附录二

混改三原则实证分析中回归模型概述

在本书第四章中，基于机理和实证分析，提出了混改应遵循的三个原则：集中原则（第四章第一节）、绑定原则（第四章第二节）、归核原则（第四章第三节）。在此，我们对实证分析所用的回归模型进行了概述。

集中原则实证分析：股东持股集中度与国企资本回报水平的关系

为了研究国企的股本结构与资本回报水平之间的关系，我们选取了具有代表性的 826 家 A 股和 H 股的国有控股上市公司，其中剔除了金融行业国企，并从万得数据库获得了样本公司 2008—2016 年的相关数据。由于样本公司数量较多，时间跨度较小，各样本公司可能存在不随时间而变的遗漏变量，因此我们采用了短面板固定效应回归模型。变量描述如下（附录表 2.1）。

附录表 2.1：变量描述

	变量符号	变量描述	备注
被解释变量	Y	企业资本回报水平	投入资本回报率 ROIC（%）
解释变量 1	X_1	持股 5% 以上投资者数量	
解释变量 2	X_2	持股 5% 以上投资者比例	
解释变量 3	X_3	战略投资者（5%）相对比例	持股 5% 以上投资者持股比例占除第一大股东持股比例
解释变量 4	X_4	持股 10% 以上投资者数量	

续表

	变量符号	变量描述	备注
解释变量 5	X_5	持股 10% 以上投资者比例	
解释变量 6	X_6	持股 10% 以上相对比例	
解释变量 7	X_7	有无持股 10% 以上投资者	
控制变量 1	C_1	资产负债率	总负债 / 总资产（%）
控制变量 2	C_2	公司规模	总资产对数值
控制变量 3	C_3	成长能力	净利润同比增长率（%）
控制变量 4	C_4	研发广告费比率	无形资产 / 总资产（%）

根据以上数据我们建立了如下七个短面板固定效应回归模型，分别考察了七个有关股权集中程度、战略投资者持股状况的解释变量与被解释变量（企业资本回报水平）的关系。

模型 1：$Y_{it}=\beta_1 X_{1,it}+\delta_1 C_{1,it}+\delta_2 C_{2,it}+\delta_3 C_{3,it}+\delta_4 C_{4,it}+u_{it}+\varepsilon_{it}$

模型 2：$Y_{it}=\beta_1 X_{2,it}+\delta_1 C_{1,it}+\delta_2 C_{2,it}+\delta_3 C_{3,it}+\delta_4 C_{4,it}+u_{it}+\varepsilon_{it}$

模型 3：$Y_{it}=\beta_1 X_{3,it}+\delta_1 C_{1,it}+\delta_2 C_{2,it}+\delta_3 C_{3,it}+\delta_4 C_{4,it}+u_{it}+\varepsilon_{it}$

模型 4：$Y_{it}=\beta_1 X_{4,it}+\delta_1 C_{1,it}+\delta_2 C_{2,it}+\delta_3 C_{3,it}+\delta_4 C_{4,it}+u_{it}+\varepsilon_{it}$

模型 5：$Y_{it}=\beta_1 X_{5,it}+\delta_1 C_{1,it}+\delta_2 C_{2,it}+\delta_3 C_{3,it}+\delta_4 C_{4,it}+u_{it}+\varepsilon_{it}$

模型 6：$Y_{it}=\beta_1 X_{6,it}+\delta_1 C_{1,it}+\delta_2 C_{2,it}+\delta_3 C_{3,it}+\delta_4 C_{4,it}+u_{it}+\varepsilon_{it}$

模型 7：$Y_{it}=\beta_1 X_{7,it}+\delta_1 C_{1,it}+\delta_2 C_{2,it}+\delta_3 C_{3,it}+\delta_4 C_{4,it}+u_{it}+\varepsilon_{it}$

模型中 Y_{it} 代表企业资产回报水平，其中 i 表示 826 家样本公司，t 表示跨度为 2008—2016 的不同时期。$X_{1,it}\cdots X_{7,it}$ 代表七个解释变量，$C_{1,it}\cdots C_{4,it}$ 代表四个控制变量，β_1 是解释变量的回归系数，$\delta_1\cdots\delta_4$ 是控制变量的回归系数。u_{it} 表示面板回归的截距项，ε_{it} 面板回归的扰动项。

附录表 2.2：引入战略投资者对国企资本回报水平的影响

	模型 1	模型 2	模型 3	模型 4	模型 5	模型 6	模型 7
持股 5% 以上投资者数量	11.20						
	(12.72)						
持股 5% 以上投资者比例		1.237					
		(0.991)					
持股 5% 以上投资者相对比例			0.715				
			(0.615)				
持股 10% 以上投资者数量				17.74*			
				(9.663)			
持股 10% 以上投资者比例					0.382		
					(0.313)		
持股 10% 以上投资者相对比例						0.522	
						(0.329)	
有无持股 10% 以上投资者数量							24.78*
							(13.21)
资产负债率	−2.077	−2.062	−2.068	−2.080	−2.095	−2.085	−2.072
	(2.287)	(2.281)	(2.282)	(2.271)	(2.278)	(2.277)	(2.269)
公司规模	−30.01	−30.27	−30.16	−29.86	−28.56	−29.32	−30.10
	(27.96)	(27.65)	(27.69)	(26.83)	(26.37)	(26.69)	(26.86)
成长能力	−0.00368	−0.000502	−0.000487	−0.000454	−0.000378	−0.000458	−0.000439
	(0.000161)	(0.00163)	(0.00162)	(0.00165)	(0.00161)	(0.00162)	(0.00164)
研发广告费比率	−5.277	−5.298	−5.271	−5.250	−5.220	−5.238	−5.256
	(4.407)	(4.421)	(4.417)	(4.424)	(4.412)	(4.416)	(4.427)
常数项	820.0	822.3	820.7	817.7	792.1	806.5	821.6
	(635.0)	(629.5)	(630.1)	(619.2)	(609.7)	(615.0)	(619.8)
观测值	7 306	7 306	7 306	7 306	7 306	7 306	7 306
R^2 值	0.017	0.017	0.017	0.017	0.016	0.016	0.017
公司数量	826	826	826	826	826	826	826

* p<0.05, ** p<0.01, *** p<0.001

根据以上面板回归结果（附录表 2.2），我们可以得出如下结论。

模型 1：控制变量一定的情况下，企业每引入一个持股比例大于 5% 的战略投资者，会使 ROIC 增加 11.2 个百分点，证明引入持股超过 5% 的战略投资者的确能提高国企的资本回报水平。

模型 2：控制变量一定的情况下，企业持股比例大于 5% 的战略投资者总持股比例每增加 1%，会使 ROIC 增加 1.237 个百分点，证明超过 5% 的战略投资者总持股比例越大，对公司业绩越关注，也就越有利于国企资本回报水平的提升。

模型 3：控制变量一定的情况下，企业持股比例大于 5% 的战略投资者相对持股比例每增加 1%，会使 ROIC 增加 0.715 个百分点，证明战略投资者占除第一大股东之外的其他投资者比例越大，对国企资本回报水平的提升帮助越大。

模型 4：控制变量一定的情况下，公司每引入一个持股比例大于 10% 的战略投资者，会使 ROIC 增加 17.74 个百分点，证明 10% 持股比例的战略投资者较一般的战略投资者对于国企资本回报水平的提升作用更为明显。

模型 5：控制变量一定的情况下，引入持股比例大于 10% 的战略投资者，其持股比例每增加 1%，会使 ROIC 增加 0.382 个百分点，证明持股超过 10% 的战略投资者共同持股比例越大，对于国企资本回报水平的提升帮助越大。

模型 6：控制变量一定的情况下，公司持股比例大于 10% 的战略投资者相对持股比例每增加 1%，会使 ROIC 增加 0.522 个百分点，证明持股比例大于 10% 的战略投资者占除第一大股东之外的其他投资者比例越大，对于国企资本回报水平的提升越大。

模型 7：控制变量一定的情况下，公司若引入持股比例大于 10% 的战略投资者，会使 ROIC 增加 24.78 个百分点，证明引入 10% 持股比例的战略投资者对于国企资本回报水平的提升有很大帮助。

绑定原则实证分析：管理层持股与国企资本回报水平的关系

为了研究国企中管理层持股与资本回报率之间的关系，我们选取了 2008 年以前于 A 股上市的 858 家中央以及地方国企，其中剔除了金融行业国企和 ST 公司，并从万得数据库获得了样本公司 2008–2016 年的相关数据。

以下列出了所使用的被解释变量、解释变量和控制变量的名称及相应说明（附录表 2.3）。

附录表 2.3：变量描述

被解释变量	
ROIC	投入资本回报率（%），衡量企业的资本回报水平
解释变量（管理层持股情况）	
D	虚拟变量，当该年该公司管理层持股超过其总股本的 0.1% 时为 1，否则为 0
RASH	管理层持股比例（%），即当年该公司管理层持股数占总股本的比例
控制变量	
SIZE	公司规模，用总资产的自然对数衡量
RITA	无形资产占年末总资产的比例（%），用以衡量公司在研发与广告方面的投入
GROWTH	成长能力，用本年该公司的净利润增长率（%）衡量
DEBT	负债水平，用资产负债率（%）来衡量
CR10	（前十大股东的持股比例之和，%），用以衡量股权集中程度

为了比较管理层持股达到一定规模（管理层持股超过其总股本的 0.1%）的国企相对于基本上不存在管理层持股的国企在资本收益水平上

的差异，我们根据所收集数据的特点，建立了如下个体固定效应模型：

$$ROIC_{it}=\beta D_{it}+\boldsymbol{Control\ Variables'}_{it}\gamma+u_i+\varepsilon_{it} \quad (1)$$

使用组内估计法，对式（1）进行估计［为了剔除盈利的异常波动对回归结果的影响，我们对被解释变量的数据进行了缩尾处理（winsorized at 1% level）］，所得的回归结果如附录表 4 的第一列所示，其中括号当中标注的是以个体（即公司）作为聚类因素的聚类稳健标准差。从回归结果上看，β 的估计值虽并不显著，但符号为正。

为了进一步分析国企资本回报水平随着管理层持股比例的增加是如何变化，我们用 RASH 代替虚拟变量 D，建立了如下个体固定效应模型：

$$ROIC_{it}=\beta RASH_{it}+\boldsymbol{Control\ Variables'}_{it}\gamma+u_i+\varepsilon_{it} \quad (2)$$

同样使用组内估计法，由我们所收集的数据（被解释变量的数据同样进行了如上的缩尾处理）估计式（2），得到的回归结果如附录表 4 的第二列所示，其中括号内数值的含义同第一列。估计结果表明，β 的估计值为 0.284 且在 1% 的显著性水平上拒绝 β 为 0 的原假设。

附录表 2.4：管理层持股对国企资本回报水平的影响

	（1）式的回归结果	（2）式的回归结果
D	0.843 （0.611）	
RASH		0.284*** （0.106）
SIZE	−0.632** （0.251）	−0.642** （0.248）
RITA	−8.738** （3.494）	−8.434** （3.338）
GROWTH	0.001*** （0.000）	0.001*** （0.000）

续表

	（1）式的回归结果	（2）式的回归结果
DEBT	−0.069*** （0.020）	−0.068*** （0.019）
CR10	0.160*** （0.020）	0.154*** （0.020）
固定效应平均值	13.731*** （5.182）	14.229*** （5.153）
R^2	0.138	0.136

根据以上回归结果，我们可以得出如下结论（附录表 2.4）。

模型 1：在控制变量一定的情况下，管理层持股达到可观规模的国企，其 ROIC 的平均水平要比其他的国企高出 0.843%，尽管统计意义上讲不算显著。

模型 2：在控制变量一定的情况下，国企的管理层持股比例每增加 1%，企业的年度 ROIC 平均而言增加 0.284%，且统计意义显著，证明管理层持股与国企的投资回报率存在正相关关系。

归核原则实证分析：主业多元化程度与企业资本回报水平的关系

为了研究企业主业多元化程度与资本回报水平的普遍性关系，我们以在沪、深交易所上市的公司为初始样本，以 2008–2016 年作为研究区间，为了保证数据的有效性，尽可能的消除异常值对实证结果的影响，我们按照以下原则对初始样本进行了筛选：① 剔除金融行业的公司；② 剔除被 ST 和退市的公司；③ 剔除财务数据不全的公司；④ 剔除公司经营领域发生重大变化的公司。最终，共得到 2 743 家公司 18 903 个观测值作为研究样本。

我们采用投入资本回报率（ROIC）作为资本回报水平的核心指标，

由于财务指标数据主要是反映企业的资本回报，因此我们又额外选择托宾Q值来衡量企业的市场绩效，该值为企业股票市值对股票所代表的资产重置成本的比值。考虑到数据可得性，现有关于经营多元化的文献研究通常采用企业主营业务构成中跨行业业务数目或主营业务收入构成的集中度来衡量企业多元化程度，后者使用的最多的是赫芬达尔（Herfindahl）指数，其计算公式为 $H=\sum_{i=1}^{n}S_i^2$，其中 S_i^2 表示第 i 个行业业务收入占比的平方。该数值的值是在0到1范围的连续数，当指数为1时某企业是经营单一产品或行业，当指数越接近0时，企业多元化程度越高。除此之外，我们在实证模型中也控制了资本结构、企业规模、企业年龄、成长性等变量，具体变量定义如下（附录表2.5）。

附录表2.5：变量描述

	变量符号	变量描述	备注
被解释变量	ROIC	投入资本回报率	ROIC=EBIT（1－税率）/（有息负债+权益）
	TobinQ	托宾Q值	市场价值/资产重置价值
解释变量	N	跨行业业务数量	取对数
	H	赫芬达尔指数	$H=\sum_{i=1}^{n}S_i^2$，其中 S_i^2 表示第 i 个行业业务收入占比
控制变量	DA	资产负债率	总负债/总资产（%）
	Lnsize	公司规模	总资产对数值
	Age	公司年龄	考察年份减去上市年份
	Growth	成长能力	净利润同比增长率（%）
	Industry	行业	虚拟变量
	Year	年度	虚拟变量

根据以上变量设定，我们建立了四个固定面板数据模型。

模型 1：$ROIC_{it}=\beta_1 N_{it}+\delta_1 DA_{it}+\delta_2 Lnsize_{it}+\delta_3 Age_{it}$

$+\delta_4 Growth_{it}+Industry_i+Year_t+\varepsilon_{it}$

模型 2：$ROIC_{it}=\beta_1 H_{it}+\delta_1 DA_{it}+\delta_2 Lnsize_{it}+\delta_3 Age_{it}$

$+\delta_4 Growth_{it}+Industry_i+Year_t+\varepsilon_{it}$

模型 3：$TobinQ_{it}=\beta_1 N_{it}+\delta_1 DA_{it}+\delta_2 Lnsize_{it}+\delta_3 Age_{it}$

$+\delta_4 Growth_{it}+Industry_i+Year_t+\varepsilon_{it}$

模型 4：$TobinQ_{it}=\beta_1 H_{it}+\delta_1 DA_{it}+\delta_2 Lnsize_{it}+\delta_3 Age_{it}$

$+\delta_4 Growth_{it}+Industry_i+Year_t+\varepsilon_{it}$

模型中，被解释变量为衡量企业资本回报水平的指标，如投入资本回报率（ROIC）、托宾 Q 值，解释变量为衡量多元化指数的指标，如跨行业业务数量 N、赫芬达尔指数 H，其余均为控制变量，同时模型控制了行业效应 Industry 和年度效应 Year，ε_{it} 表示面板回归的扰动项。

我们关注系数 β_1 的系数符号，当解释变量为跨行业业务数量 N 时，若 β_1 大于 0，表示多元化程度越高，企业绩效越好，反之若 β_1 小于 0，表示多元化程度越高，企业绩效越差；当解释变量为赫芬达尔指数 H 时，若 β_1 大于 0，表示经营集中度越高（即多元化程度越低）企业绩效越好，反正若 β_1 小于 0，表示经营集中度越高（即多元化程度越低），企业绩效越差（附录表 2.6）。

附录表 2.6　解释变量

	解释变量	
	跨行业业务数量 N	赫芬达尔指数 H
$\beta 1>0$	多元化经营与企业绩效正相关	多元化经营与企业绩效负相关
$\beta 1=0$	多元化经营与企业绩效无关	多元化经营与企业绩效无关
$\beta 1<0$	多元化经营与企业绩效负相关	多元化经营与企业绩效正相关

根据我们选取的研究样本、数据及模型，可以得到以下实证结果（附录表 2.7）。

附录表 2.7：多元化经营对企业资本回报水平的影响

	模型 1	模型 2	模型 3	模型 4
	投入资本金回报率 ROIC		托宾 Q 值 TobinQ	
跨行业业务数量 N	−0.00273***		−0.234***	
	（0.0015）		（0.0000）	
赫芬达尔指数 H		0.0119***		0.368***
		（0.0000）		（0.0043）
资产负债率 DA	−0.0239***	−0.0226***	0.0517***	0.0517***
	（0.0000）	（0.0000）	（0.0000）	（0.0000）
公司规模 Lnsize	0.554***	0.577***	−1.741***	−1.759***
	（0.0000）	（0.0000）	（0.0000）	（0.0000）
公司年龄 Age	−0.530***	−0.522***	0.0407***	0.0386***
	（0.0000）	（0.0000）	（0.0000）	（0.0000）
成长能力 Growth	0.0190***	0.0190***	0.000310***	0.000302***
	（0.0000）	（0.0000）	（0.0005）	（0.0008）
行业 Industry	控制	控制	控制	控制
年度 Year	控制	控制	控制	控制
常数项	−0.0944***	−0.102***	37.13***	37.09***
	（0.0000）	（0.0000）	（0.0000）	（0.0000）
观测值	18903	18903	16 902	16 902
R^2 值	0.209	0.210	0.277	0.277
公司数量	2743	2743	2699	2699

* p<0.1， ** p<0.05， *** p<0.01

根据以上面板回归结果，我们可以得出如下结论。

模型 1：模型 β_1 等于 −0.375，并且在 1% 的水平上统计显著，证明在控制变量保持一定的情况下，企业跨行业业务数量越多，投入资本回报率越低，即多元化经营降低了企业的资本回报水平。

模型 2：模型 β_1 等于 0.451 并且在 5% 的水平上统计显著，证明控制变量保持一定的情况下，企业主营收入构成的赫芬达尔指数越高，投入资本回报率越高，即专业化经营（多元化经营）提高（降低）了企业的资本回报水平。

模型 3：模型 β_1 等于 −0.234，并且在 1% 的水平上统计显著，证明在控制变量保持一定的情况下，企业跨行业业务数量越多，企业的托宾 Q 值越低，即多元化经营降低了企业的市场绩效。

模型 4：模型 β_1 等于 0.368，并且在 1% 的水平上统计显著，证明在控制变量保持一定的情况下，企业主营收入构成的赫芬达尔指数越高，托宾 Q 值越高，即专业化经营（多元化经营）提高（降低）了企业的市场绩效。

| 附录三 |

混改十步法思路概述

步骤一：筹划模式

原则一：应首先站在国企集团的高度，对国企全局有一个规划，通过评估对集团最优化、可行性较高的模式，确定国企集团混改的切入口和推进方向。

思路 1.1：单一主业或多元化主业关联度高的大中型国企集团，可以考虑从集团层面入手自上而下的混改模式，在企业最高层面对传统的体制机制进行改革，并推动管控模式的变革，从而将市场化的体制机制逐层向子公司层面传递（198 页）。

思路 1.2：主业多元化程度高、各主业之间关联度有限的特大型国企应考虑选择自下而上的混改模式，首先在专业化业务平台层面进行混改，随后推动集团管控模式的改革，并对集团内其他专业化业务平台形成良好示范（200 页）。

- 建议 1.1：对选择自下而上模式混改的国企集团，国资监管部门应考虑及时推动集团层面以“管资本”为方向改革其管控模式，以在全局上推动混改落地（202 页）。

思路 1.3：在混改筹划和业务准备阶段，应由企业核心员工牵头、在国资股东全面参与下，制订详细、可行的、覆盖改革全流程的混改路线图（203 页）。

步骤二：筹划业务

原则二：对充分竞争行业和领域的主业混改应持积极的态度，试点中尤其应重点选择核心主业进行混改。

思路 2.1：自下而上模式下选择优先混改的业务，在“业务具有独立性”的前提下，应参考两个因素：① 业务所处行业具备市场化的环境，包括人才、技术和资金等；② 国企的资源禀赋优势和外部资本的市场化优势的结合是基于双方的利益和需要（211 页）。

思路 2.2：选择优先混改的业务，应考虑其混改“有利于提升资本回报率”，而非企业现阶段的盈利状况。对效益下降、经营陷入困难的国企实施混改可以作为现阶段的重点，而很多盈利状况良好的国企面临体制机制的瓶颈，急需通过深化改革提升持久竞争力，同样应该鼓励进行混改（214 页）。

思路 2.3：新兴产业、先进制造业、现代服务业的国企，尤其是新设的专业化业务平台，应默认设立为混合所有制企业，以在成立伊始就建立市场化的体制机制，有利于适应充分竞争程度更高的市场化环境（216 页）。

思路 2.4：若考虑在国企集团层面混改，则需要确定不纳入混改范围的业务，参考标准可以包括：① 行业和监管限制；② 业务所处发展前景；③ 集团的整体战略及各业务板块的定位和发展战略（217 页）。

思路 2.5：拟混改企业应在引资前着手对企业未来的发展战略和业务模式进行详细筹划，这也是业务重组的重要前提（218 页）。

思路 2.6：选择注入拟混改企业的资产，可以参考以下因素：① 资产的产权清晰；② 资产对拟混改业务形成支撑作用，有利于巩固企业的资源禀赋优势；③ 资产注入混改范围不会造成拟混改企业与集团之间存在实质性的同业竞争或形成业务依赖；④ 如果拟混改企业未来有上市计划，那么不注入拟混改企业的资产不会与其存在实质性的同业竞争或存在过度的持续性关联交易（220 页）。

思路 2.7：资产重组中应坚持算好国有资本提升资本价值的“大账”，并重点关注拟混改企业的独立性和可持续发展能力，对于与主业相关度不高、长期盈利能力差、经营不稳定的资产和企业，应保留在拟混改企业之外并及时处置，避免为了求大求全而带病改革（223 页）。

思路 2.8：对于拟混改企业的非生产经营用的土地房产，特别是对拟转型为轻资产业务模式的企业，可以考虑通过成熟的资本市场操作，减轻重资产的负担，帮助企业轻装前进（225 页）。

步骤三：筹划路径

原则三：选择首次引资路径的关键考量因素，不应局限于操作的难易程度，而应考虑哪种路径更有利于引入持股相对集中的战略投资者。

思路 3.1：采用非上市资产注入上市公司被动引入原有股东的路径，应关注几个原则：① 上市公司应拥有较健全的治理体制和市场化的经营机制，运营状况良好；② 注入后国资股东持股规模适中，能够形成有效制衡、协调运转的治理体制；③ 国企非上市资产应与上市公司主业关联度较高，这符合资本市场对专业化运营的偏好（230 页）。

思路 3.2：考虑非上市资产重组上市同时增资引入战略投资者的路径，应关注几个因素：① 需要拥有合适的上市公司平台；② 需要引入持股规模较大的战略投资者，有助于完善有效制衡、协调运转的治理体制（234 页）。

思路 3.3：对于独立于上市公司主业的专业化业务或企业，可以考虑首先通过私募发行的方式引入持股相对集中的战略投资者，以引入外部制衡作用和市场化作用，这是触及体制机制问题的基础（235 页）。

思路 3.4：对于国有控股上市公司，应考虑适时推动“二次引资”，引入持股相对集中的战略投资者，从而改善国资股东一股独大的局面，进一步优化股权结构（238 页）。

思路 3.5：在混改的目标下，选择增资扩股还是老股转让，应因地制宜，考虑拟混改企业创新发展的实际需求和国有股东的诉求，并积极推动国资股东管资本（240 页）。

- 建议 3.1：在遵守现行法律法规的基础上，混改的相关审批中应遵循“实质重于形式”原则，并加强政府部门间的通力配合和充分协调，减少审批流程对混改路径筹划的影响（241 页）。

步骤四：选择投资者

原则四：混改引资过程中对投资者的选择应遵循一个根本性条件，即投资者自身拥有市场化的体制机制。

思路 4.1：从国企的改革需求考虑，选择的投资者应满足以下条件：① 资金实力较充足，单一投资者或一致行动人入股比例应努力达到 10%；② 能够在具有“战略价值”的方面向拟混改企业提供支持；③ 认同企业理念，非短期逐利，更愿意中长期持股（248 页）。

思路 4.2：在投资者选择过程中，拟混改企业应明确了解潜在投资者的资金成本或对收益率的预期，以及投资者拟投资的资金使用期限（250 页）。

思路 4.3：结合国企的实际情况，分类引入“产业投资者 + 积极财务投资者”的战略投资者组合，更有利于达到混改的目标（252 页）。

思路 4.4：自身拥有市场化体制机制的混合所有制企业或基金有其独特的优势，能够代表国有资本参与国企的混改，并能够发挥“积极投资者”的作用（254 页）。

思路 4.5：金融机构通过市场化债转股参与混改，前提应是该机构能够发挥积极的投资者的作用，从而在有效降低企业高负债风险的同时，切实推动企业体制机制改革（257 页）。

思路 4.6：应在入股文件中对投资者的锁定期和运营参与度进行约定，确保拟混改企业、其国资股东，以及外部股东三方的诉求获得制度性的保障（258 页）。

思路 4.7：拟混改企业应对引入战略投资者的数量进行充分考量，投资者并非越多越好（258 页）。

步骤五：设计股权结构

原则五：针对充分竞争行业拟混改企业股权结构的设计中，不必过分关注国资股东控股还是参股，而是着力于构建有效制衡的股权结构，形成“有意见大家商量”的氛围，在此基础上，才有可能建立市场化的体制机制。

思路 5.1：着眼于构建有效制衡的股权结构，引入外部资本的总持股比例应高于一定下限，即三分之一，并获得相应份额的董事提名权，才能在治理结构上形成制衡（261 页）。

思路 5.2：若引入多家股东，持股最多的外部股东应持有不少于 10% 的股份，并获得相应份额的董事提名权；持股最小的外部股东应持有不少于 5% 的股份（264 页）。

思路 5.3：在三分之一的基础上，应充分分析国企和外部资本各自优势在价值提升过程中所能发挥的作用，据此设计股权结构，并通过双方的市场化谈判达成一致（267 页）。

思路 5.4：对于国企集团的非核心主业、行业发展前景弱的业务，国资股东可以考虑通过出让控制性股权并放弃 1/3 的持股比例，实现战略性退出（268 页）。

思路 5.5：混改中，国资股东应从国有经济的高度算好"大账"，着眼于提升资本回报率，因地制宜地考虑出让股权的比例，和外部股东一同做大蛋糕（269 页）。

思路 5.6：应慎重采用国资股东和单一或一致行动人的外部股东股权相当的股权结构，破解的方法是引入关键第三方股东（271 页）。

思路 5.7：打破国资股东一股独大的局面并不等于要走向另一个极端，过度分散的股权结构同样不利于资本价值的提升（271 页）。

步骤六：确定合理价格

原则六：混改中"合理定价"应达到两个目标：一方面定价不能显著低于公允价值，导致国有资产被贱卖；另一方面定价不能过高，导致把积极的战略投资者拒之门外。

思路 6.1：引资过程中合理定价应遵循两个原则：① 定价前要合理确定基准价值；② 定价过程要以基准价值为标杆、以市场化方式确定交易价格（275 页）。

- 建议 6.1：在经审计或评估的净资产值的基础上，应以股权价值作为基准价值的重要参考，管理层由此形成对基准价值区间的判断（278 页）。

- 建议 6.2：对于定价过程，遵循先保障投资者质量优先，再保证价格优先的原则，结合资本市场经验和实际操作中的探索，可考虑两阶段的定价流程，以非公开谈判和公开市场竞价相结合的方式，确保以防止国有资产流失为重点目标的合理定价（281 页）。

步骤七：引入核心员工持股

原则七：混改中引入核心员工持股，应坚持两点：一是突出绑定目标，即将员工持股定位为针对以管理层为核心的少数核心员工，规模适中，中短期不得退出的义务；二是坚持市场化的方式，与战略投资者同步进入，有助于降低执行中的各种风险。

思路 7.1：考虑入股核心员工的范围，可以参考几个因素：① 着眼于对企业未来长期的改革和发展有重要影响；② 根据所处行业性质和员工能够提供的资源，具有不可替代性且其工作范围无法完备约定；③ 员工持股应谨慎考虑存在生计压力的员工和即将退休的员工（286 页）。

- 建议 7.1：在操作中，应坚持市场化的操作原则，核心员工持股与引进战略投资者工作同步展开、双向选择、共同进退，将核心员工持股范围的判断权力交给市场，首先确保绑定“对的人”（288 页）。
- 建议 7.2：根据行业特点和公司发展阶段，结合“尊重历史”和“面向未来”原则，对“贡献度”设置综合性的评价标准，在确定核心员工范围的过程中坚持“三公一透”（289 页）。
- 建议 7.3：针对首次实施核心员工持股的拟混改企业，尤其是非上市公司，持股员工的范围宜小不宜大。可以分层次进行考虑，首先确保评分最高、最需要绑定的员工纳入持股范围，其他核心员工根据剩余额度考虑分配（292 页）。

- 建议 7.4：应将核心员工持股视为一种义务，因此应坚持核心员工“股在岗在、共同进退”，既做到权责利相统一，又有助于树立全员的改革信心（293 页）。

思路 7.2：考虑员工入股规模的过程中，对入股总比例不需要有“一刀切”的预判，更应因地制宜，首先关注个体入股数额和出资金额下限，努力做到“足额”绑定，继而以“自下而上”的思路推算总入股规模（296 页）。

思路 7.3：在混改中，核心员工应在引入战略投资者过程中同时、同价入股（297 页）。

思路 7.4：混改中引入核心员工持股，国资股东和外部股东均不应向员工提供财务资助（299 页）。

- 建议 7.5：建议有关部门出台配套法规，对于贷款用于认购混改中的员工持股进行一定规定，变堵为疏（300 页）。
- 思路 7.5：通过合理设计锁定机制和流动机制，在鼓励核心员工中长期绑定的同时，实现员工持股的有序流动（301 页）。
- 建议 7.6：中长期的锁定期和任期最低持股限制的安排是实现对核心员工长期绑定的有效保障（302 页）。
- 建议 7.7：间接持股方式有助于在锁定的同时推动合理流动，在此基础上，可遵循“岗位变更、业绩差异”相应调整的原则，实现持股数量能高能低，并通过规则的完善，实现员工持股的有序退出（303 页）。

步骤八：健全治理体制

原则八：深化混合所有制企业治理体制的改革，应以现代化为方向，以董事会为核心，着力于在两个层面：第一，通过完善治理结构，实现包括国资股东在内的多元化所有者在董事会到位，从而达到有效制衡、协调运转的目标；第二，通过健全治理制度，实现董事会专业化、科学化决策，从而达到责、权、利相对等的目标。

思路 8.1：厘清混合所有制企业和政府的关系，减少非治理主体对企业进行干预，是完善治理结构、实现所有者到位和有效制衡的前提（311 页）。

思路 8.2：清晰界定国资股东和引资后企业的关系，国资股东基于所持股权行使财产权利，而非行政权力，积极参与引资后企业的各治理主体，既要做到职能到位，又要减少表现越位，具体应做好两方面基础性工作：① 国企集团公司改制成为公司制企业；② 推动国企集团管控模式的变革（313 页）。

思路 8.3：在股权结构制衡化的基础上，应通过董事会组成的多元化，强化所有者到位，并形成董事会内部的有效制衡（321 页）。

思路 8.4：通过完善监事会的多元化组成，并增强监事获得信息的能力，强化其监督功能，形成对董事会和经营层监督的有效化、常态化（323 页）。

思路 8.5：通过持股相对集中的股东行使提名权，建立选聘“尽职”董事的制度，同时，应发挥中小股东共同提名独立董事的积极作用（324 页）。

思路 8.6：尊重《公司章程》的法律地位，明确董事会的主体地位，将重大决策、选人用人、薪酬分配的权力交给董事会，并通过提高决策门槛、设置专业委员会等措施提高决策能力。同时，基于决策效率和权利平衡的原则，国资股东应对所提名董事因地制宜地明确授权事项的范围（327 页）。

思路 8.7：通过完善股东对所提名董事的考核机制，并通过内部和外部相结合的方式，有效实施对董事的考核。在此基础上，应以市场化为方向改革国资股东所委派非执行董事的薪酬机制，这是实现董事会责权利相对等的重要条件（329 页）。

思路 8.8：在治理结构上，通过“双向进入，交叉任职”制度，实现党组织与董事会等各个治理主体的对接和融合。在决策中，这一制度使得董事会依法行使决策权的核心功能得以保障，而党组织通过其在董事会的代表有效参与决策,从而实现国资股东在董事会上“到位”（333 页）。

思路 8.9：发挥党组织的把关定向作用，实现在治理体制上的对接和融合，核心在于在尊重各个治理主体在决策制度、选人用人制度、考核和激励制度、监督制度上权威的基础上，通过党组织在各个治理主体中的充分代表，有效发挥党的领导的独特优势（342 页）。

步骤九：转换经营机制

原则九：深化混合所有制企业经营机制的改革，应以市场化为方向，以动力机制为核心，通过完善流动机制、考核监督机制、分配机制，实现经营层和员工的利益与股东利益及企业长期发展相绑定，形成“上下同欲”，从而提升企业活力和竞争力。

思路 9.1：通过观念上的市场化转变，将企业人转变为市场中的人，即“断后路”，这是转换经营机制的基础性前提（349 页）。

思路 9.2：通过“脱马甲”和聘任制让国企员工真正转换身份，成为市场中的人，这是讨论动力机制的制度保障，而其中的重中之重是完善针对经营层的职业经理人制度（351 页）。

- 建议 9.1：凡是进行混改的企业，应面向经营层整体建立职业经理人制度（352 页）。
- 建议 9. 2：职业经理人制度关键是引入竞争机制，因此应根据行业特点、公司自身的市场化程度，采取外部招聘和内部竞聘相结合的方式（354 页）。

思路 9.3：要坚持人员的市场化，基于三公原则和择优原则，定岗定编，为企业瘦身健体，同时借助新经济和社会力量多方面解决冗余人员的问题（358 页）。

思路 9.4：通过经营层流动选择尽责高管十分重要，同时应营造能上能下的机制和有效的保障措施（360 页）。

思路 9.5：明确将考核的职能交给董事会，并参考混合所有制企业的特点，完善长短期结合、差异化、动态的市场化考核机制（364 页）。

思路 9.6：在合理容错的基础上，完善监督机制，并建立有效的退出机制（364 页）。

思路 9.7：以流动机制的建立为前提，应适时放开工资总额的限制，推动薪酬机制与市场水平的“适度对接”，实现薪酬决策的市场化和薪酬结构的差异化（368 页）。

思路 9.8：遵循因地制宜、因人而异的原则，建立多层次、多角度的市场化激励机制（370 页）。

步骤十：对接资本市场

原则十：通过上市与资本市场对接，是实现国有企业的透明化、发挥公众监督作用，便捷资本流动的有效方式，是企业深化体制机制改革、提升持久竞争力的必要步骤。

思路 10.1：上市后进一步深化治理体制改革，应以独立董事制度为突破口，通过完善多元化的提名制度和市场化的薪酬机制，激励独立董事切实维护公司和中小股东的利益（377 页）。

思路 10.2：上市后进一步深化经营机制改革，应完善针对上市公司特点的考核机制，在此基础上，应以激励机制为突破口，适时推出灵活多样的股权激励，让企业的管理层和员工共享改革成果，并形成持续激励（380 页）。

思路 10.3：一般而言，企业在初步混改后，应考虑设计一个中短期的锁定机制，令混改得以在体制机制和运营层面落地，3~5 年改革效果逐步显现后再挂牌上市比较合理（382 页）。

- 建议 10.1：在遵照上市公司股东相关规定的基础上，建议国资监管部门扩大企业在一定股权比例之内增持、减持所控股上市公司股票的权力，有利于实现国有资本的积极流动（383 页）。

参考文献

［1］吴敬琏，张军扩，刘世锦，陈小洪，王元，葛延风等．国有经济的战略性改组［M］．北京：中国发展出版社，1998.

［2］潘岳．未来的国有企业［M］．北京：企业管理出版社，1998.

［3］陈清泰，吴敬琏，谢伏瞻．国企改革攻坚 15 题［M］．北京：中国经济出版社，1999.

［4］亨利・汉斯曼．企业所有权论［M］．北京：中国政法大学出版社，2001.

［5］周其仁．产权与制度变迁：中国改革的经验研究［M］．北京：北京大学出版社，2004

［6］李增泉．国家控股与公司治理的有效性：一项基于中国证券市场的实证研究［M］．北京：经济科学出版社，2005.

［7］徐晓东．公司治理与第一大股东的所有权［M］．大连：东北财经大学出版社, 2006.

［8］刘汉民．企业理论、公司治理与制度分析［M］．上海：上海人民出版社, 2007.

［9］陈清泰主编．重塑企业制度：30 年企业制度变迁［M］．北京：中国发展出版社，2008.

［10］杨启先，石小敏等．中国经济体制改革基本理论［M］．北京：中国人民大学出版社，2008.

[11] 潘功胜．大行蝶变：中国大型商业银行复兴之路［M］．北京：中国金融出版社，2012.
[12] 周叔莲．改革与探索：社会主义经济体制研究［M］．北京：中国社会科学出版社，2013.
[13] 吴晓波．激荡三十年——中国企业 1978–2008［M］．北京：中信出版社，2014.
[14] 李维安，郝臣．公司治理手册［M］．北京：清华大学出版社，2015.
[15] 张文魁，袁东明等．国有企业改革与中国经济增长［M］．北京：中国财政经济出版社，2015.
[16] 张文魁．混合所有制的公司治理与公司业绩［M］．北京：清华大学出版社，2015.
[17] 张文魁，等．混合所有制与现代企业制度：政策分析及中外实例［M］．北京：人民出版社，2017.
[18] 张文魁．解放国企：民营化的逻辑与改革路径［M］．北京：中信出版社，2014.
[19] 邵宁．国有企业改革实录（1998–2008）［M］．北京：经济科学出版社，2014.
[20] 林毅夫、厉以宁、吴敬琏，等．读懂中国改革 4：关键五年 2016–2020［M］．北京：中信出版社，2016.
[21] 常修泽，等．混合所有制经济新论［M］．合肥：安徽人民出版社，2017.
[22] 国务院国资委新闻中心．国企改革 12 样本［M］．北京：中国经济出版社，2016.

［23］马骏，张文魁，张永伟，袁东明等．国企改革路线图探析［M］．北京：中国发展出版社，2016.
［24］江苏省国资委课题组．国企改革十大难题［M］．南京：江苏人民出版社，2016.
［25］国家发展改革委体改司．国企混改面对面——发展混合所有制经济政策解读［M］．北京：人民出版社，2015.
［26］晓甘主编．国民共进——宋志平谈混合所有制［M］．北京：企业管理出版社，2014.
［27］宋志平．经营方略［M］．北京：中信出版社，2016.
［28］宋志平．笃行致远［M］．北京：中信出版社，2017.
［29］刘泉红．国有企业改革——路径设计和整体推进［M］．北京：社会科学文献出版社，2012.
［30］高明华．公司治理与国有企业改革——高明华文集［M］．上海：东方出版中心，2017.
［31］李正图．混合所有制经济研究［M］．上海：上海社会科学院出版社，2016.
［32］仲继银．董事会与公司治理［M］．北京：中国发展出版社，2014
［33］宁向东．国有企业改革与董事会建设［M］．北京：中国发展出版社，2013.
［34］侯丽艳，梁平．经济法概论［M］．北京：中国政法大学出版社，2012.
［35］邱晓华，管清友．新常态经济：中国经济新变局［M］．北京：中信出版社，2015.
［36］William Lazonic，Mary O'Sullivan. 公司治理与产业发展［M］. 北京：

人民邮电出版社，2005.
[37] 祝红梅，王勇 . 上市公司控制权市场功能研究［M］. 北京：中国金融出版社，2007.
[38] 刘小鲁，聂辉华 . 国企混合所有制改革：怎么混？混得怎么样？［M］. 北京：中国社会科学出版社，2016.
[39] 杰弗里·萨克斯 . 文明的代价——回归繁荣之路［M］. 杭州：浙江大学出版社，2014.
[40] 雪珥 . 改革都有红利吗？［M］. 南京：江苏文艺出版社，2013.
[41] 胡政，陈争平，朱荫贵主编 . 招商局与中国企业史研究［M］. 北京：社会科学文献出版社，2015.
[42] 赫尔曼·西蒙 . 隐形冠军［M］. 北京：经济日报出版社，2005.
[43] 小艾尔弗雷德·D·钱德勒 . 看得见的手—美国企业的管理革命［M］. 北京：商务印书馆，1987.
[44] 中央编译局 . 马克思恩格斯全集 第一卷［M］. 北京：人民出版社，1960.
[45] 邓小平文选［M］. 北京：人民出版社，1993-2010.
[46] 约瑟夫·阿洛伊斯·熊彼特 . 经济发展理论［M］. 北京：商务印书馆，1990.
[47] 张思平 . 思平讲话实录［M］. 深圳：海天出版社，2015.
[48] 罗健凯主编 . 国企改革突破记：广东省属企业体制机制改革创新试点工作启示录［M］. 广州：广东旅游出版社，2018.
[49] 陈清泰 . 国企改革突破口是“管资本”［N］. 财经网，2015-05-13.
[50] 陈清泰 . 国企改革以管资本为主仍需厘清概念和明确思路［N］.

澎湃新闻网 .2016-10-16.
［51］陈清泰 . 国企改革 20 年改不动是怎么回事？［C］. 野三坡论坛的发言实录，2017-09-30.
［52］陈清泰 . 重新定义国企、从管企业转向管资本，真改革要做这两件事［N］. 经济观察网，2018-05-13.
［53］厉以宁 . 市场经济与现代企业制度［J］. 理论学习与探索，1994（1）：4-9.
［54］厉以宁 . 企业改革的目标模式是股份制［J］. 中国集体工业，1992（6）：45-45.
［55］厉以宁 . 厉以宁纵谈股份制［J］. 企业研究，1993（6）：2-4.
［56］张维迎 . 如何发挥企业家精神推动经济增长［J］. 中国房地产，2017，（02）：9.
［57］张维迎 . 企业家在经济增长中的作用不可小视［N］. 中国财经报，2016-07-19（007）.
［58］张维迎 . 企业家将决定中国增长潜力［J］. 财经界，2014，（08）：70-77.
［59］潘岳 . 宏观经济运行与国有经济体制改革的若干问题［J］. 党校科研信息，1995（18）：14-17.
［60］潘岳 . 管理国有资产要处理好六个关系［J］. 经济管理，1995（5）：59.
［61］潘岳 . 市场机制与国家所有制结合的典范——挪威混合经济及国家所有制模式的启示［J］. 中国改革，2001（1）：52-53.
［62］邵宁 . 国企改革：历程、现状与展望［J］. 思想政治工作研究，1998（11）：4-6.

［63］徐善长 . 关于江苏、浙江混合所有制经济发展的调查报告［J］. 经济研究参考，2006（83）：2–7.

［64］张思平 . 对国有企业改革若干问题的看法［J］. 财经，2016 年 6 月 7 日

［65］项安波 . 国企改革的制度基础与主攻方向［J］. 中国智库网，2018–07–21.

［66］中国青年报思想理论部 . 苏联巨变之后中国的现实应对与战略选择［N］. 中国青年报，1991–09–09.

［67］杨小凯 . 中国的后发劣势［C］. 天则所，2002.

［68］季晓楠 . 国企改革仍需借力资本市场［J］. 经济研究参考，2013（24）：23.

［69］许小年 . 以法人机构为主体建立公司治理机制和资本市场［N］. 经济日报，1997.

［70］白重恩，张琼 . 中国的资本回报率及其影响因素分析［J］. 世界经济，2014，37（10）：3–30.

［71］宋志平 . 新一轮国企改革的问题和思考［N］. 经济观察报，2014–11–24.

［72］宋志平 . 国企职业经理人制度建设该怎样推行——中国建材集团董事长宋志平谈职业经理人制度建设［J］. 现代国企研究，2016，（13）：68–75.

［73］宋志平 . 企业家是发展创新型经济的中坚［N］. 经济参考报，2017–10–13（008）.

［74］宋志平 . 我们需要更多的隐形冠军［N］. 中国建材报，2017–05–25（001）.

[75] 常修泽. 发展混合所有制经济：完善市场经济体制新课题 [N]. 21 世纪经济报道，2003 年 10 月 16 日.

[76] 常修泽. 我对混合所有制经济的几点看法 [N]. 经济参考报，2018-01-04.

[77] 张汉飞. 国有混合所有制改革中的机制建设 [J]. 企业文明，2015（4）：37-38.

[78] 傅成玉. 政府职能不转变 国企改革改不动 [C]. 中国经济展望论坛，2017-06-29.

[79] 林毅夫、李周. 现代企业制度的内涵与国有企业改革方向 [J]. 经济研究，1997（3）：3-10.

[80] 钱颖一. 企业的治理结构的改革和融资结构的改革 [J]. 经济研究，1995（1）：20-29.

[81] 蔡继明，解树江. 公司治理结构的国际比较——兼论我国民营企业的治理结构与企业创新 [J]. 南开经济研究，2000（2）：22-27.

[82] 国家发展改革委体管所课题组. 国企改革历程回顾与当前改革重点 [J]. 国资监管，2015（3）：27-29.

[83] 国务院国资委研究室. 坚定不移地推进股份制改造 [J]. 当代经济，2004（10）.

[84] 张勋，徐建国. 中国资本回报率的再测算 [J]. 世界经济，2014，37（08）：3-23.

[85] 张勋，徐建国. 中国资本回报率的驱动因素 [J]. 经济学（季刊），2016，15（03）：1081-1112.

[86] 仇云霞，葛小玲，何维国. 论中国上市公司中一股独大现象产生的

根源及其弊端［J］. 山西高等学校社会科学学报，2002，14（3）：33-36.

［87］王箐 . 基于公司治理视角的机构投资者对控股股东的制衡分析［J］. 企业经济，2012（7）：179-181.

［88］毛元斌，张培德 . 以股份制改革、建立完善董事会为重点，推进国有企业现代企业制度建设，载李荣融主编：中国国有资产监督管理年鉴——2006［M］，北京：中国经济出版社，2006.

［89］田会，王国亮 . 国有独资公司治理与股权多元化发展趋势探讨［J］. 改革与战略，2010，26（12）：130-132.

［90］余菁 . 授权经营的制度内涵及其局限性［J］. 当代财经，2004（11）：62-67.

［91］燕春，史安娜 . 国有资产出资人制度批判与重构——从国资委到人民代表股东会［J］. 社会科学研究，2008（02）：62-68.

［92］何浚 . 上市公司治理结构的实证分析［J］. 经济研究，1998（05）：51-58.

［93］张冀湘 . 对企业集团授权经营的几点思考［J］. 中国工业经济研究，1994（05）：50-54.

［94］刘茂才，周殿昆 . 对“国有独资、授权经营”现象的反思及改进建议［J］. 经济研究，1996（11）：21-26.

［95］罗智渊 . 中国员工持股制度研究［D］. 首都经济贸易大学，2011.

［96］邵挺 . 金融错配、所有制结构与资本回报率：来自 1999—2007 年我国工业企业的研究［J］金融研究，2010（9）：51-68.

［97］刘杰 . 试论国有企业资本运营改革的几个问题［J］. 企业改革与管理，2014（5）：6-7.

[98] 谢志华 . 公司的本质——兼论国企混合所有制改革［ J ］. 北京工商大学学报，2015（3）：1–9.

[99] 冯果，杨梦 . 国企二次改革与双层股权结构的运用［ J ］. 法律科学，2015（6）：150–156.

[100] 吴光 . 浅谈内部控制在国企混合所有制改革中的作用［ J ］. 中国总会计师，2016（3）：102–103.

[101] 孙秀妍 . 混合所有制改革中整体上市对企业价值的影响［ J ］. 商场现代化，2016,（27）：136–137.

[102] 蓝定香 . 大型国企国有产权的“委托问题”［ J ］. 社会科学研究，2011（06）：7–11.

[103] 陈姝，简宇寅 . 论产业多元化的折价效应——基于经济外部性的角度［ J ］. 管理世界，2016,（04）：176–177.

[104] 孙靖杰 . 国有企业的多元化经营战略探析［ D ］. 对外经济贸易大学，2014.

[105] 田恒 . 中国企业多元化经营的绩效及影响因素研究［ D ］. 武汉大学，2014.

[106] 李红亮 . 多元化经营之国有企业集团内部一体化管理模式［ J ］. 经济问题，2014（01）：68–73.

[107] 汪浩 . 提升国企内部治理能力的必然路径——混合所有制改革助推产权结构优化［ J ］. 国家治理，2015（02）：25–30.

[108] 雷加能 . 现代化治理视域下的国企混合所有制改革分析与前瞻［ J ］. 国有资产管理，2015（04）：31–35.

[109] 李浩荣 . 基于国企改革视角的社会化方向与途径［ J ］. 国有资产管理，2016（01）：34–39.

［110］刘迅，李东升．法国国有企业高管激励的经验及其启示［J］．管理现代化，2011（2）：62–64.

［111］何伟．对国企改革历程的深层次思考［J］．理论探讨，2011（02）：165–167.

［112］吴延兵．国有企业双重效率损失研究［J］．经济研究，2012，47（03）：15–27.

［113］谢岚．探索建立现代企业制度上的国有企业职业经理人制度［J］．企业研究，2014，（10）：116–117.

［114］麻勇，胡杰．我国国企职业经理人市场化困境与政策建议［J］．环渤海经济瞭望，2012，（06）：37–39.

［115］魏峰，荣兆梓．竞争性领域国有企业与非国有企业技术效率的比较和分析——基于 2000–2009 年 20 个工业细分行业的研究［J］．经济评论，2012，（03）：75–81.

［116］杜鑫．中国垄断性行业与竞争性行业的收入差距：基于北京市微观数据的研究［J］．南开经济研究，2010，（05）：111–124.

［117］岳希明，李实，史泰丽．垄断行业高收入问题探讨［J］．中国社会科学，2010，（03）：77–93+221，222.

［118］周景勤．国有企业推行职业经理人制度的若干问题［J］．北京经济管理职业学院学报，2016，31（02）：30–33，43.

［119］龚建桥．建立与完善职业经理人制度［J］．特区理论与实践，2000，（07）：27–29.

［120］苏永华．职业经理人制度建设三道关［J］．人力资源，2016，（07）：28–29.

［121］池峰，混合所有制改革中的国其管理体制与竞争机制创新［J］，

经济与管理，2014（12）：95–97.
[122] 吴炳贵 . 浅谈国企改革的体制创新、机制创新和制度创新 [J]. 广西社会科学，2003（1）：68–69.
[123] 王东民 . 建立有效的企业集团内部控制机制 [J]. 企业经济，2003（10）：102–103.
[124] 胡一帆，宋敏，张俊喜 . 中国国有企业民营化绩效研究 [J]. 经济研究，2006（07）：49–60.
[125] 王竹泉，杜媛，曲冠青 . 企业混合所有制改革的多维考察与机理分析 [J]. 财务与会计，2016，（01）：25–27.
[126] 钟辉勇，钟宁桦，朱小能 . 城投债的担保可信吗？——来自债券评级和发行定价的证据 [J]. 金融研究，2016（04）：66–82.
[127] 孙铮，刘凤委，李增泉 . 市场化程度、政府干预与企业债务期限结构——来自我国上市公司的经验证据 [J]. 经济研究，2005（05）：52–63.
[128] 李亚平，黄泽民 . 信用评级、债券增信与中期票据融资成本 [J]. 上海金融，2017，（02）：45–51.
[129] 邹纯 . 信用评级高估与融资的所有制歧视——基于中国公司债的数据 [J]. 经济与管理研究，2015，36（07）：44–52.
[130] 傅蕴英，徐福艳 . 多个大股东控制对企业价值影响的实证研究 [C]. 中国财务学年会暨财务理论与实务论坛，2008.
[131] 韩鹏飞，胡奕明 . 政府隐性担保一定能降低债券的融资成本吗？——关于国有企业和地方融资平台债券的实证研究 [J]. 金融研究，2015，（03）：116–130.
[132] 陈其安，张红真，徐礼 . 基于股权激励的上市公司委托 – 代理模

型研究［J］. 中国管理科学，2012（11）：374–379.
［133］初明利，张敏 . 民营企业党建嵌入公司治理的思路与模式［J］. 天津师范大学学报，2011（1）：12–16.
［134］李健劲 . 国企党建与公司治理的“四个和谐”［J］. 管理与文化，24–28.
［135］王克勤，曹培，王亮 . 中央企业嵌入党建的公司治理机制研究［J］. 理论界，2005，81–82.
［136］蒋铁柱 . 论企业党建与公司治理的和谐发展的制度创新［J］. 社会科学，2007（7）：31–39.
［137］陈世瑞 . 国企党建与法人治理结构协同性初探［J］. 华东经济管理，2012（26）：105–109.
［138］彭真明，江华 . 美国独立董事制度与德国监事会制度比较［J］. 法学评论，2003（1）：36–42.
［139］李一宏 . 从德国股份公司权利的分配看我国股份公司治理结构的构建［J］. 求索，1997（6）：32–34.
［140］莽景石 . 略论日本的公司治理结构及其改革趋势［J］. 世界经济，2000（7）：57–62.
［141］鲁炜、闵川 . 中外公司治理结构评价指标体系的比较［J］. 科技管理研究，2005（11）：77–86.
［142］蒋美云 . 美国式公司治理的缺陷和中国上市公司治理结构的改进［J］. 商业经济与管理，2003（3）：58–61.
［143］朱天 . 公司治理、国企改革与制度建设［J］. 经济研究，1998（1）：47–51.
［144］郑红亮 . 公司治理理论与中国国有企业改革［J］. 经济研究，

1998（10）：20–27.

［145］许怀成 . 解决国企党建“四化”问题 须创新思想理念和体制机制［J］. 现代国企研究，2016（11）：266–267.

［146］陈友海 . 探索建立党领导下的混合所有制企业现代公司治理体系［J］. 现代国企研究，2016（1–2）：88–93.

［147］上海社会科学院课题组 . 公司治理与党建工作融合的现状、问题及理论思考［J］. 上海经济研究，2005（11）：59–70.

［148］王争辉，王婧，陶金瑞 . 民营企业发展中存在问题的分析及对策［J］. 企业经济，2009（3）：30–32.

［149］盛波 . 家族企业治理结构的缺陷和完善［D］. 中山大学，2008.

［150］何圣东 . 国外家族企业制度变迁的比较及启示［J］. 经济纵横，2002（8）：54–57.

［151］Nicholas R. Lardy. The Rise of Private Business in China［M］. Peterson Institute for International Economics，2014.

［152］Margaret Blair. Ownership and Control：Rethinking Corporate Governance for the 21 Century［M］. Brookings Institution，1995.

［153］Carsten A. Holz. Long Live China’s State–owned Enterprises：Deflating the Myth of Poor Financial Performance［J］. Journal of Asian Economics 13，no. 4（July/August 2002）：493–529.

［154］Wei Z，OVarela，J D’Souza，M K Hassan. The Financial and Operating Performance of China’s Newly Privatised Firms［J］，Financial Management，2003，32（2）：107–126.

［154］Wendy Leutert. Challenges Ahead in China’s Reform of State–Owned Enterprises［J］. Asia Policy，2016（1）：83–89.

［156］Morck R，Shleifer A，Vishny R W. Management ownership and market valuation：An empirical analysis［J］. Journal of Financial Economics，1988，20（1–2）：293–315.

［157］M.H.Cho. Ownership Structure，Investment，and the Corporate Value：An Empirical Analysis［J］. Journal of Financial Economics，1998，47（1）：103–121.

［158］Xiaonian Xu，Yan Wang. Ownership structure and corporate governance in Chinese Stock companies［J］. China Economic Review 10（1999）75–98.

［159］Xiaonian Xu，Yan Wang. Ownership Structure，Corporate Governance and Firm's performance：the case of Chinese Stock Companies［J］. Amherst College and The World Bank，1997.5.

［160］William L. Megginson，Jeffry M. Netter. From State To Market：A Survey of Empirical Studies on Privatization. Journal of Economic Literature［J］，Vol. XXXIX（June 1 2001）：321–389.

［161］Sinn，Hans–Werner. Privatization In East Germany［J］. Public Finance，vol.47，1992：152–171.

［162］Erik Kirschbaum. German Privatisation Agency Poor Model for Greece［N］. Reuters，2014.

［163］Qian Sun，Wilson H.S. Tong. China share issue privatization：the extent of its success［J］. Journal of Financial Economics，2003：183–222.

［164］Louis Kuijs，William Mako，Chunlin Zhang. SOE Dividends：How Much and to Whom?［J］. World Bank，2005.

[165] Xin Li, Kjeld Erik Brodsgaard. SOE Reform in China : Past, Present and Future[J]. The Copenhagen Journal of Asian Studies 2013(31): 54-78.

[166] M.H.Cho, Ownership Structure, Investment, and the Corporate Value : An Empirical Analysis [J] . Journal of Financial Economics, 1998, 47 (1): 103-121.

[167] Lang, Larry H. P., & Rene M. Stulz. Tobin' s Q, corporate diversification, and firm performance [J], Journal of Political Economy, 1994, 102 : 1248-1280.

[168] Berger P. G., Ofek E. Diversification' s effect on firm value [J], Journal of Financial Economics, 1995, 37 : 39-65.

[169] Steen Thomson, Torben Pedersen. Ownership Structure and Economic Performance in the Largest European Companies [J], Strategic Management Journal, 2000 : 689-705.

[170] M. Roe, The Institutions of Corporate Governance [J], Economics and Business, 2004, 488.

[171] FAN Gang, Nicholas C. HOPE, The Role of State-Owned Enterprises in the Chinese Economy [J] . 2011.

[172] Sea-Jin Chang, Sandy Yuan Jin. The Performance of State Owned Enterprises in China : An Empirical Analysis of Ownership Control through SASACs [J] . 2011.

[173] Jefferson, Gary H, ed. State-Owned Enterprise in China : Reform, Performance and Prospects. Washington, DC : Sage Publishing, 2017.

［174］Garnaut，R. Song，L.，Tenev，S.，and Yao，Y. China’s ownership transformation：process，outcomes，prospects［J］. Washington，DC：The International Finance Corporation and the International Bank for Reconstruction and Development，2005.

［175］Christiansen，H.The Size and Composition of the SOE Sector in OECD Countries，OECD Corporate Governance Working Papers，No.5，OECD Publishing，Paris 2011.

［176］Li Shugang，Wang Zuofa. Empirical Analysis for three years implementation of Bankruptcy Law［J］. 2011.

［177］Zhang Yanan. Some thoughts on improving China’s bankruptcy protection mechanism［J］. 2015.

［178］Wojciech Maliszewski，Serkan Arslanalp，John Caparusso，Jose Garrido，Si Guo，Joong Shik Kang，W. Raphael Lam，T. Daniel Law，Wei Liao，Nadia Rendak，Philippe Wingender，Jiangyan Yu，Longmei Zhang. Resolving China’s Corporate Debt Problem. International Monetary Fund. 2016/203.

［179］Longmei Zhang. Rebalancing in China-Progress and Prospects［J］IMF Working Paper. 2016（9）.

［180］Ha-Joon Chang，State-owned enterprise reform. National Development Strategies Policy Notes. 2007.

后　记

首先感谢庞锦老师、周老师，正是在他们的鼓励和引导下，四年来我专注于混改的实践和学习，并从2015年10月开始本书的撰写。

三年来，从实践到总结、从调研到思考的过程，是我们身心备受考验的旅程。在接触政府、国企，和各类资本的过程中，不时受到思想的冲击，是我们一次次受到挑战的过程，也是我们对方向不断清晰的过程。感谢厉以宁教授、吴敬琏教授、张维迎教授、陈清泰教授、潘岳先生、邵宁先生等国企改革专家，虽然从未谋面，但他们的宝贵思想和在过去30余年所做的翔实研究，让我能够借助巨人的肩膀看得更远。由衷感谢在此过程中给我一次次鼓励和支持的宋志平董事长、宁高宁董事长等国企改革家和国有企业家，各位前辈对改革的胆识和精神、对国有企业的责任心和使命感，始终激励着我们，而他们长期在国资国企改革方面的探索所形成的远见卓识，犹如一座座智慧的灯塔，其耀眼的光芒一次次让我醍醐灌顶，更一次次为我指引了前行的方向。

感谢中粮集团、中国建材集团和广东省、深圳市的混改实践，他们从2013年底以来以引资本、健体制、转机制为路径勇于“先行先试”。正是他们在过去四年突破困难、坚持改革创新与探索，为本书的探讨提供了成功混改的鲜活样本。

一路走来，我们在智者的指引下，在范例的启发下，不断树立信心，让我们坚信：混合所有制改革一定能取得成功，混合所有制经济必将成为推动中国经济再上新台阶的中坚力量！

按照资本市场的习惯，我给我们的撰写项目起了一个代号——旅程项目。在此由衷感谢“旅程项目”团队的全体成员，包括：牛明老师参与了写作的全过程，以其缜密的逻辑分析帮助我对方向篇进行反复梳理；张汶律师、易建胜律师以他们资深的法律背景对全书的法律相关内容的把关；田志钢老师以其无比丰富的实操经验对路径篇思路的把关；何碧玉老师以其高超的文字能力对案例篇的把关；王明忠夫妇以其扎实的金融背景功底针对资本市场的一系列测算；感谢我的两位助手——陈劲松同学和宋佳倩同学，他们在过去两年不辞辛苦的巨大努力为本书打下了良好的基础；感谢邹小备博士和张少东博士、李昊然同学和王开元博士、方才博士和马婉婷同学，他们以非常扎实的经济学背景和娴熟的计量经济学手段，对“混改三原则”做出了不可或缺的理论论述和实证分析；感谢孙义丽同学、邸馨逸同学和吴丽君同学，对 2013 年以来 200 个改革案例的数据收集和整理，成为本书的重要支撑。感谢一路上好朋友的鼎力相助，以他们的信心、信任和信念，或分享思路，或介绍经验，或审阅书稿，均给我以巨大的精神支持。包括：孙哲、关言、刘陈杰、唐家齐、孙铮、禹刚、王刊、刘向晖、周晓民、李晓明、吴慧敏、董阳阳、赵鹏、董劲松、潘利、陈铨、邱子裕、陈楠、周禹萱、袁小涛、尹灿、张旭等。感谢以上各位同人，他们的文字贯穿全书，而他们的改革理想和奉献精神更成为本书的基石。同时，感谢中信出版社乔卫兵老师和刘洁老师的鼎力支持，花费巨大精力对这本书进行了精敲细擢，力图把它以最好的方式呈现给读者。当然，最后也是最重要的，要感谢家人对我的理解、鼓励、指导和帮助，尤其感谢我的太太始终给予我的坚定支持，让我无忧于家，亦无惧于所面对的困难。

我们团队的旅程到此暂告一段落，但“解放思想永无止境，实践发展永无止境”，对国有资本和民营资本而言，混改的征程才刚刚开始，祝愿各位一帆风顺！

2018 年 11 月于北京